未来三十年，

我们将去向哪里？

刘兰剑　梁正　汪雪锋　等
编著

電子工業出版社
Publishing House of Electronics Industry
北京·BEIJING

内容简介

本书主要对人工智能、自动驾驶技术、区块链和比特币、5G、新能源、VR与AR、3D打印、物联网、大数据、基因编辑、核电等高新技术对人类生活和工作的影响展开深度分析，以浅显、生动的语言展示前沿的科技成果，描述高科技成果是如何影响人类生活和工作的，以及人类在未来的生活和工作中将会扮演怎样的角色，对未来的人类提出哪些挑战，人们应该为即将到来的高科技时代做出哪些准备等，使读者在短时间内了解未来的科技变化，使包括领导干部、普通民众、青年学生和少年儿童等群体在内的非科技人员为未来的技术革命获取充足的知识储备，引导读者进行广泛的思考。

这是一本分析高科技对人类社会长远影响的未来学书籍。来自国内外著名高校的作者们希望通过对高科技的社会影响进行分析，为人们描绘了未来30至50年的人类社会变化的图景，让当前的公务人员、社会精英、青年学子知道未来的生活将会发生哪些重大变革，提早为这些变革做出准备，包括心理、经济、知识储备等各个方面，同时让人类未来的接班人——青少年为接手和掌控这些高新技术做出足够的预期和激发学习的动力。

图书在版编目（CIP）数据

未来三十年，我们将去向哪里？ / 刘兰剑等编著．—北京：电子工业出版社，2020.8
ISBN 978-7-121-39401-0

Ⅰ. ①未… Ⅱ. ①刘… Ⅲ. ①高技术发展－影响－生活方式－研究 Ⅳ. ①F062.4②C913.3

中国版本图书馆CIP数据核字（2020）第150651号

责任编辑：祁玉芹　　文字编辑：张豪
印　　刷：中国电影出版社印刷厂
装　　订：中国电影出版社印刷厂
出版发行：电子工业出版社
　　　　　北京市海淀区万寿路173信箱　邮编：100036
开　　本：787×1092　1/16　印张：18　字数：438千字
版　　次：2020年8月第1版
印　　次：2020年8月第1次印刷
定　　价：58.00元

凡所购买电子工业出版社图书有缺损问题，请向购买书店调换。若书店售缺，请与本社发行部联系，联系及邮购电话：（010）88254888，88258888。

质量投诉请发邮件至zlts@phei.com.cn，盗版侵权举报请发邮件至dbqq@phei.com.cn。

本书咨询联系方式：qiyuqin@phei.com.cn。

前　言

PREFACE

本书以科技进步的长镜头手法向我们展示了人类社会未来三十年变化的图景，选取了人工智能、大数据、自动驾驶技术、物联网、5G 通信等最有可能塑造人类未来的前沿科技，描绘了这些前沿科技未来演变的方向和面貌，通过精彩的案例向读者展现了令人惊奇的现实世界。随着科技的进步，在未来我们将生活在更加智能化的世界里，电子助理会根据你的实际情况和个人偏好安排好你的衣食住行；智能机器人将替代你完成大部分的工作；真空管道高铁、自动驾驶汽车、智能化飞行器将带你去向更远的地方。但是我们真的已经做好迎接未来世界的准备了吗？我们该如何正确处理人与机器之间的关系呢？我们该如何规划未来的生活呢？本书将以浅显、生动的语言描述这些科技领域成果是如何影响人类生活和工作的，以及人类在未来的生活和工作中将会扮演怎样的角色，对未来的人类，尤其是青少年会遇到哪些挑战等。让人们知道自己未来的生活将会发生哪些重大的变革，提早为这些变革做出准备，包括心理、经济、知识储备等各个方面，同时让人类未来的接班人——青少年为掌控这些高新技术而做出足够的预期和激发学习的动力。

本书由一大批国内外专门从事科技研发、科技教育和科技政策研究等领域的专家共同撰写完成，包括来自加利福尼亚大学芭芭拉分校、清华大学、北京理工大学、东北大学、大连理工大学、中国科学院大学、上海大学、长安大学、华北电力大学、西安电子科技大学、贵州财经大学等知名学校的教授和专家。本书的写作分工为：第一章由刘兰剑、彭琦钧撰写，第二章由梁正、余振撰写，第三章由刘兰剑、牛嘉嘉撰写，第四章由李守伟撰写，第五章由王贤文、邓灵飞撰写，第六章由杜宝贵撰写，第七章由赵炎撰写，第八章由汪雪锋、刘晨、刘倩撰写，第九章由谢永平、李梦凡撰写，第十章由曾明彬、韩欣颖撰写，第十一章由刘兰剑、李雅鑫撰写，第十二章由郭张鹏撰写，第十三章由郭小然撰写，全书由刘兰剑策划和统稿。各位教授在相应的科技领域都有独特的见解和卓越的研究成果，极大地提高了该书的科学性、前沿性、严谨性。在此，对各位教授的支持和辛苦的付出表示由衷的感谢。最后，还要感谢电子工业出版社祁玉芹编辑为本书的出版提供的支持和帮助！

本书在编写的过程中难免存在疏忽和不足之处，敬请读者批评、指正！

*本书受陕西省社科联科普书籍作品创作项目资助（编号：2019KPZP005）

目　录

CONTENTS

第一章

高科技时代来了

众所周知，科技是第一生产力，放眼古今中外，人类社会的发展离不开科技的进步。现代科技突飞猛进，科技成果越来越迅速地应用于社会生活中，深刻影响着人类的生活方式。但是科技的发展在带给人类便利的同时，也给人类提出了新的挑战。在未来会不会出现科幻电影中机器取代人类统治地球的场景呢？当人类的工作和生活越来越依赖机器的时候，人类的能力会不会发生退化呢？人类的文明将更加繁荣还是走向衰落呢？本章从走进未来世界、未来科技发展的趋势、未来人类生活的猜想以及科技对人类可能带来的挑战四个方面来阐释未来世界的蓝图，说明人类应如何处理与机器的关系来应对未来的挑战。期望广大读者在未来不断提升自身的科学素养和能力，从而以更加昂扬的姿态去迎接高科技时代。

第一节　走进未来世界

一天，天空中突然出现了很多宇宙飞船，从飞船上下来很多人，他们声称是人类的上帝，要到地球上来养老！他们说："我们的文明在地球诞生前就存在好久了，在我们的文明进入衰落期时，我们在地球上撒下了人类的种子，并不断地关注着你们，保护着你们，现在我们老了，找你们养老来了！"他们给了人类很多高科技知识，以此作为交换，人类接纳了他们，他们一共有二十多亿人，人类将他们一户安置一人。但后来，人类发现他们的知识过于先进，难以理解，学习时有种小学生研究相对论一样的感觉。而他们自己呢？由于科技太先进，一切都由机器完成，自己反而退化了，甚至连小学生都会的加减乘除也不会，因此他们的知识成了没人能读懂的"天书"，文明难以传承和延续，于是人类把他们赶走了。这是科幻故事《赡养上帝》中的情节，在给我们带来阅读乐趣的同时也应该引起我们的思考。随着现代科技的高速发展，人工智能、物联网、大数据、云计算、智能化、传感技术、机器人、虚拟现实等技术随之出现。在未来的三十年，机器将会代替人类完成大部分比较困难的工作，人类将会被各种各样的机器所包围，生活在机器所产生的虚拟或半虚拟的世界里。人类的一切工作全靠机器完成，自己根本不用动脑子，智力和体能会不会大幅退化呢？文明开始走下坡路的第一个标志是个体寿命的延长，其次是机器人的高度发达。随着科技的发展，在未来，机器人能够完全不依赖创造者而独立运行，人类的寿命又因为医疗技术的发展被大大延长，那我们的文明会不会衰落呢？

一、科学技术与人类的关系

我们首先假想一下，未来世界会变成什么样子呢？人工智能已经高度发达了，远超人类智能的机器已经比比皆是，机器已经替代人类完成了大部分艰难的工作，人们的娱乐时间将会超过工作时间，人们需要做的工作会越来越少。随着人工智能技术的进一步发展，机器可能会代替人类完成脑力劳动，甚至可以像人类一样进行思考和研究。在未来，人类可能不需要工作，但是必须要付出自己的注意力，因为与人类相比，机器缺乏注意力这一人类特质，未来世界的重要驱动力将会是注意力。机器世界为了汲取自己演化的能量，会创造出各种娱乐活动来吸引人类的注意力，比如先进的人工智能、虚拟现实技术和大数据技术等，将会把真实的世界改造成精彩的游戏来吸引人类的眼球。关于未来世界，一直有这样两种观点：一种观点是，在未来，随着技术的不断发展，人工智能将会超越人类的大脑从而出现技术失控的现象，会出现科幻电影里描述的场景，机器将不再受人类控制，反而来控制人类，机器开始主导世界，人类为机器服务；另一种观点是，人类依然是世界的主导者，机器永远战胜不了人类，机器依然为人类服务。但是这两种观点都是博弈思想，机器和人类只能有一方获得胜利。根据高科技技术发展的规律和“奇点”[1]（技术奇点是一个根据技术发展史总结出的观点，认为未来将要发生一件不可避免的事件）来看，随着科技的不断发展，人类和机器会相互合作和融合，人机之间并不是取代和被取代的关系，而是融合共生、协同演化。

关于人类与技术的关系一直争论不休，每个科学家对其都有自己的理解和看法。总体可以概括为以下三类看法：消长、延伸、倒置。应该综合这三种观点，辩证地分析技术与人类的关系。

这三种观点在一定程度上是正确的。技术起源于人类的需求，新科技被发明出来是为了解决人类所遇见的困难和问题。比如汽车被创造出来是为了解决人类出行的问题，仅仅依靠双腿行走，出行速度非常慢，不能满足人们的生活和工作的需求，于是汽车就作为人类的代步工具被创造出来了。交通工具的每一次更新和发展都是为了满足人类不断增长的出行的需求。科技是一种可以提高生活质量的东西，同时也是推动经济增长和社会进步的重要元素。科技能让世界变得更加美好，使我们不会生活在黑暗里，不会在儿童时期死于天花病毒，不会因为自然灾害而饿死，但这并不意味着科技越多越好。任何事情都有两面性，科技在带给人类便利的同时，也会对人类产生不利的影响。比如智能手机和计算机等电子产品的普及，使人们每天都被各种屏幕包围，视力受到了一定的损害，并在损害达到一定程度时发生退化。在尚未大面积普及各种电子产品的非洲，马赛人（东非游牧民族）的视力可以达到 6.0，而在我们国家大街上随处可见戴着眼镜的行人，这在某种程度上是视力的一种退化。在古代，没有计算机帮助人类存储数据，有些古人可以背诵几千首的诗

---

1 奇点：随着人工智能的高速发展，机器人自主化智能发展，机器人全面超过人类的时点.

歌，许多的现代人却记不住几首古诗，这是记忆功能的一种退化。科技带来的危害就是新的科技被发明出来都会在一定程度上使人类天生的能力发生退化。科技的发展过程就是新的物体不断被发明出来的过程，将人类与技术的角色转换一下，也可以看成是新的物体借助人类诞生的过程，机器利用人类完成了自身的进化，按照这种思路去思考二者的关系会发现，不是人类创造了技术，而是技术创造了人类，由于技术的需要才驱动人类不断地学习和思考，从而不断地创造和更新现有的科学技术。综合来看，技术对人类的积极影响大于不利影响，未来应该还是技术服务于人类，而不是人类服务于技术。

二、未来技术发展的动力——注意力

所谓注意力就是心理活动或意识活动对一定对象的指向和集中。由于感觉器官接收外界刺激的能力有限，人就要选择性地接收外界信息，使这些有刺激性的信息能够在大脑中进行精细的加工，人的意识的这种属性就是注意力。比如当我们和朋友逛街的时候，一路上会路过很多街道，会经过许多店铺，这时我们的注意力总会集中在自己喜欢的或自己在意的东西上，我们的心理活动会聚集在自己选择的对象上，如许多女生的注意力都会集中在化妆品和服装店上，而一些男生会将注意力集中在游戏和电玩上。

在未来，注意力将是人类和机器相连接的桥梁，在人机关系中扮演着重要的角色。《黑客帝国》这部科幻电影就从这个方面深刻地阐释了注意力在未来的重要性。这部电影是这样描绘未来世界的：在未来，不是人类控制机器，而是机器统治了人类。它们将人类像奴隶一样圈养在一个虚拟的世界里，通过人类脑后的插孔将虚拟世界与每一个人连接起来。人类生活中的所见、所闻、所感都是由机器创造出来的虚拟的场景。而整个虚拟世界的能量来源是人体内的生物电。经过仔细思考后会发现，这种场景和我们现在的生活有很大的相似性。我们每天的工作和生活都面对着各种各样的屏幕，比如手机屏幕、计算机屏幕、电视屏幕等，我们每天除了睡觉之外会把大量的时间和精力用在这些屏幕上，使我们也处于各种机器所产生的虚拟世界里，这和电影所讲述的场景很类似，只不过人们的脑后没有插孔而已。人们的注意力被吸引到计算机等各种机器上，为虚拟世界的运转提供源源不断的能量，但是这种能量不是传统意义上的物理能量，而是注意力。我们会发现，人们特别中意的应用和产品会发展得特别快，比如现在特别流行的抖音 App，每天有很多人把自己的时间和注意力花费在上面，以至于其现在发展得特别迅猛，并且有颠覆视频领域的行业模式的可能。而引起不了人们注意的产品会更新得越来越慢，最终被淘汰。《黑客帝国》描绘的场景与我们相距并不遥远，注意力这种能量在未来对虚拟世界的贡献会越来越大，因为在未来，人们的注意力是推动技术发展的第一驱动力。随着技术的不断发展，各种屏幕会越来越多，越来越吸引人。虽然在未来，机器可能比人类更富有智慧，而且能够自己独立思考和判断，但是机器不可能拥有人类的注意力，因为这是生物上的人所具有的特质，是机器无法模仿和学习的。在未来，注意力终将成为人类和机器的媒介，因为现代人已经离不开屏幕及其创造出来的世界了。

三、未来世界，一切皆信息

进入信息技术时代，人们解决问题的方法变成了信息处理，逐渐进入了大部分问题都被视为信息问题的时代。比如中国公安天眼系统，将逃犯的个人信息输入到系统中，通过在街道、汽车站和机场等地方布置的摄像头收集到的信息进行筛选和对比，从而确定嫌疑人的行踪并将其抓捕归案；淘宝和京东的“推荐引擎”，就是通过分析消费者的消费习惯和消费记录等数据从而有针对性地给消费者推荐相关商品；新闻类网络 App 企业根据你的历史阅读记录，分析你的阅读偏好，并有针对性地给你推荐所喜欢的新闻类型。现在收集数据的网络服务器、网络搜索引擎、网络爬虫、分析过滤服务器、用户行为标引服务器等通过收集人类社会的各种信息并对其进行整理，再通过人工智能技术对其进行分析。有调查表明，互联网上百分之三十的“信息读者”是机器而不是人类。我们现在正处于信息大爆炸的时代，解决问题的方案大多是依靠对各种各样的信息分析所得出来的。

随着大数据技术的不断发展和创新，在未来依靠信息可以解决很多问题。比如利用信息技术来预测环境污染什么时候会危害人类生存，从而提前采取有力的措施。可以对相关的解决措施进行信息跟踪反馈，从而进行对比，选出效果最好的措施以便更好地治理污染，保护环境。因为智能机器比人类更擅长计算和统计，所以在未来，数据的“机器读者”占的比例会迅速增大。未来社会很有可能就是由机器产生和阅读数据，从而构造一个以智能机器为中心的数据世界。

第二节　未来科技发展的趋势

一、大数据技术资源化、融合化、共享化

大数据技术资源化：随着科技的不断进步，大数据变得越来越重要，其价值也变得越来越大。现在大数据已经成为了企业之间乃至国家之间竞争的关键因素，大数据也将是新一轮科技发展的战略制高点，谁掌握了大数据，谁就能在新一轮竞争中掌握主动权。数据已经成为一种资源，并日益给我们带来巨大的经济收益。Google、Facebook、Amazon、腾讯、百度、阿里巴巴和 360 等企业正在运用大数据技术获得商业上更大的成功，并且金融和电信企业也在运用大数据技术来提升自己的竞争力。大数据将成为重要资产，是提升企业和国家竞争力的有力武器。

大数据技术融合化：在传统的商业领域中，一些从业者认为，大数据只是在原来的基础上新增加的一个数据源；而大数据从业者认为，以前的商业智能模式只是运用了少量的数据来处理某一领域的问题，所采用的数据源比较单一，分析出的结果不够完整和精确。现在大数据的使用者希望能够利用大数据得到处理问题的一系列方案，也就意味着不仅要采集、处理和分析企业与国家所需要处理领域的业务数据，还要引入互联网上的浏览记录，以及微博、微信等一些相关的社交网络数据。除此之外，在未来还要结合移动设备的地理

位置信息等。通过这种融合发展就可以得到一个全面的、完整的数据平台。因为，大数据和商业智能的宗旨都是为使用者解决问题而进行分析服务的，将各方面的信息整合起来处理会更有利于解决问题和发现新的商业机会，这就是大数据商业智能。但是因为不同行业具有差异性，现在还没有研发出能够适用于各个行业的大数据商业智能分析系统。因此，在一些规模较大的行业，大数据服务提供商会根据每个行业的特点来定制不同的商业智能解决方案，以提供更加精准的大数据服务。

大数据技术共享化：大数据关联的数据越多越有价值；开放度越高，使用的人越多，越有价值。特别是在公共事业领域和互联网的相关企业，数据共享的效果特别明显。我们看到，美国、英国、澳大利亚等国家在政府和公共事业上的数据已经开始开放。而国内的一些城市和部门的数据也已经开放。比如北京市在 2013 年正式运行“北京市政务数据资源网”；上海在 2012 年启动了政府数据资源开放试点工作，数据涉及地理位置、交通、经济统计和资格资质等数据；贵州省也加入数据开放行列，2014 年 10 月，“云上贵州”正式上线。对于其他的行业，数据也是越共享越有价值。如果一家医院能够获得全国，甚至全世界的病情特征库以及药效信息等，再通过平台进行分析和对比，就可以获取更大的价值。

在未来，永不间断的、无穷无尽的、人与人之间的、物与物之间的数据将会把我们包围，它们的融合与交汇将会改变我们原有的生活状态，使整个世界变成一个信息化的星球。

二、人工智能引领社会变革

人工智能已经深刻地影响着和改变着我们的生活和工作，随着科技的进一步发展，真正意义上的人工智能时代即将来临。人工智能不仅会在技术层面引起一场划时代的革命，同时随着人工智能技术的深入发展和普及，还会引起人类社会其他方面的变革，比如经济变革、思想变革、文化变革等。新一次工业革命的核心驱动力很有可能是人工智能技术。现在全球各大科技企业非常重视人工智能领域，在该领域投入了大量的资源。这个领域的未来趋势将会呈现为“人工智能即服务”。未来将是人工智能的时代，科技企业不仅在当前的业务中运用人工智能，而且利用云计算平台将人工智能服务提供给第三方。其次，在未来，人工智能企业竞争的制高点是智能入口。在互联网时代，几乎每个入口都会引起激烈的竞争，入口争夺的成功者将会变成下一个超级大企业。比如在 Web 2.0 时代，互动社交的兴起形成了社交入口，造就了新浪和腾讯。人工智能时代的竞争也是如此，激烈的争夺过后，必然会诞生下一个巨头。在人工智能时代，服务的入口主要是自然语言的语音交互，自然语言处理是人机交互的主要模式，谁能让机器更懂人类的语言，谁就有可能取得技术优势。现阶段人工智能主要应用于以下几个场景：智能助理、基于人工智能技术的人脸识别、人工智能机器人、无人驾驶等。

三、虚拟现实：引领未来的人机交互革命

现在人类与机器交互的主要方式是触摸、语音、体感等，这是人机交互的第一阶段。在未来，虚拟现实（VR）技术将会对人机交互方式产生革命性变革。虚拟现实技术是将虚

拟场景和现实世界相互结合起来，利用计算机来创建和模拟现实生活中的场景，将现实的场景真实地还原出来，使用户沉浸到该场景中。其工作原理就是利用现实生活中的数据，通过计算机技术使其转化为三维模型，然后产生虚拟的实景现象，这些现象既可以是现实中存在的真实的物体，也可以是一些用眼睛看不到的微小物质，因为是计算机技术模拟出来的现实中的世界，不是人类在现实中直接看到的，所以称其为虚拟现实技术。虚拟现实技术现在受到了越来越多人的重视，它已经被应用在医学、军事、娱乐、室内设计和房地产等领域。用户可以在虚拟现实世界体验到接近真实的感受，甚至其模拟环境的真实性与现实世界难辨真假，让人有种身临其境的感觉。同时，虚拟现实技术具有听觉、视觉、触觉、味觉、嗅觉等。最后，它可以构建超强的仿真系统，可以真正实现人机交互，使人在操作过程中可以随意操作并且得到环境最真实的反馈。正是虚拟现实技术的存在性、多感知性、交互性等特征使它受到了许多人的喜爱。现在 Facebook、Google、Apple、Samsung、Sony 都在积极开发相关的 VR 头显设备，而国内和虚拟现实技术相关的企业也不下百家。在未来，随着虚拟现实技术的发展，也许在你看屏幕的时候，屏幕其实也在看你，了解你的状态，不断地优化和学习，提供更适合你的服务。而这是科技作为一种生命体必然进化出来的用来削弱与人类“排斥反应”的能力。

四、屏幕化的世界

目前，我们的日常生活中充斥着各种屏幕，计算机、手机、电视等随处可见，但不仅仅是这些，还包括生活中常见的镜子、玻璃等有望作为未来屏幕的新载体。想象一下，当我们晨起洗漱时想了解热点新闻，面前的镜子就可以“变成”一个信息窗口，它不仅可以供你看新闻，还能为你读新闻；在厨房中，冰箱门或墙壁上的任意一块区域都可能成为一个屏幕，它会根据你的饮食习惯为你推荐菜单，并自动同步视频教学，或可以实时显示现有的食材的情况及提醒购买；当你站在衣帽间想要为今天的聚会搭配穿着时，衣橱也是一个屏幕，可以显示实时天气信息，并根据你的日程计划和日常的穿衣搭配数据，为你推荐最佳的着装搭配。

显示是屏幕的第一大功能，在智能化屏幕随处可见的时代，你可以随时随地通过屏幕的协助完成一些操作，通过屏幕的强大数据库，可以指导你的生活或更便利地满足你的一些生活需求。正由于屏幕可以通过数字化将复杂的事务数据化显示出来，从而可以让我们的生活更加便利，协助我们在处理日常事务上做到有条不紊。另外，屏幕也可具备控制功能。每一块屏幕都不只是显示那么简单，例如智能镜子等，我们也可以进行语音交互，通过镜面与联动的智能硬件进行“沟通”，了解到实时的一些状况并进行相应的控制，所以屏幕化带给我们的也是极致的交互体验。

数字化时代就是要将数据信息的决策展现给人看，而屏幕则是展示信息的最佳渠道之一。正因为如此，屏幕正在深入我们更多生活的领域，成为未来智慧生活中不可或缺的重要组成部分。但是，现在屏幕这个介质和交互窗口带来的影响还没有被完全释放出来，随着科技的不断发展，未来世界将是屏幕化的世界。

第三节 未来人类生活的猜想

小时候看科幻电影时，谁不曾被影片中那些极具未来感的产品所震撼……

你看，他的自行车跑得比汽车还快；

你看，他的手表竟然能打电话；

你看，他的计算机会跟他聊天；

你看，他的汽车不用人控制就能自己行驶……

当我们慢慢长大，由于科技的不断进步发展，曾经出现在科幻电影中的黑科技逐渐地从荧幕走进了现实，有的甚至已经开始普及，如智能手表、3D 全息投影仪等。随着人工智能、物联网等技术不断应用于生活中，未来我们的生活将更加科技化、智能化。现在我们来畅想未来三十年人类的生活。

一、衣

当科技与时尚走到一起时，会产生很多令人惊艳的作品。如利用投影技术，美国歌手詹妮弗•洛佩兹在电视节目《美国偶像》上身着一袭白裙献唱歌曲，曲近高潮，洛佩兹直径 6 米的裙摆也变得梦幻起来，虽然很美，但这只是科技在服装上的初步应用。在未来，服装会依靠人工智能技术随意变换图画。人类日常的衣服除了能依据穿者心情的变化，变换不同的颜色、图案，还能主动调整尺寸。例如穿者高兴时，系统会把衣服颜色设置为红色；穿者伤心时，衣服被设置为黑色；穿者骄傲时，衣服被设置为紫色；穿者郁闷时，衣服又被设置为蓝色。这样衣服不合身、撞衫、挑衣服难等问题也能通过科技彻底解决。同时衣服还可以随时监测你的身体状况，通过涂有传感材料的纳米纤维，实时将血压和心率等数据传输到你手机里，你的身体状况尽在它的掌握中；当发生心跳过速、心律过缓、心脏早搏、漏搏等状况时，衣服可以及时提醒你调整状态或者进行医疗救治。

二、食

在未来的一个早上，你起床洗漱后，智能的牙刷、马桶马上就能感知你口腔、肠道的微生物，计算形成你当天的食谱，将数据传给智能冰箱，智能冰箱将解决家庭食材的选择和购买问题，它可以为你提供一系列适合你的健康菜谱。当你从智能冰箱中拿出食物，食品营养公司收到智能冰箱的数据后随即通知快递公司将缺少的食品送到你家里。

三、住

在未来，建造房子将会变得很简单，就像搭积木一样，一块一块堆上去就可以了。人们先利用人工智能把数据设定好，然后使用 3D 打印机，经过大型喷射机器喷发修建材料，依照预先确定的平面图将它们逐层堆砌在地基上。目前，这样的巨型打印机已被应用于制作完好的修建外壳。同时，随着人工智能、物联网、5G 等技术的不断突破，智能家居产品将不再是碎片化地出现在我们的日常生活中，而是实现各个智能家居设备的配合，甚至是不同品牌、不同型号的智能家居的配合，每个家庭都将拥有一个真正意义上的智能管家。你可以通过语音控制智能管家，使智能电视、智能洗衣机等自动开始工作，帮助你洗衣服、扫地、拖地；清晨，窗帘会自动拉开，隔着纱帘温柔的晨曦映入室内；智能机器人将香喷喷的早餐自动摆到你的面前；你的智能管家还会温柔地提醒你，今天有哪些需要完成的工作和学习任务，并帮你选择出行的时间和路线；即使家里出现任何问题，智能管家也能直接处理，不需要惊动主人，这就是我们未来的家。

四、行

现在高铁、汽车、飞机等出行方法的多样化和便利程度已经让人们倍感便利。未来随着传统交通向智能交通改变，更多的出行方法将会应用在公众视野中。5G、物联网技术的不断突破，在未来自动驾驶技术将会成熟，大规模地应用于我们的日常生活中。自动驾驶技术将大大减少交通事故的发生，缓解城市交通拥堵的问题，降低对自然资源的消耗。还会解放驾驶员的双手，带给人们更多的自由和便利；在未来三十年，超级高铁和高速飞行列车将有望建成通车，乘坐超级高铁时，旅客坐在类似胶囊的“车厢”里，沿着空气轨道在一个封闭的管道中发射出去，速度可高于飞机，大约可以达到 1 200km/h，从纽约到华盛顿只需要 29 分钟。而高速飞行列车，是利用低真空环境和超音速外形减小空气阻力，通过磁悬浮减小摩擦阻力，实现超音速运行的运输系统，时速可达到 4 000km/h。也就是说从北京到武汉只需要 30 分钟，而从北京到莫斯科，则只需不到 2 个小时。

五、医

在未来的三十年里，各种科技上的突破将改变医学。通过基因组学，我们将会得到真正的私人药物。在未来，癌症、艾滋病、阿尔茨海默病，以及其他目前看似无救的疾病将会由针对患者个人基因的药物来治疗。人类将可以通过 DNA 培养出来移植所需的器官，从而减少等待配型以及排斥反应等可能致命情况的发生。生物假肢将被直接连接到神经系统上，从而提供与真实触感极其相似的感官。机器急救人员将会大幅度延长救援的“黄金时间”。科学家们将找到衰老的原因，从而增加人类的寿命，涌现出更多非常健康并有活力的“老人”。随着 5G 技术的成熟，远程人体手术将被普遍应用于临床医学，专业的医疗团队不用奔波，即可在万里之外遥控手术，北京的医生手起，纽约的机器人刀落，完成一场“无人手术”。到那时，医疗资源不均等、无法及时救助的问题将会得到极大的改善，甚至有可能彻底解决。

第四节　科技可能对人类带来的挑战

一、劳动力结构被改变

在未来，人工智能能够代替人类进行各种体力活动以及大部分脑力劳动，这会导致一部分人被迫改变他们的工作，甚至造成失业。人工智能能够在科技和工程中得到应用，能够进行信息处理活动，使从事规划、诊断、理解和决策等工作的人改变自己的工作方式。按照当前技术的发展速度，人工智能最终会替代人类完成大部分工作，并给整个人类社会带来前所未有的冲击。最直接的表现就是在越来越多的领域，人工智能快速超越人类，这也意味着会有大批的人会面临失业的问题。有研究表明，美国注册在案的 720 个职业中，将有 47%的职业被人工智能取代。由于中国人工智能的发展速度较快，这个比例在中国有可能超过 70%。同时因为人工智能机器人在手工劳动作业中替代了人类，大大提高了工作的效率，降低了企业的成本。因此，人工智能将会改变现有的劳动力格局，企业对劳动力的需求将会降低，而且这种趋势将会一直持续。可以说，未来人工的成本将会不断上升，而机器人替代人工的成本将会不断下降。

虽然技术发源于人类、受控于人类，但是人工智能机器人在许多方面会超越人类，会替代人类的许多劳动，不过在未来人类会找到更多新的工作机会，人机协同去进行生活和工作。同时，智能机器解放了人类，完成了体力劳动，创造了社会财富，人们就有更多的时间去进行科学研究、艺术创造以及享受生活的乐趣。

二、对科技的过度依赖

科技带来的最大危害就是新的科技被发明出来都会在一定程度上使人类天生的能力发生退化。在 21 世纪初，新一代年轻人是在电子文章和网络游戏等的影响下成长起来的。相比于大型计算机，新时代的人们使用笔记本电脑更加熟练，他们更喜欢用键盘打字而不是用笔写字，现代人们的写字水平已经不如之前的人们高了，漂亮的手写字体现在不是很常见；环顾周围虚拟的机器，看看屏幕上由机器创造出的社交媒体账号。过去与朋友分享生活、沟通交流等都是依靠写日记和书信，如今变成了在社交软件上分享文字、照片和视频、更新动态；过去写作业遇到困难会去查阅资料、书籍，同时也会有自己的思考，如今变成依靠互联网搜索来直接得到正确答案，经过大脑的仔细思考的机会少了；过去写文章要斟词酌句、研读经典，如今变成了“百度一下，你就知道”。随着技术的不断进步，人们越来越依靠机器和技术，甚至不愿意自己动脑筋思考。然而，正如书本、电影以及社会里不断提醒的那样，计算机毕竟不是人类。机器没有头脑和感情，但是它们会因为人工智能而变得越来越聪明，并且很快就能展现出读懂人心的能力。我们使用这些技术使生活变得更加简单、高效。从小冰到 Siri，从 Google 到百度，从网络购物到自动驾驶汽车，机器已经能够帮我们完成这些单调、机械式的任务。但是在人类解放了双手后，大脑需要记忆的东西可能会变少，这会不会导致大脑的退化呢？毕竟技术的危险之处就是让人类丧失天生的能力。飞机现在可以自动驾驶了，汽车可以被指挥。人类拥有内容丰富的百科全书，不再需要记住那么多知识。我们可以做越来越多的事情，但是随之而来思考这些问题的时间也会变得越来越少。如果我们思考的时间越来越少，又会发生什么呢？同时技术的发展与推广应用，尤其是人工智能技术的不断突破，将会影响到人类的思维方式和传统观念，并使它们发生改变。例如，传统知识一般印在书本、报刊或杂志上，因而是相对固定的，而人工智能系统的知识库的知识却是可以不断修改、扩充和更新的；在未来，如果用户非常相信智能机器的判断及其做出的决策，那么他们就有可能不愿多用脑袋去思考，会因为人类的惰性而变得懒惰，这样就会失去对许多问题的思考；依赖计算器的学生们，经过试验已经证明部分人的主动思维能力和计算能力会有所下降；过度地依赖计算机的建议并不加分析地接受，将会使智能机器用户的认知能力下降，并增加误解。

三、技术失控的危险

（一）人工智能的破坏性

人工智能已经被应用到军事领域。现在已经设计出执行毁灭性任务自驱动武器的人工智能系统。一旦这些武器被用来攻击人类，将会造成极大的伤亡。此外，为了在以后战争中抵抗敌对势力从中阻挠，这些武器的程序将被设计得十分复杂，这在很大程度上削弱了人们对其的掌控力度。一旦发生意外情况很难使其停止下来，加大了技术失控的风险性，会造成很多不必要的伤亡。在未来，随着人工智能技术的不断发展，武器自动化程度越高，技术失控的风险也会随着增加。试想，如果你召唤一辆智能车将你以最快的速度送到机场，它可能不顾一切地严格遵从你的指令，这势必会造成人员的伤亡、交通秩序的混乱以及更多糟糕的情况。

（二）破坏力极强的技术事故

科技的发展已经使世界变成了地球村，在另一方面如果使世界相连接的一些设施和工具被刻意的破坏将会发生什么后果呢？比如航空领域，如果繁忙的国际机场其通信系统和调度系统等被技术高明的黑客进行网络攻击。由于互联网使世界相连接，如果一个机场受到袭击，将会很快在整个全球航空运输网络引发巨大的连锁反应，造成严重的后果；现在Google、Amazon、Apple、Microsoft和阿里巴巴等科技公司在整个社会发挥的作用越来越大。试想一下，如果这些公司遭到攻击，系统被破坏，数据被泄漏，将会给我们的社会带来什么样的后果呢？

（三）基因技术的滥用

2018 年 11 月发生的“基因编辑婴儿”事件引发了热议。在全世界技术滥用的现象并不少见：器官移植技术滥用，浪费了大量的医疗资源，提高了医疗收费，制造了无数“因病而贫”的家庭；干细胞疗法滥用，使顽疾患者雪上加霜，很多人掏空了钱包，还有的人

“原因不明”地死了。如果基因技术被滥用将会造成非常严重的后果，毕竟人类21世纪面临的最大风险不是核危机，而是基因技术失控，肆意妄为的基因改造，不仅会毁灭动植物，甚至会毁掉人类自身。犯罪分子如果掌握核心的基因技术并发动大规模的“生物战”，造成大规模的人员伤亡，其威力甚至远远大于核袭击。Microsoft创始人比尔·盖茨就提出过警告，生物恐怖袭击一举杀死三千万人的可能性越来越大，因为现在制造和传播致命病原体，比以往任何时候都更容易。

四、存在算法歧视问题

算法歧视会对人类传统价值观和伦理道德理念产生冲击。算法歧视，简单来讲，就是指算法决策可能产生歧视问题。其原因可能是算法设计者的道德价值取向不良，也可能是受数据的有效性、准确性所影响，甚至可能是机器自我学习的结果。算法歧视的例子并不罕见。比如，Google的图片软件曾错将黑人的照片标记为大猩猩；Microsoft的人工智能聊天机器人Tay，在上线24小时内就被人类“教坏”，成为了一个集反犹太人、性别歧视、种族歧视等于一身的“不良少女”。随着算法决策越来越多，类似的歧视也会越来越多。如何确保算法设计中的伦理考量将成为一个重要问题。

五、挑战现有的法律形态

（一）对法律原则的挑战

在整个人类社会的法律体系中，平等原则占据了非常重要的地位，其基本含义是指在法律面前人人平等。而机器人的出现则可能产生两种类型的平等问题，对平等原则形成挑战。一种是机器人内部之间的平等问题。例如，不同类型、不同智能化程度的机器人是否完全平等？另一种则是机器人与人类之间的平等问题。机器人与人类之间是否应当平等？如果机器人与人类的法律地位平等，机器人与人类在权利方面是否平等？机器人是否平等享有所有权利，还是机器人只平等享有部分权利？

（二）对权利制度的挑战

对所有权的挑战：随着大数据技术的不断成熟，在未来数字化模型的世界中，人们能够更加幸福地生活，并认为所有数据在全民之间共享，社会能够更加安定和谐，但是在现实中情况可能并不那么乐观。当我们能够了解到邻居的一切时，这也就意味着我们可以掌握他们的通话记录、银行卡密码和行为踪迹。当这种情况真正发生时，我们很快就会失去人类最基本的权利——所有权，将没有什么东西是真正属于自己的。而现实生活中利用非法手段窃取个人信息从而牟利的犯罪事件屡见不鲜。例如，国内一些黑客已经借助人工智能技术让病毒的分发更加隐蔽，甚至让网络诈骗更为精准。他们利用一些非法的手段去窃取他人的财物，侵犯他人的财产所有权。这将给社会带来新一轮的挑战，而且现在防止这种犯罪的措施还不是很完善。在未来，随着技术的发展，这种情况还会变得更加严重，甚至有可能会导致世界秩序变得混乱和功能失调。

对隐私权的挑战：在人工智能时代，个人隐私保护将面临互联网、大数据与人工智能三者叠加的风险，传统社会逐渐走向透明化，在未来的人类社会可能将不再有真正意义的隐私可言。一般而言，除某些国家机关公职人员依照规定公开特定的个人信息以外，任何公民的基因信息、病历资料、财产信息、家庭住址、联系方式、私人活动轨迹等信息都属于个人隐私，应该受到法律的保护。但是，随着智能家居、智能医疗、自动驾驶等智能化产业的发展，人工智能技术逐渐深入社会生活的方方面面，用户在享受智能产品带来便利的同时，其个人信息极有可能被人工智能产品集体性地泄漏。有学者预言，人工智能产品必然会成为未来隐私泄漏的一个重要端口，但是当前我国的法律制度已开始关注相关事项，并逐步制定相关法律，但法律细化程度不足。在这种状况下，就要求通过立法明确智能产品在使用过程中产生数据的性质和权利归属，规范人工智能产品的数据收集和使用行为，同时赋予掌握大量用户信息的智能产品生产商、网络运营商特殊的信息保密义务，切实保障用户能真正享有消除自己个人隐私信息的“被遗忘权”。

虽然科技的发展会对当前社会带来一系列的挑战，但这是新技术发展过程中难以避免的问题。随着新技术逐渐被应用于社会生产、生活的各个方面，我们的生活一定会变得更加便利。对此，我们还是应当保持乐观的态度。在面临挑战时，可以完善技术来应对和解决。可以考虑两个方面，一是在技术上加强风险防控。人工智能技术和大数据技术等具有复杂性的特性，这就意味着人类很难设计出非常完美的程序来管理和运行它们，从而降低技术所带来的风险。而在技术原有的基础上增强其自我监控风险的能力是一个风险防控的好方法，比如科学家在风险防控方面技术上做的一些创新。因为人工智能是基于大数据和运算构建的，为了防止系统出现故障和被人非法操作，所以需要运用技术手段使系统的运行都能被记录、跟踪和审核，这样系统的重新接入和更新就可以人为控制了。并且还通过非常复杂的层层加密和数字签名系统来降低信息泄漏出去的可能性。随着技术的成熟可以开发出专门的人工智能安全管理系统来管理人工智能，因为相比于人类，机器和程序超越了人类的工作强度、难度，它们不需要吃饭和休息，工作的效率与难度、准确率都高于人类，这也是防止技术失控的重要路径。二是在技术中融入伦理和道德选择。科技的发展可能会引发责任和义务问题。我们应该把技术和伦理相融合进行设计，运用技术的手段在机器中预先设定道德标准。在未来，人机进一步融合和人机互动时机器所做出的行为将更符合社会的伦理和道德准则，这样就能很好地防止技术失控并在一定程度上避免人类对技术的不当使用，从而保证技术更好地促进社会的发展。现在科学家可以把人类的道德准则通过编程和算法等技术手段植入到机器的运行指令中，让系统和机器在运行中做出的行为和判断更符合人类的价值取向。

第二章

人工智能与机器人

人工智能（Artificial Intelligence，AI）是研究、开发用于模拟、延伸和扩展人的智能的理论、方法、技术及应用系统的一门新的技术科学。作为计算机科学的一个分支，人工智能企图了解智能的实质，并开发出一种能以人类智能相似的方式做出反应的智能机器。该领域的研究包括机器人、语言识别、图像识别、自然语言处理和专家系统等。人工智能是研究使计算机来模拟人的某些思维过程和智能行为（如学习、推理、思考、规划等）的学科，包括计算机实现智能的原理、制造类似于人脑智能的计算机，以及使计算机实现更高层次的应用。本章从什么是人工智能、人工智能的局限、人工智能将如何变革、人工智能对人类发起挑战这四个方面展开。

第一节　什么是人工智能

让我们先来读一首以“人工智能”为主题的现代诗。

智能革命，畅游天地，我知道这是一条神经虚拟网络的秘密，用强健的身体，凝聚着智慧的心灵，开拓新奇迹，让我们拥有美好的生活，绘出美好的旋律。

不可预测的天地，良夜之后你又会在哪里。温暖的阳光照耀着大地，天上的云儿飘来飘去，醒来之后何时是归期。我要看到未来的自己。[1]

如果用中文普通话的发音朗读，你可能对诗作的艺术水准有更直观的感受。或许你会认为这首诗写得不错，又或者认为它写得有些生硬。你或许读到了其中的一些典故，也可能认为它与我们即将讨论的主题“人工智能”没有太多关系。

事实上，这段诗作节选自百度公司开发的人工智能系统——百度大脑所创作的作品，并且没有经过人为润色。百度大脑在作诗之前曾经进行过“学习”和“训练”，如同人类一样。而它最终创作出的作品，还取决于它自身的“算法”。

那么像百度大脑这样的人工智能系统是怎么运作的，它现在能做什么，不能做什么？

---

1 李彦宏等. 智能革命：迎接人工智能时代的社会、经济与文化变革[M]. 北京：中信出版社，2017.

人工智能现在是什么样的，未来它会变成什么样？人工智能会对我们人类造成哪些影响？这些是我们在下文中将要回答的问题。

一、如何认识和理解人工智能

人工智能自 1956 年诞生以来，人工智能的理论和技术日益成熟，应用领域也不断扩展，人工智能逐渐成为了一门极富挑战性的前沿科学。人工智能在未来将可能对人的意识、思维的信息过程进行模拟，达到像人那样思考、甚至超过人的智能程度。

作为一门多学科交叉的前沿科学，人工智能涉及的知识领域包括计算机、医学、心理学和哲学，并由不同的领域组成，如机器学习、计算机视觉等。通俗地讲，人工智能研究的一个目标是让机器能够胜任通常需要人类才能完成的、甚至一些当前人类不能完成的复杂工作。

尽管“人工智能”已经成为一个社会上十分流行的概念，但对人工智能的定义还没有达成共识。传统人工智能遵循的发展路径是首先通过研究人类如何产生智能，然后让机器学习人的思考方式去还原行为。关于什么是“智能”，这涉及诸如意识（CONSCIOUSNESS）、自我（SELF）、思维（MIND）（包括无意识的思维，UNCONSCIOUS_MIND）等问题。其实人类对自身智能的理解还非常有限，包括人的智能的必要元素，因此很难准确定义什么是“人工”制造的“智能”。一些人工智能涉及对人类智能本身的研究，代表性研究是脑科学和类脑科学。

现代人工智能概念的提出者美国科学家约翰·麦卡锡认为，我们不一定要求机器能够像人一样思考，如何让机器能够解决人脑所能解决的问题才是重点。在这条主线下，机器学习的概念开始诞生并不断发展。以深度神经网络为代表的机器学习利用具体的算法指导计算系统利用已知数据得出适当模型，并利用此模型对新的情境进行判断，从而完成行为机制过程。目前脑科学和类脑科学研究进展有限，而机器学习发展迅速，已经成为当今人工智能技术的代表性技术，人们甚至常常把“人工智能”与“机器学习”两个概念等同起来。[1]

专栏 2-1 AlphaGo 的人工智能系统

围棋是中国发明的棋类游戏，西方称为“Go”，其棋盘上共有 361 个交叉点，如图 2-1 所示。衡量围棋游戏复杂度的两个指标分别是状态空间复杂度和博弈树复杂度。其中状态空间复杂度指的是棋子在棋盘上摆法的种类——黑白棋子在棋盘上的摆法达到 2.08×10^{170} 种；博弈树复杂度指的是围棋对弈的总可能性，达到约 10^{300} 种。谷歌科学家宣称，AlphaGo 最终版的对弈数量为 2.9×10^{7} 种，尽管已经远远超越了人类棋手，但相比 10^{300} 的总数来看，还远称不上对围棋的各种可能性“穷尽式”分析。

AlphaGo 系统解决自身计算能力问题的方法是“推理+训练”。采用四大核心技术——

1 清华大学中国科技政策研究中心. 中国人工智能发展报告 2018[R], 2018.

简化决策论模型、蒙特卡洛树搜索、深层神经网络（残差网络）、强化学习——进行了2 900万局的自我对弈。

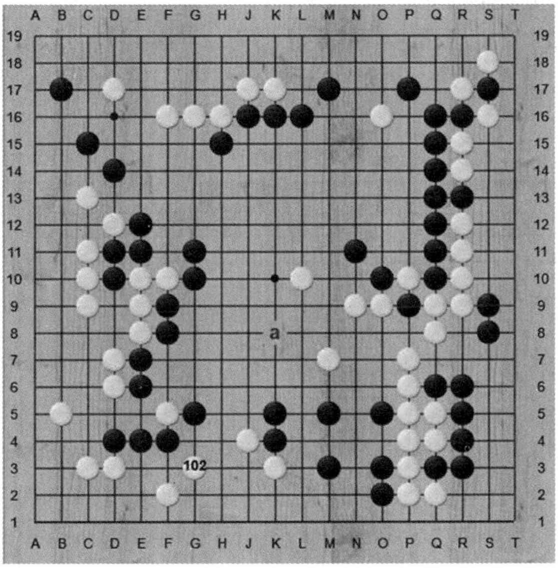

图 2-1　围棋棋盘示意

二、人工智能的发展历程

目前，按照人工智能的智力水平，可以将其分成三大类。

弱人工智能（Artificial Narrow Intelligence，ANI）：弱人工智能是擅长于单个方面的人工智能。例如，阿尔法围棋（AlphaGo）虽然能够战胜围棋世界冠军，但是除了下围棋之外并没有其他的功能。

强人工智能（Artificial General Intelligence，AGI）：强人工智能是人类级别的人工智能，只要是人类能干的脑力活动它都能胜任，而且比人类在容量、存储空间、可靠性、持久性、可编辑性、升级性以及更多的性能等方面更具优势。

超人工智能（Artificial Super Intelligence，ASI）：牛津大学哲学家、知名人工智能思想家尼克·博斯特罗姆将超级智能定义为："在几乎所有领域都比最聪明的人类聪明，包括科学创新、通识和社交技能。"超人工智能有可能在各方面仅比人类强一点，也有可能是在各方面比人类强万亿倍。

人工智能还可以按照应用性进行划分。按照中国科学院谭铁牛院士提出的分类标准，专用人工智能系统是面向特定任务的，因为系统具有任务单一、需求明确、应用边界清晰、领域知识丰富、建模相对简单等特点，形成了人工智能领域的单点突破，在局部智能水平的单项测试中可以超越人类智能，这和弱人工智能的概念重合度比较大。通用型人工智能则需要具备人脑一样的"举一反三"的能力，与强人工智能的概念重合度较大，目前人工智能技术的发展还达不到这一要求。

人工智能发展的初期，科学家对让计算机自己学会逻辑推理寄予厚望。1956 年的"达特茅斯会议”上，美国科学家艾伦·纽厄尔和赫伯特·西蒙展示了可以通过物理符号系统推导数学公式的样机“逻辑理论家”，并成功证明了由英国数学家怀特海德和罗素编写的《数学原理》一书中52个定理中的38个。此后20世纪60年代中期，麻省理工学院的约瑟夫·维森鲍姆编写了第一个自然语言对话程序Eliza，引起轰动。但在后期发展中，这种符号主义式的方法遇到了诸多瓶颈，例如只能证明已知定理，不能发现新定理[1]。

专栏 2-2　赫伯特·西蒙的传奇故事

赫伯特·西蒙（右图）因制作“逻辑理论家”并参加达特茅斯会议，被认为是人工智能的奠基者之一。1975年，西蒙与纽厄尔因在人工智能领域的开创性贡献获得了计算机科学的顶级荣誉——图灵奖。不仅如此，西蒙在心理学、管理学、经济学和认知科学方面也有突出贡献。1978年，西蒙凭借“对经济组织内的决策过程进行的开创性研究”荣获诺贝尔经济学奖，成为少有的获得两个以上科学领域顶级奖项的科学家。

20世纪80年代，人们开始致力于专家系统的构建。专家系统，顾名思义，是具备类似人类行业专家能力的软件，在特定领域根据编写的规则回答问题。具有代表性的专家系统包括卡内基梅隆大学为DEC公司编写的专家系统XCON（主要用于组合计算机配件）和麻省理工学院牵头编写的过程工业专家系统ASPEN PLUS（主要用于计算石化等化工生产的过程数据）等。

同时期，对今天人工智能发展有巨大影响的人工神经网络研究也取得了重要进展，该项研究成为了如今许多人工智能算法的基础。1986年，杰弗里·辛顿等科学家发表了论文，展示了反向传播算法。该算法可以通过神经网络的隐藏层进行有效的学习。与此同时，日本通产省开启了旨在建造超级计算机，支撑人工智能发展的“第五代计算机”项目，投入巨资，结果却不尽人意。

从20世纪80年代至今，随着越来越多数学模型和算法的发展（例如统计机器学习、支持向量机等），人工智能领域越发细分，解决了很多实际问题。与此同时，硬件科学家和工程师们不断开发更强的工具，相继将中央处理器（CPU）、图形处理器（GPU）用于人工智能计算，并已经开始开发新一代专用集成电路（ASIC和FPGA）芯片用于人工智能计算和加速。这引发了人工智能的又一次热潮。在这次热潮中，工程师们用已经发展成熟的硬件和算法，解决特定问题（例如弱人工智能问题），取得了超越人类的效果。

可预见的未来，人类仍将为发展通用性的强人工智能而不断努力，而这一次我们的知识和经验储备比以往更加丰富。

---

1 顾险峰. 人工智能的历史回顾和发展现状[J]. 自然杂志，2016，38(03):157-166.

三、人工智能技术在各行业中的应用

随着算法、计算能力的不断提升和演进，基于语音、自然语言处理和视觉技术有非常多的应用和产品落地。比较典型的有语音交互类产品（如智能音箱、智能语音助理、智能车载系统等）、智能机器人、无人机、自动驾驶汽车等。在行业解决方案方面，人工智能的应用范围更加广泛，目前已经在医疗健康、金融、教育、安防、商业、智能家居等多个垂直领域得到应用。

（一）常见的人工智能终端产品和行业应用

（1）智能音箱。

智能音箱不仅可以进行网络交互，还可以使用户对家居设备进行智能化控制。智能音箱是搭载了人工智能语音交互系统的联网式音箱。智能音箱近几年的年均复合增长率超过30%。预计，智能音箱全球总市场规模将从2017年的11.5亿美元增至2021年的35.2亿美元，将会超过普通的音箱市场。全球智能音箱市场主流产品如表2-1所示，天猫精灵智能音箱如图2-2所示。

表2-1 全球智能音箱市场主流产品[1]

	厂　商	产品名称
国内	百度	小度
	腾讯	腾讯听听
	小米	小爱
	阿里巴巴	天猫精灵
	京东	叮咚
国外	Amazon	Echo 系列
	Google	Google Home 系列
	Apple	HomePod
	Microsoft	Invokd

图2-2 天猫精灵智能音箱

1 清华大学中国科技政策研究中心. 中国人工智能发展报告2018[R]. 北京，2018.

（2）智能机器人。

智能机器人的关键技术包括视觉、传感、人机交互和机电一体化等。从应用角度分，智能机器人可以分为工业机器人和服务机器人。其中，工业机器人一般包括搬运机器人、码垛机器人、喷涂机器人和协作机器人等。服务机器人可以分为行业应用机器人和个人/家用机器人，行业应用机器人包括智能客服、医疗机器人、物流机器人、引领和迎宾机器人等；个人/家用机器人包括个人虚拟助理机器人、家庭作业机器人（例如扫地机器人）、教育儿童机器人、看护老人机器人和情感陪伴机器人等。

优必选（UBTECH）公司是中国领先的智能机器人企业之一。该公司的产品“悟空”机器人集成了很多功能，包括图像识别、语音识别、机器翻译、人机交互、语音合成等。借助这些功能，“悟空”机器人可以实现多种简单功能，例如幼儿教学、英语翻译、简单聊天等，如图 2-3 所示。

图 2-3　“悟空”机器人的智能功能

根据国际机器人联合会（International Federation of Robotics，IFR）2019 年 9 月发布的数据，2018 年全球销售额为 165 亿美元，这是根据各国机器人协会报告的预测数值。这个数值仅包括机器人，如果再把软件、外围设备和系统工程包括进去，这个数值约为 500 亿美元。2018 年全球装机量为 42.2 万台比上年增长 6%。IFR 预测 2019 年的装机量将较 2018 年有所回落，但预计从 2020 年到 2022 年平均每年增长率可保持 12%。目前中国、日本、韩国、美国和德国，前五大工业机器人市场占全球装机量的 74%。

工业机器人产业在过去的十年中快速增长。IFR 的数据显示，全球工业机器人的供应量从 2003 年的 81 000 台猛增至 2015 年的 254 000 台。

（3）无人机。

目前，无人机市场主要有个人消费级无人机和商用无人机。目前，个人消费级无人机主要用途是用于航拍、跟拍等场景；而商用无人机的应用范围非常广泛。商用无人机可以用于农林植保、物流、安保、巡防等多个领域。在价格和性能方面，个人消费级无人机售价基本保持在 5 000 美元以下，续航能力不超过 1 小时。商用无人机相较于个人无人机而言，拥有更大的有效载荷和更长的飞行时间。目前商用无人机在工业领域应用更为成功。尽管商用无人机的市场出货量相对较小，但因售价较高，其收入占据了无人机市场的三分之二。

以大疆 Mavic 2[1]无人机为代表的无人机已经具备诸多智能功能，例如从背景中识别出人物、跟踪移动中的物体并在受到遮挡时自动判断轨迹，甚至能够主动规避障碍物和规划前进路线。这类功能主要通过无人机搭载的智能视觉系统来实现。大疆 Mavic 2 无人机如图 2-4 所示。

图 2-4　大疆 Mavic 2 无人机

（4）企业的云助理。

阿里云是全球领先的云计算及人工智能科技公司。阿里云在服务平台上集成了企业级的智能语音交互功能。阿里智能语音交互（Intelligent Speech Interaction）是基于语音识别、语音合成、自然语言理解等技术，为企业在多种实际应用场景下，赋予产品“能听、会说、懂你”的智能人机交互体验。适用于多个应用场景中，包括智能问答、智能质检、法庭庭审实时记录、实时演讲字幕、访谈录音转写等场景，在金融、保险、司法、电商等多个领域均有应用案例。目前阿里云提供的录音文件识别服务价格可以低至 0.8 元/小时，如表 2-2 所示。

表 2-2　阿里云语音转录的价格[2]

商品规格	资源包规格	资源包价格（元）	单价（元）
录音文件识别	1 000 小时	1 200.00	1.20
	20 000 小时	20 000.00	1.00
	100 000 小时	90 000.00	0.90
	250 000 小时	200 000.00	0.80

1 https://store.dji.com/cn/product/mavic-2?utm_medium=baidu-sem&utm_source=baidu-sem&utm_term=chuchuang1&utm_content=shangpinchuchuang&utm_campaign=shantou&vid=45291.

2 https://help.aliyun.com/document_detail/84881.html?spm=5176.12061031.1251431.5.78ee3cb4KzaxUX.

（续表）

商品规格	资源包规格	资源包价格（元）	单价（元）
实时语音识别	1 000 千次	1 800.00	1.80
	10 000 千次	15 000.00	1.50
	84 000 千次	100 000.00	1.20
	182 000 千次	200 000.00	1.10
	300 000 千次	300 000.00	1.00
一句话识别	1 000 千次	1 800.00	1.80
	10 000 千次	15 000.00	1.50
	84 000 千次	100 000.00	1.20
	182 000 千次	200 000.00	1.10
	300 000 千次	300 000.00	1.00
语音合成	1 000 千次	1 800.00	1.80
	10 000 千次	15 000.00	1.50
	84 000 千次	100 000.00	1.20
	182 000 千次	200 000.00	1.10
	300 000 千次	300 000.00	1.00

相较于终端产品而言，人工智能相关的行业应用则更为丰富。后续重点介绍人工智能技术在智能医疗、智能金融、智能安防、智能家居和智能电网等领域的行业应用[1]。

（二）智能医疗

随着人工智能技术的不断发展，已有不少应用人工智能提高医疗服务水平的成功案例。人工智能已经深入医疗健康领域的方方面面，在智能诊疗、医学影像分析、医学数据管理、健康管理、精准医疗、新药研发等场景中都可以看到人工智能的身影。

在过去，医生通过自己的医疗知识和临床经验为基础，根据病人的症状和检查结果判定病症及病程。而如今，人们将人工智能应用于医疗辅助诊断，让计算机“学习”专业的医疗知识、“记忆”海量历史病例、识别医学影像、构建智能诊疗系统，为医生提供一个“超级助手”，帮助医生诊断。IBM Watson 是智能诊疗应用中的一个著名案例。Watson 可以在 17 秒内阅读 3 469 本医学专著、248 000 篇论文、69 种治疗方案、61 540 次试验数据、106 000 份临床报告[2]。腾讯公司开发的“腾讯觅影”AI 辅诊平台，已经初步具备如食管癌、肺癌、糖尿病性视网膜病变、乳腺癌、结直肠癌、宫颈癌等疾病的早期筛查能力，其中食管癌、肺癌和糖尿病筛查的准确率都超过了 90%，能够有效帮助医生进行诊断。2018 年，腾讯觅影成立了国家人工智能医学影像开放平台。

---

1 清华大学中国科技政策研究中心. 中国人工智能发展报告 2018[R]. 北京，2018.

2 Watson 落地中国之后：你最可能在哪儿见到它？http://www.sohu.com/a/110494608_313392.

（三）智能金融

智能金融是人工智能技术与金融体系的全面融合。人工智能在金融领域的应用主要包括“智能投顾”和金融欺诈检测等。

“智能投顾”即智能投资顾问，是金融科技中非常常见的一类应用场景。“智能投顾”通过机器学习算法，根据客户设定的收益目标、年龄、收入、当前资产及风险承受能力自动调整金融投资组合，以实现客户的收益目标。不仅如此，算法还能根据客户收益目标的变动和市场行情的变化实时自动调整投资策略，始终围绕客户的收益目标为客户提供最佳的投资组合。目前美国的一些大中型投资公司如 Betterment 和 WealthFront 已经通过“智能投顾”为客户提供服务，并且价格低廉，获得了年轻一代的喜爱和认可。

以往金融欺诈检测系统非常依赖复杂和呆板的规则，由于缺乏有效的科技手段，已无法应对日益演进的欺诈模式和欺诈技术。伪造、冒充身份等欺诈事件常有发生，给金融企业和用户造成了很大的经济损失。一些企业开始致力于应用人工智能技术构建自动的、智能的反欺诈技术和系统，通过这些来帮助企业的风控系统打造用户行为追踪与分析能力，建立异常特征的自动识别能力，逐步达到自主、实时的发现新的欺诈模式的目标。

（四）智能安防

安防是人工智能较好的应用领域。智能安防基于海量的图像和视频等数据训练算法和模型，为安防行业事前预警、事中响应和事后处理提供了技术保障。

目前，人工智能在安防领域的应用主要包括警用和民用两个方向。在警用方向，人工智能在公安行业的应用最具有代表性，利用人工智能技术实时分析图像和视频内容，可以识别人员、车辆信息、追踪犯罪嫌疑人，也可以通过视频检索对从海量图片和视频库中对犯罪嫌疑人进行检索比对，为各类案件侦查节省宝贵的时间。在民用方向，利用人工智能可以实现智能楼宇和工业园区的智能监控。智能楼宇包括门禁管理、通过摄像头实现“人脸打卡”、人员进出管理、发现盗窃和违规探访等行为。在工业园区，固定摄像头和巡防机器人配合，可实现对园区内各个场所的实时监控，并对可能潜在的危险进行预警。除此之外，民用安防方向还有一个非常重要的应用场景，就是家用安防。如果检测到家庭中没有人员时，家庭安防摄像机可以自动进入布防模式；有异常时，给予闯入人员声音警告，并远程通知家庭主人。而当家庭成员回家后，又能自动撤防，保护用户隐私。

安防领域作为人工智能成功落地的一个应用，国内很多安防企业也开始从技术、产品等不同角度涉足人工智能。海康威视、大华、东方网力等传统企业在不断加大安防产品的智能化；另外，像商汤科技、旷视科技、云从科技和依图科技等算法见长的企业正将技术重点聚焦于人脸识别、行为分析等图像智能领域。

商汤科技（Sence Time）是中国领先的人工智能系统服务公司。北京大兴国际机场航站楼中布置的四层 58 条安检通道采用的“智能旅客安检系统”中的人脸识别技术由商汤科技提供。其能够在旅客身份安检过程中，自动快速完成人员、机票和身份证的三合一核验；同时能够在行李安检过程中，进行人脸动态识别，以创建生物特征标签，实现“人包绑定”，保证安检流程可回溯。在机场航站楼之外，地铁新机场线站点的进出站闸机通道也均采用类似的人脸识别系统，持卡工作人员可通过刷脸进出地铁站，如图 2-5 所示。

图 2-5　大兴机场的进出站闸机[1]

（五）智能家居

智能家居基于物联网技术，以住宅为平台，由硬件、软件、云平台构成家居生态圈。智能家居可以为用户提供个性化的生活服务，使家居生活更便捷、舒适和安全。

例如，借助语音和自然语言处理技术，用户通过说话即可实现对智能家居产品的控制，如语音控制开关窗帘（窗户）、照明系统、调节音量、切换电视节目等操作；借助机器学习和深度学习技术，智能电视、智能音箱等可以根据用户订阅或者收看的历史数据对用户进行画像，并将用户可能感兴趣的内容推荐给用户。在家居安防方面，可以利用面部识别、指纹识别等生物识别技术对智能家居产品进行解锁，通过智能摄像头实时监控住宅安全，对住宅非法入侵进行监测等。

在国内，小米打造的智能家居生态链在经历了几年的积累后，已经形成了一套自研、自产、自销的完整体系，接入生态链的硬件已经高达 6 000 万台。另外，以美的、海尔、格力为代表的传统家电企业依托本身庞大的产品线及市场占有率，也在积极向智能家居转型，推进自己的智能战略。

（六）智能电网

随着电网规模的扩大，人工智能已成为智能电网越来越重要的部分。人工智能技术能持续监控家庭和企业的智能电表和传感器的供需情况，实时调整电网的电力流量，实现电网的可靠、安全、经济、高效。

人工智能技术可以协助电力网络运营商或者政府改变能源组合，调整化石能源使用量，以及增加可再生能源的产量。在线路的巡视、巡检方面，借助智能巡检机器人和无人机实现规模化、智能化作业，提高效率和安全性，如图 2-6 所示。据广东电网的资料显示，广东电网在变电站的机巡年作业量超 18 万千米，相当于绕地球 4.5 圈，其中无人机巡视占 85%，作业量全球第一，综合效率提升了 2.6 倍。

---

1 北京大兴国际机场正式投运，商汤AI技术助力服务全球旅客https://www.sensetime.com/news/view/id/174.html.

图 2-6　巡检机器人用激光雷达拍摄的线路[1]

第二节　今天的人工智能还不能做什么
——人工智能的局限

2018 年 10 月，采用生成式对抗网络技术（GAN）创作的肖像画“Edmond Belamy”在纽约佳士得拍卖行卖出 43 万美元的高价，如图 2-7 所示。

图 2-7　肖像画“Edmond Belamy”[2]

1 http://www.huace.cn/cases/cases_show/123？renqun_youhua=449797.

2 霍思伊. 或然世界：AI 和艺术的短兵相接[N].中国新闻周刊，2019-7-22(908).

不难看出，该作品虽然绘制的是肖像，但人脸细节模糊不清，背景也并不是十分协调。如果是一位人类画家创作的作品，他还可以解释自己的灵感来源和主要遵从的流派为何。然而，采用人工智能技术作画，我们很难还原系统究竟经过怎样的决策过程选择了这样创作一幅作品。相较于人类对艺术产品的需求，目前人工智能的能力还十分有限。

从人工智能系统的运作结果来看，人工智能系统与人们期待的“强人工智能”或“通用型人工智能”相比，仍有以下的局限。

一、不具备常识

人的常识，是极其有趣的，又往往是只可意会、不可言传的东西。常识，我们可以理解为普通知识，即一个生活在社会中的心智健全的成年人所应该具备的基本知识，包括生存技能、基本劳作技能、基础的自然科学和人文社会科学知识等。

常识是人类无须特别学习就能具备的认知、理解和判断能力。我们在生活中经常会用“符合常识”或“违背常识”来判断一件事的对错。但是在这一类判断中，我们都无法说出为什么会是这样判断的。也就是说，在我们头脑中都有一些几乎被所有人认可的东西，无须仔细思考就能直接使用的知识、经验或方法。

拿物理现象来说，如果懂得力学定律，便可以用符合逻辑的方式，全面理解这个世界。但是，人类似乎生来就具有另一种更加神奇的能力，即使不借助逻辑和理论知识，也可以完成某些相当成功的决策或推理。

深度学习大师约书亚·本吉奥举例说：“即使两岁的孩童也能理解直观的物理过程，例如丢出的物体会下落，人类并不需要有意识地知道任何物理学就能预测这些物理过程，但机器做不到这一点。”

例如，在自动驾驶汽车上，计算机需要靠学习已知路况来积累经验。当自动驾驶汽车遇到难以判断或从来没见过的危险时，计算机仍然很难正确处理和应对。目前为止，世界各地自动驾驶车辆发生的事故，部分原因是自动驾驶系统误判了路上物体的大小、速度和性质。

二、缺乏抽象能力和自我意识

抽象能力，就是在思维活动中通过对事物整体性的科学分析，把自己认为的事物本质方面、主要方面提取出来，舍弃非本质、非主要的东西，从而形成概念和范畴的思维能力。

目前的深度学习技术，几乎都需要大量的训练样本来让计算机完成学习过程。可人类，哪怕是小孩子在学习新知识时，通常只需要两三个样本。其中最重要的差别，就是抽象能力的不同。

例如，当一个小孩看到第一辆汽车时，他的大脑中就会将汽车抽象为一个盒子装在四个轮子上的组合，并将这个抽象后的构型印在脑子里。当下次再看到外观差别很大的汽车时，这个小孩仍可以毫不费力地认出那是一辆汽车。

但计算机还很难实现这一点。在人工智能界，少样本学习、无监督学习方向的科研工作，目前的进展还很有限。

此外，自我意识，是指人对自身的身心活动的觉察，即自己对自己的认识，具体包括认识自己的生理状况（如身高、体重、体态等）、心理特征（如兴趣、能力、气质、性格等）以及自己与他人的关系等（如自己与周围人们相处的关系、自己在集体中的位置与作用）。

缺乏自我意识的机器人只能按照人类设定的任务，执行帮助人类打理家务、修整花园、打扫街道、开采矿石、操作机器、建造房屋等具体指令，但在工作之外的其他时间只能呆坐在电源旁充电，或者与其他机器人交换数据。没有自我意识的机器人与人类之间，仍是属于工具和使用者之间的关系。

三、完成艺术相关的工作困难

现在不少人工智能可以完成诗歌、散文和绘画作品的创作，但稍微仔细阅读便可发现，这些创作离人类的感情和意识还有很远的距离。如 2016 年，上海波森数据科技有限公司推出的智能作诗机器人“编诗姬”，虽然能够在 3 秒内就作出一首五言诗或七言诗，但意境不足，很难称为一首好诗。日本公立函馆未来大学松原仁教授团队利用人工智能创作的小说能够通过日本“星新一”文学奖比赛的初审，但润色加工仍需要人类完成。本章开头引用的百度大脑的诗作，同样很难让人体会到精妙之处。

就书法作品而言，阿里云人工智能 ET（人工智能系统）可以为员工写春联，其写出来的春联如行云流水，堪比书法家。但是机器写出来的字，却不能代替人类的书法。我们在欣赏书法家的书法作品时可以发现，同一个人在不同的情感背景下写出来的字就有很大的差异。如苏轼的书法，在作者不同的生活背景下，表现出来的意境也不同。《黄州寒食诗帖》是他被贬到黄州时的作品，因为当时的生活艰苦，环境恶劣，作者心情郁闷，他写出来的书法作品也有相应的反映：整体上起伏不平，字形大小对比悬殊，给人们带来强烈的视觉冲击。人类书法能体现作者的各种情怀，这些是人工智能无法模仿的。

在美术绘画方面，机器人可以掌握色彩平衡的规律，但是真正的美感却并不只限于色彩平衡。艺术创作是独立、纯粹的审美创作活动，画家创作都是从社会生活中寻找灵感，不是简单的复制生活，这也是艺术家不可被替代的原因。

专栏 2-3　人脸合成的困境

图 2-8 是人工智能公司 Indico Data Solution 与 Facebook 的科学家们使用计算机合成的一系列人脸。乍一看效果还不错，每张人脸都可以算作有模有样，但放大后就会看出这个合成技术存在明显的问题。

图 2-8　计算机合成人脸[1]

显然，部分人脸合成中出现了一些问题，脸型、五官和整体的比例出现了问题。这是目前人工智能合成人脸中的主要挑战之一。尽管部分人脸与正常人脸相比偏差并没有很大，但人类还是能够明显感知区别，如图 2-9 所示。这或许可以用“恐怖谷”理论加以解释。“恐怖谷”理论指出，当一个物体的特征非常接近人类时，它身上存在的异于人类的部分就会被无限放大，引起人们的反感。本节开始部分的肖像画可能也存在这个问题，但在艺术作品中人们可能已经见怪不怪了。

图 2-9　计算机合成人脸的失败作品

1 深扒：苹果首任 AI 总监 Ruslan Salakhutdinov 究竟是何方神圣？https://m.leiphone.com/news/201610/RKt1tarAjeqD4dEe.html

四、缺乏人文关怀

人工智能不太容易能捕捉到情感的信号。尽管机器有很多类似的工作来识别人的情感、文本中的情感信息等，但是离机器可以帮助人类做心理辅导，还有很长的一段距离。

例如，护理机器人的出现，在某些方面确实改善了老年人面临的一些生活难题。但纯粹依靠科技是不能解决老年人的孤独问题的。近些年来，日本应对老龄化问题的主要研发方向是“机器人养老”。Cyberdyne 公司生产制造的 HAL 机器人就是一个典型的例子。但是机器人照顾老年人的实际效果并不尽如人意，老年人更渴望由人类来照顾。机器人尽管能帮助老年人做很多事情，但机器人只是劳动的替代者，而不是精神问题的解决者。面对老年人可能更需要的是解决人际交流问题，机器人在这方面却无能为力。

人工智能在应用上会有如上的问题，可能与其基本性质有关。第一节中我们曾讨论过，人工智能系统受到计算机系统的影响。硬件、数据、算法、算力等因素都可能对其产生影响。

人工智能硬件与算力问题一直是影响人工智能的重要问题。早期的人工智能，科学家使用电子管计算机，计算能力比较有限，因而更为简单直接、不需要大量运算的符号主义方式就受到欢迎。近些年来由于 CPU 和 GPU 等芯片的算力大幅提升，对算力要求巨大的深度神经网络算法才得以实现。直至今日，算力仍然是制约人工智能发展的重要因素。

中国的人工智能企业采购了大量的先进的人工智能计算芯片。例如，商汤科技仅采购英伟达（NVIDIA）Tesla 计算芯片的开销就接近 10 亿元人民币。目前，诸如华为、阿里巴巴这样的企业不断研发算力更高的人工智能芯片，阿里巴巴平头哥公司的“含光-800”AI 推理芯片和华为海思公司的“昇腾 910”AI 芯片是其中的优秀代表。

人工智能算法的局限主要体现在其受数据质量影响表现出的脆弱性。如果人工智能系统在训练时没有考虑到应用场景中的全部问题，那么在实际应用中，可能因为数据的一些缺陷和噪声造成结果的不可靠。例如，科学家们曾将用于训练的图片去除了一些像素点，采用图像识别的人工智能系统训练，其结果就不太可靠。

数据问题对人工智能系统的影响与其对社会的影响同样重大，特别是可能发生个人隐私泄漏等严重问题，本章最后一节将对这些问题进行探究。

第三节 人工智能将如何变革

经过 60 多年的发展，今天的人工智能已经在智能算法、数据积累和计算能力等方面实现了巨大的突破，从而迅速地应用到各行各业之中。如果说过去人工智能系统相比人类能力有限，适用范围较窄，那么现在人工智能系统已经可以在越来越多的应用领域达到类似人类的能力，但是距离显著提升社会生产效率的要求还有不小的距离。那么，在未来的几十年内，人工智能技术将会如何发展以及发展到什么程度呢？结合众多行业专家的观点，我们认为未来人工智能的发展将很有可能呈现以下三个特征和趋势。

一、从“专用人工智能”到“通用人工智能”

目前的人工智能只能在具体领域的封闭规则空间里展现出诸多超出人类水平的智能，而人类对人工智能的最终期待是“强人工智能”或“通用人工智能”，让人工智能在不同开放的应用场景中都能自主感知、学习和决策。虽然目前人类距离这样的人工智能还有较大距离，但是已经有不少国家和科技企业都把发展通用人工智能作为未来人工智能的重点方向。例如，美国国家科学技术委员会在 2016 年 10 月发布了《国家人工智能研究与发展战略计划》，该计划就把通用人工智能作为人工智能中长期发展战略的研究重点。在全球领先的科技企业中，Microsoft 已经于 2017 年成立了通用人工智能实验室，而 AlphaGo 系统开发团队也早已提出要致力于“创造解决世界上一切问题的通用人工智能”。因此，让人工智能更通用、更有变通性和灵活性，无疑是未来人工智能发展的重要趋势。

二、“人机协同”与“人机混合”

人工智能研究中借鉴了脑科学和认知科学的研究成果，时至今日，“类脑计算”和“类脑智能系统”的观点仍在人工智能学界广为流传。“人机混合智能”是指把人类的认知模型引入机器智能之中，让其能够在感知、推理、决策等方面达到或超出人类的智能水平，成为人类智能的自然延伸和拓展。当前已经有许多科学家和企业致力于改进人与智能系统的交互，典型的解决方案如“脑机接口”，已在帮助高位截瘫患者复健方面发挥了作用。再如，“可解释的人工智能”，将在自动驾驶汽车、飞机导航等人工智能的重要应用领域中发挥重要的作用。中国新一代人工智能规划中也已经把“人机混合智能”列为重点研究方向之一。

三、从“先人工后智能”到“自主智能”

在当前人工智能系统采用的机器学习算法中，相当一部分属于“监督学习”，其训练数据需要人工标注。由于目前网络上高质量的数据库较少，许多企业为获取数据需要花费大量成本进行数据标注工作。例如，人工智能企业码隆科技为进行商品识别，花费了大量成本对衣物、家具等生活用品进行标注。京东众智数据标平台则通过网上短期合约的方式低价雇佣人们进行数据标注工作，如图 2-10 所示。

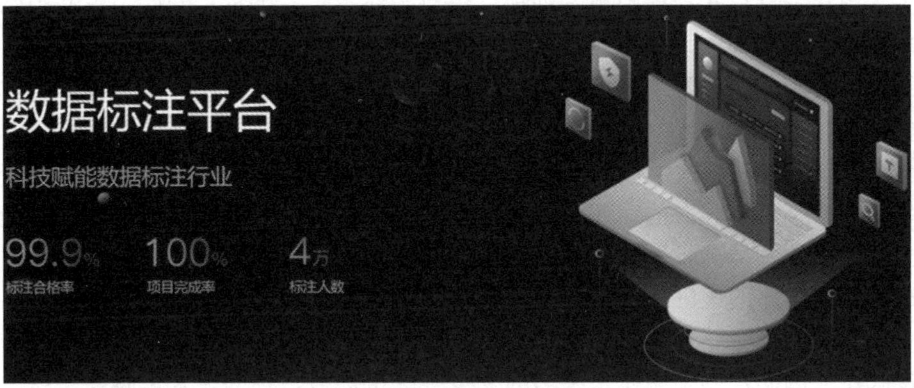

图 2-10 京东众智数据标注平台

相比数据标注工作，设计算法、建立模型、确定应用场景等工作对技术和经验的要求更高。研究者已经开始重点研究如何提高机器对数据的自主学习能力，从而减少人工数据标注的干预。例如，上文中提到的 AlphaGo 升级为 AlphaGo Zero 过程就是通过自我对弈在较小的样本量情况下实现了对弈能力的自我演进。借助强化学习等方法，AlphaGo 团队将进一步打造应用于围棋、国际象棋和日本将棋的“通用棋类人工智能”。2017 年，谷歌推出了自动机器学习系统（AutoML），该系统的目的在于通过自动创建机器学习系统实现人工成本的降低。

人工智能技术不断升级换代和广泛应用，也将进一步推动社会、经济、文化等多方面的深刻变革。

首先，人工智能技术应用将会为经济发展产生新的推力。咨询公司埃森哲 2016 年发布的报告预测，人工智能将会使现有的劳动生产率提高 40%，而人工智能技术应用领先的国家，如美国、日本、英国等 12 个发达国家，到 2035 年其年均经济增长率将提高一倍。随着人工智能技术的进一步成熟，其产业的应用范围也将不断扩大。据麦肯锡 2018 年研究报告的预测数据，到 2030 年，全球 70%的企业都将至少使用一种智能技术，带来 13 万亿美元的新增经济规模。

其次，人工智能技术及产业发展将对社会产生重要的影响。以中国科学院谭铁牛院士为代表的学者认为，人工智能将推动人类进入普惠型智能社会。人工智能技术进入医疗、交通、政务、教育、能源等领域，将极大促进社会资源配置效率的提升，便利人们的生活，并促进社会公平。某种程度上，人工智能将会像第二次工业革命中的电力一样，不仅大力提高了生产力水平，也会给人们的生活带来巨大的便利。例如，残障人士可能因为人工智能技术的进步而弥补身体缺陷，享受正常人的生活方式。

再者，人工智能的发展将促进科学研究的重大变革。随着人工智能技术的成熟和应用，极大提升了从海量数据中提取有效信息的能力，对科学研究的范式带来了重大改变。许多研究者认为，人工智能的使用将使很多科学研究从追求因果关系向追求相关性关系转变，让人工智能自己从海量多维的数据中寻找事物之间的关联规律，从而作为预测的基础。目前，人工智能不仅已经被用来寻找新的物质微粒等自然科学领域，也在社会学、心理学等社会科学领域中大展身手。例如，宾夕法尼亚大学的心理学团队用机器学习算法分析了

Facebook 中 2.9 万名自我评估中患有抑郁症用户的社交发布内容，发现了更新内容中词语和抑郁症水平之间的关联，从而成功估量出其他用户的抑郁症水平。此外，由于目前的人工智能研究很大程度上依赖于数据的可获得性，因而掌握大量数据的企业也将会在基础研究中起到越来越重要的作用。

最后，人工智能将很大程度重塑世界地缘政治的格局。创新工场创始人李开复认为人工智能是一个“强者愈强”的产业，因为数据、人才、技术会不断形成正反馈，最终集聚到少数国家。在这种情况下，人工智能创造的财富会大量流入少数领先国家，而很多国家将成为这些领先国家的经济依附体。除了影响经济竞争格局之外，人工智能在军事领域的应用将更加影响未来全球地缘政治的格局。不少人认为，人工智能带来的军事影响力可能不亚于核武器。因此，为了能在未来国际竞争中取得优势，各国在人工智能领域的军事竞赛已经展开帷幕。

目前来看，美国和中国在这一轮人工智能浪潮中暂时赢得了先机，诞生了大量的人工智能巨头企业和独角兽。中国政府高度重视并大力支持发展人工智能。2017 年 7 月，国务院发布了《新一代人工智能发展规划》提出中国要在 2030 年成为世界人工智能领先强国战略部署。不少地方政府也出台了大力支持人工智能发展的政策。目前，中国人工智能已经在论文发表、专利发布等指标上位居世界第一，在企业数量和人才数量上仅次于美国。在一些具体的技术领域，如语音识别和计算机视觉等领域，中国的企业已走在了世界前列。然而也需要看到，中国人工智能发展还存在许多问题。中国人工智能技术创新较强，但基础研究较弱。中国人工智能的计算芯片和基础算法仍然大量依赖国外，在国际人工智能技术标准制订中缺乏足够的话语权。尽管一些领先企业纷纷推出从硬件、架构到算法、应用的全链条服务，但其效果如何仍需要实践检验。

第四节　人工智能对人类发起挑战

一、人工智能对就业的影响

面对人工智能的冲击，许多人已经开始担忧自己的工作是否会被人工智能所取代，或者只能在人工智能所留下的“夹缝”中生存。这是因为人工智能对劳动力市场的冲击范围、力度、持续性和极化效应等，都将远远超过以往技术革命的影响。首先，人工智能技术有许多人力不可比拟的优势。人工智能不受外部环境的干扰，它可以稳定、可靠、不间断地工作。这些技术的准确性要比人类工作者高很多，而且不受饥饿、疾病、疲劳等外部条件的影响。自动化的工作容易标准化和同步，可以极大提高企业的工作效率，实现更好的控制和更高的透明度。在决策过程中，计算系统会根据客观的指标和事实做出判断，而不会受情绪偏好等主观因素的影响，如表 2-3 所示。因此，人工智能技术的深度应用可能会短时期内消灭一些旧产业，或对某些产业进行重塑，引发比较激烈的就业动荡。再者，人工智能的就业替代效应可能会持续相当长的时间，甚至形成“极化效应”。此外，人工智能是个通用技术，会像电力一样逐渐应用到几乎所有的行业中，让从业者受到影响。

表 2-3　人工智能与自动化的主要区别

<table>
<tr><th colspan="2">类　别</th><th colspan="2">能　力</th></tr>
<tr><td colspan="2">机械自动化</td><td colspan="2">重复性的基于规则的工作</td></tr>
<tr><td rowspan="3">人工智能</td><td>应用型人工智能</td><td rowspan="2">基于决策判断的过程</td><td>“思考”</td></tr>
<tr><td>通用型人工智能，机器学习</td><td>“学习”，随着时间逐渐增加，自然语言处理能够理解人类沟通</td></tr>
<tr><td>综合型人工智能</td><td colspan="2">决策；学习；执行；能够在没有人类的干预下独立自我提高</td></tr>
</table>

以往的许多技术进步只是从体力上替代劳动力，但人工智能技术也会对很多脑力型就业岗位形成替代，甚至对律师、医生、金融从业者等高级白领都会形成很大的冲击。虽然机器无法像人一样思考和推理，但由于海量数据的训练，近年来的机器学习算法已经可以做越来越多只有人可以做的事情了。

数字技术的扩散已经让很多银行实体网点逐步关闭，很多相应的从业者也失去了这些工作岗位。根据花旗银行和牛津大学联合发布的报告《工作中的科技：未来的创新与就业》显示，在 2004 至 2013 年间，主要发达国家/地区每 10 万成人所拥有的银行网点数量基本都经历了“先扩张后紧缩”的过程，尤其是荷兰、丹麦、挪威和比利时等国家，分别下降了 48.3%，39.6%，31%和 27.5%（如表 2-4 所示）。

表 2-4　主要发达国家/地区每 10 万成人所拥有的银行网点数量

	2004	2013	增长（%）
西班牙	98.2	74.5	−24.1
意大利	63.5	62	−2.4
瑞士	57.4	48	−16.4
比利时	57.2	41.5	−27.5
美国	32.5	33.9	4.2
日本	34.6	33.9	−2.1
澳大利亚	30.7	30.7	0.2
丹麦	50.1	30.2	−39.6
英国	29.1	22.2	−23.5
爱尔兰	35.9	23	−36
瑞典	23.6	21.7	−7.8
荷兰	33.7	17.4	−48.3
德国	21.3	14.7	−31.1
芬兰	13.2	12.3	−6.9
新加坡	11.7	10.2	−13.4
挪威	9.1	31	−31

专栏 2-4　关于人工智能对未来就业影响的预测

目前，人工智能技术在各行业的应用尚未完全展开，其对就业的影响尚难预测，但已有一些研究从自动化和机器人的角度分析了这些技术的就业影响。例如，Acemoglu 和 Restrepo 分析了美国 1990 至 2007 年间劳动力市场的数据，发现机器人的比例每增加千分之一，就会减少 0.18%～0.34%的就业岗位，并让工资下降 0.25%～0.5%。

一些学者和研究机构也展开了对人工智能对就业影响的预测。其中，Frey 和 Osborne 的预测方法有较大的影响力。他们对美国的 702 个就业岗位的职业特征和被人工智能替代的概率进行了分析，如图 2-11 所示，分析结果表明 47%的岗位面临着被人工智能替代的风险，如表 2-5 所示。Chui 等人预测美国 45%的工作活动将依靠现有技术水平的机器来完成；而如果人工智能系统的表现可以达到人类中等水平，那么该数字将增至 58%。Bowles 发现欧洲易受人工智能影响的工作份额在 45%～60%以上。据 David 的研究，日本未来几年有 55%的就业机会将会受到新技术的冲击。Berriman 和 Hawksworth 预测到 2030 年英国将有 1 000 万左右的工作可能被机器替代，占全部工作岗位的 30%，而美国、德国、日本的这个比率分别为 38%、35%和 21%。据牛津大学和花旗银行的联合报告预测，未来人工智能或机器人对 OECD（经济合作与发展组织）国家工作岗位的平均替代率是 57%，印度是 69%，中国将会有 77%的岗位实现自动化。也有学者利用问卷调查让从业者对自己的工作被人工智能替代主观预测，例如 Morikawa 就利用此方法，发现在日本有 30%的人担忧自己的工作被人工智能替代，尤其是年轻人和非正式就业的员工。

表 2-5　对人工智能未来就业替代的一些预测

国家/组织	概率（%）	作　者
美国	47	Frey 和 Osborne（2013）
美国	45/58	Chui 等（2015）
芬兰	35	Pajarinen 和 Rouvinen（2014）
欧洲	45～60	Bowles（2014）
英国	30	Berriman 和 Hawksworth（2017）
日本	55	David（2017）
日本	30	Morikawa（2017）
OECD	57	Oxford University/ Citi
印度	69	Oxford University/ Citi
中国	77	Oxford University/ Citi
OECD	9	Arntz，Gregory and Zierahn（2016）

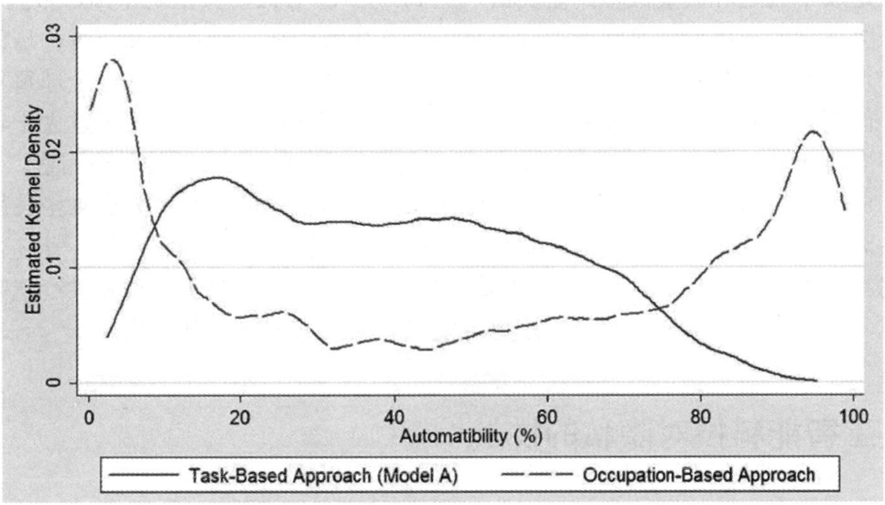

图 2-11 基于工作任务和职业两种方法对美国就业自动化概率的预测

注：Task-based Approach 为基于工作任务的预测结果，Occupation-based Approach 为基于职业的预测结果。

然而，也有观点认为，上述这些预测太过悲观了。实际上，人类能做的事情远比我们所能描述的更多。Arntz 等认为，Frey 和 Obsborne 对未来计算机技术的进步过于乐观，很多高风险行业中的一些任务并不容易被机器替代。他们以任务而非职业为基础的研究方法，预测了 21 个 OECD 国家的就业岗位被机器替代的高风险概率只有 9%。这个预测的进步在于，考虑每个职位中所包含的具体工作内容，而不是按整个岗位简单计算。一般而言，新技术进步只能在具体任务中替代劳动力，但不会消灭整个职业。Bessen 的最近一项研究表明，1950 年，在美国人口普查中列出的 270 个职业中，只有电梯运营员这个职业在 2010 年由于自动化会被淘汰。技术能改变工作的执行情况和需要执行的人数，但是不一定消除整个职业。创造或是破坏就业机会不仅取决于技术可行性，还受到经济、法律、监管或社会政治等因素的制约。

二、人工智能科技对人口健康的影响

人类发展科技的一个很大动力就是“偷懒”，即节约时间和劳力，提高效率。人工智能等技术进步会将人从许多繁重琐碎的劳动中解放出来，但与此同时，也不断加深了人对机器的依赖。技术的供给也会自动创造需求，各种智能机械和网络服务可以让人足不出户就可以解决许多生活、娱乐甚至工作的需求，使得人类在身体上变得越发怠惰，从而造成身心健康的变化。

2017 年，全球肥胖人群的数量已经超过 20 亿，而且有不断扩大的趋势。美国是目前“人口大国”中青少年肥胖率最高的国家，有接近 13%的青少年都属于肥胖群体。从数量来看，中国和印度的肥胖儿童数量是最多的两国，中国达到 1 530 万人，印度达到 1 440

万人，但是成年人肥胖数量最多的是美国，达到 7 940 万人，其次是中国，数量为 5 730 万人。肥胖可导致一系列并发症或者相关疾病，心血管疾病、糖尿病和某些肿瘤的发生率明显上升，进而影响肥胖者的预期寿命或者导致生活质量下降。据统计，全球每年因为超重或肥胖问题死亡的人数超过 400 万人。美国人均预期寿命的增长相较于过去十年明显放缓，2015 年甚至略有降低，而肥胖症和糖尿病是预期寿命增长放缓的重要因素。

科幻电影《机器人总动员》描绘了一幅未来人类与机器的关系：人类乘坐飞船离开了受核污染而不能居住的地球，机器人负责飞船的一切运营，从清洁、安保、食物供给，到船长顾问都是由机器人负责，而人类只需躺在自动椅上，由机器负责移动和供给吃喝玩乐，身体肥胖，基本失去了步行的功能。这也可能成为人类将来的局部现实。

三、人工智能科技对隐私的挑战

当今社会，各种智能终端、传感器大量普及。借助便捷的信息采集技术，人们的所有个人行为、性格偏好、兴趣爱好、社交网络都可以被信息化、数据化。而通过相应的智能算法，就能准确地画出每一个人的“数据画像”。这也就意味着，在大数据采集、分析和人工智能技术面前，人们不再拥有传统意义上的“隐私”。

数字经济时代的特征是开放与竞争，但同时，数字经济对规模的内在需求将使市场结构最终可能走向垄断。数据越多、网络规模越大，才能形成大规模级别的需求网络效应，对于工业应用平台、社交网络及电子商务平台等竞争优势的形成至关重要。因此，竞争的结果将会是少数企业成为数字基础设施或平台的构建者，大多数前端企业依附这些“超级明星企业”的平台进行运营，形成“平台+海量前端企业”的生态系统之间的竞争模式。这些超级公司为大量中小企业和用户提供普遍服务，但同时也在不断迅速积累使用者的数据，数据安全成为一个重大的社会问题。

与公共部门相比，商业机构，特别是掌握大量消费者数据的平台企业，将会是消费者受到隐私泄漏与“算法歧视”威胁的最大风险源。在完全没有外部规制的条件下，有些商家有足够的动力根据消费者的个人偏好向其推荐特定商品或服务，并根据消费者的收入水平、消费倾向而“因人定价”，以实现利润最大化。第二种常见的行为则是消费者个人信息被泄漏和不当使用，如 Facebook 和剑桥分析公司的信息泄漏案就是这样的典型案例。第三种行为则是“消费者歧视”或“拒绝服务”。例如，保险公司拒绝向特定人群（如特定基因携带者或特定行为人群）提供保险，这一点在“人工智能+大数据”分析的今天已经不难做到。

四、人工智能对社会公平的影响

如今的人工智能技术的核心在于利用海量数据训练出算法模型，从而根据新的数据做出最大概率事件的预测和决策。其中的风险在于：基于机器学习、特别是自主学习的“黑箱”特征，人们并不能够保证学习得到算法的公平性、合理性，因为它只能保持“近似正确”，从而有可能产生误判。数据输入和算法模型可以决定预测的结果，这是算法歧视的主要来源。一方面，数据本身是现实世界的局部反映，其准确性、有效性和完整性等特征会影响算法模型的公正性，从而对某些未被涵盖的群体形成算法歧视。另一方面，算法的设计、目的、方法、标准等都是基于设计者或开发者的主观选择，他们很可能将自己的主观价值嵌入到算法系统中，从而形成算法歧视。例如，目前85%以上的机器学习设计者都是男性，这可能会在无意识中造成算法系统中对女性特征和需求的忽视。

五、人工智能对安全的影响

以往的自动化只是机器执行人类设计好的命令和程序，然而人工智能技术可以实时根据新的数据做出决策并执行相应的行为，其不可预测性和不可控性极大提高，埋下了很大的安全隐患。目前的人工智能技术还停留在弱人工智能阶段，但是未来可能发展出强人工智能和超人工智能，除了没有人类的主体意识之外，人工智能的能力将远超人类的水平。包括霍金、比尔·盖茨和马斯克等科技人士都不断警告人工智能可能威胁人类的生存。机器的能力越强，人类对机器的依赖越深，其破坏力也将越高。就如核能一样，虽然带来了巨大的能源供给，但也使人类笼罩在核事故或战争的威胁之下。

人工智能没有情感和价值判断，人类只能从算法和规则等方面去约束其行为，但还是难以防止意外事件的发生，而后果可能都是巨大的生命财产等作为代价。如果这种超强能力被少数人恶意利用，就会对社会形成不可挽回的伤害。与此同时，机器造成的人身、财产伤害也将对责任认定形成挑战。如果没有合理的规制，将来人们在日常生活、工作、娱乐的环境中都是与这些“不负责任”的机器为伴，安全将难以得到保障。

六、人工智能对社会伦理的挑战

随着人类与人工智能的频繁互动，可能逐渐形成互为嵌入式的新型人机关系。时间与空间的界限被打破，虚拟与真实也被随意切换，越来越多人可能陷入数字虚拟世界而与现实世界相隔离。例如，虚拟现实技术通过计算机和相关感知设备，创造出虚拟世界，使得人在其中有接近真实世界的体验和感受。虚拟现实技术营造的感观体验基本上是以个人体验为中心的，可能导致当人们沉浸其中时，由于缺乏主体间的交流而产生“自闭”心态，进而对现实世界漠不关心，甚至产生反感或抵触情绪。随着虚拟现实和增强现实的技术的进一步发展，真实与虚拟世界的边界可能会被进一步模糊，使人们对真实世界的理解产生剧烈的变化。

《未来简史》的作者赫拉利认为，幸福快乐的感觉也可以利用技术方式不断刺激而获得。虚拟世界可以让人感受现实中无法经历的刺激体验，从而获得极大的满足感。当大量的刺激都由虚拟世界提供时，现实世界的刺激可能对很多人失去吸引力。大量心理学实验已经证实人类大脑是具有可塑性的，容易被环境无意识地改造。虚拟现实可能会对人的行为产生影响，而这种影响会延续到现实世界。虚拟世界的道德价值观与现实世界完全不同，长期沉浸其中使得参与者模糊道德认知，迷失自我，以致不能理性地担任现实社会中的角色。

当今各种逼真虚拟情境的网络游戏已经成为很多人的重要娱乐方式，不少人已经沉迷其中不能自拔，尤其是青少年。根据《2019 年全国未成年人互联网使用情况研究报告》显示，2019 年我国未成年网民规模为 1.75 亿，未成年人互联网普及率达到 93.1%。城乡未成年人的数字差距进一步弥合，城镇未成年人互联网普及率达到 93.9%，农村未成年人达到 90.3%，两群体的差异较 2018 年的 5.4 个百分点下降至 3.6 个百分点。中国青少年首次接触网络游戏的年龄呈日益低龄化的趋势。6～14 岁是青少年心智逐渐成熟、习惯逐渐培养的关键阶段，网络游戏对他们的世界观和价值观的形成会有重大的影响。

不仅在游戏领域，虚拟技术已经开始应用到教育和医疗等多个领域。这些技术在给人口很多福利的同时，也在不断增加人们对技术的依附性。电影《黑客帝国》描绘的一幅未来场景值得深思：人类的身体被束缚在培养体中，但是大脑活动陷入超级人工智能“母体”（Matrix）所创造的虚拟现实中而毫不自知。虽然这是科幻作品，但其所体现的虚拟与真实世界的冲突已经在今天逐渐显现出来，对人类社会的发展将产生影响。

第三章

司机将何去何从

一场全新的战役即将打响，那是对技术的挑战。随着经济技术的发展以及科技的进步，物质前所未有地丰富，交通越来越发达，自动驾驶汽车已经开始进入大众生活。人们在享受现有便利的同时，可做更多喜欢的事。毋庸置疑，自动驾驶技术的出现不仅会改变人类的出行方式，还会带来便捷和自由。是否想象过，一项技术的出现会给哪些行业带来冲击呢？与自动驾驶密切相关的司机这一职业将何去何从？本章从什么是自动驾驶技术、自动驾驶技术带来的便利、自动驾驶技术的未来、司机在变革中的去向这四个方面勾勒出一幅自动驾驶未来的图景。

第一节　什么是自动驾驶技术

当《变形金刚》中演绎“汽车人变形出发去拯救地球和人类……”这一片段时，大家会不会羡慕影视作品中的场景呢？幸运的是今天的它正在我们的实验室里，相信几年以后便会成为马路上闪亮的“明星”。那时的你正坐着酷炫的汽车回家，周围的人仔细观察会发现这是一辆没有驾驶员的汽车，那么是什么使汽车满载着科技感和未来感呢？

一、自动驾驶技术

通俗地讲，自动驾驶技术就是让汽车自己拥有环境感知、路径规划以及自主控制汽车的转向和速度的功能，不依靠司机做任何操作便可实现自动驾驶汽车的技术。其中传感器和车辆控制技术分别代替人的眼睛和大脑（如图 3-1 所示），“眼睛”可以感知车辆周围事物的远近程度，“大脑”能实时感知环境信息、确定路线与方向以及车辆的转向并调整车辆速度。自动驾驶汽车的“眼睛”有激光雷达、毫米波雷达、超声波雷达、摄像头及组合导航模块等；同时自动驾驶汽车的“大脑”完成它的一系列功能，先通过传感器及时观察车辆周围的环境情况，再通过高精度的地图去选择一条最优的路线，并对周边的车辆和行人进行下一步动作的预测。此外，“小脑”类似于汽车的底层控制器，如 ECU、ABS、EPS 控制器。

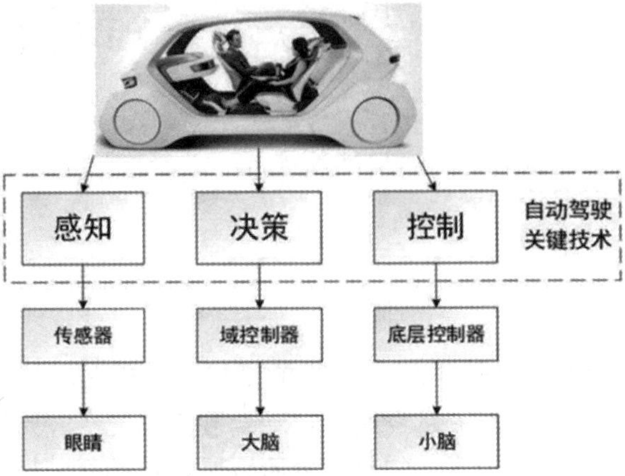

图 3-1　自动驾驶技术示意图

（一）自动驾驶与无人驾驶

自动驾驶等同于无人驾驶吗？

美国国家公路交通安全管理局（NHTSA）给出了更为详细的解释，将自动驾驶功能分为 5 个级别，L0～L4 级[1]，目前全球也在统一使用这个标准。

L0：完全无智能化。无任何自动或辅助驾驶功能，司机对汽车的所有功能拥有绝对控制权。

L1：具有特殊功能的智能化。向司机提供基本的技术性帮助，例如自适应巡航控制系统、自动紧急制动，司机占据主导位置，可以完成除自动功能外的感知和判断。

L2：部分原始控制功能的智能化。实现数种功能的自动控制，例如自动巡航控制或车道保持功能，司机和汽车来分享控制权，不过司机必须随时待命，在系统退出的时候随时接上。

L3：有条件的自动驾驶。在有限情况下实现自动控制，系统在某些条件下可以完全操控整个车辆，但是当遇到紧急情况时，还是需要司机对车辆进行接管。

L4：完全智能化（无人驾驶）。在任何交通环境状况中，汽车都可以全面自动驾驶。这是我们想要到达的阶段。

因此，自动驾驶并不是无人驾驶，就算拥有自动驾驶功能，还是需要驾驶员按照正常的驾驶要求和标准来操作汽车，手不能离开方向盘，视线也依然要保持在前方的路况上。在自动驾驶技术还未完全过渡到无人驾驶之前，驾驶员的手需要放在方向盘上，并保持注意力的集中，这是保证我们出行安全的最后一道防线。而本章为了便于理解，则使用国际

1 无人驾驶的分级以及产品化后会带来的改善，CSDN 博客.

通行的称法“自动驾驶”来代替“无人驾驶”。

（二）自动驾驶的关键技术[1]

1. 感知

自动驾驶汽车需要和其他车辆、行人一样，能够识别出各种交通信号和标志。感知到一个迎面而来的物体的距离和速度，以便及时做出各种各样的反应。自动驾驶汽车通常依靠摄像头和其他传感器，如毫米波雷达和激光雷达，这些传感器收集的数据被一种叫“传感器融合”的技术组合在一起，尽可能给汽车提供周围环境最准确的情况。

2. 摄像头和计算机视觉

摄像头在自动驾驶汽车和装备 ADAS 功能的汽车上被普遍使用。不同于毫米波雷达和激光雷达，摄像头能够识别颜色和文字来帮助探测路标、交通信号灯和街道指示。但是，摄像头在探测深度和距离的时候与激光雷达相比有所不足。为了处理从摄像头接收到的数据，自动驾驶汽车的系统借助训练好的计算机视觉软件来识别物体和信号。这个软件应该能够识别车道线特定的细节（比如车道边界的颜色和图案）并且评估合适的交通规则。很多公司希望开发摄像头供自动驾驶汽车来尽可能提取最生动的图像。例如，Light 公司公布了 D 系列的$121M，已经专门开发了与激光雷达的精度相匹配的摄像头。摄像头能够通过它的 16 个镜头来提取高精度的 3D 图像进行图像融合；DeepScale 公司正在布置深度神经网络来提高识别能力和保持一个随时间不断优化的错误率。

3. 毫米波雷达技术

毫米波雷达通过发射一种无线电波来探测物体，汽车可以借助其来探测迎面而来的物体的距离、范围和速度。它被视为比激光雷达更可靠的技术，因为它的远距离探测能力，并且没有易损坏的旋转运动的元件。并且它的成本更低。因此毫米波雷达被广泛应用于自动驾驶汽车和 ADAS 功能中。其中，Lunewave 公司正在使用 3D 打印技术来创造作用距离更远和更准确的天线系统；Metawave 公司也在研究如何加强毫米波雷达的性能，现在已经开发出一种使用金属材料以达到更高和更远探测距离的模拟天线。

4. 激光雷达

激光雷达被视为最先进的传感器。激光雷达能创建车辆周围环境 3D 透视图的能力，能够促进对于物体的识别。传统的激光雷达系统包含一系列旋转元件来获取车辆周围 360°的视角。这些元件的开发成本很高，而且往往并不比固定元件更耐用。许多公司正致力于在保持激光雷达的高精度的同时减少其成本。一种解决方法就是固态激光雷达，也就是一种没有运动元件并且制造成本更低的激光雷达。例如，以色列公司 Innoviz 已经将固态激光雷达缩减到几百美元以内；Avea 是另一家在研发自己的固态激光雷达的公司，并宣布它的产品拥有 200 米的探测范围和仅有几百美元的成本；中国的固态激光雷达公司速腾聚创（Robosense）在 2019 年 10 月收获了 4 330 万美元的 C 轮融资。这轮融资的投资人包括阿里的物流子公司菜鸟智慧物流网络和汽车制造商上汽集团以及北汽集团。

---

1 无人驾驶关键技术拆解，雷锋网.

5. 车联万物（V2X 技术）

除了视距传感器，很多公司正致力于一种能让汽车与其他相连物体进行无线通信的技术，也就是 V2X 技术。这种技术仍处于研发阶段，但是它已经拥有让不论是否处于视野内的车辆、非机动车和行人保持不间断通信的潜力。目前，以色列公司 Autotalks 正与韩国现代公司合作来为市场量产它的 V2X 传感器。这家公司已经收到了现代和三星的投资。

6. 驾驶数据和仿真

路测的驾驶数据和仿真对于自动驾驶开发是非常关键的，给算法训练提供了指导方向。根据兰德公司的报告，自动驾驶需要驾驶数亿甚至数十亿英里来验证其安全性，自动驾驶的开发人员利用车队完成这个距离的数据收集需要花费数年时间。因此，开发者利用仿真技术来积累虚拟里程。仿真公司和自动驾驶开发者利用人工智能来生成测试数据训练自动驾驶车辆。该项技术特别有利于在危险或不常见的场景中训练自动驾驶车辆，例如刺眼的阳光或突然出现的行人。NVIDIA（英伟达）公司是仿真技术领先的主要公司之一，可以在数十亿英里的定制场景中训练其算法。此外，中国科技巨头百度也开发了自己的语义分割软件 ApolloScape，用于自动驾驶的开源数据集，百度公司的技术可实现多达 26 种分类的图像注释，包括汽车、行人、自行车、建筑物和路灯，以帮助自动驾驶汽车识别道路上的可驾驶区域和迎面而来的危险。

7. 预建地图

当车辆自动导航时，它们将周围环境与存储在记忆中的数字地图进行比较。这些高清地图比用于个人导航软件的数字地图更精确。它们包含基于道路的信息，如车道大小、人行横道和道路标志，并通过车辆外部的传感器收集的数据进行增强。例如，Civil Maps 公司在为全自动车辆开发 3D 地图技术。利用人工智能，该公司将原始传感器的数据转换为有意义的地图信息。地图领域主要参与者有 HERE Maps 公司和 TomTom 公司。

二、自动驾驶汽车的发展历程

自动驾驶汽车作为人工智能和汽车工业结合的产物，无疑是当今的热门话题，但自动驾驶技术并不是新时代的智能产物。在我们畅想自动驾驶未来发展前景的同时，不妨追溯一下自动驾驶技术在国内外的发展历程。

1985 年，美国 ALV 计划在美国丹佛市落基山脉的山路上将一辆装有 8 个轮胎，顶部配备一个闭路摄像头的自动驾驶汽车成功地完成了它的自主陆地载具的测试。

1989 年，国防科技大学研制出我国首辆智能小车。之后在 1992 年，国防科技大学制造出了我国第一辆真正意义上的自动驾驶汽车。

2000 年，美国卡内基梅隆大学也生产出了一辆通过磁气传感器及红外摄像机实现自动驾驶的公共汽车。同年，国防科技大学研制试验成功了我国第四代自动驾驶汽车。

2007 年，在美国举办的自动驾驶汽车挑战赛上展示出一批自动驾驶汽车，它们是由一些美国企业和高校共同研发的。

2009 年，谷歌正式启动了自动驾驶汽车的项目。

2010 年，国防科技大学和一汽集团联合研制出一辆只装有摄像机、雷达的红旗旗舰自动驾驶轿车，这辆汽车可以自己导航，不需要人做任何的控制与操作。

2012 年，谷歌获得了美国首个自动驾驶车辆路测许可证。

2013 年，百度开始着手自动驾驶汽车的项目。

2014 年，谷歌推出了一款无油门、无方向盘和只有一个启动键的车型，并且在 2015 年夏天在加利福尼亚州山景城的公路上测试。同年，百度研制的自动驾驶汽车也将其成功行驶于城市、高速和环路混合路况，这也是国内首次完成。

2016 年，优步也推出了自动驾驶的载客模式。

2017 年，特斯拉推出自动驾驶系统 Autopilot 8.1，并且它已达到有条件的自动驾驶水平（L3）。

2018 年，深圳市向腾讯公司核发了智能网联汽车道路测试通知书和临时行驶车号牌。百度 Apollo 自动驾驶全场景车队在长沙高速上测试性行驶。

2019 年，长沙市人民政府颁布了《长沙市智能网联汽车道路测试管理实施细则（试行）V2.0》，并颁发了 49 张自动驾驶测试牌照。其中百度获得了 45 张自动驾驶测试牌照，百度在长沙正式开启大规模测试。同年，由百度和一汽集团联手打造的中国首批量产 L4 级自动驾驶乘用车——红旗 EV，获得了 5 张北京市自动驾驶道路测试牌照。国家智能网联汽车（武汉）测试示范区正式揭牌，百度、海梁科技、深兰科技等企业获得武汉市交通运输部门颁发的全球首张自动驾驶车辆商用牌照。同时，百度在长沙宣布，自动驾驶出租车队 Robotaxi 试运营正式开启。首批 45 辆百度与一汽红旗联合研发的“红旗 EV” Robotaxi 车队在长沙部分已开放测试路段。新华社记者试乘了一辆自动驾驶汽车，怀着忐忑不安的心情进入了繁忙的以色列特拉维夫街道，在整个试乘过程中，记者总体感觉安全、平稳和舒适。

第二节　自动驾驶带来的便利

在网络上看到这样一则采访，记者问道：“如果自动驾驶来了……”。

程序员：永远地跟停车场说 Bye-Bye！每天我都要做到提前起床，才能有效地避开上班高峰期，但到了单位会发现周边的停车位依旧紧张，毕竟有早起避堵想法的人不止我一个，因此停车一直都是个难题。就算找到停车位，一天的费用也不便宜。如果自动驾驶来了，在未来送我到公司楼下后，通过 App 控制就能让汽车自己开回去并停在家里的停车场，然后等我下班时再用 App 控制来接我。

市场人士：在路上搞定化妆和吃早餐是经常的事，因为第二天根本就早起不了，上班也是堵到脚抽筋（自动挡一样右脚受不了），由于时间太赶，有时候只能化个简妆且不吃早饭了。如果自动驾驶来了，以后可以把化妆包扔车里，在去公司的路上就可随时化妆或补妆了，化完妆后还可以边刷手机边吃早餐，真幸福。

代驾专员：我担心没有开车的乐趣了。如果自动驾驶来了，首先我们这个职业就完全被淘汰了，同时我还是个非常酷爱开车的人，觉得车就是用来开的，尽管送到目的地是终极任务，但驾驶本身也是一种乐趣。不过相信自动驾驶模式是能关闭或可切换到驾驶模式的。在跑长途时，当我开累了后能帮我代驾，正好我还能睡会来养足精神。

交警叔叔：交通事故应该会有所减少。其实绝大多数交通事故都是人为造成的，在现实驾驶中，老司机总有开小差的毛病，总有一只手开车等不良习惯，而新司机更是分不清油门和刹车，总在该踩刹车的时候意外地踩了油门……有了自动驾驶，这些失误应该不会发生，那么也直接使得交通事故变少，这样也减少了我们的工作量，自动驾驶是个好东西，蛮期待的。

普通销售：我觉得公共自动驾驶汽车就可以分时租赁了。如果自动驾驶来了，我就不打算卖车了，未来肯定会有更多的自动驾驶汽车租赁公司，并且是按照时段进行租赁，就不会像现在价格昂贵且流程复杂的传统租车公司一样了。经常外出见客户时进行短暂租赁还是非常方便的，相信这也能大幅降低公路上的交通压力，并更好地为更多的人进行服务。

高校教师：我觉得自行车变得更重要了。如果自动驾驶来了，未来的交通可能会变得更有序些，说不定人行道和非机动车道路会变宽，以后更低碳出行的自行车也许会成为主角，那时的天空就会变得更蓝了。

网络媒体人：如果自动驾驶来了，我更关心的是如果在自动驾驶情况下出了交通事故怎么办？也许未来制造这款车型的车企就要负全责了。不过如果是人为干预导致的，那应该还是由驾驶者来负责，那这样如何进行取证和监管呢？所以自动驾驶还应当出台相关的法律法规。

网管：担心病毒，制造安全隐患自动驾驶其实就是人工智能化的表现，如果完全由计算机程序来完成“托管”，那么未来万一有不法分子使用类似病毒的程序来恶意篡改或破坏程序怎么办？算了，我赶紧离职去成立汽车病毒杀毒软件公司吧，未来的市场可能会很大。如果技术掌握在犯罪分子手里就更危险了，比如犯罪分子利用自动驾驶汽车来制造汽车炸弹。

通过记者与各行各业人士的聊天内容，是不是感觉到大家脑洞大开呢？也许自动驾驶最终真的会重塑我们的未来世界，其中有幸福的，也有悲伤的。这在人们的谈论中也能体会到，有的欣喜，有的担忧。就目前来看，最实际的还是高级阶段的自动驾驶技术，虽然需要依靠我们的监督来执行，但是能让我们在高速公路的行驶中暂时释放双手接听个电话或者查个资料吧。

一、改变交通事故的发生数

自从马拉车变成行驶于大街小巷的一辆辆小汽车时，人们已从汽车的出现得到了方便和工作、社交机会，商人也因贸易的方便得到了更多的机会和利润。但是，人们在享受便捷的同时也付出了相应的代价，比如交通事故不仅会损财，还会害命。

在人为因素容易造成交通事故的情况下，自动驾驶技术可能大幅度减少交通事故。因为车上只有乘客，不存在酒驾、疲劳驾驶等现象，并且可以让乘客在车辆行驶过程中，用智能手机进行交流。因为自动驾驶汽车可以在不到 1 毫秒的时间内紧急刹车，它具有超出人类的感知能力。而对于人类驾驶者来说，平均反应时间需要 0.7～3 秒。可见，在遇到紧急情况时，自动驾驶汽车更能保证我们的生命财产安全。

在这里，可能有人就会提出疑问，人开车都会容易出现交通事故，更何况是一个机器驾驶呢？在此，只能说如果技术够发达，能够使自动驾驶汽车有准确的定位，精准的计算程序，很有可能避免一些事故的发生。反之，有可能会增加交通事故发生率。

二、减少环境污染

除相应减少交通事故发生的数量以外，自动驾驶汽车还能帮助我们保护地球和减少环境污染，在还给我们蓝天白云的同时更是给予我们很好的心情。

自动驾驶汽车将变速及制动等能源的情况进行了优化操作，进而减少温室气体的排放并提高能源效率。所以，在自动驾驶汽车普及的生活中，我们不用担心雾霾会影响自己的上班心情和阻挡视线。据麦肯锡咨询公司预测，与传统汽车相比，每年自动驾驶汽车会减少三亿吨的有害气体排放。为了更低的运营成本，大多数自动驾驶汽车几乎是电动的，这将减少很多有害气体的排放，比如导致肺病和心脏病的微粒，以及引起气体变化的各种温室气体。

三、缓解交通拥堵

自动驾驶汽车在降低交通事故发生率的同时，还有一大优点就是缓解了交通拥堵情况。我们生活在这个半智能时代，汽车方面给予我们最多的教训是，修建更多的路来缓解交通拥堵。行业专家预测，自动驾驶汽车将会极大改变消费者的“旅行习惯”，诱使他们放弃购买私家车，转而使用共享自动驾驶汽车。事实上，按照美国密歇根大学交通运输研究所研究显示，一旦采用共享自动驾驶汽车，美国汽车保有量最高将下降 43%。一大理由是与购买私家车相比，使用共享自动驾驶汽车有更高的成本效益。另外，与自己驾车出行相比，利用共享自动驾驶汽车可节省 80%开支。

既然共享自动驾驶汽车可以自动化、更有序地行驶于道路上，那么道路是不是可以容纳更多的汽车呢？广泛的车辆共享将会更有效地利用道路空间，智能软件控制的汽车会自动很好地规划路线，可以想象一下，是不是在共享自动驾驶汽车实现之后，会比现在的汽车走得更科学呢？同时在汽车保有量下降的情况下，交通拥堵状况也会发生变化呢？

四、带给人们更多的自由和便利

自动驾驶汽车解放了驾驶员，那么不需要开车的驾驶员是不是就会有更多的时间去做自己想做的事情呢？比如可以用来发邮件、娱乐或者社交等。如果人们可以将驾驶汽车节约的时间用在工作上，我们的工作效率将会大大提高，生产力也会大幅提高。

由于自动驾驶汽车不需要司机，所以使得会操作手机的老年人、残疾人、无驾照人士以及买不起汽车的人具有了移动和旅行的能力。不方便出行的人再也不用担心一直待在家等待别人的帮忙，可以分配时间做自己的事情了。谷歌在2012年的一段视频中显示自动驾驶汽车可以让盲人乘用，他们在车里可以做着杂事，证明自己可以一人出行，同时为社会带来巨大效益。

五、停车场的变化

曾经的大街小巷打造出了由街道和停车场交织而成的大网络，而我们总是为了寻找停车位而发愁，新闻经常会报道因停车位而发生争执的事件。拥有私家车的人们都有一种感受，开车去吃饭，找不到停车位；开车去工作，为找停车位而迟到……随着自动驾驶汽车的普及，你不必再到处寻找停车位，当你被送到你想去的地方后，它会自动寻找最理想的停靠点，你无须再为寻找停车位而发愁。

为停车而使用大量土地去修建停车场，如果人们乐意去乘坐共享的自动驾驶汽车，进而会相应减少私人汽车的拥有量，人们对停车场的需求也会相应减少。那么，原来的停车场可以被改造为人们居住的地方，用来解决房屋地皮的紧张，城里土地面积非常有限，可以将停车场进行改造。减少停车场建设，有助于提供更多的居民住房建设可能。

六、改变人们的出行方式

自动驾驶汽车的出现将改变人们的出行方式。相较于火车、动车和飞机来说，人们为了减少购票、检票、过安检和候车（候机）等一系列的时间，人们会更倾向选择自动驾驶汽车出行，不仅便捷，还有乘坐时的自由感。同时，我们可以获得一个更加私密的空间，不用忍受他人打电话时的声音，也不用麻烦起身让他人进出，还可以安静地办公，例如收发邮件、看书等。

总之，在道路安全方面自动驾驶技术会有正向贡献。例如之前由于驾驶员酒后驾驶、接听电话、疲劳驾驶、恶意驾驶等不良行为造成的交通事故，自动驾驶汽车可以有效避免，进而能使车辆在道路上更安全地行驶。对环境保护来说也是有一定好处的，比如自动驾驶汽车在加减速和制动等方面，配备了最优化的控制系统，这样就可以直接降低燃油率，进而减少有害气体的排放，就会更加环保节能。

第三节　自动驾驶技术的未来

一、自动驾驶有更好的市场前景

（一）利好政策的支持

目前，各个国家纷纷提出了对自动驾驶技术的相关政策，比如对自动驾驶汽车的监管、规划等，这些政策对自动驾驶技术的不断发展产生了积极效应。

2016 年联合国欧洲经济委员会推出《国际道路交通公约》促进了自动驾驶技术的发展；2018 年美国推出了一个指导文件《准备迎接未来交通：自动驾驶汽车》，这是国外出台的两个文件。

在 2009 年，国家自然科学基金重点支持了自动驾驶汽车的研究项目，在一定程度上促进了我国自动驾驶汽车研究的发展，之后又出台了一些政策[1]保证自动驾驶汽车的顺利发展。

2014 年 10 月，工业和信息化部委托中国汽车工业协会、中国汽车工程协会、汽标委分工展开研究。

2016 年，《中国智能网联汽车技术发展路线图》发布，以引导汽车制造商的研发以及支持未来政策的制定。

2017 年，工业和信息化部、国家标准化管理委员会共同组织制定《国家联网产业标准体系建设指南》系列文件。同年，《新一代人工智能发展规划》《促进新一代人工智能产业发展三年行动计划（2018—2020 年）》等文件先后出台，对自动驾驶、无人驾驶和智能汽车的发展进行了战略布局、任务安排，并提出了保障措施。

2018 年 1 月，国家发展改革委发布《智能汽车创新发展战略（征求意见稿）》，提出到 2020 年智能汽车新车占比达到 50%，到 2035 年率先建成智能汽车强国。

2018 年 4 月，交通运输部、工业和信息化部、公安部联合出台了《智能网联汽车道路测试管理规范（试行）》，首次从国家层面就规范自动驾驶道路测试做出了包括测试主体、测试车辆、测试路段等在内的相关规定，相关管理规范的出台是行业发展的关键一步，将推动“自动”驾驶加速“驶向”现实生活。

2018 年 7 月，交通运输部出台了《自动驾驶封闭场地建设技术指南（暂行）》，对各地封闭场地测试的建设进行指导。2018 年 12 月，工业和信息化部发布了《车联网（智能网联汽车）产业发展行动计划》，推动车联网产业发展，促进车联网产业的跨行业融合。

2019 年，工业和信息化部发放了 5G 商用牌照，这会极大促进车联网发展，将来路网也会进行数字化信息化的改造，构建起一个车、路、人互相连通的大网络体系。

---

1 政策来源：http://m.elecfans.com/article/810136.html.

此外，为方便自动驾驶相关企业的路测工作，全国众多城市也在推出适合本地的智能网联汽车道路测试管理办法，如《上海市智能网联汽车产业创新工程实施方案》《深圳市关于贯彻落实智能网联汽车道路测试管理规范（试行）的实施意见》《保定市人民政府关于做好自动驾驶车辆道路测试工作的指导意见》等。

从以上信息可以看出，国内外对自动驾驶技术的关注度很高，提出了相关政策及管理方案，并且已向很多企业发放了路测许可（如表 3-1 所示）。

表 3-1　目前路测牌照整体情况（截至 2018 年）

序　　号	城　　市	号牌数量	发放企业
1	北京	35 张	百度 25 张、蔚来汽车 1 张、北汽新能源和小马智行 2 张、奔驰 2 张、腾讯 1 张、滴滴 2 张、奥迪中国 1 张
2	上海	5 张	上汽 2 张、蔚来汽车 1 张、宝马集团 2 张
3	福建平潭	9 张	百度 3 张、金龙 3 张、金旅 3 张
4	长春	3 张	一汽 3 张
5	重庆	8 张	一汽 1 张、东风 1 张、长安 2 张、广汽 1 张、吉利 1 张、北汽福田 1 张、百度 1 张
6	深圳	1 张	腾讯 1 张
7	无锡	2 张	上汽 1 张、奥迪中国 1 张
8	杭州	2 张	阿里巴巴 2 张
9	长沙	4 张	百度 1 张、长沙智能驾驶研究院 1 张、湖南中车电动汽车 1 张、长沙酷哇中联 1 张

（二）各大企业加速布局

除了国家政策对自动驾驶技术的支持，我国的许多企业和高校纷纷开始了对自动驾驶汽车的研究。其中各大企业已经跳出了传统车企的舒适圈，除汽车企业之外，还有很多高科技行业的公司纷纷与其他行业合作，积极带动自动驾驶技术的发展。

目前，各大科技巨头积极投入自动驾驶汽车的研究，比如百度、阿里巴巴、腾讯、华为等。此外，我国的一些品牌也展示了概念车型，比如一汽、上汽、长城、北汽、长安等多家车企，他们积极探索自动驾驶汽车，也想在这个领域抢占先机。除了车企及其制造商，国内许多高校对其领域也做着贡献，比如国防科技大学。

在技术的支持下，未来的汽车会从根本上去改变传统模式车的控制方式，会不断向互联网终端靠近，更智能地整合所有的过程。它不仅作为解决道路一系列问题的关键手段，而且是构建一项全新智能出行的核心技术。

（三）庞大的市场需求

中国有着很大的人口基数，对汽车的消费和使用的需求很大。虽然目前的智能汽车还不能完全做到自动驾驶，但在一些商用领域有一定的价值。因为它可以代替传统车辆去提高运输效率，相信这样的汽车会逐渐在商业领域普及。

可见，有了国家的经济、政策对产业发展的支持，各大车企和高校的技术支持以及我国消费者庞大的消费需求，社会各群体对自动驾驶行业的环保性、便利性有良好预期，自动驾驶汽车有着更广阔的市场前景。

二、自动驾驶技术未来将遇到的问题

回顾人类漫长的交通发展历程，从人类直立行走到用马儿作为代步工具，然后马儿又被汽车取而代之。可以看出人类探索潜力很大，而且永不停歇，虽说现在出门已经不是个力气活，但是人类还不满足，不想经历漫长而复杂的驾照考试，不想忍受驾驶的疲惫，于是，智能汽车、自动驾驶的概念就被提出来了，各大科技巨头纷纷投入数据、技术和人力、资本等，希望尽早推出一款“在路上”的自动驾驶汽车，但是这些高级汽车在未来遇到的问题实在太多了。

（一）成本问题

由于道路环境的复杂性，自动驾驶汽车对传感器精度的要求非常苛刻。自动驾驶技术依赖的高精度激光雷达可以为车辆绘制精确的道路地图，实时获取车辆周围的三维信息。然而激光雷达的成本高，不同精度的激光雷达随着精度的增加，成本也会增加。再加上昂贵的服务平台，自动驾驶的成本始终难以控制在可接受的水平。目前量产的自动驾驶车型中几乎没有车型配备激光雷达，特斯拉最新的 Autopilot 2.0 也没有配备。可见成本问题是自动驾驶汽车量产的巨大障碍之一。

（二）缺乏法律的有效支持

目前，相关的法律法规还不够完善，法律的地域差异性巨大。美国现在有 4 个州——内华达州、佛罗里达州、加利福尼亚州和密歇根州通过了允许对自动驾驶汽车进行路测的法规。世界许多国家也都在完善有关方面的法律法规。新的自动驾驶或自动驾驶车辆进入市场前的检测制度还不够完善，事故发生后的责任问题也是如今难以解决的问题。

第一，我国现有的道路交通法规不能适应自动驾驶汽车的行车条件，道路设施标准规范尚不完善，缺失自动驾驶的安全准入标准、自动驾驶车辆合法上市的法规等。

第二，与自动驾驶汽车生产相关的法律法规也存在缺失。目前车企难以获得自动驾驶汽车生产资质，即便是对传统车辆进行智能改装，《道路交通安全法》亦未允许自动驾驶车辆上路。虽然在国家及地方政府的大力推动下，自动驾驶测试车辆上路测试牌照有了新进展，但还面临不少法规方面的难题。

第三，对于使用自动驾驶系统时发生的交通事故等责任问题还没有细化的法律规定。假设此时一辆使用自动驾驶系统的车辆发生交通事故，情况可能存在很多种。假设这起交通事故是由于系统识别存在问题，如果依据民法“谁使用，谁受益，谁担责”的原则，虽然不是亲自驾驶，但是车辆使用者是行为主导者和受益者，需要承担责任，但车辆使用者没有主观上的故意，他也无法控制自动驾驶车辆，让其承担责任是否存在不合理之处？出现识别问题的自动驾驶系统的研发者的责任该如何判定？安装自动驾驶系统的车辆制造和销售商又是否需要承担部分责任？安装在车辆上的自动驾驶系统出现问题，车辆的使用者是否需要对此负责？此外，驾驶员注意力分散导致对车辆安全监管欠缺是否需要承担责任，以及自动驾驶车辆是否可以独立作为责任主体等问题都无从解决。

（三）资源分散

每到新兴产业的出现，各大企业都想做领头羊，将智能产物收揽其中，所以只要涉及该产物的都会努力制造。这就会出现国家智能汽车创新平台的涉及的部门多，资源分散等现象。

目前主要是各个地方政府分别牵头，相关技术产业搭建平台，车企及其他相关行业也积极投入，但是，由于竞争使得资源更加分散，从而不利于自动驾驶汽车的发展。所以，如何解决资源分散这个问题，也是我们应该考虑的。

（四）技术上的挑战

自动驾驶关键的部分之一是技术支持。自动驾驶汽车的工作原理，简单来说，就是在汽车外壳上，分布大量的传感器，比如短距离雷达、红外探测和摄像头等。这些传感器探测到的所有信息，都会传送到控制自动驾驶的中央系统，系统分析探测器收集到的信息，再结合 GPS 高精地图，实现自动驾驶。

这样看上去，自动驾驶应该不会出差错，毕竟机器的敏感度可能比人类要高得多，传感器能够在可探测的距离和范围内，捕捉到数据，及时做出反应，规避危险。

虽然目前部分技术已经实现了应用。比如，阿尔法巴智能交通公交车是目前国内较为先进的公交车，其中以国产、自主可控的智能驾驶技术为基础，集人工智能、自动控制、视觉计算等众多技术于一体的 L3 级别的公交车，但是其自动驾驶技术依然存在着需要解决的问题。比如我们现在正在使用的 4G 移动网络，在它的传输速率不足以支持自动驾驶汽车高速行驶的情况下，不能及时处理传感器捕捉到的路况信息，从而引发事故。不过这个问题可以在未来的两年内得到解决，随着 5G 移动通信的大规模商用，5G 网络的低延迟和高速率特性，可以大大提高自动驾驶技术的信息收集回传效率。

自动驾驶汽车试验都是在空旷的地方或道路上进行的，而对于城市车辆密集行驶的道路，面对环境复杂的交通，自动驾驶汽车该有着多强的识别与感知能力呢？它能像我们人类一样可以有着变通的思想吗？

低等级别的自动驾驶汽车在高速道路及其郊区可以很好地完成辅助驾驶，但在人口密集的城市道路上进行辅助驾驶，这对自动驾驶是一大挑战，因为与其他道路相比，城市道路环境更加复杂，车多并且车型也很多，车速也有很大差异。这无疑为自动驾驶的技术带来很大的挑战，自动驾驶汽车中相关的传感器必须能够准确并及时感知周围环境，才能够进行准确的判断和进行回应。而除了感知准确以外，还要有足够的速度对突发情况进行预测和处理。软件开发人员必须考虑所有可能出现的突发情况，这很不容易做到。此外，怎样才能做到使自动驾驶汽车具有像人类一样的视觉能力呢？而一般的自动驾驶汽车装载的激光扫描仪无法穿过固体障碍物，如果行人在车背后突然出现在路上，它是难以及时检测到的。除了行人，道路还有很多因素妨碍自动驾驶汽车的行驶，比如周围的事物、车道、斑马线、交通标志、红绿灯等，也需要预测道路上各种对象的变化。在一些特殊的雨雪天气里，我们驾驶员也无法看清道路标志，所以自动驾驶汽车也会面临看不清道路的危险，如果要做到，那要考验计算机如何能将这些信息正确把握了。因此，自动驾驶技术也面临着技术上严酷的考验。

（五）安全问题

最近 20 年，大数据、人工智能、传感器等技术不断精进，越来越多的工具变得聪明并善解人意，例如智能手机。汽车是继智能手机后又一个综合性的智能终端平台，而科学技术赋予了它们越来越多的功能，让它们与世界连通，却不曾想到越来越多的安全问题令我们担忧！

第一，网络安全。要想实现自动驾驶，首先要保证网络的安全，如果自动驾驶程序一旦被黑客篡改，就会导致很严重的事故；如果网络被犯罪分子修改、掌握信息，就会导致乘客信息外泄，其后果就不可想象了。所以，自动驾驶技术一旦遇到计算机程序错乱或者信息网络被入侵等一系列情况，那么如何保证自己和车辆周围事物的安全呢？是建立高级的防火墙吗？还是时时刻刻监控软件运行呢？在未来，我们必须解决。同时，网约系统还会涉及我们住所、联系方式等一些隐私信息，若被泄漏，也会对我们的信息安全、财产生命安全造成影响。

第二，技术安全。虽然谷歌的自动驾驶汽车已经成功行驶一百万英里，但是在此过程中所发生的交通事故仅为二十起，这进一步证明了自动驾驶技术具备较好的安全性。然而当自动驾驶汽车遇到一些较为极端的情况时，它是否会仍然能够具备良好的安全性能呢？现阶段，自动驾驶技术对于卫星定位系统存在非常强烈的依赖性，一旦卫星定位系统发生故障，所引起的后果将非常严重。

（六）伦理道德的挑战

在发生一些突发事件的过程中，很多事故是无法避免的。这个时候自动驾驶系统将会采取怎样的措施对风险进行规避呢？在这种情况下，到底是沿着当前的路线向悬崖下面冲去，还是为了确保车内人员的安全而将车撞向一名儿童呢？那么，对于伦理道德问题，该如何面对呢？

专栏 3-1　生与死的抉择

有一个关于“自动驾驶汽车”的问题，提问者假设了一辆自动驾驶汽车遇到突发状况，假定有两种方案：一是无论刹车与否，保持方向会导致车外 3 人死亡；二是拐弯会撞到护栏导致车内 1 人死亡。无论选择哪种方案，都将引出今天所要讨论的问题——自动驾驶汽车的道德困境该如何解决呢？不过很遗憾，似乎还未有此类问题合适答案。

而麻省理工学院已经上线一个名为“道德机器”的网站，网站的功能很简单，就是以问卷的形式面向大众收集情境选择的数据。例如，面对不可避免的事故，选择撞向人还是动物？选择罪犯还是普通人？这些数以万计的选择，将通过后台被 MIT 的研究团队采集，为未来机器智能平台（如自动驾驶汽车）面临的伦理问题提供参考，如图 3-2 所示。

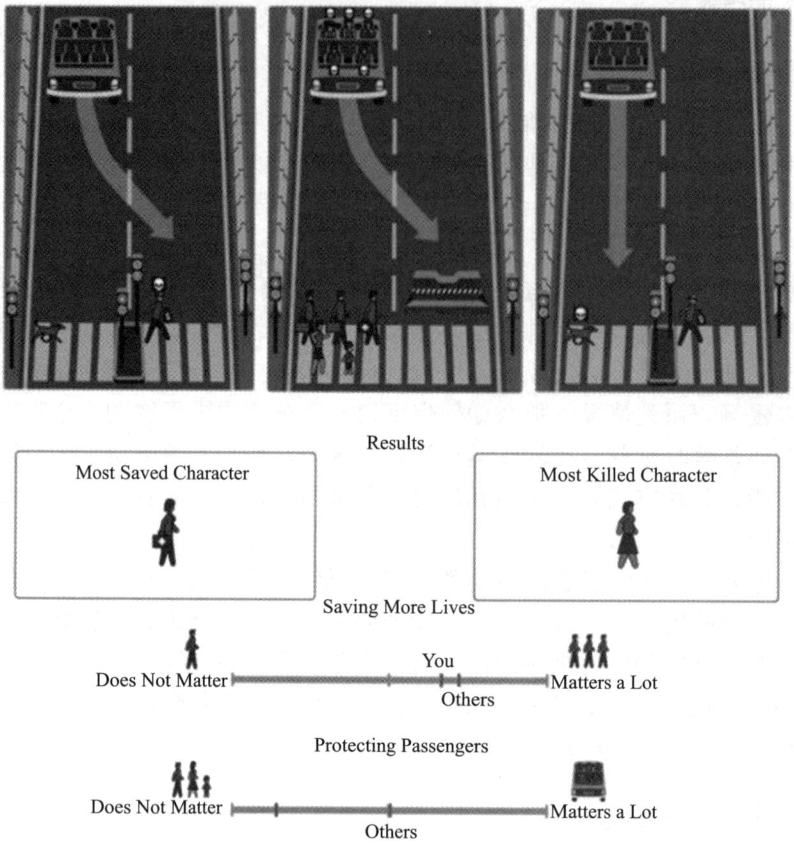

图 3-2　MIT 的“道德机器”

是不是似曾相识？其实，这个问题和著名悖论之一“电车难题”一脉相承，如图 3-3 所示。“电车难题”于 1967 年由英国哲学家菲利帕·福特提出，大概内容如下：

图 3-3　电车悖论

> “一个疯子把五个无辜的人绑在电车轨道上。一辆失控的电车朝他们驶来，并且片刻后就要碾压到他们。幸运的是，你可以操作一个拉杆，让电车开到另一条轨道上。然而问题在于，那个疯子在另一个电车轨道上也绑了一个人。考虑以上状况，你如何选择？”
>
> 这时，你面临两个选择：
>
> 1. 不作为，任由电车碾死被绑住的五个人。
>
> 2. 扳动拉杆，电车会碾死另外一个人，五个人会得救。
>
> 这是一个看似简单，但其实非常复杂的问题，就和未来自动驾驶汽车要面对的问题一样。MIT 的做法是，使参与者身临其境地站在自动驾驶汽车 AI 决策系统的位置上，为一些突发状况做出决策。这些极端情况的发生概率极低，甚至一生之中都不会遇见，但至今没有人能给出一个明确的答案。
>
> 在 MIT 给出的模拟情境中，用户将面对一系列的极端场景。究竟一个人的生命与一只动物的生命孰轻孰重？一个老人和一个年轻人呢？一个男人和一个女人呢？究竟应该径直撞死两个犯罪分子和两个无辜路人，还是冲下悬崖放弃驾驶员与三个无辜乘客的生命呢？

对于我们人类，不需要一定去说这个问题应该怎么解决，但是自动驾驶作为一个程序，必须提前设定，到时才能做出判断。

有的评论指责其过分消费“伦理”，造成了逻辑漏洞。因为这项研究，是建立在对不同人的长幼、身份、社会地位等标签的认知基础上的，严肃而不太恰当地说，如果研究数据将拯救性命的优先级排序为精英>普通职员>退休员工>一只狗，难道真的可以以此指导自动驾驶车的伦理决策吗？

有媒体认为，这种“决策思路”建立在了自动驾驶对人类有某种认知的前提下，但至少目前，自动驾驶技术并不会达到这种水平。例如，如果质疑一个人的生命价值高于其他人，那么前提是自动驾驶汽车能够辨别哪个人具有更高价值。面对自动驾驶汽车遭遇的“道德困境”，不同价值立场的人会作出相异的抉择。

而对于这一类问题，研究人员提出了一个“混沌系统”，也就是说，在这种极端的情况下，主要依靠计算机作出随机决策，使最终的决策成为一种不可控的随机选择，有效地避免伦理纠纷的产生。

话又说回来，根据“最大多数人的最大幸福”原则，对少数人设定程序，那么如何处理赔偿问题呢？对于恶意的自动驾驶犯罪，如何判责呢？当人工驾驶和自动驾驶并存时，该如何捍卫人的权利呢？伦理问题涉及方方面面，例如路权优先问题、安全优先问题等，这都需要提前解决。

（七）各行各业的挑战

1. 驾校行业

随着自动驾驶汽车的普及，数量增多，作为“头号事故制造者”的驾驶者去驾驶汽车将会成为非法行为，若人类驾驶成为“非法驾驶”，是不是不需要驾校的存在呢？一个回答就是不需要更多的驾校存在，自动驾驶汽车只有乘客，所以人们也不用积极地去考驾照，那么驾校所招收的学员就会相应减少，那么驾校为了节省资源就会相应减少。一系列的连锁反应就会出现，比如驾校的教练将面临失业的风险，并且要为以后的生存做转行的准备。

2. 保险行业

自动驾驶的到来会减少交通事故的发生，相应地也会减少司机的事故责任，而汽车保险公司是以驾驶员个人的历史发生事故情况来确定保费的，自动驾驶汽车没有驾驶员，那保险公司会倒闭吗？我们是不是就不需要投保了呢？如果说还需要投保，那么保险公司是不是也要考虑很多方面去调整保费呢？这也涉及事故责任转移问题，它会向汽车生产商还是交通部门或软件开发商收取保险费吗？

3. 技术人员

自动驾驶汽车要想变为现实，必须依靠先进的技术，那时候的汽车维修人员就需变成专家，不仅要会修理机器，还要具备专业的技术知识，以备技术之需。虽然自动驾驶汽车的安全和功能必须有着极高的技术才能发展，但是对于车轮的更换、定位以及机器的更新等普通维修与维护，也要有专业人员。如果说这么简单的维护、维修工作都无法保证，那么自动驾驶汽车就会受到影响，会严重危及乘客的人身安全。那么，对于将来从业者来说，是不是应该考虑转专业呢？多去学习一些技术方面的知识，为祖国的技术创新事业做贡献呢？

4. 广告行业

有人开玩笑地说："百度应该做个有关坐在车里喝酒的视频。"因为自动驾驶，所以就不存在酒驾了。那是不是就借机给有关酒的行业做了免费的广告呢？毕竟人们对在车里做从未做过的事感到很新奇。相应地，是不是有关酒的行业就会随着自动驾驶技术的到来而疯狂流行呢？

人类从司机转为乘客，坐在车上不进行驾驶，那节约的时间就可以用来休息、看书、看报纸、浏览网页等一系列的活动，这样看来他们有更多的时间去了解将要发生的事情，是不是间接地给了相关行业和广告业更多的机会呢？

三、需 5G 网络的支撑

前面提到，自动驾驶技术在不断成熟，为什么还没有普及呢？虽然现在 4G 基本能够满足一些网络基本需求，但 5G 更出色。相比 4G 网络，5G 网络要求的各项指标性能均提高了几倍到上百倍不等。而自动驾驶汽车需要有着高速、可靠与低时延通信的网络，所以 5G 网络对自动驾驶汽车有着重大的意义。自动驾驶汽车基础性技术之一就是 5G 网络了，5G 网络可以将交通信号灯、路灯、汽车、行人、道路连接起来，不过也有企业寻找专门的短程通信去进行连接，但会存在网络不佳、断断续续的情况，所以想要实现自动驾驶技术，需要普及 5G 网络，有了它，自动驾驶技术才能更保证可靠性。还有的自动驾驶需要实现 V2X 连接，这里 V 表示车辆，X 代表的是车、路、行人以及周围环境。自动驾驶技术通过感知、决策、执行完成一系列的驾驶过程，需要依靠系统、零件完美的配合，才能完成驾驶。先用来感知周围环境并采集数据，再根据反馈回来的数据进行决策，建立相应的模型，选出最优的执行策略进行自动驾驶。自动驾驶汽车的最终方向需要 5G 网络全面普及，不过现在它还未成熟。

四、自动驾驶发展的方向

（一）单车智能

目前，国外自动驾驶技术以单车智能为主，即在车辆上装备各类传感器，通过汽车本地的“大脑”实现自动驾驶，但这样的技术投入大、成本高、基础设施不健全，而且环境对传感器影响大、标准不统一，核心的智能零件许多掌握在国外企业手中，使我国单车智能发展难以快速进步。

（二）智能网联

以网络为基础的技术路线我国优势比较明显，一方面对硬件和芯片的要求降低，另一方面我国 5G 发展建设基础较好，但仍需要构建人、车、网、路、端、云的产业链条，为智能网联的自动驾驶汽车提供基础支持。

第四节　司机在变革中的去向

一、人工驾驶和自动驾驶并存

一种很乐观的设想就是，人工驾驶和自动驾驶一起发展。即使自动驾驶汽车能在近几年投入使用，也仅在商业化或公共服务方面有所增加，如果要普及到私人驾驶方面并大量使用，预计还需要几十年。据估计，人工驾驶和自动驾驶并存可能要持续 50 年左右。并且有些专家表示，对于绝大多数车辆而言，断崖式去除人工驾驶位是不可行的。现在基于大数据、信息、知识、价值和人工智能等技术正引领人类进入“为机器人赋能、与机器人共舞”的“智能时代”，人工智能技术正在影响着人类的生活和生产方式。

虽然很多商家认为自动驾驶技术已经不断成熟，也纷纷进入了试用阶段，可是根据这样就推断出自动驾驶技术会完全代替全职司机，从而造成全职司机丢掉工作，这样未免也太过于武断了。

除了各大厂商和科技公司在前期对自动驾驶技术进行庞大资金和资源的提供，以及自身扩大规模需要时间和技术的沉淀以外，在法律与人伦道德方面尚有很大的空缺，而此方面也是造成自动驾驶汽车在短时间内无法快速填充进入市场的一大原因。现在还没有哪个国家正式出台有关自动驾驶汽车的完整法律体系，更没有对各大生产厂商做出相关的规定，这也是汽车厂商不敢大规模进行生产的原因。

这样看来，在未来的十年里，自动驾驶和人工驾驶并存是真实现象。在货运、物流等商用方面用的自动驾驶技术更多一些，辅助或者协助司机进行驾驶。不管怎么说，自动驾驶汽车完全替代人工驾驶汽车现在来看还为时过早。

二、司机为了生存而面临转型

自动驾驶汽车的出现将减少市场对传统的货车司机、出租车司机和其他专职司机的需求。同时面对没有司机的自动驾驶汽车，传统司机会相应减少，减少的司机或许会为了生存而面临着转型。

如果对专业司机的需求减少，那么未来司机为了生存即将面临转型，从传统的车辆驾驶者或许转变为车辆的管理者，不仅要学会开车，还需要掌握自动驾驶的相关知识，比如会操作车载智能管理终端、会自动驾驶汽车的日常维护知识等。

三、大量司机面临失业

在工业革命兴起时，机器代替了工人，工人变得轻松，但他们没了工作怎么生存呢？为了生存，他们发起了捣毁机器等活动，结果被替代的工人有了新的职业，社会因工业革命而进步发展。类似地，当自动驾驶汽车真的到来时，司机会失业吗？他们也会地去大街上捣毁汽车吗？这可不是危言耸听，当自动驾驶汽车大量出现后，出租车公司、货车公司等大规模需要司机的企业会像以前用机器代替工人一样，为了省钱，会使用大量的自动驾驶汽车来代替司机。虽然说这样对社会非常有利，但是出租车司机、货车司机等专车司机将会面临大量的失业，我们的社会会发生动荡吗？

人们往往对新技术感到很好奇，当自动驾驶技术不断抢走专职司机、卡车司机、出租车司机和搭乘共享车辆的司机的饭碗时。他们想换工作并不是那么容易的，在制造和开发业已经没有他们的发展空间，而连快餐业、快递业也实现了自动化。自动化的实现速度远远超过他们心理准备、考虑学习其他技能的速度，甚至有些变化人类都未预言过。这项技术的到来，它所带来的潜在节约成本将会远远超过人力成本的支出，就像机器节约了司机的休息成本等，企业为了利益最大化，会造成大量司机面临失业。那么，会不会有新的机会或新的职业能够适合那些失业的司机呢，有许多人持乐观的态度。

不管上述哪种情况，都会相应地减少传统司机的需求量，如果司机还想从事这方面的工作，那么就需要制定更高的标准来要求自己。

第四章

比特币和区块链的前世今生

21 世纪以来，随着 P2P 通信技术和非对称加密算法的成熟，由计算机程序产生的数字加密货币在互联网上逐渐发行和流通。比特币被视为世界上第一种，也是目前最主要的数字加密货币，也是一种典型的去中心化的区块链货币。在比特币网络中，除非取得半数以上节点的支持，否则没有一个节点可以独自修改比特币的生产总量、货币分配与交易规则。区块链在比特币网络中可以看作是一个分布式账本，每一个区块就是账本的一页。所有的区块通过哈希索引形成一种链状结构，每一个区块包含了前一个区块的加密散列、相应的时间戳以及交易数据，这样的设计使得区块内容具有难以篡改的特性。区块链既具备了多节点完全冗余的分布式数据库（即“去中心化”的特点），又具备了“环环相扣”的特色，最终解决的是价值传输的问题。而虚拟货币则是区块链进行价值传输、发挥去中心化的有力工具。去中心化、不可篡改、可追溯构筑了区块链技术的核心应用能力，其有三个应用场景：点对点交易的加密虚拟货币、自动执行的智能合约和去中心化互联网的泛区块链应用生态（Token 经济）。区块链技术被认为是继蒸汽机、电力、信息、互联网科技之后第五个最有潜力引发颠覆性革命的核心技术，已经成为全球关注的焦点。

第一节　比特币

我国使用货币的历史已超过五千年，在货币形成和发展的过程中经历了五次重要的转变：从自然货币变成人工货币、从杂乱形状变成统一形状、从地方铸币变成中央铸币、从文书重量变为通宝和元宝、从金属货币变为纸币“交子”。纸币作为主要的货币流通手段，已历时千年。现在，全世界范围内，纸币仍是通行的流通和结算方式，“电子结算”也只是形式的变化，其实质仍属于纸币体系和范畴。本章将会给大家认识一种新的虚拟货币，它没有形状和颜色，甚至连钱包都是一个虚拟账户，它的名字叫“比特币”。

一、比特币是什么

比特币（Bitcoin）是一种基于去中心化、采用点对点网络与主动性共识机制、开放原始码、以区块链作为底层技术的加密货币。比特币是一种虚拟货币，它由计算机生成的一串串复杂的代码组成。比特币是由中本聪（网名）于 2008 年 10 月 31 日在论文《比特币：对等网络电子现金系统》中提出的。2009 年 1 月 3 日，创世区块的生成标志着比特币的诞生。

比特币的交易验证、记账及发行都依赖于分布式网络节点共同参与的共识过程，这个过程被称为工作量证明（Proof of Work，PoW），也就是我们通常所说的“挖矿”，网络中的节点被称为“矿工”。在分布式网络中，“矿工”们收集所有未决交易、验证这些交易，并把它们打包记录在一个新块中，最后竞争解决一个难度可动态调整的数学问题以便将这个新块依次添加到现有块的后面，形成区块链。这个数学问题就是求解新块的哈希值。“矿工”通过猜测一个随机数（Nonce），与当前交易数据和时间戳的哈希值、上一个块的哈希值共同生成新块的哈希值。通常“矿工”需要尝试数百万个随机数，才能找到这个数字，而且随着区块链的加长，“矿工”搜索随机数的范围更大，因此猜测的难度也在不断增加。但总会有“矿工”找到这个新块的哈希值，此时比特币系统会发行一定数量的比特币奖励解决数学难题的“矿工”，并激励其他“矿工”。

“挖矿”奖励是比特币和其他仿比特币包括 LTC、BCH 等加密虚拟货币的唯一发行机制，任何人都可以通过“挖矿”获得它。那么大家可能会想“矿工”多了怎么办？别担心，“矿工”数量多了，网络便会调整问题的难度，最终调整为约 10 分钟出现一个正确答案。

中本聪在设计比特币的时候将每 21 万个区块设为一个梯度，每到一个梯度，“挖矿”奖励就要相应减半。如果按每 10 分钟产生一个区块的速度来算，大约四年就能够产生 21 万个区块。从 2009 年至 2019 年，减半的情况出现了两次：分别是 2012 年“挖矿”奖励由 50 个比特币减半为 25 个比特币、2016 年“挖矿”奖励由 25 个比特币减半为 12.5 个比特币。当前每个区块发行（奖励）12.5 个比特币。这种收敛等比数列的和必然是有限的，到 2140 年将不再有新的比特币产生，之后比特币的总数量将被永久限制在 2 100 万个左右。但由于私钥遗失等因素的影响，实际可流通的比特币数量总是略低于 2 100 万个。比特币数量上限为 2 100 万个，可以有效避免通货膨胀问题。

比特币英文缩写是 BTC，货币符号是“฿”。作为记账单位，比特币的最小单位是 0.00000001（一亿分之一）比特币，称为“1 聪”（Satoshi）。其他的计量单位有毫比特（mBTC）和微比特（μBTC）。各个计量单位的关系如下：

1 比特币（BTC）=1 000 毫比特（mBTC）=100 万微比特（μBTC）=1 亿聪（Satoshi）

通过上面的关系式可以看出，如果比特币涨到 100 万美元，那么 1 微比特（μBTC）就是 1 美元，1 聪就是 1 美分。

作为记账系统，区块链不依赖“中央机构”发行新币、维护交易。保护货币系统区块链的办法是全网抵御 51%的算力攻击和数字加密算法。每发生一次事务，它的历史记录都会被全体网络计算机收录维护，同时区块链会检验确认每笔交易，保证交易的有效性。

正是因为每个人都可以是比特币的制造者和使用者，它也可以跨国界流通，在任意计算机上进行买卖，在交易过程中双方不需要掌握对方的用户身份信息。因为支付无须经过清算中心、银行、电子支付平台等第三方机构，避免了传统支付中容易产生的手续费高、流程不便利等问题，任何用户拥有可联入互联网的手机、计算机等设备即可使用。

但是由于区块链在一定时间内能接受的比特币交易量有限，约每 10 分钟能接受最多 2 500 笔交易，交易手续费也会随着比特币交易量而波动。2017 年 6 月，小于 1 毫比特的交易，交易手续费已远远大于交易金额；2017 年 12 月，Steam 公司宣布停止接受比特币交易，理由是“交易费用高昂，且波动性大”；2018 年 2 月，比特币平均交易手续费从 2017 年第四季度的 34 美元，下降至约 1 美元。对于此类问题，研究者正在试图以“闪电网络”之类的技术来解决，以便扩充一定时间内的比特币交易量。

剑桥大学 2017 年的调查数据显示，全球加密钱包有 580 多万个，其中比特币占了绝大部分。比特币交易在全球网络中运行，隐秘且广泛，并且不经过第三方金融机构，所以比特币应用非常广泛，但是从另一个方面来看，它也容易成为非法交易的媒介。

趣闻 1：比特币创始人身份之谜

比特币创始人“中本聪”的身份一直都是个谜。中本聪本人在互联网上留下的个人资料很少，尤其是发布比特币白皮书后的几年内他几乎完全销声匿迹，因此其身份也变成了一个谜。

2013 年 5 月，计算机科学家特德·尼乐森称，比特币的创始人是望月新一。望月新一是京都大学的数学教授，他在 2013 年证明了 ABC 猜想。但他未出面承认或发表评论。

2016 年 5 月 2 日，澳大利亚科技企业家克莱格·莱特向媒体表示，他是比特币的发明人“中本聪”。但由于莱特所提供的证据不够充分，引发了业界对其“中本聪”身份的质疑。虽然他曾表示提供确切的证据来证明身份，但不久他又拒绝提供任何证据。

饱受猜测的比特币创始人“中本聪”究竟是谁？这一问题让人陷入了迷茫。

二、比特币的发展

比特币从诞生至今，已有 10 多年的发展史，逐渐形成了较完备的产业链和生态圈，如图 4-1 所示。

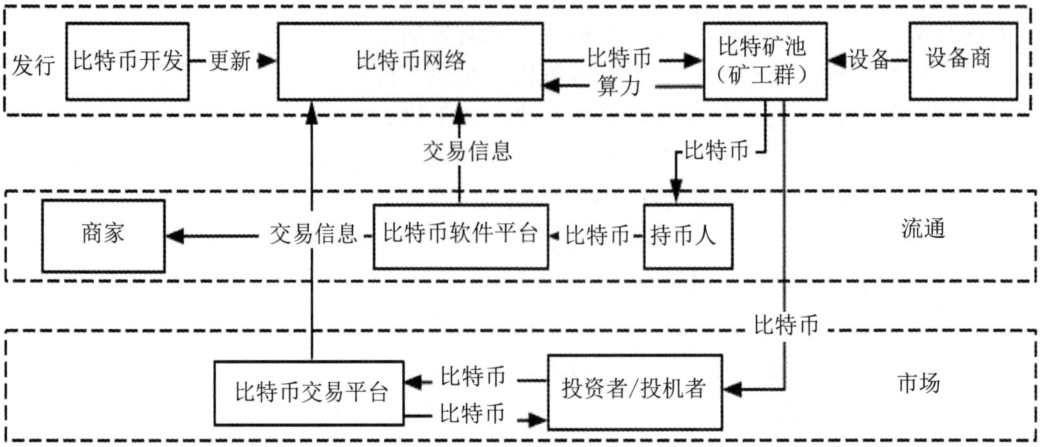

图 4-1　比特币的生态圈与产业链

回首 10 多年来比特币的发展史，情节可谓是跌宕起伏、险象环生、精彩纷呈。部分典型事件如表 4-1 所示。

表 4-1　比特币发展中的部分典型事件

时　　间	典型事件	特　　点
2008 年 10 月 31 日	中本聪发布了比特币白皮书	比特币构想诞生
2009 年 1 月 4 日	中本聪在芬兰赫尔辛基的服务器上，创建了区块链的第一个区块——即比特币的创世区块（Genesis Block），并获得了第一笔 50 个比特币的奖励	第一个比特币问世
2010 年	加文·安德烈森取代中本聪组建了比特币核心开发团队	比特币系统更易用
2010 年 7 月	加密货币交易所 Mt. Gox 成立	交易平台出现
2010 年底	加文·安德烈森用 50 美元买入 10 000 个比特币，在“比特币水龙头”网站向所有访问网站的人无偿赠送 5 个比特币，当时每枚大约值 5 美分	人们认识和接受比特币
2011 年 6 月	Mt. Gox 交易所遭到黑客攻击	网络平台风险
2011 年 6 月	国内第一家易平台——比特币中国交易平台（BTCC）成立	国内交易平台出现
2012 年	加文·安德烈森创建比特币基金会	机构设立
2013 年年初	每枚比特币价格暴涨至 1 137 美元，各种山寨币、空气币、众筹币、传销币纷纷登场	比特币市场狂热
2013 年 5 月	GBL 比特币交易平台成立。截至 2013 年 9 月，GBL 平台交易量在国内排名第四	国内交易平台成立与发展
2013 年 10 月	GBL 平台的超过 2 000 万人民币资金消失	国内首起比特币交易平台诈骗案
2013 年 10 月 29 日	加拿大温哥华出现世界首台比特币自动提款机	货币兑换
2014 年 2 月 25 日	“比特币中国”的开盘价为 3 562.41 元，截至下午 4 点 40 分，跌幅逾 10%，下跌到了 3 185 元	比特币价格首次下跌
2014 年 1 月	Overstock 公司成为首家接受比特币的网络零售商	比特币进入流通领域
2014 年 3 月	Mt. Gox 交易所宣布破产保护	网络平台风险
2014 年 9 月 9 日	eBay 公司旗下支付处理子公司 Braintree 接受虚拟货币支付	比特币进入流通领域
2017 年 1 月 24 日	火币网、比特币中国网与 OKCoin 币行网开始按成交金额的 0.2%固定费率收取交易服务费，主动和被动成交费率一致	收取交易服务费

（续表）

时　间	典型事件	特　点
2017 年 5 月 5 日	OKCoin 币行网的比特币价格刷新历史，最高触及 9 222 点	市场狂热
2017 年 9 月 4 日	央行等七部委禁止虚拟货币交易	政府管制
2017 年 12 月 17 日	比特币达到历史最高价 19 850 美元	市场狂热
2018 年 11 月 19 日	区块链出现硬分叉，比特币跌破 5 000 美元	技术失误
2018 年 11 月 21 日	Coin Base 平台比特币报价跌破 4 100 美元，创下了 13 个月以来的新低	市场风险加大
2018 年 11 月 25 日	比特币跌至 3 000 多美元	市场风险加大
2019 年 4 月	比特币再次突破 5 000 美元大关，创年内新高	市场狂热
2019 年 5 月 12 日	比特币近八个月来首次突破 7 000 美元	市场狂热
2019 年 5 月 14 日	据 CoinMarketCap 报价显示，比特币价格达 8 000 美元，24 小时内上涨 14.68%	市场狂热

到目前为止，虽然比特币仍是虚拟货币的代表性产品，但是虚拟货币已大批涌现，出现了各种各样的虚拟货币，如 Dogecoin、Litecoin、Dashcoin 等。

趣闻 2：一口上千万的披萨

2010 年 5 月 22 日，一名叫拉斯勒·豪涅茨的美国程序员，用 10 000 比特币在“棒约翰”官网购买了两块当时价值 25 美元的披萨。他是世界上第一个使用比特币的人，后来这天被称为“比特币披萨日”。

按 2018 年的比特币价格来计算，10 000 比特币大约值 5 亿元人民币。也就是说，一口披萨价值上千万元。

2018 年 2 月 25 日，他又用比特币买了两个披萨，仅花费了 0.00649 个比特币，相当于 62 美元。

三、比特币的优点和缺点

比特币的本质是复杂算法所生成的特解，就像钞票的冠字号码，知道了冠字号码就等于拥有了这张钞票。随着人们对于比特币认识的加深，比特币的优点和缺点逐渐显露出来，如表 4-2 所示。

表 4-2　比特币的优点和缺点

比 特 币	优　点	缺　点
发行	去中心化：没有发行机构，没有中央银行	数学难题：通过开源的 P2P 算法实现发行
流通	全世界流通：只需要数字地址就可交易	数学难题：等待 P2P 网络确认交易
交易	交易过程匿名、免税、免监管	交易平台的脆弱性：交易平台网站易遭到黑客攻击或者主管部门限制
健壮	比特币不会消失	比特币价格波动极大
成本	财务成本小：可以免费汇出比特币，但最终对每笔交易将收取一定的交易费确保交易执行	时间成本大：比特币交易时会消耗时间与 P2P 网络交互，得到全网确认后交易才完成，交易确认时间长

（续表）

比 特 币	优　　点	缺　　点
安全	安全性高：操控比特币需要私钥，私钥可以被隔离保存在任何存储介质中，除了用户无人能够获取	介质风险：介质丢失或格式化会造成私钥丢失，面临着比特币无法找回的风险
仿制	需要全网 51%以上的算力才能操纵比特币，对于比特币来说，这个数字是非常大的	
认知	大众对比特币的接受度逐渐提高	

四、比特币的交易方式

比特币的交易是如何实现的呢？首先，交易双方安装 Bitcoin 客户端（即钱包），从而获得 Bitcoin 地址，同时获得一个密钥。密钥包括一个私钥和由其生成的唯一公钥。公钥用于接收比特币，而私钥用于比特币支付时的交易签名。然后，汇款方通过钱包按照收款方地址直接将比特币付给对方。

比特币地址由 1 或者 3 开头、大约 33 位、由字母和数字构成，如“1GyQZPCGYMTmqY7UradRdz8csdD”。比特币地址像银行卡号，记录着地址比特币的数量。总是与地址成对出现的私钥就像银行卡密码，可以用来证明对该地址比特币的所有权。公钥由私钥生成，不但可以证明你拥有对应的私钥，而且可以与私钥一起完成交易得到比特币网络的确认。

比特币财产包含在只有私钥才能打开的钱包中。如果存储钱包的介质（如硬盘）被完全格式化，那么钱包中的比特币就丢失了。

趣闻 3：被埋在垃圾中的 3.75 亿元人民币

2013 年，英国的 IT 员工詹姆斯·豪沃尔斯在 eBay 官网上卖掉了自己的笔记本电脑，但保留着挖掘了比特币的硬盘。但是，一次他打扫房子的时候，误把这个硬盘当作垃圾扔到了南威尔士新港的一个垃圾填埋场。该硬盘包含约 7 500 个比特币，如今这些比特币的价格已经涨到了大约 3.75 亿元人民币。

比特币的交易流程包括七个步骤，如图 4-2 所示。

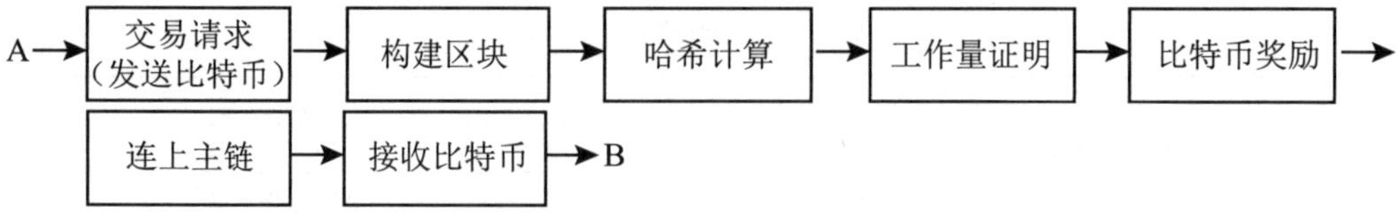

图 4-2　比特币的交易流程

第一步：交易请求（发送比特币）。用户 A 在区块链网络中发出向用户 B 转账的交易请求，告知网络中的所有节点（即“矿工”）。

第二步：构建区块。“矿工”们收到交易请求后，首先验证用户 A 的账户余额；如果余额超过转账交易的额度，那么将该交易标记为未确认交易；然后，“矿工”将网络中该时段内的所有未确认交易打包成一个区块。

第三步：哈希计算。通过“矿工”求解公式 $h_N=Hash（TradeData||h_{N-1}||Nonce）$ 找到哈希值 h_N。其中，h_{N-1} 为上一个区块的哈希值，h_N 为本区块的哈希值。每个“上一次最新”区块的 h_{N-1} 是求得 h_N 的必要已知条件，这就是“最长链共识”。*Nonce* 是“矿工”需要猜测的随机数。

第四步：工作量证明。对第一个计算出哈希值 h_N 的“矿工”，网络中的其他“矿工”对其工作量进行确认，形成共识。

第五步：比特币奖励。比特币系统将对最先找到该区块哈希值的“矿工”进行奖励。奖励包括两部分，分别为随区块产生的比特币和交易的手续费比特币。

第六步：连上主链。新的区块被连接到“上一个区块”上，逐渐形成区块链主链。

第七步：接收比特币。用户 B 采用不对称加密技术收到用户 A 转来的比特币。

经过以上七个步骤，就完成了基于 PoW 共识机制的价值传输过程。目前，许多网站已开始接受比特币交易。

趣闻 4：“Hodl”拼写错误 or 专有名词？

2013 年，网名为“GameKyuubi”的用户在 Bitcoin Talk 论坛上发表了一篇以“I AM HODLING”为主题的文章，可是他把“hold”错写成了“hodl”。这个错误却意外引发网友的疯狂跟帖，并持续流传变成了区块链术语。维基百科还为此设立了专门的词条：hodl 是指一个长期持有比特币而不参与比特币交易的人，现在它又有了新的含义——为美好生活持有（hold on for dear life）。

五、比特币面临的监管问题挑战

当前，比特币的发展已经进入了“模糊期”，绝大多数国家对其监管的态度既积极热情，又警惕冷淡，如表 4-3 所示。

表 4-3　不同国家对比特币的监管措施

国　家	监管措施	态　度
德国	2013 年 6 月，比特币被德国财政部认定为“记账单位”	积极
美国	对比特币交易平台实施牌照化管理。如美国华盛顿州 2017 年 4 月通过了 5031 号法案，规定了虚拟货币交易所需要申请牌照	谨慎
英国	➢ 2014 年 8 月，英国财务大臣乔治·奥斯本表示英国欲将比特币或其他虚拟货币合法化 ➢ 2014 年 9 月，英格兰银行称，虚拟货币被市场全面接受将威胁英国金融体系的稳定 ➢ 英国金融行为监管局（FCA）对金融科技提出“沙盒监管”制度	既积极又谨慎
日本	2017 年 4 月，日本的《支付服务法案》规定比特币是一种合法的支付方式。交易所必须开始核查开户用户的身份，保管交易记录，并且向监管机构报告可疑交易	积极
新加坡	2013 年，新加坡政府表示将比特币等同于商品处理，不干预商户接收比特币	中立
澳大利亚	2017 年 7 月 1 日，比特币法生效，降低比特币的交易税	积极

（续表）

国　　家	监管措施	态　　度
俄罗斯	➢ 2014 年 2 月，明确禁止在俄罗斯境内使用比特币 ➢ 2017 年 8 月，俄罗斯央行提议将比特币定为数字商品，并对其进行征税	先反对后放松
韩国	韩国政府对虚拟货币进行监管，以防止违法交易和单纯的投机行为，加强反洗钱调查	严苛
中国	➢ 2013 年 12 月 5 日，中国央行等五部委发出“防范比特币风险”通知：比特币是特定的虚拟商品；比特币是商品买卖行为，民众自担风险，拥有参与自由 ➢ 2017 年 9 月 4 日，中国人民银行等发布了“关于防范代币发行融资风险的公告”禁止从事代币发行融资活动（ICO）；交易平台不得进行法定货币与代币、虚拟货币相互之间的兑换和买卖	谨慎

第二节　区块链

一、区块链的由来

区块链起始于比特币，现已脱离比特币成为一种专用技术方案。随着比特币等数字加密货币的日益兴起和普及，区块链已经成为分布式数据存储、点对点传输、加密算法、分布式记账等计算机技术的新型应用模式，具有广阔的应用前景与发展潜力。

什么是区块链？从技术上说，区块链是指通过去中心化的方式集体维护一个可靠数据库的技术方案。区块链是一种交易记录的存储技术，它对交易记录进行永久性存储，无法改写和删除，只能按照次序加入新的交易记录，由此对所有的交易历史进行永不结束的记载。每个区块记录了一段时间内的交易信息，由哈希算法生成包含当前区块数据和上一个区块数据的哈希值后，链接到上一个区块，逐渐形成了无限延展的区块链。

趣闻 5：区块链与麻将

从一定意义上说，麻将是世界上最早的区块链应用项目。组建一个麻将局，就相当于创建了一个区块。摸牌、打牌的行为可以理解为“挖矿”，麻将机可以理解成“矿机”，四个打麻将的人就是“矿工”。这四个“矿工”从 144 个麻将中碰撞出任一正确的牌就能和牌，这 144 个麻将可以看成是一连串的哈希值（数字），和牌的过程就是算法。和牌意味着碰撞出了正确的哈希值。其他三人都会主动给和牌的人筹码，那是因为这些人都自动达成了共识，不需要中介或者第三方机构的评判。和牌获得的筹码相当于区块链系统奖励的比特币。大家的筹码奖励也不需要通过第三方转交，都是直接点对点交易。

“矿工”各自记录第一局的战绩，记录完成后就生成了一个完整的区块。一轮麻将 8 圈打完，得到 8 个区块，它们连接在一起就形成了一个完整的账本，这就是区块链。因为这个账本每人都有一个，所以就是分布式账本，目的就是为了防止有人篡改记录，打到最后，谁输谁赢一目了然。

区块链技术已经引起政府部门、金融机构和资本市场的重视与关注。2015 年 12 月，美国纳斯达克推出证券交易平台 Linq，这个平台是在区块链的基础上建立的，是金融证券市场去中心化趋势的里程碑。2016 年 1 月，英国政府开始尝试将区块链应用在金融和政府事务中；2016 年 1 月，第 46 届世界经济论坛达沃斯年会将区块链与人工智能、自动驾驶等一并列入“第四次工业革命”；2016 年 1 月 20 日，中国人民银行探讨用区块链技术发行虚拟货币来提高金融活动的效率、便利性和透明度。2018 年 5 月 28 日，我国政府将区块链与人工智能、量子信息、移动通信、物联网等列为新一代信息技术的代表。2019 年 1 月 10 日，我国的《区块链信息服务管理规定》发布。2019 年 10 月 24 日，中共中央政治局会议强调，区块链技术的集成应用在新的技术革新和产业变革中起着重要的作用。

从信息技术的发展来看，计算范式经历了大型计算机、个人计算机、互联网、移动社交网络等四次创新，区块链被认为是第五次创新。从信用发展来看，人类在经历了血亲信用、贵金属信用、央行纸币信用之后，区块链信用成为第四个里程碑。区块链有望像互联网一样重塑社会活动形态，实现从信息互联网向价值互联网的转变。

小知识：区块链是比特币吗？

区块链技术是比特币的底层技术，不仅可以在比特币中使用，而且可以应用到许多领域。所以从某个角度来看，比特币可以看成是区块链的第一个应用，而区块链更类似于 TCP/IP 这样的底层技术，以后会扩展到越来越多的行业中。

二、区块链的类型

目前，区块链主要有三种类型，如表 4-4 所示。

表 4-4 区块链的类型

类　型	定　义	应用范围
公有区块链	指任何人都可读取、发送交易且参与其共识过程的区块链	最广泛
联盟区块链	又称行业区块链，由某群体内部指定多个预选的节点为记账人，预选节点参与共识过程，其他接入节点可参与交易，任何人能通过该区块链开放的 API 进行查询	行业或者联盟
私有区块链	指公司或个人采用区块链技术记账，独享区块链写入权限的区块链	个体

三、区块链的特征

区块链的特征总结为 6 个主要方面，如表 4-5 所示。

表 4-5　区块链的特征

特　征	含　义	支撑技术
去中心化	不依赖第三方管理机构，通过分布式核算和存储各节点实现了信息验证、传递和管理	分布式数据库
可编程性	用户可以设置自动触发节点之间交易的算法和规则	智能合约
独立性	所有节点基于一致性的规范和协议在系统内安全地验证、交换，不用任何人为干预	对等传输
安全性	只有同时掌控系统中超过 51%的节点，才能修改数据	共识机制
匿名性	区块链程序规则自动判断数据交互的有效性，交易双方无须公布身份	非对称加密
不可逆性	区块是按时间顺序排序的，并且对于网络上的所有其他节点都是可以被访问的	哈希算法

四、区块链的基础架构与技术框架

一般的区块链系统由数据层、网络层、共识层、激励层、合约层和应用层组成，如图 4-3 所示。

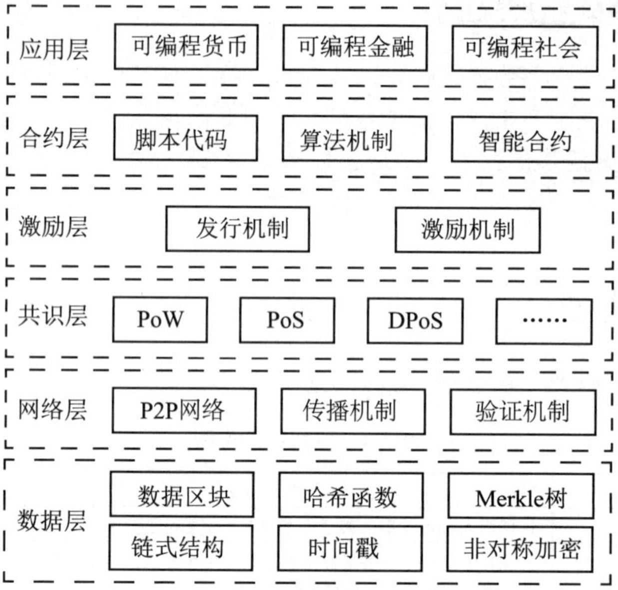

图 4-3　区块链系统总体技术架构

五、区块链应用的三种模式

自从比特币诞生以来，世界各国对其的态度和对待方式有所变化，从开放拥抱到谨慎，再到规范监管。伴随比特币产生的区块链技术却越来越受到政府、产业与学者的高度重视，区块链的发展可以分为区块链 1.0、区块链 2.0、区块链 3.0 三个阶段，分别对应点对点交易、智能合约和 Token 经济。Token 类似区块链里流通的货币，也称之为代币，比特币它就是一种 Token。Token 的本义就是一种通行证，它的本质上就是一段代码，在区块链中它具有确保性和严密性，就像打开区块链大门的一把钥匙。其三个阶段如表 4-6 所示。

表 4-6　区块链应用的三个阶段

阶　段	区块链 1.0	区块链 2.0	区块链 3.0
特征	➢ 可编程货币 ➢ 点对点交易	➢ 可编程金融 ➢ 智能合约	➢ 可编程商业经济 ➢ Token 经济
重点	虚拟货币应用价值	数字身份构建	数字生态建设
应用场景	数字加密货币体系	➢ 互联网金融 ➢ 供应链金融	金融基础设施
应用领域	比特币交易	金融领域	数字经济
最大受益者	虚拟货币交易平台	金融业	全社会

区块链应用生态圈涵盖了金融、医疗、教育等多个领域（如图 4-4 所示），并逐渐向更多的领域渗透。

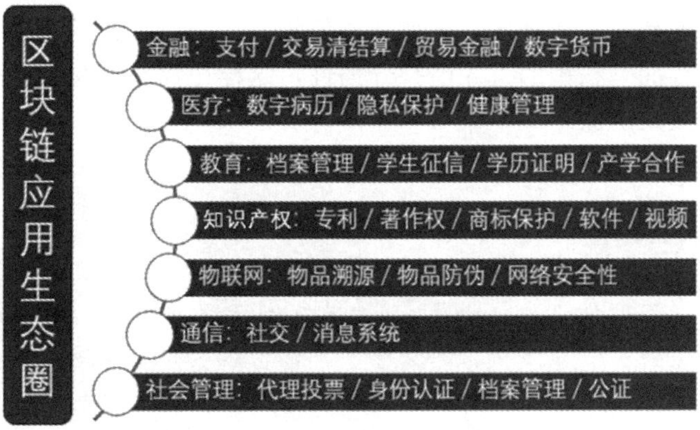

图 4-4　区块链应用生态圈

Token 是区块链的权益证明，是价值传输的载体。Token 对人类社会作用在于变革生产关系，股份制公司的传统形式将被替代，参与者都成了资本拥有者。这种生产关系激励参与者贡献生产力，是对生产力的解放。如果商业活动映射到现实中，只要前者跑赢后者，每个 Token 都将获利。

区块链 3.0 解决了关键性的技术难题，并将区块链技术应用到各个垂直行业中去。这个时代的底层协议能够在保证去中心化、去信任中介的同时，保证商用级别的高性能。现有阶段，大部分底层协议项目还远未能达到区块链 3.0。

六、区块链面临的困难与挑战

从实践进展看，区块链技术在商业银行应用中仍处于构想和测试阶段，距生产生活中的实际运用还很远，在获得监管部门和市场认可上也面临困难与挑战，主要表现在以下三个方面。

（一）受到现行观念和决策机制的约束

区块链的去中心化、自我管理等特性颠覆了传统的集中式和分布化的观念，改变了人们的生产生活方式，冲击了现行的决策过程。对于比特币，不同的国家所持态度和管控方式也不同，这一定程度上阻碍了区块链技术的应用与发展。解决这类问题还有很长的路要走，尤其是监管需要跟上。

（二）在技术层面，区块链需要突破性进展，需要不断拓展应用领域

虽然目前区块链技术有了一定的发展，但是在底层性能、智能合约安全性、架构兼容性等方面还有很大的困难。区块链技术应用还缺乏突破性的应用程序。缺乏有效的商业模式，区块链应用的推广存在困难。

（三）竞争性技术挑战

虽然很多人支持区块链技术，但也要看到在各种推动人类社会发展的技术中，人们会选择更加方便、更加高效的新技术。比如在通信领域，通过广播的方式可以将信息发给全网的所有人，但只有拥有私钥的人才能打开信件，这样在提高信息传输效率的同时，信息传递的安全性也会大大增加。

趣闻 6：区块链游戏

区块链与游戏的结合成为行业普遍看好的一个重点领域。DappRader 是一个动态显示不同种类区块链应用在线交易的数量、总额、以及每日活跃用户数量的网站，其排名对当前区块链有一定的参考意义。根据 DappRader 网站的排名，当前全球活跃度最高的前 10 款区块链应用（DApp）里，至少有 5 款是游戏。

1．CryptoKitties（加密猫）。作为第一个成名的区块链游戏，CryptoKitties 利用以太币作为游戏的唯一交易货币，由 AxiomZen 公司开发，以虚拟猫的繁殖为主要玩法。两只电子猫交配而生出的子孙会遗传他们各自的 256 位元基因组，在外观和特性等方面各不相同，共有 40 亿种可能性。因其游戏的多样性和不可预知性而一夜爆红，许多以太币玩家争相领取电子猫，希望自己所养的电子猫能够升值、有趣。

2．EtherGoo（以太工厂）。EtherGoo 是一款半挂机式的 SLG 策略游戏。玩家可以利用各种小动物来给自己打工，增加实验室的 Goo 生产力（即每秒产生的 Goo 数量）。

3．EtherBots（以太机器人）。游戏玩法同 CryptoKitties 一样，玩家通过以太币购买机器人，然后对机器人进行战斗及升级。机器人之间可以用以太币来进行交易。

4．EtherCraft（以太飞船）。这是一款在区块链上运行的分散式 RPG 游戏。用户可以根据特定的配方制作物品，并尝试销售或交易该资产。用户可以合并物品、分解原料物品并可以打开获取的战利品箱子以获取新的物品。用户可以使用游戏内货币 XGP 购买基于区块链的游戏内物品。

5. Etheremon（以太妖怪）。Etheremon 是一款生态平衡性突出的经营类区块链游戏，玩家在游戏里面可以组建自己的军团，可以进行妖怪买卖，可以出售妖怪蛋、哺育权、MEC 能量等，还可以进行以太币（Eth）的挖矿，这些所有行为都会被记录在区块链上，让玩家的数字资产不但安全而且还有保值、增值的机会。Etheremon 设计了良好的平衡性与可持续性，玩家之间的流通、协作能力非常突出，比如建立了妖怪和妖怪蛋市场，还包括哺育市场、道具市场与能量点市场，丰富的流通性支持及多样的增值方式，使其成为全网挖矿收益最高的区块链游戏，受到了很多玩家的积极关注，很自然也成为了国内市场上最火爆的区块链挖矿游戏之一。

第三节　未来的虚拟货币

一、区块链在金融领域的应用

区块链技术作为比特币的基础技术，近年来被专业人士热捧，被视为全球信用认证的基础协议。区块链技术与金融市场有着高契合度，可以应用于无中心机构信用背书的金融市场，在一定程度上实现了“金融脱媒”，对第三方支付、资金托管等商业模式来说是颠覆性的变革。

区块链在金融领域主要集中在支付、企业金融、资产管理、票据金融等。利用区块链去中心化、不可篡改的特性，可以对金融领域的各环节风险有更好的把控，降低了金融流程成本。在国内，中国银联、民生等银行和蚂蚁区块链等机构已经开始布局并落地了区块链金融平台和项目。

二、当前主要的虚拟货币

比特币是目前最成功的区块链应用。自从比特币诞生以来，国际上出现了多种虚拟货币，其中较为流行的虚拟货币如表 4-7 所示。

表 4-7　当前国际上流行的虚拟货币

货　币	符　号	发行时间	创始人	活　跃	市　值	算　法
比特币	BTC	2009	中本聪	是	2 000 亿美元	SHA-256
以太币	ETH	2014	维塔利克 • 布特林	是	320 亿美元	Ethash
瑞波币	XRP	2013	克里斯 • 拉森	是	170 亿美元	SHA-256
柚子币	EOS	2017	丹尼尔 • 拉里默	是	55 亿美元	DPOS
莱特币	LTC	2011	李启威	是	75 亿美元	Scrypt
比特币现金	BCH	2017	吴忌寒	是	75 亿美元	SHA-256

三、虚拟货币的发展前景

比特币和区块链技术存在着协同进化、和谐共生的良性关系，同时区块链会超越数字加密货币延伸到金融、科技和政治等领域。虚拟货币本身发展潜力巨大，拥有广阔的发展前景。

（一）虚拟货币将成为全球性的数字资产和投资品，为世界经济发展注入新的活力

数字资产是指互联网上以区块链技术产生的一种互联网资产。数字资产将成为各国货币之间的媒介，这是其核心作用。数字资产的发行也将增加社会融资的渠道，降低国际融资的门槛。规范、健康、有序运行的虚拟货币，必将给世界经济的发展注入新的活力。

（二）虚拟货币将成为在特定场景下的金融工具，区块链成为其重要支撑技术

虚拟货币作为全球流动的媒介，可以很好地解决全球范围内不同清算体系之间价值传输时间长、成本高的问题，成为跨境转账的高效工具。区块链技术能使金融交易更加可信、高效和低成本，将成为虚拟货币流通的重要支撑技术，逐步构建起虚拟货币支付、结算、金融和资产转移产业体系。

（三）虚拟货币将成为新型的网络支付工具，区块链推动可信安全和开放共享的数字经济

以国家信用为价值支撑的法定虚拟货币能够有效发挥货币功能和信用创造功能，从而对经济有实质性支撑和调控作用，必将超越现有的电子支付工具。而且，虚拟货币将随着人工智能的融入变得更加智能。

区块链的加密和共识算法建立了信任机制，实现了数据完整、真实和一致，将推动建立可信安全的数字经济。区块链基于点对点交易，将建立平等开放的网络经济空间，形成紧密的合作伙伴关系，分享数字经济的发展成果。

第四节　区块链技术对未来三十年的影响

一、区块链驱动的跨境转账

传统的跨境支付方式周期长、费率高且易出错。基于区块链技术，初始货币经过币池兑换为接收货币，以低成本的方式可以实现不同国家之间的货币传输。区块链实现了“提速降费”。在未来，利用区块链技术可以在跨境支付上实现价值的快速传输。

当前，瑞波币和 CENT 币已经实现了跨境支付。瑞波（Ripple）是第一个开放源码的点到点支付网络，可以实现任意货币和比特币之间的转换，简便易行快捷，没有跨国支付费用，交易费用很低。瑞波网络最初的设计思路是基于熟人关系网和信任链，天然血亲和闪电网络有利于处理未来大并发的支付任务。CENT 币也是主要的跨境支付币种之一，是 Circle Internet Financial（以下称 Circle）旗下子公司 Centre 推出的。通过 Circle 跨境汇款时滞短，用户不需要支付手续费。

区块链 1.0 时代逐步接近尾声，新创交易平台公司的竞争力正在逐渐流失，但跨境支付需求将是区块链技术真正落地的蓝海，也是 Token 作为其他金融服务基石的重要尝试。

二、区块链驱动的万物互联

在当前的中心化构架下，由于不同的利益主体和信任关系，物联网很难完成完全信任下的互联互通和自主协作。目前，物联网设备的协作和交易只能在同一信任域下进行，大大降低了物联网应用的真正商业价值和普及程度，而区块链技术能够解决非安全网络下的信任问题，克服了物联网缺陷的核心。

2015 年 1 月，IBM 联合三星推出了“去中心化的 P2P 自动遥测系统”（Autonomous Decentralized Peer-to-Peer Telemetry，ADEPT）。ADEPT 项目基于以太坊（智能合约）、Telehash（P2P 信息发送系统）和 BitTorrent（文件分享）三项协议，意图利用区块链技术打造一个能够自动检测、自动更新、互相通信的物联网系统，为下一代物联网构建了一个概念系统。

成立于 2012 年的 Filament 公司瞄准区块链互联网，研发出利用工业网络构建物联网的区块链软硬件解决方案，该解决方案允许工业物联网之间安全地相互通信，并且不再需要一个中央处理系统，物联网设备就可以独立执行智能协约。

Filament 公司目前有两款硬件产品：Filament Tap 和 Filament Patch。前者作为传感器，允许该设备与周边 10 英里以内的电话、平板电脑和计算机进行沟通；后者则主要包括了 MCU（微控制器单元），其在出厂前通过密钥与加密芯片互相配对、绑定，建立起 MCU 与其配对的密码芯片之间的信任通话，这种端对端的配对方式为设备间的安全通信提供了基础。

在软件方面，Filament 公司将使用五层协议：Blockname、Telehash、以太坊、Pennybank 和 BitTorrent。Filament 传感器的运行依赖于前三层协议，后两层协议供用户端自行选择。目前，Filament 公司采用基于 Blocklet 技术的 JSON Web Token（JWT）作为代币进行机器之间的价值交换。

此外，基于 Tangle（缠结）网络的 IOTA 是专为物联网而设计的新型交易结算币种。与区块链不同，Tangle 不是链状结构，而是网状结构，其可拓展性和稳定性更好，更适用于物联网这种小额高频的交易场景。

三、区块链驱动的未来社会

区块链技术有去中心化、集体维护、可编程和安全等特点，适合构建货币和金融系统乃至宏观的社会系统。

未来社会发展趋势将从“物理网络系统”（Cyber-Physical Systems，CPS）演变为物理+网络+人工的“社会物理信息系统”（Cyber-Physical-Social Systems，CPSS）。基于 CPSS 的平行社会已现端倪，其本质是虚实互动与平行演化。

区块链为分布式社会系统提供数据结构、交互机制和计算模式，为实现平行社会奠定坚实的数据基础，将成为实现 CPSS 平行社会的基础架构之一。目前，数据通常由管理机构和大型企业等“少数人”所掌握，其公正性、权威性甚至安全性无法得到切实保证。通过分布式存储技术，区块链将数据掌握在“所有人”手中，能做到真正的“数据安全和共享”。区块链也为平行社会奠定了坚实的信用基础。区块链通过去中心化、智能合约的程序化等技术实现数据的防伪造和防篡改，在一定程度上将具有“不确定性、多样性和复杂性”等特征的“默顿”社会系统转为“可全面观察并精确预测、可主动控制”的“牛顿”社会系统。

区块链还可以驱动平行社会的管理。首先，区块链的分布式存储、PoW 共识机制、P2P 组网和基于贡献的经济激励等运作机制与社会系统的自然建模在本质上是一致的。社会系统中的每个主体都将是区块链网络中的自主、自治的智能体（Agent）。其次，利用智能合约的可编程特性，可以进行虚拟实验设计、场景推演等，从而获得可以自动或半自动执行的最优决策。最后，现实物理世界和虚拟网络空间在区块链和物联网的共同作用下实现虚实连通、虚实互动和平行协调，最终实现社会管理和决策的协同优化。当物理世界的实体资产都登记为区块链上的智能资产时，区块链驱动的平行社会也就到来了。

四、区块链的 2050 年预测

无疑，区块链将影响社会发展的进程，协助塑造一个从未有过的崭新世界。2050 年将是一个什么样的世界？

预测 1：政府将推出区块链技术加密虚拟货币

到 2050 年，世界上大多数政府将创建或采用某种形式的加密虚拟货币。与传统的法定货币相比，加密虚拟货币的结算时间更短、效率更高、安全性更好，具有更好的可追溯性。

在短期内，政府将试验和探索加密货币。这些试验和探索主要由经济不稳定的发展中国家主导。这样的改革也可能以比较仓促的方式进行，由政治问题而不是经济问题或技术进步驱动。以津巴布韦为例，该国的通货膨胀率达到惊人的数字。许多津巴布韦人已经将比特币作为对冲其本国货币的手段，从而推动了当地加密货币市场上的比特币价格上涨。创建一种新的加密货币为津巴布韦政府提供了一个可行的解决方案，以减轻对其国家货币挑战的悲观认识。从短期来看，这种努力可能会阶段性有效。但是，由于技术尚未成熟，早期项目可能将遭遇失败。

由于政府内部缺乏必要的专业知识，他们将寻求外部公司的帮助。由于外部公司在私钥管理和相关实践上的不充分，许多政府最终可能遭受黑客的攻击。这种情况与 Web 早期相似，早期承接政府外包服务的公司在最初的实践中犯了错误，导致数据和资金损失。

从长远来看，成功的案例将逐渐增多。区块链技术将解决许多当前的局限性，例如隐私控制等。在货币政策的监管下，抵押支持的、价格稳定的虚拟货币将变得越来越受欢迎。

预测 2：公司将持有超过万亿美元的虚拟货币

到 2050 年，世界上将出现拥有超过 10 万亿美元虚拟货币的“巨型”公司。Apple、Amazon、Google 和 Microsoft 等著名公司之间存在一场竞赛，争相成为第一家虚拟货币市值达到 10 万亿美元的公司。

传统经济是模拟的、实体的，其基础是石油资源开采、原材料制造、食品种植，以及通过传统物理渠道进行的运输和销售。显然，现实世界不会消失，它是我们生活、呼吸、饮食和行走的空间。但是在总体规划中，它的经济作用将有所下降。

新兴经济是物理基础之上的一层价值，尚未完全扩散到全球经济领域的各个角落。新兴经济的影响将继续增长，因此股票市场的估值也在不断增高。在第一家公司市值达到 10 万亿美元之后，其他公司也可能会超过该门槛，并且可能会有三到五家。

但是，区块链驱动的下一个时代正在兴起，可能采取与以前经济转型浪潮所不同的发展模式。传统经济和新兴经济都是基于公司理论。公司理论由英国经济学家罗纳德·科斯于 1937 年提出。公司理论认为：公司就像单细胞生物，其内部存在子系统，允许某些物质跨过边界的半透膜。公司之所以存在，是因为膜内某些交易或业务流程的成本远低于必须跨越边界的其他交易和流程的成本。

区块链技术改变了公司的原本性质，大大降低了交易和信息流的成本。原本存在摩擦和阻抗的地方将会得到改善。区块链技术也改变了原来的商业模式，并促进了虚拟货币和数字资产的无摩擦流动。

这意味着，在未来的区块链时代，市值达到数万亿美元的公司中的实际资产将被数万亿美元的虚拟货币所取代，这些虚拟货币支持去中心化的实体生态系统，这些实体共同履行了大公司的角色。

预测 3：所有人和绝大多数资产将拥有区块链身份认证

到 2050 年，针对个人以及物理和虚拟资产的跨界，基于区块链的自我主权身份标准将出现。所有人和绝大多数资产将拥有区块链身份认证。

如果电子邮件被看作是互联网的“杀手级应用程序”，那么身份的解决方案将被看作是区块链的“杀手级应用程序”。正如我们今天所感知到的，身份系统功能失调，每个人的身份都运行在孤岛中并且不安全。随着各种数据泄漏丑闻的出现，基于区块链的身份系统为数据隐私问题创造了可行且重要的解决方案。基于区块链的身份认证系统可以为个人身份和资产提供单一的验证来源。

基于区块链的身份认证系统通过共识机制对身份数据进行交叉验证，并将身份数据存储在不可变的分类账中。它可以降低安全漏洞的风险，提高可靠性。

基于区块链的自我主权身份平台将为弱势群体人员（如难民）提供获取和维护法律文件的工具。基于区块链的身份平台还将实现自我主权，这意味着个人隐私的严格保护。公开身份信息的决定将在每个人的控制范围内。

基于区块链的身份平台上存储的数据类型包括（但不限于）：

- 个人信息记录（例如出生日期、地址、财产等）；
- 信誉和信任分数（例如信用记录）；
- 证书和证明（例如大学文凭）；
- 医疗保健和医疗记录；
- 税务识别记录；
- 就业记录。

虽然在 2050 年之前不太可能出现明确的端到端解决方案，但身份平台之间的高度互操作性将使易用性和全局交叉验证成为可能。

此外，基于区块链的资产平台将收集、存储和共享物理资产和虚拟资产的数据。到 2050 年，预计将有超过千亿个物联网（IoT）设备存在。从智能冰箱到飞机引擎，这些“智能”芯片已经普及。从本质上讲，物联网设备不断连接到互联网，收集、存储和传输各种“交易”数据。区块链将为这些设备之间的“交易”提供一种安全、可靠和高效的机制。区块链将保证所有的交易记录不被改变，并实现即时支付结算（例如两个物联网设备之间转移资产）。

类似于物理资产，借助区块链的力量，虚拟资产被转换为令牌化资产，具有唯一的身份。最终，区块链将采用自动化操作无缝地将个人在物理世界及虚拟世界中的资产连接起来。

预测 4：区块链技术支持的世界贸易

到 2050 年，世界大多数贸易将利用区块链技术进行。

全球供应链是区块链技术应用的重要业务价值领域之一。显而易见，全球供应链中的问题非常严重，在某些情况下甚至危及生命。世界卫生组织称，每年有成数十万人死于假药。解决这些问题非常困难，因为业务生态系统是零散孤立的，仅部分是自动化的，并且缺乏可信赖的中央机构，该机构需要具有管辖权、资源和信誉来追踪来源和认证的真实性。

在当前状态下，世界贸易是通过不信任的各方之间的业务关系进行的。这些业务关系是混乱的、零散的，必将导致效率低下、错误和欺诈。这是当前尚未解决的现实世界业务问题，如果不使用区块链技术就无法完全解决。区块链将在未来的解决方案中扮演着关键角色。

预测 5：改善生活水平

到 2050 年，世界生活水平的显著改善将部分地归功于区块链技术的发展。

贫困和收入差距可以说是人类最难解决的问题。全世界超过 10%的人口（超过 7.5 亿人）每天的生活费不足 2 美元。超过 20 亿人没有银行账户，无法获得金融服务。尽管总体生活水平提高了，世界 GDP 也在增长，但富人越来越富，穷人越来越穷，贫富差距在逐步拉大。

区块链技术有潜力缩小贫富差距。这个目标是怎么样实现的呢？可以通过增加财务包容性、抑制腐败并允许分散获取价值创造资产的方式来实现。

金融包容性是比特币等加密货币最明显的好处。显而易见地，数字币和区块链使无银行账户的人能够获得银行服务，从而获得报酬。不再需要依靠中央机构（例如银行）来授予用户开设银行帐户的权限。用户可以用智能手机在拥有访问权限的公开市场（提供对加密交易所的访问权限）上买卖数字币。

其次，区块链技术通过创建记录的透明度来抑制腐败。所有资产信息，包括土地信息，都将被记录在透明的、无篡改的分布式区块链账本中，以供公众查看。

仅解决这个问题就将对全球经济产生巨大的财务影响。根据著名经济学家埃尔南多·德索托的说法，“死资本”即持有但未经法律认可的财产或资产，估计为20万亿美元。资产所有权的不确定性降低了资产价格和可交易性。因此，区块链技术通过创建透明的、防篡改的财产和资产跟踪系统，可以发掘全球财富的潜力。

第五章

5G 引发的大变革

纵观历史，技术是推动人类社会发展的重要力量，现代通信技术的发展有助于降低社会成本、提高社会效率、缩小数字鸿沟。从 1G（第一代移动通信）发展到今天的 5G（第五代移动通信），每一次技术进步都凝聚着人类智慧的结晶，彰显了一个时代的科技水平。

1G 网络诞生于 20 世纪 70 年代末至 80 年代间，它是以模拟技术为基础的蜂窝无线电话系统。声音通过未加密的无线电波传播，任何人都可以使用现成的设备收听对话。1G 的出现，使通信的移动化成为可能，使得人们摆脱了电话线的束缚，不必守在固定电话机旁，在室外、在行进中的汽车上都能与人通话。1G 时代的典型通话工具就是人们俗称的“大哥大”。1983 年 6 月，美国摩托罗拉公司推出当时世界上第一款商用手机——摩托罗拉 DynaTAC 8000X，通话时间是半小时，销售价格为 3 995 美元，昂贵又笨重，是名副其实的砖头手机，一经问世就风靡世界。1987 年，摩托罗拉 3200 进入中国，被人称为“大哥大”，也是当时电影里常见的道具。那个年代，手持“大哥大”似乎是身份、地位和财富的象征。

建于 20 世纪 90 年代的 2G 网络则是 1G 的升级版，它以数字语音传输技术为核心，还新增了短信息形式的文字信息传输。2G 网络不仅能够对呼叫加密，还能提供与拨号上网服务类似的数据传输，人们可以使用手机浏览文字网页。2G 时代的主要通信工具厂商有爱立信、摩托罗拉、诺基亚，主要使用诺基亚开发的塞班系统。

20 世纪末至 21 世纪初，3G 网络接踵而至，使人类进入数据通信时代，手机不再仅是一个打电话的工具，而是变得更加智能化，可以实现更多的功能。iPhone 手机的问世，激发了 3G 时代人们对于智能手机的需求。

2008 年发布的 4G 网络。它支持像 3G 那样的移动网络访问，还可以满足高清移动电视、视频会议、游戏以及其他需要高速上网的功能。4G 的普及，意味着移动互联网时代的到来，位置、社交、移动支付这些全新的功能，大大改变了人们的生活习惯和生活方式。移动支付、移动电子商务、视频业务的爆发，使得社会信息沟通能力的大幅度提高，推动人类社会进一步发展，也带来了许多有价值的变化。

5G 已近成熟，蓄势待发，它将会在世界上引起巨变，除了高速率之外，低时延连接、支持海量并发设备这些功能是前所未有的，它们为大数据和人工智能等新技术奠定坚实的基础。5G 是当今这个时代集中了半导体、通信、人工智能、智能硬件、新业务与应用的一个全新的体系。它会提升整个社会的能力和效率，会挑战原有的经济、文化和网络安全，会给传统行业带来一场变革。

第一节 什么是5G网络

5G网络（以下简称5G）是指在移动通信网络发展中的第五代网络，与之前的第四代移动网络相比，5G在实际应用中会表现更加出色。理论上讲，5G的传输速率是4G网络的几百倍，其传输速率可达每秒钟数十GB。5G的主要优势有三个方面。

一、高速率

与已被广泛投入的4G网络通信技术相比，5G在传输速率上有着明显的优势。4G网络在理论上可以实现100Mbit/s的峰值速率，5G相对而言将达到5Gbit/s甚至是10Gbit/s，这将是4G网络的数十倍甚至上百倍。在这样的传输速率下，“本地”读取与“云端”下载几乎没有差别。

二、低时延

我们目前使用的4G网络理想时延是10毫秒左右，LTE的典型时延是50～100毫秒，5G的时延可以低至1毫秒，这意味着5G将端到端的时延缩短为4G的十分之一，更低的时延意味着更快的响应速度，这一特性对于无人驾驶、远程手术、应急事故处理等场景意义重大。以无人驾驶为例，在目前的多种设计方案中主要依靠传感器技术实现，在当下缺乏实时服务的移动互联网环境下，车辆根据环境进行被动式操作，很容易出现拥堵，甚至会发生事故。在5G技术应用于无人驾驶后，由于低时延的特性，汽车之间可以实时通信，从而主动规划出最优行驶线路，并能根据突发情况做出及时处理，在用户体验和安全性上都有极大提升。

三、大容量

4G网络在理论上只能实现每平方千米支持10万个设备，在IoT迅猛发展的时代，海量设备并发上网的情况将是4G网络难以满足的。而5G网络的容量相比现在将提升数十倍，这意味着基站可以同时为更多终端提供服务，即使遇到像火车站、足球比赛现场、演唱会现场一样的大规模网络设备集中通信的“信号重灾区”，5G也可以满足每个人对高速网络的需求。

第二节 5G的驱动力与挑战

一、5G的主要驱动力

2019年3月20日，中国电信集团公司科技委员会主任韦乐平在“有线数字电视运营商国际峰会”上提出，5G的主要驱动力包括业务、网络、商业模式三个方面。具体而言：从业务层面看，移动互联网与物联网是两大重要驱动力，移动互联网满足超高连接密度、超高流量密度、超低时延和超高移动速度等新应用场景，而物联网使海量的连接和多样化的应用成为可能；从网络层面看，网络架构的全面升级和重构为5G奠定了基础，其能使网络的容量、性能、敏捷性等全面提升；从商业模式层面看，商业模式的创新有利于5G全面部署，同时有利于运营商与广电在资本、业务和网络层面的协同和深度融合发展，借助新一代系统部署机遇，抢占先机，改变市场格局。

从1G到4G的发展历程来看，毋庸置疑，需求是第一驱动力。1G、2G解决了人们在移动状态下对语音通话和文字短信息交流的需求，3G解决了人们移动上网的数据需求，4G解决了人们对更高速率数据，如视频、游戏等的需求。从1G到4G，解决的是人类的感知需求，而5G最根本的变革在于通信服务对象将发生变化。自5G时代开始，通信服务的主体将从人逐步迁移到物，而且这个比重会越来越高，万物互联将成为现实，物联网将会真正走入千家万户。物联网扩展了移动通信的范围，从人与人之间的互联延伸到万物互联，使移动通信技术拓展至更广阔的行业和领域。工业和信息化部的苗圩部长讲到，将来20%左右的5G设施会用于人和人之间的通信，其余80%用于人与物、物与物之间的通信。正是由于这样根本性的变革，5G会催生出无数全新的领域，引发新一轮的产业变革，成为推动经济发展新的增长动力。

二、5G技术提出的挑战

（一）技术上的挑战

传统的移动通信技术，例如3G和4G技术，主要指蜂窝移动通信技术，侧重于无线技术，而5G技术不仅包含蜂窝移动通信技术，还涵盖新一代无线局域网和网络技术。5G技术是在3G和4G技术的基础上，进一步扩展与升华。5G要求更大的容量和宽带承载量及更高的传输速率等，因此对其融合性提出了更高的要求。在应用和发展5G无线通信技术的过程中，还应考虑以下三个方面的问题。

1. 频段数量不足

迄今为止，我国已经规划了687Mz等移动通信频谱，按照我国IMT-2020推进组的预测，我国2020年数据流量对比2010年将增加600倍以上，发达城市和热点地区数据流量增速更快，预计达到1000倍左右。按此预测，到2020年我国目前还存在800～1100MHz的频谱资源缺口。这只是一个开始，随着时间的推移，5G的业务量将不断提升，这也就意味着移动通信的频谱需求量还将继续增加。

2. 候选频段和频谱效率

5G的发展离不开大量的新频谱资源，目前有以下两种方式可以获得：一是在2015年世界无线电通信大会（WRC）推动6GHz以下低频段划分；二是在2019年WRC大会及以后推动6GHz以上高频段划分。对于5G而言，低频段传播特性好且资源稀缺，需要优先获取，目前我国已经提出将3 300～3 400MHz、4 400～4 500MHz和4 800～4 990MHz等为候选频段。高频段传播特性差但资源丰富、可选余地大，其可作为支撑5G发展的后续补充频段。由于我国高频芯片和元器件的产业能力还相对薄弱，在现阶段仍需加大投入，抓紧研发，推进高频段芯片技术上的创新。

未来，中国5G极有可能使用28千兆赫（即毫米波）进行通信，毫米波的频率为30～300GHz，对应的波长分别为10～1mm的无线电波。在通信领域，24～100GHz的波段称为5G毫米波。但毫米波也有其局限性：信号衰减大，易受阻挡，覆盖距离短，目前能较好规避这些局限的技术在现实中实现难度较大。

3. 终端设备的性能

当前5G产业链还不够成熟，由于缺乏新型射频元器件，新型射频芯片、器件的应用使得终端成本变高，进而使得产品开发、测试验证成本也变高。此外，终端设计难度大也是5G终端亟待解决的问题，例如，多天线技术的应用会增大终端体积；5G网络高速率的数据传输也将使终端功耗增大。具体而言，虽然科技以闪电般速度在进步，但是电池技术却仍以一种极其缓慢的速度在发展，5G手机由于自身通信原理难以克服的功耗问题（比如射频功耗的提升等），同等待机情况下需要比目前4G手机高出10%～15%的电池容量。5G手机功耗增加最大的部分就在于射频PA由23dB提到26dB，而且经常要顶格发射信号，进而导致功耗提升2～3倍。当高耗能遇到低容量，5G设备的续航便成为一个大问题。

与此同时，5G在发展过程中要应用在不同的通信设备和智能设备中，所以在技术开发过程中也须将兼容性与功能性纳入考虑范围之内，将之前不同业务的网络以统一网络为主，并且进一步优化网络构架，以此为设备能耗的减少提供一定的支持，这将对5G技术提出更高的挑战。

（二）商业模式的挑战

运营商面临“提速降费”和同质化竞争的市场压力。尽管不限量套餐有助于吸引更多用户，但也导致运营商“增量不增收”。通信行业前期的基础设施投入耗资巨大，若是依照现在的计费标准对5G网络进行计费，网速提高数倍，与此同时，也许几秒钟就将流失数百兆流量。三大通信运营商的每月每用户的平均收入整体降低。同时，推出的低资费、不限量套餐，使用户习惯了低资费，不愿意为高资费买单。

如何在使用量增加的情况下保证总价格的下降，是运营商亟待解决的一大难题，运营商必须从3G和4G时代基于流量的商业模式中脱离出来，寻找到适合5G时代的新商业模式。

（三）运营成本与控制管理的挑战

5G 运营投资额将是巨大的。从中国铁塔公司发布的资料上看，5G 基站的功耗是 4G 基站的 2.5～4 倍，4G 基站典型功耗为 1 300W，而华为 5G 基站典型功耗为 3 500W，中兴为 3 225W，大唐为 4 940W，电费等能源成本越来越高。

同时，5G 建设的投资金额也是巨大的。5G 建网比 4G 挑战更大，一方面，由于 5G 部署在较高频段，宏基站要实现连续覆盖十分困难，需要小基站进行补充。此外，由于 5G 频段穿透性差，需要进行基站部署来保证覆盖室内的信号需求，所以运营商建网的复杂度大大提升；另一方面，宏基站本身造价高，在单站覆盖有限的情况下，还需要更密集的部署，因此部署的总成本会大幅上升。随着 5G 基站数量的增加，尤其是小微基站的数量将大增，站址费用将越来越高，光纤量也将大增。

再者，在 5G 发展过程中，将会影响较多行业和领域，甚至衍生出新的行业或领域，如何使衍生出的新行业与已存在的行业相融合，如何才能利用好云计算、物联网技术来促进经济，如何有效保护用户隐私等，都将是在 5G 发展过程中不可避免的问题。

第三节　5G 实现“万物互联”

一、物联网的定义

2005 年 11 月 17 日，在突尼斯举行的信息社会世界峰会（WSIS）上，国际电信联盟（ITU）发布了《ITU 互联网报告 2005：物联网》，其中提到，“物联网”通信时代即将到来，新一代 IT 技术将充分运用在各行各业之中，通过现有互联网实现人类社会与物理系统的整合。

物联网（IoT，Internet of Things）即“万物相连的互联网”，基于互联网、传统电信网等信息承载体，实现在任何时间、任何地点，人、机、物的互联互通。

不同于互联网的有线/无线接入方式，物联网应用系统运行于互联网核心交换结构基础上，并根据自身需要选择 RFID（射频识别）或无线传感网络的接入方式。互联网是基于人的网络，主要是通过人工方法来采集和分析设备信息。比如，家电需要维修，则主人需自行联系售后人员，甚至联系维修厂商，将家电返厂维修，这是互联网时代的典型做法。

而物联网时代，又是如何实现自动化全套服务而无须用户参与的呢？在这个时代，更多产品将智能化，如笔、皮带、衣服等都有可能接入网络成为智能产品，而家中的窗户、手机、空调、洗衣机、消毒柜等也都可以接入网络以此互相传递信息，在家电需要维修前，安装在家电里的传感器可以检测出异常，主动向家庭人员手机传递信息，由手机联系厂商报修，全过程并不需要用户参与，从而实现真正的万物互联。

二、物联网的应用

物联网行业应用需求广泛，潜在市场规模巨大，将在人类生产生活的各个领域得到广泛应用，比如农业、工业、公共安全、环境保护、交通、物流和个人健康等。物联网助力社会向智能化方向发展，促进资源的合理分配，从而提高生产效率和生活效益。

（一）智能交通

智能交通是指基于先进技术，有效融合传统交通运输业和互联网，面向交通运输的服务系统，其目的是使人、车、路和谐统一，致力于提高现有交通设施的运行效率。随着社会的发展，私家车变得越来越普及，接踵而至的便是交通拥堵的问题。智能交通技术的运用，有利于实时监控道路的交通状况，缓解交通压力并提高道路管理水平。例如，通过碰撞预警、红绿灯警告、道路湿滑检测等方式，为驾驶人提供即时警告，提高驾驶的安全性。又如，北京市在各主要街道均埋设感应线圈，通过无线传感技术进一步优化交通管理，使得城市道路效率大大提高。再者像高速路口设置全自动电子收费系统（简称 ETC），不仅为出行者节省了进出口取卡、还卡交费的时间，还提升了车辆的通行效率等。

智能交通是未来交通系统发展的方向，致力于实现跨区域、大规模的智能交通集成应用和协同运行，不仅大力支持交通运输管理，还将更加注重公众出行、交通安全等民生需求，建立一个绿色安全的体系。

（二）智能家居

智能家居是以住宅为平台，综合利用先进技术来集成与家居生活有关的设施，集系统、结构、服务、管理为一体，构建高效的住宅设施与家庭日程事务的管理系统。

智能家居系统致力于为用户营造一个更为安全、灵活、简便的数字化家居空间，并带来全新的、高尚的、智能的生活体验。以家庭智能网关为控制核心，将对讲、家电、照明等设备通过网络集成于一体，实现可视对讲、灯光控制、电话控制、安防报警等。通过家庭控制终端远程监视家中甚至小区其他活动区域的情况，并允许用户根据自身需要连接红外、烟感、紧急按钮、门磁等设备；通过控制终端自动调整智能空调的温度、风力和风向等；通过智能手环记录人员的心率，实时监测血压、脂肪量等，并根据身体状态做出有效反馈；通过智能牙刷实时监测口腔，并将相关数据上传云端，借助云计算分析，从而了解口腔的健康状况。因为物联网的出现，家居生活不再是问题，衣食住行全在一指间，生活将变得更加轻松、美好。

（三）生态监测

生态监测主要是针对生态环境领域，将传感器实时采集的监测信息，通过可靠传输，到达监控中心，利用虚拟现实、生态分析、云计算等实现实时监控，以便做好预防、实时反馈、及时采取应对措施。

目前，生态环境领域应用最广泛、最深入的物联网技术当属环境监控，包括污染源自动监控、环境质量实时监控和卫星遥感三个方面。具体来讲，污染源自动监控是在重要污染物排放企业安装自动监控设备，环境质量实时监控主要包括空气、水质、环境噪声的自动监测等，卫星遥感主要是通过热红外相机、超光谱成像仪等多种遥感探测设备对环境状况进行动态变化监测。

生态监测的精度和广度包括传感器设备的技术水平、成本、运维能力等方面，这些在未来都将大大提升。同时，基于自动获取数据的大数据应用将更加普遍，借助于大数据和人工智能，生态环境领域的监测和预警都将更加精准。

三、物联网面临的挑战

近年来，世界各国都在物联网的研发中投入了巨大的人力和物力，使得物联网的发展已经初具规模，但在技术标准、管理、成本和安全等方面仍然存在尚未解决的难题。

（一）技术标准的统一协调

目前，传统互联网标准在物联网中并不完全适用。物联网感知层的数据来源广泛，属性多样，而且不同的设备有不同的接口和技术标准。因为物联网使用不同类型的网络并应用于不同的行业，所以网络层和应用层存在不同的网络协议和体系结构。在实际情况中，用户可以根据需求选择多种有线和无线的方式来连接设备，但是将 Sub-1、GHz Bluetooth®、Wi-Fi 和以太网中的所有这些标准都整合起来却是一项十分困难的工程。

（二）管理云端连通性问题

物联网本身就是一个非常复杂的网络体系，而且应用领域十分广泛，因此难免会引起很大的交叉性。此外，云端供应商的种类繁杂，并且针对云端设备连接和管理方式的标准也没有统一。如果没有一个专门的综合管理平台对这个复杂的网络体系的信息进行分类管理，容易出现信息冗余和重复工作而导致的资源浪费情况。

（三）成本问题

在现行条件下，RFID 技术所使用的电子标签的成本一直无法降低到企业设定的目标；而且作为一种“多跳自组织”网络，传感网络极容易遭到环境因素或人为因素的破坏，因此，如果要确保网络的通畅性和传输信息的可靠性和实时性，需要较高的维护成本。未来，物联网将是涵盖数以亿计设备和终端的巨大网络，所有的设备皆需供电，能源成本将是一个大问题，而且随着设备的增多，将产生更多的信息，其中包括大量的“垃圾信息”，这将加剧能源的消耗和二氧化碳的排放。

（四）安全问题

物联网作为新兴产物，不仅有着复杂的结构，而且随着越来越多的设备“智能化”，将会出现更多的潜在的安全漏洞，如仿冒接入、隐私泄漏、设备受控、蓄意破坏等。通过成功入侵物联网设备，网络罪犯能够对用户进行勒索，或者监控用户，将造成严重的社会影响。由于技术局限性和用户原因，解决物联网的安全问题挑战极大。加密技术和防火墙存在被破解的可能；不是所有用户都经常更换密码，非技术型用户成为系统中的弱点；软硬件种类不同导致的兼容性问题等，这些都可能会产生漏洞。不仅仅是个人信息安全面临潜在的威胁，而且在企业乃至国家间合作日趋密切的当下，一旦网络遭到破解，将会造成巨大的损失。因此，在使用物联网的过程中，保障信息化和安全化的平衡至关重要。

第四节 5G 技术在未来的应用

5G 技术作为跨时代的技术，除了带来更优异的体验和更大的容量，还将渗透至各个行业。它将和大数据、人工智能等一起迎来信息通信时代的黄金 10 年。

一、沉浸式媒体

结合虚拟化网络和边缘计算，5G 网络的千兆级速度和超可靠的低时延通信（URLLC）将带来全新的沉浸式媒体体验，包括 VR/AR、云游戏和高分辨率 360° 直播视频等。消费者将能够不受有线网络的线缆束缚，随时随地享受这些沉浸式体验。

（一）VR/AR

虚拟现实（VR）技术，是 20 世纪发展起来的一项全新的实用技术，利用现实生活中的数据，通过计算机技术产生的电子信号，生成虚拟环境，并将其与各种输出设备结合转化为交互式三维动态视景，让用户获得身临其境的感受。增强现实（AR）技术也被称为扩增现实，AR 技术是将原本在现实世界中难以体验的实体信息在计算机等技术的基础上，实施模拟仿真处理将虚拟信息叠加在真实世界，并且能够被人类感官所感知，使用户获得超越现实的感官体验。在 AR 技术下，真实世界和虚拟环境叠加之后，能够在同一个画面以及空间中同时存在。

VR/AR 业务对宽带的要求很高。高质量 VR/AR 内容处理走向云端，满足用户日益增长的体验要求的同时降低了设备价格，VR/AR 将成为移动网络最有潜力的大流量业务。虽然现有 4G 网络平均吞吐量可以达到 100Mbit/s，但一些高阶 VR/AR 应用需要更高的速度和更低的时延。

云 VR/AR 将大大降低设备成本，提供人人都能负担得起的价格。云市场正在快速增长，其增长速度达到 18%，在家庭场景和办公场景下对本地主机的需求将越来越小，转而使用连接到云端的各种人机界面，并引入语音和触摸等多种互动模式。

（二）云游戏

云游戏，指以云计算为基础，使图像处理能力与数据处理能力相对不足的设备能运行高品质游戏。在云游戏场景下，玩家游戏终端无须拥有强大的图像处理能力与数据处理能力，仅需拥有基本的流媒体播放功能与获取玩家输入的指令并发送给云端服务器的功能即可。

目前，云游戏平台一般不会提供高于720px的图像质量，因为大部分家庭网络的带宽达不到正常显示高质量图像的能力，而广大用户是其最大的客户群，只有以最低的成本吸引尽可能多的用户才是初期的主要商业模式。但是5G网络有望以更快的速度提供响应式和沉浸式的4K游戏体验，这将使大部分家庭的数据速率高于75Mbit/s，时延低于10毫秒。

云游戏对终端用户设备没有太大的要求，所有的处理都可以在云端进行。用户的互动将被实时传送到云中进行处理，以确保高品质的游戏体验和高分辨率360°直播视频。

目前，Facebook于2017年第一季度推出了360°直播视频平台，使得创作者和观众更容易参与其中。随着流媒体摄像机更容易被携带，观众将更容易看到越来越多“运动员视角”的体育视频直播。又如，Intel公司在现场提供混合虚拟现实体验，让佩戴VR头盔的粉丝沉浸在DC漫画“蝙蝠侠大战稻草人”的虚拟世界中，以及在全球第一个基于5G网络的多玩家VR环境中体验《蜘蛛侠：英雄远征》。

预计越来越多的社交网络工作者、极限运动玩家、时尚博主将广泛使用沉浸式视频，而实际场景可以覆盖到演唱会、真人秀等，环绕音效将使用户的沉浸感的体验更真实。

二、车联网

车联网的概念引申自物联网，即车辆物联网。传统的车联网定义是，借助无线射频等识别技术，在车辆上装载电子标签，使用电子标签通过信息网络平台有效提取所有车辆的属性信息和静、动态信息，并根据不同的需求对所有车辆的运行状态进行有效的控制和提供服务的系统。

车联网的内涵主要指，车辆上的车载设备通过无线通信技术，有效利用信息网络平台中的所有车辆的动态信息，从而在车辆运行过程中，根据收集的信息来提供不同的功能服务。通过最新的信息与通信技术，将云平台与车、车与车、路与车、人与车、车内等全方位进行网络连接，以实现了车内网、车际网和车载移动互联网的“三网”融合。车联网是利用传感技术感知车辆的运行状况，并借助无线网络与现代智能技术，从而实现车辆的智能化控制、交通的智能化管理、交通信息服务的智能决策。

车联网时代，不但可以实现无人驾驶，同时与道路设施、其他交通工具及行人通信，还能结合内置地图导航自动规划最优的出行路线。车辆上的车载设备可以深度挖掘这些数据，并将相关数据上传到云端，通过更全面、系统的分析，提炼出大量有价值的信息。比如，基于GPS和网络可以获取地理位置信息，基于车速可以获取地面路况信息，基于油门、刹车、方向盘等数据可以悉知用户的驾驶习惯等。从而车与车、车与路、车与人之间的联系也将更加紧密，汽车将深入人们的生活中，并形成自己独立的生态圈。

随着车与车、车与路、车与人的互联互通，汽车自身将得到进一步优化。首先，可以自检诊断，加强自身安全性能，车辆上的车载设备可以通过采集和分析车辆运行的状态信息，了解车辆的运行状况和存在的问题，确保每位用户的驾车安全。再者，提供更个性化的车内体验，例如提供高精度的电子地图和准确的道路导航，其他企业还可通过相关的信息服务了解每位用户的不同需求和兴趣点，最大化地挖掘用户价值。最后，为了更好地保障道路交通安全，车联网还可以通过使用超前预警、超速警告、红灯预警、行人预警等一系列手段提醒司机，也可以通过紧急制动、禁止疲劳驾驶等措施来有效规避事故，降低交通事故的发生率，保障人员及车辆安全。

此外，为汽车提供的服务也将多样化，深度挖掘用户行驶大数据可以衍生出相关优化出行的服务。比如，将车辆的自检数据上传到云端，通过云计算及联网服务，不论是汽车出现故障等需要维修还是保养时间到了需要保养，皆可联系相关厂商让其提前准备，甚至上门服务，整个流程都无须用户操心。

最后则是用户的生活也将得到优化，车联网将贯穿吃、住、生活和工作，将智能汽车、基础设施、智能家居、智能穿戴、智能终端融为一体，实现互联互通。汽车可以根据天气状况，通过远程感应自动开启座椅加热/制冷功能；导航可以根据从手机助手导入的当日行程安排来规划路线；智能汽车还可根据驾驶状态自动播放音乐或者新闻等。

传统汽车只是一个运输工具，载人从出发点到目的地之间的移动，而智能汽车则将是一个 24 小时在线的移动平台，智能车载系统将记录与汽车、道路和用户相关的各项数据并上传到云端，再通过云计算来系统分析，进行自我学习和迭代，从而给用户提供优质的出行体验。

三、智能制造

智能制造是基于新一代的计算机技术，贯穿设计、生产、管理、服务等多个制造环节，以互联互通为支撑，以端到端数据流为基础，以制造环节的智能化为核心，构建高灵活性的个性化和数字化智能模式，具有自感知、自决策、自执行等功能的先进加工过程、系统与模式的总称。简言之，智能制造是由物联网系统支撑的智能产品、智能生产和智能服务。

物联网的关键所在，是运用新一代计算机和通信科技，把传感器、感应器等智能设备（信息系统）嵌入到电网、工厂、建筑、交通、货物等各种物体和环境（物理系统）中，通过有线网络和无线网络进行连接形成物联网，再通过网络和云计算技术整合物联网和互联网，将物体接入信息网络，通过人、生产与产品的实时联通与有效沟通，实现对实体世界的洞察和控制。

海尔集团沈阳冰箱厂将物联网技术应用在冰箱制造中，在门体、U 壳等模块和总装线之间布设了数百个 RIFD 标签和数千个传感器，以实现多个模块和总装线之间的连接。在接受消费者的个性化需求订单的预定后，根据消费者的个性化需求生产出各个模块的相应部件，根据订单和各部件关联的消费者混线装配中进行零误差装配。在应用物联网技术之后，不仅能使生产周期缩短 50%，还能让消费者参与其中，达到更优质的用户体验。

华谊集团在化工生产过程中结合设备工艺数据，对蒸汽、燃料油、电及水等大量分散的能耗数据进行收集和大数据分析，帮助能源管理人员找到影响设备能耗的因素，通过物联网对能源管网实行动态监测，在线检测整个企业的生产能耗动态过程，使整个能源消耗过程信息化、可视化，实现用能从粗放式到精细化管理的转变；同时根据监测状况，对出现的能耗异常进行报警以及预处理及实时调整，实现对能源进行平衡、调度与优化，避免造成大的能源浪费及其他损失，从整体上提高能效水平和能源管理效率，实现持续节能。

如果制造企业想要充分抓住工业物联网的机遇，就要实施涵盖从供应链到整个产品生命周期的端到端解决方案，同时要借助人工智能和大数据分析技术。

四、智慧能源

智慧能源，是指使用物联网等新一代信息技术对能源的生产、输送、存储和使用状况进行实时监控，并在大数据和人工智能的基础上进行实时监测、分析、报告和优化，目的是形成最佳状态的、开放的、透明的综合管理系统，并利用该系统形成一种新的能源生产和利用形式。简而言之，智慧能源是指拥有自组织、自检查、自平衡和自优化等功能，满足系统和安全要求的能源形式。

能源是驱动现代社会发展的血液，作为社会前进的动力，推动了第一次工业革命和第二次工业革命，并且将继续推动第三次工业革命。然而，由于化石能源将在不远的将来面临枯竭，能源正面临一场革命，能源利用的科学管理十分重要。通过建立智慧的能源管理体系，在能源需求侧实施有效的、按需使用的能源管理和利用体系，将提高能源的利用效率，避免能源的无效浪费。互联网技术的迅速发展，人工智能的火热，新能源的成熟，储能技术的发展，为建设高效智能的能源管理系统带来可能。

业界一直在大力探索能助力能源互联网建设的 5G 智能电网解决方案。上海电力、上海移动、中兴通讯合作开展了配网同步相量测量（PMU）试点。南瑞继保与中兴通讯合作开展基于 5G 的智能电网业务的创新和探索。2019 年 5 月，中兴助力天津电力实现全国首次 5G 陆空一体化电力设施立体巡检应用。

5G 通过提供非常低的时延，降低了许多新兴市场的能源公司建立智能电网的门槛。由于新兴市场的传统电网和基础设施建设都不完善，能源公司的电力来源主要选择可再生能源。但是，可再生能源发电存在缺陷——稳定性不足，输电网络容易出现能量波动，如果要避免出现这种故障，就要做到产生的能量根据消耗的能量做出动态调整。因此，5G 为输电网络所需的实时服务提供了技术保障。

然而，未来智慧能源将实现新能源产业的革新，将光伏、风电、地热、生物质能等新能源，因地制宜地统一到一座城市的能源网络系统中，通过智能系统进行准确调配，弥补了新能源随时间、空间变动的缺点，保障了新能源有效的供应，同时为传统能源的可持续利用提供了保障。

五、5G 与医疗

无线医疗是指以物联网、无线通信和可穿戴设备等技术为依托，充分利用有限的医疗人力和设备资源，加以发挥医院的医疗技术优势，最终实现在疾病诊断和治疗方面的信息化和远程化医疗服务。

在过去 5 年，移动互联网在医疗设备中的使用正在增加。医疗行业开始采用可穿戴或便携设备集成远程诊断、远程手术和远程医疗监控等解决方案。无线医联网使医疗信息在患者、医疗设备、医院信息系统和医护人员间流动共享，使医护人员可以随时随地获取医疗信息，实现医疗业务移动办公，提高了医疗工作效率。

移动互联网在过去 5 年中广泛应用于医疗设备。医疗行业也开始将远程诊断、远程手术和可穿戴设备加以结合。无线医联网使得医疗信息得以在患者、医护设备、医院信息系统和医护人员之间流动共享，使医护人员可以实时获取医疗信息，极大地提高了医护人员的反应速度和工作质量。根据 CubeLabs 研究指出，无线医疗应用程序每天平均为医护人员节约 39 分钟。例如，在无线监护所实现的远程病情监控之下，护士巡查病区的奔走时间大大缩短；借助移动医疗终端设备，移动查房取代了传统的纸质查房，实现了医生对患者病历和影响报告的实时调阅和下达；无线技术和传感器的发展，使得医疗设备之间连接的成本不断降低。MEMS 技术和柔性电子的发展催生了医疗手环和医疗触觉手套等新兴医疗设备的出现。通过 5G 网络连接到人工智能医疗辅助系统，使得个性化的医疗咨询服务在医疗行业得以开展。AI 医疗系统可以嵌入到医院呼叫中心，家庭医疗咨询助理设备甚至是缺乏医务人员的移动诊所。

其他涉及医疗机器人和医疗认知计算的应用场景，出于实时数据传输的需要，都对连接提出了不间断保障的要求。远程诊断是一类特别的应用，尤其依赖 5G 网络的低时延和高 QoS 保障特性。

例如，某个远离大陆的海岛上一个医院的远程 B 超机器人能够为这个偏远的地区提供远程 B 超诊断服务，连接大陆上的医生和临床医师进行咨询，从而降低了就医成本。

这种远程 B 超机器人已经到了可商用的程度，这是力反馈功能和“触觉互联网”的典型应用。力反馈使得远程操作以更精确的方式作用于病人，缓解了检查过程中病人的疼痛。力反馈信号要求 10 毫秒的端到端时延。

六、智慧城市

构建适合创新发展的制度和生态环境，使得城市的公共价值和在此生活的每位市民的独特价值都能得以塑造，最终实现城市和整体区域的可持续发展。

智慧城市的服务对象主要面向城市主体——政府、企业和个人，以实现城市生产、生活方式的变革、提升和完善，其终极表现是使市民的城市生活更加美好。智慧城市的本质在于将信息化与城市化高度融合，是城市信息化向更高阶段发展的表现。

由于一改之前被动地应对城市居民和企业的需求，因此智慧城市拥有更强的竞争优势。为了成为一个智慧城市，城市不仅需要安装各种传感器，还需要用于监控交通流量和社区安全的视频摄像头。

基于大数据和云服务，基础设施智能化和社会管理的精细化得以实现；通过社交网络来运营和推送有价值的数据，实现便捷化的公共服务，从而形成覆盖数据全生命周期的智能化，最终带动城市和区域的产业进步和经济结构转型。智慧城市在智慧建筑、智慧能源、智慧政务、智慧社区、智慧商务等诸多运营服务领域都大有可为，“智慧”的理念可以渗透市民生活的方方面面。

独立的存储系统需要较大的前期资本支出和持续的运营成本，虽然通过后期的规模效应可以摊薄成本，但是云存储却可以根据需要来动态地调整成本。摄像机可以根据时段的重要性为其配置更高的分辨率，而在其他时间，可以降低分辨率从而减少云存储成本。

移动运营商可以在人工智能增强的云服务方面建立优势。人脸识别，车辆和车牌识别或其他视频分析产生了大量的图像、声音和文本数据，这些为 AI 提供了丰富的数据源。例如，视频监控系统可以根据入侵者检测触发门禁自动锁定，即时控制入侵者。POS 系统每次进行交易时都可以通知视频监控系统，自动控制摄像机记录交易前后的场景。

5G 的生命在于“应用”。以上仅仅列举了 6 类有望产生“5G 杀手锏”应用的场景，可见，在 5G 时代，最大的特点之一将是“应用引领，技术跟随”，需要各方通力合作，发掘垂直领域的“痛点需求”，提出相应的 5G 应用方向，然后进行联合创新，共同研发、测试具有针对性的 5G 解决方案，并进行应用示范从而实现共赢——这或许是“5G 改变社会”的要义所在。

第六章

新能源带来的能源革命

能源是一个国家未来发展的基本需求，伴随着世界能源形势的进一步变化，人类对于新能源的需求愈发迫切。本章主要从四个部分探讨新能源带来的能源革命以及给人类生活带来的转变。

第一部分以“能源初见”为主题，从对能源家族的整体介绍开始，以能源的来源、产生方式及其现阶段使用的成熟程度为切入点进行初步的分类，从而引入对新能源相关知识的阐述。并在分析全球能源形势的基础上，概述现阶段能源利用现状及其发展趋势。第二部分从气候、环境、资源等方面对能源革命的背景进行分析，探讨地球生态环境与人类社会发展之间的关系。第三部分以“技术点燃希望”为主题，从技术层面分析新能源的利用问题，以太阳能、风能、生物质能、核能和氢能作为代表性新能源，阐述新能源的使用优势及其对于人类社会可持续发展的重要意义。最后一部分回归“能源革命与人类发展”的主题，总结能源未来发展的整体趋势，展望人类在能源革命背景下可探索的适应性改变。能源的创新和利用离不开科学技术水平的提高，人类与科技之间的关系也是我们现代社会始终需要关注的话题。在本章末尾着重呼吁青少年作为深具潜力的人才资源，需要在科技创新背景下不断地学习，担负起国家发展的重任，为科技创新提供无限的可能。

第一节　能源初见——我们赖以生存的根基

一、能源家族

中国大百科出版社出版的《能源百科全书》说：“能源是可以直接或经转换提供给人类所需的光、热、动力等任一形式能量的载能体资源。”《大英百科全书》说：“能源是一个包括所有燃料、流水、阳光和风的术语，人类用适当的转换手段便可让它为自己提供所需的能量。”《科学技术百科全书》说：“能源是可从其获得热、光和动力之类能量的资源。”根据以上这些定义可知，能源在表现形式上呈现多样化的特征，它可以在自然界中为人类提供所需的一定形式的能量，是一种能量资源。火的使用是人类利用能源的起点，它象征着人类脱离野蛮、蒙昧、无知的桎梏，正式向文明迈进。随后，在漫长的历史进程中，人类进一步开发和利用了诸如柴薪、畜力、煤炭、石油等能源，可以说人类社会的发展离不开能源。在当今世界，能源的发展、安全及其与环境的关系是世界各国共同关注的热点问题。新能源的出现和使用，是人类社会进步与发展的一个重要体现。

按照能源的来源分类，包括来自地球以外天体的能源、地球自身的能源以及地球与其他天体相互作用产生的能源。按照能源的产生方式，能源分为天然能源和人工能源，分别对应一次能源和二次能源。天然能源是自然界自然生成的能源，不经过任何的人为干预，而人工能源是对天然能源的再利用。除此之外，根据能源现阶段的使用情况，也就是技术成熟度，能源又分为传统化石能源和新能源。传统化石能源又被称为常规能源，在当前发展阶段其技术成熟度相对较高，被人类普遍利用，在当前能源消费总量上占有绝对的优势，如石油、天然气等。而新能源大多刚开始被开发和利用或是研究，普及度和推广度有限，技术成熟度较低，如太阳能、地热能、风能、海洋能、生物质能和核聚变能等，但其对传统化石能源的替代趋势十分明显。1980 年，联合国召开的“联合国新能源和可再生能源会议”对新能源的定义为：“以新技术和新材料为基础，使传统的可再生能源得到现代化的开发和利用，用取之不尽、周而复始的可再生能源取代资源有限、对环境有污染的化石能源”。

新能源的发展见证着人类社会的技术进步，是未来全球持久能源供应系统的基础。新能源承载着人类未来生态文明建设与可持续发展的希望。著名经济学家杰里米·里夫金在其《第三次工业革命：新经济模式如何改变世界》一书中创造性地提出了“第三次工业革命”这一概念，并指出实现第三次工业革命的五大支柱分别为向可再生能源转型、利用各大洲的建筑实现可再生能源的分散式收集、使用氢气和其他存储技术存储间歇式能源、利用能源互联网技术建立能源共享网络、将传统的运输工具转向插电式以及燃料电池动力车。”杰里米·里夫金以其深具前瞻性的独特视角，洞察了当今世界经济形势以及社会文明形态的转变趋势，以传统化石能源被新能源与通信技术相结合的形式所替代为主要标志的第三次能源革命，将对全球范围内的经济发展方式和社会生活方式带来翻天覆地的改变。作为引领当今世界能源体系变革的“明日之子”，新能源的利用对人类社会与地球生态环境的协调发展可谓意义深远。

二、全球能源形势

（一）世界能源形势

人类社会经济发展的每一次里程碑式变革，均与能源技术的发展密切相关。第一次工业革命以 1765 年英国人哈格里夫发明珍妮纺纱机为起始，随后瓦特改良蒸汽机解决了大机器生产中的关键问题，进而引发了以动力机器生产代替手工劳动的工业革命。第二次工业革命以电力的广泛应用为标志，又称“电气时代”。1831 年，法拉第发现了电磁感应现象；1865 年，德国人西门子发明了发电机；1870 年，比利时工程师格拉姆发明了电动机，电力成为工业领域的重要动力来源。煤炭、石油、电力的广泛使用，先后推动人类历史上第一、第二次工业革命，标志着农耕文明向工业文明进一步迈进，能源从此成为了世界范围内经济发展的重要动力。人类发展的基本模式其实就是能源和动力的革命。然而，与高速发展的工业文明相伴而生的，是人类社会对于化石能源的依赖。当今世界，对化石能源的依赖导致了环境、生态、气候等领域的一系列问题，能源革命与能源转型已经成为各国发展的重要战略问题。能源技术革命再次兴起，来自各个领域的能源研究成果正不断涌现，进而改变世界能源格局，为世界经济发展注入新生动力，推动人类社会工业文明向生态文明的进一步转型。

世界能源大国将在未来能源体系转型和变革过程中发挥引领性作用。美国能源部计划光伏发电到2030年占总电量的20%，2050年前达40%。欧盟提出2030年能源总消费量减少30%，可再生能源占比达27%，电力的50%来自可再生能源。德国提出2050年能源消费量减少50%，可再生能源在总耗能中占比达60%，发电量占比达80%。由此可见，世界能源大国已经将推进能源体系革新作为未来发展的战略方向，这也将直接催生世界范围内的能源革命潮流。

纵观全球能源技术发展动态及各主要能源国的科技创新政策动向，可以看出，当前世界能源技术创新正前所未有地加速迭代，能源技术进步的先机也成为各国之间竞争的焦点。同时，在全球应对气候变化形势的推动下，能源转型，发展低碳清洁能源也已成为当前能源技术革新的主要发展方向。联合国气候变化大会通过的《巴黎协定》提出了新的更高的要求，明确21世纪下半叶实现全球温室气体排放和吸收相平衡的目标，将驱动以新能源和可再生能源为主体的能源供应体系尽早形成。最后，随着能源供应能力的增强，世界能源供需格局也将保持相对稳定，并趋向多元。但由于当前阶段新能源在成本及市场份额上的竞争优势有限，短期内仍难以替代化石能源的消费主体地位，同时不断变化着的国际政治局势对利益分化影响显著，全球能源走势仍充满未知。

（二）中国能源形势

《中国能源发展报告2020》显示："2019年，我国国内生产总值为990865亿元，按不变价格计算，比上年增长6.1%。全年能源消费总量48.6亿吨标准煤，比上年增长3.3%。煤炭消费量增长1.0%，原油消费量增长6.8%，天然气消费量增长8.6%，电力消费量增长4.5%。"国家统计局发布的《2019年国民经济和社会发展统计公报》显示："全年能源消费总量48.6亿吨标准煤，比上年增长3.3%。煤炭消费量增长1.0%，原油消费量增长6.8%，天然气消费量增长8.6%，电力消费量增长4.5%。煤炭消费量占能源消费总量的57.7%，比上年下降1.5个百分点；天然气、水电、核电、风电等清洁能源消费量占能源消费总量的23.4%，上升1.3个百分点。重点耗能工业企业单位电石综合能耗下降2.1%，单位合成氨综合能耗下降2.4%，吨钢综合能耗下降1.3%，单位电解铝综合能耗下降2.2%，每千瓦时火力发电标准煤耗下降0.3%。全国万元国内生产总值二氧化碳排放下降4.1%。"通过上述数据对比可知，我国的能源资源面临匮乏的困局，庞大的人口基数使我国相比其他能源大国肩负着更为沉重的压力。当前我国天然气、石油消费增长迅速，然而国内石油的供应量却在持续缩减，供需间差距的不断扩大，使得我国对于进口石油资源的依赖愈加严重，能源安全问题日益凸显。我国在2017年就已经成为世界第一大原油进口国，2018

年成为世界第一大天然气进口国。中国以化石能源为主的能源结构已使得国内资源平衡和环境污染的自然承受力趋近极限。随着经济社会的飞速发展，能源资源匮乏、能源结构不合理等问题预计会愈发严重，并将在一定程度上阻碍了我国在发展道路上的长足进步。

近些年来，我国在生态文明建设方面已经取得了显著进步，形成了传统化石能源、可再生能源、新能源全面发展的能源供给体系，但我国也同样被庞大的能源需求压力和供给不足制约，能源技术水平总体上仍相对落后，我国在处理能源利用问题及其与生态环境之间的关系时也未能达到良好的和谐发展状态。长期以来自给自足的能源供需格局已被能源需求的急速增长所打破，亟待从国家发展和安全的战略高度以绿色发展理念引领能源领域变革。当前中国能源发展战略已初步成形，能源领域的变革正在全社会范围内加速推进，作为国家战略层面的“能源转型”已经成为新时期我国经济发展实际需求的有力补充和完善。

国家发展和改革委员会发布的《能源生产和消费革命战略（2016—2030）》中再次提到了我国在《巴黎协定》框架下提出的发展目标，“到 2030 年单位 GDP 的二氧化碳强度比 2005 年下降 60%～65%，2030 年左右二氧化碳排放达到峰值并努力早日达峰”，把积极参与国际应对气候变化行动的承诺纳入国内能源革命战略。如果我国能够在能源革命行动中始终坚持这一战略取向，那么预计在 2030 年左右我国二氧化碳排放量就会达到一个峰值点，这将是我国经济社会与资源环境协调发展方式的重要转折，意味着传统化石能源的消费无法再增长甚至可能会下降，并会对国内生态环境及资源带来根本性改善。

第二节　大自然的警示——能源革命背景

一、异常的气候变化

世界多地在发生气候变化，几乎每周都会有与气候有关的灾难信息报道。全球气候变化是当前人类面临的最大威胁之一，危及人类社会的生存和发展以及地球的生态安全。自人类步入工业社会以来，人为活动造成的温室气体排放使得大气中温室气体的浓度不断升高，温室效应增强，全球气温在近百年来上升明显，且变化速度较快。世界气象组织 2019 年发布的《WMO 2018 年全球气候状况声明》称：“2018 年，全球平均温度比工业化前（1850—1900 年）高 0.99±0.13℃，是有记录以来第四温暖的年份，仅次于发生了超级厄尔尼诺的 2015 年、2016 年和 2017 年。2014—2018 年的平均温度比工业革命前高 1.04±0.09℃。”即使排除气候变迁会导致能源需求提升的情况，可再生能源增加的速度仍来不及在 2050 年前取代传统化石能源。

《巴黎协定》确立的目标：“实现与前工业化时期相比将全球温度升幅控制在 2℃以内，并争取把温度升幅限制在 1.5℃”以内。如果我们能够顺利实现《巴黎协定》2℃温升的控制目标，那么海浪模式的变化可能不会超出自然气候变率的范围。然而根据世界气象组织 2019 年 9 月 2 日公布的数据，2019 年秋季海平面和地表平均温度将高于正常水平。全球气候变暖会带来些什么呢？气温升高，会让肉类和粮食匮乏、可供饮用的淡水逐渐断绝、冰山融化导致海平面上升淹没沿海低地、大量微生物被杀死、自然生态失衡。并且现有研究表明，如果忽视气候变化问题而不对温室气体排放加以控制，全世界经济也会受到严重影响，到 2100 年，全球人均国内生产总值（GDP）将受气候变化影响而降低 7.22%。

联合国政府间气候变化专门委员会（Intergovernmental Panel On Climate Change，IPCC）题为《气候变化与陆地》的特别报告指出："人类活动和气候变化正在使陆地资源承受巨大的压力，加剧土地退化和荒漠化，影响粮食安全，而合理与可持续地使用土地，则有望在一定程度上缓和气候变化的影响，同时保护珍贵的土地和生态系统。"关于全球范围内的气候状况混乱，今后的情况必将更为严峻。海平面上升，风暴潮增加，粮食产量下降，自然生态退化，生物多样性减少，人类身体健康受到侵害，气候灾害损失加剧。如果人类的气候大会不能真正促成实质性的改变，无法在气候问题应对上达成有效共识，我们会经历人类文明史上前所未有的自然挑战，气候灾难的发生将不可避免。

人类或许还可以通过一些技术手段应对气候变化带来的危害，然而地球上其他物种的生存和繁衍却可能遭遇灾难性的挑战。例如，北极冰川融化给北极熊的生存带来威胁，澳大利亚考拉的栖息地正被丛林大火摧毁，不断上升的海水温度造成珊瑚礁无法修复的漂白，地球上的动物对环境的适应能力仍旧有限，跟不上气候变化的速度，这也将直接对地球物种基因的多样性造成严重威胁。粗略统计，大约六分之一的物种正面临灭绝。面对日益严重的气候危害，任何一个物种都将受到影响。

预计未来地球的人口峰值将远远超过 110 亿，或许到那时主要的生态系统已然遭到气候变化的破坏，庞大的人口负担终会突破地球承载力极限，海岸被淹没，农田变沙漠，所有的粮食、水源均需要层层分配，氧气也不再充盈，人们为了资源而奔走争夺，文明日渐凋敝，我们将生活在一个萎缩、颓败、焦灼的星球上。

二、深受污染的环境

1972 年 6 月 5 日，在瑞典斯德哥尔摩召开了联合国人类环境会议，会议提出了一个著名的口号："只有一个地球"，还发表了著名的《人类环境宣言》，环境问题首次上升到全球合作层面，全球环境治理自此正式成为国际事务的一项重要议题。"世界环境日"的确立和延续，体现了各国人民对待环境问题的认识和态度，是人类对美好生活向往的一种表达，人类命运共同体的构建成为全球共识。环境问题作为可持续发展理念的一个核心关注点，关乎人类未来的生存、发展以及生活。

当前，引起全球普遍关注的环境问题主要有异常气候变化、海洋污染、酸雨污染、有毒化学品和有害废物污染、生物多样性缺失等。还有发展中国家普遍存在的生态环境问题，如水污染、土地退化和沙漠化、水土流失等。

人口爆炸式增长加快了贫穷和资源枯竭的速度，贫穷又致使人们不择手段地进行生态破坏，这一恶性循环尤其在许多发展中国家屡见不鲜。

我们所居住的星球虽然被称为"地球"，但是实际上我们地球表面大概三分之二的面积都是被海水覆盖的。在地球的总水量中，海水大约占了 96.5%，在余下的淡水中，仍有超过三分之二的淡水资源难以被利用，存在于南北极和冰川积雪中。真正能够供应人类使用的淡水资源多为江河湖泊和地下水中的一部分，在地球总水量中的占比微乎其微。粗略统计，目前约占全球陆地面积 60%的国家和地区陷入“水资源供需困局”，影响社会稳定和经济发展。我国淡水资源总量在世界范围内排在第六位，但人均水资源占有量低于世界平均值，同时在时间以及空间分布上极不平衡，被联合国认定为世界上“最缺乏淡水资源的国家”之一。人口爆炸式增长、工业社会飞速发展及灌溉农业的扩张使得淡水资源的需求量迅猛增长。长期的淡水资源短缺以及水资源污染问题严重阻碍着人类社会的发展。世界正面临一场前所未有的全球性淡水危机，致使严重污染的地区潜在经济增长滞缓，淡水资源不足，水污染加剧，世界范围的净水水荒和由水资源污染引发的疾病正在蔓延，威胁着人类的生存和延续。

在今天的地球上，森林资源正在逐渐消失，每年大概有 6 万平方千米的土地变成沙漠。森林资源的减少使其原本涵养地球水源的功能受到破坏，导致了水土流失以及生物多样性的锐减，森林植被对二氧化碳的吸收减少进而又加剧了温室效应。地球逐渐失去了绿色，被工业社会的钢铁森林所占据，又或是漫无边际的荒漠。这样的生存环境，不仅影响了人类的生存和延续，而且对世界物种多样性带来了挑战。

除了以上种种环境污染的表现，近些年世界各国人为的环境污染事故也频繁发生，有毒化学品和放射性物质等泄漏事故屡见不鲜，对生态环境造成了污染和破坏，严重威胁着人类的健康和生存。1984 年，印度博帕尔农药厂有毒化学品的泄漏致使数十万人受到影响 1988 年 1 月，上海发生了甲肝事件，部分市民食用被污染的毛蚶中毒直接或间接被传染；2011 年，日本福岛核电站发生核泄漏事故，此次爆炸联合国相关组织直接将其定义为 7 级核泄漏事故，其造成的污染还将影响周边海域及物种很多年。

人类对自然的需求总在不断膨胀，却还没有足够的能力去平衡这种欲望。越来越严峻的生态环境问题使全球环境治理变得日益复杂，环境外交已经成为全球治理现代化的优先议程，受到越来越多的国家重视。

三、日渐枯竭的资源

基于世界第一的人口大国，我国对于资源的消耗速度以及数量相当惊人。我国是世界上用水最多的国家之一，同时也是水资源浪费最严重的国家之一。生活中就有一个小例子值得我们思考一下：当你准备用洗手液搓手的时候，是否会想到要关闭水龙头？看似随意的一个生活片段，在庞大的人口数量背景下，其带来的后果也会十分触目惊心。目前，全球 25%的人口面临着水资源短缺问题，至少 17 个国家正面临着“极度缺水”的压力，并且这一情况正随着气候变化导致的干旱频发而不断加剧。除了水资源的浪费，据央视报道，中国人每年在餐桌上浪费的粮食价值高达 2 000 亿元，被倒掉的食物相当于 2 亿多人一年的口粮。中国人这种铺张浪费的陋习可谓由来已久，目前仍然缺少相应的法律约束。我国资源短缺且浪费严重的社会现象，已成为制约我国经济社会可持续发展的关键性问题。高度发展的文明应该带来的是对每一粒粮食和每一滴水的尊重，只有学会尊重给予我们生存条件的生态环境以及自然资源，我们才会有长久持续发展的可能。

由于中国人长期形成的饮食习惯，一次性筷子在我国有着庞大的需求量。为生产一次性餐具，中国每年需要砍伐数千万株树木，导致因砍伐林木所引发的水土流失、洪水、土壤沙漠化等环境问题在中国十分严峻。并且中国森林采伐的砍伐方式大都是采光，而森林资源却需要很长的恢复周期才能重现绿色，我们的森林资源就这样从可再生能源逐渐被不加节制的消耗变成了一次性资源，这对我国的森林资源可以说是极大的浪费。

作为顺应当前快节奏社会的典型产物，塑料的出现是人类工业生产技术领域的一项突出成就，也为人们的物质生活提供了很大程度的便利，其所具有的独特优越性使其很快占据了相当份额的市场空间。它使用时效相对较短，经一次性使用后一般很快就会成为垃圾等待处理，变成了大量难以降解的“白色污染”，比如一次性餐具。贪图一时的便利，却要地球的生态环境经过漫长的“消化”过程才能真正恢复。过度的商品包装，也存在着巨大的社会负效应，不仅糟蹋资源，而且十分污染环境。

塑料垃圾对海洋环境也造成了极大的破坏。长期的过度捕捞行为，已经导致当前全世界四分之一的渔业几近崩溃。联合国粮食及农业组织曾表示：“全球 80%的渔业资源处于超负荷消耗状态，几近崩溃边缘。自 20 世纪 50 年代以来，将近 90%的海洋鱼类资源数量骤减。”而塑料垃圾却在这一基础上使海洋环境雪上加霜。据相关专家预测，到 2050 年，海洋中塑料垃圾的总重量甚至可能比鱼类数量还多。海洋生物数量锐减加上海洋污染，人们的食物链甚至可能恶化成为“倾倒垃圾—鱼类吸收—回归餐桌”的恶性循环。

世界自然基金会发布的《全球生态足迹网络》报告显示：截至 2019 年 7 月 29 日，人类已用光 2019 年全年的水、土壤和清洁空气等自然资源定量，地球从此进入生态赤字状态。与过去 20 年相比，今年的“地球生态超载日”再次刷新纪录提前了 2 个月。事实上，自 1970 年 12 月 29 日地球自然资源首次陷入“提前消费”的恶性循环以来，每一年的“地球生态超载日”都在不断提前。人类正在超额消费着地球的生态资源，人们在过去的发展中总是轻易忽视了生态环境的承载能力，“地球生态超载日”的存在，是对我们过往忽视环境承载能力的警示，我们不能再一味地使用自然资源。森林资源逐渐消失，物种多样性锐减，极端气候现象频发，如今人类对自然资源的消耗越来越大，大自然也早就敲响了警钟。

霍金曾预言：“人类基因中携带‘自私，贪婪’的遗传密码，人类对地球的掠夺日盛，地球资源正在一点点耗尽，人类不能把所有的鸡蛋都放在一个篮子里，不能将赌注放在一个星球上。”以现今世界资源的消耗速度，我们要清楚地知道当下的生产和生活方式是不可持续的。资源日渐枯竭，我们正在与绿色渐行渐远。如果放任自然走向毁灭，允许它们被持续破坏而不加干预，地球将陷入困境，我们将无处可栖。

四、能源危机并不遥远

能源是一个国家未来发展的基本资源，更是人类命运的依靠。从火的使用开始，人类就从未停止对能源的探索。能源就像是人类历史道路上的长明灯，指引着我们在神秘未知的星球宇宙中长久远行，从草木到化石能源，再到新能源。

然而，当我们习惯于接受地球的馈赠之后，却很容易忘记这份馈赠也来之不易。我们人类赖以生存的地球，至今已经诞生 46 亿年了。在这漫长的时光里，地球经历了无数次的演变进化，大概在 500 万年前才有了人类的存在，要知道，曾经出现过的物种 99%都已经灭绝。现在的我们，就像是行走在荒野上的猎人，无法停止前进的脚步，于是，趁着夜幕降临之前，我们必须去寻找可以点燃的火源，驱赶野兽，温暖身体。而如今的世界，化石能源就是人类手中的最后一根火柴，燃尽后，或许就这样困在这片焦灼、萎缩的星球上，没有人知道是否能走出荒原。

从来都不是人类选择了地球，而是地球选择了人类。不止人类，这个星球上所有神秘美丽的物种，都是被地球所选择的。它曾经给予我们安逸的环境，我们生存和繁衍，创造文明，享受着，浪费着，如今，却只剩满目萧条。人类需要思考这样一个问题：我们的社会究竟是经历了怎样的发展过程才变成现在这样的状态的？

据有关统计，2018 年全球人口已达到 75.94 亿。联合国在 2019 年发布的《世界人口展望》报告中称，根据对全世界 235 个国家或地区的历史数据和人口趋势分析，到 21 世纪末，世界人口将达到 110 亿，而未来 30 年将增加 20 亿人口。与庞大的人口数量相伴而生的，是我们越来越大的生存压力——生存空间及承载力、自然资源、气候、城市环境，还有土地问题、粮食问题、能源问题和社会问题等。而当人口数量真的超过了地球所能承载的极限时，我们又将何去何从呢？

20 世纪 50 年代以后，“石油危机”的爆发，对世界经济造成巨大影响，能源危机问题开始引起各国社会舆论的重视。当今世界经济的现代化，得益于化石能源的支撑和推动，如石油、天然气、煤炭等的利用。也就是说，人类如今的经济体是建立在化石能源之上的，然而，这一资源载体却将在 21 世纪面临枯竭。当前以石油为主导的世界能源消费结构如果继续不做改变，能源危机将不再遥远。

当前及今后几十年间，能源结构或许仍将是以化石能源为主。如果我们继续固执地坚持传统的能源结构不变，错失开发和利用新能源的机会，在不久的将来能源短缺问题甚至会对我们的生存造成严重威胁。

过去 100 年，世界人口呈现爆炸式增长，但近十几年以来，世界人口增长却已疲态尽显，发达国家人口增长率不到 0.5%。根据国家统计局统计数据显示，2018 年我国人口自然增长率为 3.81‰，“社会老龄化趋势”加剧。人口增速趋缓，在发展的一定阶段是有利的，助推经济社会的飞速发展。可若人口持续下降，可能会引发一系列的社会问题，如劳动力供应不足、社会福利支出高等，没有足够的人力资源支撑，科技的发展会受到怎样的影响犹未可知。但在此期间，地球自身也在发生变化，我们已对地球环境造成了一系列破坏。

人类对未来的恐惧加深了人类对于科技的依赖，单靠人体无法抗衡神秘的自然力量，于是人类发明了机器，企图以科技成为人类自身命运的主导。可是随着一次次的技术革新，我们越是探索到更远的未知，越是发觉到自己的无知。是的，人类的确一直在进步，在过去几千年来，人类凭借自身的智慧，不断开辟出更为广阔的生存空间，也一直未放弃对于宇宙的探索。但事实已经摆在人类面前了，地球可供我们生存和发展的资源是有限的，或许给人类时间，人类还可以还给未来一个健康的地球。

经济社会发展的脚步不可能停滞，但人类对于美好生活的渴求并不能成为人类无休止索取资源能源的借口，须知人类现今对于化石能源的依赖可能就是人类陷入困境的根本缘由。人类想要自救，人类不会放弃自救，人类需要反思，并敢于远视未来。未来三十年，人类将面临怎样的挑战呢？人类对化石能源的长久依赖是否能够被更清洁无害的能源所替代？人类是否能够更科学合理地使用现有的资源？地球的承载力是否能够支撑人类的下一个百年——100 亿人口的生存和繁衍？人类是否能打破自然的限制，创造新的生态循环？能源危机是一个相对概念，但如今人类主要使用的资源的确面临着枯竭，新能源替代传统化石能源是大势所趋，当人类真正面对化石能源枯竭的那一天，或许新能源会给予人类继续前行的动力，延续人类生存和繁衍的可能。

人类只有学会站在未来的角度思考，才会意识到保护自然的重要性。至于人类未来的走向究竟如何，只有时间知道。

第三节 人类自救指南——技术点燃希望

一、太阳能——能量之源

太阳能，指太阳的热辐射能，主要表现就是我们熟悉的太阳光线，其用途大多是发电或者为热水器提供能源，是公认的未来最具竞争性的能源之一。广义的太阳能还包括地球上的水能、风能、潮汐能等。

太阳能可以称作是地球的能量之源，自地球上生命诞生以来就一直伴随其生存和繁衍。据记载，人类利用太阳能已有 3 000 多年的历史。古时，人们就以阳光晾晒物品，还有以阳光制作食物的方法。太阳作为天然光源，也是人类文明史上希望与光明的象征。在今天，伴随着化石能源的日益减少，如何利用太阳能成为人们更为关注的话题。太阳能储量丰富且深具清洁能源的特性，取之不尽，用之不竭，给予了人类能源利用的无限可能。太阳能的利用，主要分为光热转换和光电转换两种形式。光热转换如太阳能热水器的原理，是将太阳能转化为水的内能，从而实现加热的效果。光电转换是将太阳能直接转化为电能，利用太阳能发电的形式，太阳能发电是当前接受度较广的一种可再生能源利用形式。除了这两种利用形式，还有太阳能的光化转换，是将被吸收的光辐射在化学反应的情况下转换为化学能的过程，我们比较熟悉的植物光合作用其实就是其具体表现之一，还有利用物质化学变化储存太阳能的光化反应。目前光化反应由于技术原因，仍处于积极探索阶段。

从 1839 年法国科学家贝克雷尔发现液体的光生伏特效应（简称光伏效应）算起，太阳能电池已经经过了 170 多年漫长的发展历史，其中美国贝尔实验室关于单晶硅太阳能电池的研制成功是太阳能电池发展史上里程碑式的跨越，极大地推动了人类对太阳能电池的实际运用。截至今天，太阳能电池的基本结构并没有发生太大的改变。1958 年，中国研制出了首块硅单晶。1998 年，中国政府开始关注太阳能发电。2007 年，中国成为生产太阳能电池最多的国家之一，产量从 2006 年的 400MW 一跃达到 1 088MW。预期太阳能光伏发电在未来会成为世界能源供应的主体，在能源消费比重上占据重要地位。

中国地处北半球欧亚大陆的东部，主要处于温带和亚热带，具有比较丰富的太阳能资源。根据全国700多个气象台站长期观测积累的资料表明[1]，中国各地的太阳辐射年总量大致在3.35×103～8.40×103MJ/m^2之间，其平均值约为5.86×103MJ/m^2。

中国气象科学研究院根据20世纪末期的研究数据重新计算了中国太阳能资源分布，根据太阳年辐照量的大小，将中国划分为4个太阳能资源带：资源丰富带如青藏高原地区；资源较富带如新疆等西北地区；资源一般带如东北、华东等地区；资源贫乏带如重庆等地区[2]。

根据中国节能协会太阳能专业委员会的统计数据显示，2018年中国新增太阳能集热系统总量3 726万m^2，其中工程市场占比71%，太阳能工程应用领域由太阳能热水向太阳能供热采暖、空调及工农业领域拓展。

根据国家统计局公布的数据，2019年7月份，太阳能发电增长13.2%，加快了5.8个百分点。

在全球可持续发展战略的背景下，太阳能光伏发电技术得到了广泛且持续的关注。许多国家纷纷出台相应政策以支持光伏发电技术的发展，发达国家诸如美国的“太阳能百万屋顶计划（Million Solar Roofs Initiative）”，日本的“新阳光计划（New Sunshine Project）”等。我国是世界上最大的电力能源生产国和消费国之一，在可再生能源领域的发展备受瞩目，我国也十分重视太阳能产业的发展。国家能源局于2016年12月发布了《太阳能发展“十三五”规划》，明确了其下一阶段的开发和利用目标、成本目标以及技术进步目标，从而在环境效益上实现2020年太阳能年利用量达到1.4亿吨标准煤以上，占非化石能源消费比重的18%以上，“十三五”期间新增太阳能年利用总规模折合7 500万吨标准煤以上，约占新增非化石能源消费比重的30%以上。2020年，全国太阳能年利用量相当于减少二氧化碳排放量约3.7亿吨以上，减少二氧化硫排放量120万吨，减少氮氧化物排放量90万吨，减少烟尘排放量约110万吨，环境效益显著。

二、风能——看不到的神奇

风能是由空气流所产生的动能，动能与空气流速成正比，从广义太阳能的角度看，风能也是太阳能的一种转化形式。太阳辐射到地球表面，地球表面各部分受热不均匀，从而使大气层中压力分布处在一种不平衡的状态，在水平气压梯度的作用下，空气以水平方向运动，从而形成风。

在蒸汽时代来临之前，风能曾经作为人们生产、生活的主要动力之一。风能的利用可谓由来已久，埃及在几千年前就出现了用于航行的风帆船，我国也是世界上利用风力最早的国家之一，其历史可以追溯到3 000年前帆船的出现，以及1 000多年前的风车提水，“乘风破浪会有时，直挂云帆济沧海。”唐代诗人李白这一句流传甚广的诗句也见证着我国在风能利用上的成就。

风能作为一种可再生的清洁能源，其储量丰富、分布广泛，在一定的技术条件下，风能潜力巨大，其未来发展前景十分可观。尤其是在一些交通不便、人迹稀少、电网还未覆

1 梅万青. 我国可再生能源的开发与利用[J]. 中国新技术新产品，2013(12):229.

2 徐文莉，杨金焕，佟洁. 中国部分地区太阳辐照量特征的数学分析[J]. 太阳能学报，2012，33(02):334-337.

盖的地区，风能对于人们的生产、生活具有十分重要的意义。但同时，风能的开发和利用，也面临着许多挑战。首先，风能受地理位置限制影响大，转换效率相对较低，经济性不足；其次，风速的稳定性存在很大问题，导致其产生的能量大小也十分不稳定；还有风能的主要利用形式——风力发电，以生态角度切入，其可能会影响所在地区鸟类等生物的正常活动，同时风力发电机所产生的噪声也使其在选址上受到限制。

风能利用作为清洁能源中发展相对成熟的一项技术，已成为全球可再生能源规模性发展的重要选择。

三、生物质能——燃烧的“植物”

根据国际能源署（International Energy Agency，IEA）的定义，生物质是指通过光合作用而形成的各种有机体，包括所有的动植物和微生物。所以本节标题中的“植物”也是加了双引号的，拥有生命及生长迹象的一切有机体都可以被称作生物质。而生物质能，是太阳能以生物质为载体所储存的能量，可以通过不同的途径实现将植物材料向所需能量的转化，蕴含极大的潜在价值。可利用生物质的种类很多，可以从各种各样的农作物、森林的原材料直接获得，也可以从森林工业的副产品，回收利用家庭垃圾、回收利用毁坏的木材和纸张中获得[1]。生物质能的利用一直伴随着人类社会的发展，它在世界能源消费总量中居于煤炭、石油和天然气之后，占据第四位，在整个能源系统中占有重要地位。

生物质能储量丰富，分布广泛，且具有可再生性，极有可能成为未来可再生能源系统中重要的组成部分。根据我国《可再生能源中长期发展规划》统计，我国生物质资源可转换为能源的潜力约 5 亿吨标准煤，随着造林面积的扩大和经济社会的发展，我国生物质资源转换为能源的潜力可达 10 亿吨标准煤。其次，生物质能在其转化过程中所吸收的二氧化碳几乎可以与其排放出的二氧化碳相平衡，甚至能够对温室效应产生积极影响，通过提供同等能源服务替代化石燃料的消耗。生物质能可以说是深具清洁、低碳的特性。

生物质能发电技术主要包括生物质直接燃烧发电、气化发电以及与煤混合燃烧发电等技术，生物质直接燃烧发电是指把生物质原料送入适合生物质燃烧的特定锅炉中直接燃烧产生蒸汽，带动蒸汽轮机及发电机发电；生物质气化发电是指生物质在气化炉中气化生成可燃气体，经过净化后驱动内燃机或小型燃气轮机发电；生物质混合燃烧发电是指将生物质原料应用于燃煤电厂中，和煤一起作为燃料发电[2]。国际自然基金会 2011 年 2 月发布的《能源报告》认为，到 2050 年，将有 60%的工业燃料和工业供热都采用生物质能源。因而其对于传统化石能源有着很好的替代优势，可以进一步优化能源的利用结构。生物质能发电相对于其他技术受到外界因素影响小，可以提供全年持续、昼夜稳定的电力供应，有望成为未来新型能源利用结构的重要组成部分。

地球每年经光合作用产生的物质约有近 2000 亿吨，但实际利用率还未达到 3%。中国是世界人口大国，经济发展迅速，面对经济增长与环境保护的双重压力，改善能源生

---

1 金宝生. 生物质能发电技术分析[J]. 能源研究与信息，2008，24(04):199-205.

2 吴创之，周肇秋，马隆龙，阴秀丽. 生物质发电技术分析比较[J]. 可再生能源，2008(03):34-37.

产和消费结构刻不容缓。开发和利用生物质能等可再生的清洁能源，是建立可持续供给的能源系统的重要基础。21 世纪，在世界能源形势日趋紧张的背景下，对于新能源的呼唤意义深远。

四、核能——谈“核”色变？

核能又称“原子能”，是由原子核反应而释放的巨大能量，核能分为核裂变能和核聚变能，其中核裂变反应是由较重的原子核分裂成为较轻原子核的反应，核聚变反应则是由较轻原子核聚合成为较重原子核的反应[1]。我们熟知的能量释放形式主要是机械能、化学能、电能等，但这些能量的释放，都只会在能量的形式上加以改变，而无法改变物质质量，核能则实现了这一特性。核能可以通过核裂变、核聚变以及核衰变这三种形式释放能量。

核能的问世最早可以追溯到 19 世纪末，英国物理学家汤姆逊发现了电子，从而开启了属于核能发展的新篇章。1938 年，德国科学家奥托·哈恩发现了核裂变现象。1942 年 12 月 2 日，美国芝加哥大学成功启动了世界上第一座核反应堆。核能无论在军事、航天，还是能源、工业领域都占有重要地位。当第一颗原子弹爆炸时，《纽约时报》专栏作者威廉·劳伦斯写道：“一种被禁锢了千万年的自然力量从自身的桎梏中解放了出来”。

1986 年，切尔诺贝利事故是人类历史上核能使用的一场巨大惨剧，也是首例被国际核事件分级表评为第七级事件的特大事故，至今仍伴随恐惧与悲痛保留在许多人的记忆之中。切尔诺贝利事故，是反应堆存在设计缺陷和操作人员违反程序的双重原因叠加导致的，导致大量的放射性物质经由大气传播，弥漫扩散到整个欧洲，影响了数以百万计人群的正常生活。

除了事故本身带来的灾难性后果，随之半个世纪甚至更久的世界性核恐慌，也严重限制了人类科技事业的发展。人类的情感特性导致大多数人对于恐惧或未知的事物会格外敏感，而社会信息不对称下的集体恐慌更加剧了人们谈“核”色变的程度。世界范围内的核恐慌，既受限于个人知识的匮乏，同时也是社会应急管理机制缺位的表现。切尔诺贝利事故不仅让我们认清了人类无法避免的无意识疏忽与潜在的愚蠢，还有事故后更为让人心寒的官僚习性和政治沉默。核恐慌其实只是民众不信任感的一个聚集爆发点，而埋藏在平静表面下的社会机制失衡才是人类社会发展所面临的艰巨挑战。要知道，切尔诺贝利事故不是人类核能利用史上唯一一次造成惨烈后果的核事故，核能利用也并不是唯一会导致人类毁灭性打击的科技成果。没有绝对安全、绝对无害的科学技术，每一份代价沉痛的教训只有被我们铭记，才有意义。

核能是人类历史上一项伟大的发现，它指引人类在新能源领域进一步的开拓。未来世界的能源结构必将向可再生能源过渡。尽管近年来，核事故对于全球核电发展产生了一系列影响，但人类的前进脚步已经无法后退，我们只能寄希望于核能发展领域的稳健、安全、规模发展，这也是人类迈向未来的理性选择。核裂变电站到核聚变电站，是一个必然的科

---

1 冯双园. EAST 托卡马克上截面效应对电荷变换复合光谱测量结果的影响[D]. 中国科学技术大学，2016.

技发展方向，被历史洪流不断地推进，世界各国需要梳理新的能源安全观，坚持全人类、共命运的发展基调，合作共赢，科学地推进能源结构的升级优化。

五、氢能——汽车新动力

我们目前所依赖的大部分能源如石油、天然气、煤等均属于不可再生能源，这也就意味着在地球能源的存量一定的条件下，我们将会面临能源短缺的现实困境，因此，寻找传统化石能源的替代能源迫在眉睫。氢元素位于元素周期表之首，它的原子序数为 1，在常温常压下为气态，在超低温高压下又可成为液态[1]。氢能源具有以下特点：氢的导热系数是大多数气体的 10 倍以上，导热性好，燃点高，与空气作用下可燃范围较广，且发热值较高；氢相对于其他燃料更清洁；氢替代化石燃料对温室效应有显著的减弱作用。在氢能源的利用上，其通过减轻燃料自重的方式，可以有效降低运输成本，并在储运及各种应用环境下适应良好，远距离运输安全性高，利用氢能源的汽车所排出的废物主要是水，可回收利用。总体来说，氢能源的利用在社会效益上相对于其他能源有着显著优势。

21 世纪，氢能源已经成为世界能源结构中举足轻重的新能源，其开发、利用、存储也成为了许多国家关注的重点。美国、日本、欧盟、加拿大以及我国都针对氢能源发展制定了相关的战略规划，尤其是我国，在世界氢能源领域已经取得了许多方面的成就，也许在不久的将来，我国将成为世界氢能源技术领先的国家之一。

“将运输工具转向插电式以及燃料电池动力车”被列入实现第三次工业革命的五个支柱之一，这充分表明新能源汽车在未来科技转型上的重要地位。汽车已经成为现代人们生产生活的重要工具之一，人们的交通出行、物品运输等均与汽车行业的发展密切相关。中国目前已经是全球第一大汽车生产国和全球第一大汽车市场，其汽车产销量一直在世界范围内遥遥领先。汽车工业已经成为中国社会经济发展的支柱性产业之一。与此同时，当前以内燃机为主要动力、以传统化石能源为主要燃料的汽车行业受到能源存有量的制约，随着经济社会的进一步发展，这一形势将会愈发明显。除此之外，众所周知汽车尾气的排放是影响全球环境质量的重要因素之一。中国的许多省份和地区近年来深受雾霾的困扰，很多地区都通过实行尾号限行等强制措施以减少汽车尾气的排放。但严格来说，汽车尾气并不是雾霾现象形成的主要原因，燃煤、生物质燃烧、垃圾焚烧、工业污染等都对雾霾有着不同程度的“贡献”，但汽车尾气的排放也的确造成了很大程度的空气污染。因此，实现汽车行业的技术转型是当前全球性的重要战略问题。新能源汽车的清洁特性将有效缓解当前日趋严重的环境污染。电动汽车以及氢燃料电池汽车领域技术的发展情况将对世界能源局势产生深远的意义。

当前世界范围内新能源汽车研发主要以混合动力汽车、电动汽车以及氢燃料电池汽车为主要方向。其中，混合动力汽车是指，由内燃发动机和电动机混合使用作为动力驱动的汽车，混合动力汽车可以直接利用现有加油站等基础设施，实现向新能源汽车的过渡，同时减少二氧化碳的排放，对于环境保护也有显著影响。其次是电动汽车，纯电动汽车完全

---

1 氢——理想的含能体能源[J].可再生能源，2004(05):13.

以电能为主要动力驱动，相对于混合动力汽车实现了更好的社会环境效益。但由于其充电时长、蓄电池性能等技术条件仍未成熟，在短期内社会认可度有限。最后是氢燃料电池汽车，以氢为主要能量载体，通过将燃料电池转换为电力的形式，实现电动机驱动汽车的正常行驶。早在2002年，美国能源部就已经推动实施支持氢经济发展以及燃料电池研究的相关战略计划。氢燃料电池汽车作为未来新能源发展的重点方向，将对人们未来的生产、生活产生难以预知的影响。

新能源汽车的发展，关乎国家能源安全和气候环境规划，在全球性能源革命的背景下，面对能源短缺及气候环境恶化的现实处境，新能源汽车技术的发展迎合了人们生活方式及观念向低碳环保的转变，世界各国也纷纷出台相关政策规划以鼓励和扶持新能源汽车产业的发展。新能源汽车技术的发展，不仅能够通过对传统化石能源消耗的替代改善当前的能源消费结构，同时也会在社会层面带动人们思想观念的转变，改变交通出行方式，以新型环保的交通工具推动低碳经济的发展，进一步促进汽车行业管理体制和公共交通服务领域基本公共服务供给的完善。相信在不久的将来，新能源汽车将更为贴近人们的日常生活，切实缓解地球的环境压力，从而实现社会性的能源领域变革。

第四节　守护者的责任——共创未来

世界范围内的能源体系变革，主要有两个方向，首先是节能，提高能源利用效率，其次是大力发展新能源和可再生能源，改善能源结构，降低化石能源的消耗比例，从而构建起以新能源和可再生能源为主体的清洁、低碳的新能源体系，取代当前以化石能源为主体的传统能源体系，实现社会的可持续发展。

当今世界范围内的能源革命趋势，对未来社会结构带来了许多挑战，其中最直接的是能源结构的改变。对新能源的利用打破了传统化石能源的垄断局面，抑制了现代工业文明对于传统化石能源的增量需求，催生出更多的新型能源技术产业，对社会个体的职业技能也提出了更高的要求，促使教育资源与社会需求的有效对接。新技术背景下的能源领域变革，不仅会影响国际经济局势，在能源安全及能源自主层面也将对国际政治局势产生深刻的影响。新能源技术的发展，是群体智慧与社会资源双重作用下的成果，需要政府、行业以及相应的研究机构的多方协作以及国际资源的有效沟通。纵观人类发展史，任何真正具有历史意义的突破都并非单一力量作用的结果。这也预示着，在新能源主导的未来，摆脱第二次工业革命长期以来形成的割裂式能源发展局面，人类真正意义上的协作将成为可能。

人类社会对于自身消耗式发展方式的主动转变，是工业文明迈向生态可持续文明关键性的一步。能源的低碳清洁发展，是一场关乎国家权益、发展理念以及生产和生活方式的全球性革命，需要坚持技术升级与资源配置优化并行，以能源安全为基础，智慧能源技术为支撑，构建全球性能源互联网络，最终达成经济效益与环境效益并举的美好愿景。

中国是能源生产和消费大国，一直面临着能源缺乏的挑战。于2016年12月发布的《能源生产和消费革命战略（2016—2030）》中就已经明确提到了能源革命的战略发展方向，推进能源的供给和消费革命，着力构建清洁低碳能源新体系，通过能源技术及体制革命，促进科技治理体系现代化，加强国际合作，推动能源命运共同体的构建，实施战略行动，加强组织领导，提升综合保障能力，从而掌握能源安全主动权。中国作为能源大国之一，在全球性应对气候变化合作不断推进以及世界能源革命不断扩大的今天，应充分利用其资源整合优势，提供政策性便利和稳定的资金支持鼓励技术领域的研发创新，同时积极开展与其他国家的互通合作，尤其是支持发展中国家能源变革和应对气候变化的能力建设，紧跟世界能源发展潮流，体现发展中大国的责任担当。坚持推进能源结构的进一步转型升级，抑制不合理能源消费，保障国家能源安全，大力支持新能源技术及产业的发展。制定中国能源发展战略，解决中国能源问题，一切坚持从实际国情出发，实事求是，尊重自然规律和社会规律，中国需要一条有中国特色的能源发展道路，集中力量在全球性能源革命浪潮中把握机会，以全球性视角看待新能源技术的发展问题。

科技发展为人类的文明和进步带来了不可估量的贡献。我们对新能源的开发和利用，都是基于科学技术的进步与发展。21 世纪是全球性的知识经济时代，科技水平已经成为人类社会发展进步的重要推动力量。但与此同时，特别是近些年来，伴随着地球生态环境的恶化，人们逐渐意识到了存在于科技发展背后的那些潜在的不安。当事物的发展超出能够被接受的程度，人类的第一反应往往习惯于“自我保护式的逃避与否定”，于是有相当一部分人开始怀疑，并反对科技发展，即使在今天这样的想法也屡见不鲜。我们不得不承认，公众对于科学技术的认知在很大程度上会影响到我们前进的脚步，社会舆论既可以成为助力，也可能是束缚。

一切科技发展的最终目的，其实都是满足人类的需求。倘若某一天科技发展到人人都能满足的程度，科技也就将会失去发展的动力，停滞不前。基于这样的观点，人类科技发展的未来或许不是彻底满足人类所有的欲望，而是超出地球环境承载力彻底毁灭。我们不能否认科学技术带给我们的种种便利，但不能过度盲目地发展。科学技术对人类社会化大生产的发展有着很大的推动作用，但需要在欲望和社会环境中寻找到一个平衡点。我们应该在探索和改造自然的进程中，充分利用科学技术为我们最大化地提供服务，但对其中存在的不利因素也要提高警惕[1]。

很幸运我们生活在一个前所未有的开放、自由的世界，所以我们可以坚持理性精神的指引，坚持我们对人类科技未来的美好信心。当今世界正发生着一场意义深远的能源革命，新能源技术的发展承载着人类无数的智慧结晶。能源的转型可能需要几十年的时间，无法一蹴而就，但这一发展趋势已经无法阻挡。顺势而为，全世界所有国家和地区都应该担当起自己对于地球环境的使命与责任，以更为宽广的胸怀迎接新能源时代的到来。社会中的每一个人都需要具备理解科学技术的能力，全面认识科技对于我们生活的改变。到那时，人类命运共同体并不只存在于口号，打破国家、民族的壁垒，而是被全世界亿万万人所真正坚守。

青少年阶段是人生中获取知识的黄金时期，加强青少年的科技教育，是培养创新型科技人才的关注重点，社会劳动结构的转变也需要更多能够匹配智力劳动的知识人才。青少年作为国家发展的根基，能量潜力巨大。在成长阶段，青少年首先应该以学习为主，重视

1 范杨洋. 浅谈科学技术发展的利与弊[J]. 电子测试，2013(10):222-223.

基础知识的巩固，同时保持与社会需求相贴合的发展方向，在科技革新不断加速的现实背景下，积极提高自身的综合素质水平，保持对未知事物的好奇心，以及对科技发展的关注。同时，要养成良好的环保意识，争做环保小卫士，积极向身边人普及环保知识，带动周围生活环境的改善，养成节约资源的好习惯。鲁迅先生曾说："愿中国青年都摆脱冷气，只是向上走，不必听自暴自弃者流的话。能做事的做事，能发声的发声，有一分热，发一分光，就令萤火一般，也可以在黑暗里发一点光，不必等候炬火。"希望青少年们都能担负起国家未来的重担，为科技发展提供无限的可能。

美国未来学家杰里米·里夫金在其著作中言道："能源机制塑造了文明的本质，决定了文明的组织结构、商业和贸易成果的分配、政治力量的作用形式，指导社会关系的形成和发展。"毫无疑问，未来的能源状况是当今世界面临的最大、最严峻的挑战之一。希望新能源技术的发展，能够在未来世界能源、经济、政治以及其他重要领域带来真正的突破性变革。不再受制于能源的存量，不再对气候环境造成破坏性的影响，不再因能源失衡问题致使国际局势动荡紧张，不再需要亡羊补牢式的环保行动所发出的微弱声响，希望节约、低碳、环保的观念如与生俱来般在人们心中生长，希望人类坚持美好，坚定地相信技术可以点燃希望，希望新能源时代同明日的太阳一起到来。

第七章

VR/AR 对人类社会的影响

在很多人的心目中，VR/AR 只是一项新兴技术。在未来，它将像互联网一样，融入我们生活的方方面面，包括教育、购物、出行等。这一章将为大家打开 VR/AR 的新世界。

本章主要讲述了什么是 VR/AR，VR/AR 给人类带来了什么，以及 VR/AR 的未来发展前景。第一节介绍什么是 VR/AR，从它的概念、特点和区别来详细描述。在 VR/AR 给人类带来了什么这一节中，主要从 VR/AR 是如何为人们服务的和在人们生活中的十大领域的发展入手，这十个领域分别是游戏娱乐、影视行业、教育、医疗、公共设施、零售业、房地产、军事和航天、设计/制造业和体育，运用最新的事例来让大家了解最前沿的 VR/AR 技术。

在对 VR/AR 的创新发展描述中，从 VR/AR 有潜力的巨头公司开始介绍，主要介绍了 Facebook、HTC 和 Value、Sony、Samsung、Google、Microsoft 和 Magic Leap，这几大公司都是 VA/AR 技术开发的先行者，也是 VR/AR 开发的最富潜力者，关系着整个 VR/AR 系统的命脉。接着介绍了 VR/AR 的创新发展，主要包括如何建立 VR/AR 生态圈、如何促进移动 VR 的发展、如何促进 VR 内容的丰富等。最后，预测了 VR/AR 如何更快地走向普及，最重要的三个方面是增强用户体验感、丰富内容和应用以及价格的下降。

第一节　什么是 VR/AR

近几年，VR/AR 逐渐出现在我们的生活中，在电视新闻、手机、娱乐媒体和各大商场中，随处可见它们的身影，甚至还成为了一些地区的高考命题。它到底有什么神奇的魔力，能引起这么多人的热议？早在乔布斯在任的时候，Apple 就已经开始对虚拟现实的融入进行规划。可想而知，VR/AR 的发展潜力是不可估量的，说不定也会像智能手机一样，为我们带来一个全新的时代。其实，在科幻电影中，已经出现了很多虚拟现实效果，例如，我们熟悉的《星球大战》中运用了三维全息投影，《盗梦空间》中制造了很多虚拟梦境，只不过大多数人在观看电影时，并不知道所看到的就是 VR 景象。提到 VR，很多人首先想到的仍然是 VR 游戏。因为到目前为止，VR 游戏在我们的视野中出现得最多。只要上网搜索，出现的与 VR 有关的大部分词语都是 VR 眼镜、VR 游戏。而且，在很多商场、科技馆所设置的 VR 体验馆里，大部分 VR 体验设备也都是 VR 游戏。

其实，VR 已经有几十年的发展历程了。在 20 世纪中期，美国发明家莫顿•海利希发明了“全传感仿真器”（Sensorama Simulator），它的外形类似现在的测视仪，把头放在上边，眼睛与目镜平齐，就可以看到虚拟的三维图像，这就是最早的 VR 体验。但在此之后，VR/AR 进入了低迷期，甚至在外界看来，在那段时间它没有任何进展。直到 2014 年，Facebook 宣布以 20 亿美元收购 Oculus，才再一次掀起 VR/AR 的热潮。

大多数人对 VR 的认识还仅仅停留在 VR 游戏、立体环境等一些常见的词语中。其实，现在的 VR 技术已经逐渐渗透到我们生活的方方面面，今后甚至可能还会改变我们的生活方式。那么 VR 具体是什么呢？现在已经发展到什么程度了呢？

一、什么是 VR

VR，也就是虚拟现实技术。这项技术借助计算机系统及传感器技术生成一个虚拟的三维环境，并运用它的动作捕捉装备来获取使用者的动作，给使用者一种身临其境的沉浸式体验，就像能让我们完全融入我们所看的电影或者游戏中一样。[1]

这个虚拟的三维环境和我们真正生活的环境是相似的，不仅仅是像 3D 电影般的体验，还加入了 360° 无死角的自由视野。有了 VR，我们将从平面世界进入到立体世界。比如，在一个模拟的三维环境里，我们能看到周围有很多的树，身后有漂亮的房子，头顶是蓝天白云。当然，根据计算机的设定，会有很多不同的虚拟场景。随着人们的身体做出动作，动作捕捉装备可以迅速将这些动作模拟出来并投放到虚拟环境中，人们做什么动作，它就会模拟出什么动作，让大家感觉仿佛就是在这个虚拟环境中在做动作。通过 VR，我们可以做很多我们平时不敢做、不敢体验的事情，比如空中跳伞，当我们张开双臂，动作捕捉装备就会为我们背上虚拟的降落伞，给我们带来在空中翱翔的感觉；雨林探险，它可以带我们体验一直不敢走进的热带雨林，去感受难以承受的高温和树木丛生的热带环境。研究表明，人的大脑会响应 VR 中的刺激，让人兴奋，这与看电影或玩游戏有着根本的不同。例如，当人们佩戴 VR 眼镜时看到的虚拟场景是一场亲身经历的交通事故，尽管体验者知道这不是真实的场景，但仍然会感到害怕，受到场景的刺激，而且随着 VR 技术的进步，它会让受众变得越来越难以区分现实和虚拟。另外，在虚拟环境中，我们的动作会根据设定对模拟环境产生影响。例如在某款 VR 游戏中，当我们戴上 VR 眼镜后，仿佛真实地融进了游戏中，可以感受到左手拿着盾，右手拿着刀，颇有大将风范地站在沙场上，同时随着我们的手左劈右砍，游戏里的人物也会随着我们的动作躲闪、杀敌，带给我们身临其境的感觉。

虚拟现实技术主要包括模拟环境、感知能力、自然技能和传感设备。模拟环境就是我们在 VR 设备中看到的虚拟三维环境。感知能力是指 VR 可以模拟出一切人所具有的感受能力。比如看到画面、听到声音、感受到力量、触碰到东西，甚至还包括闻到气味、感觉到空气流动等。但现在的 VR 技术还不够完善，在 VR 环境中，我们只能看到虚拟的画面

1 赛迪顾问. 洞见 2019 新兴产业投资机会——VR/AR[J]. 中国计算机报，2019，27(5):01-04.

和听到模拟的声音，体验触碰东西的感觉还需要佩戴专用的 VR 触感手套。自然技能是指我们日常生活中的动作，比如转头、眨眼睛、拍手、跺脚等。当我们做出这些动作后，VR 设备会把这些动作翻译成计算机能读懂的数据并进行处理，然后对我们的动作做出模拟和回应。传感设备能实现交互，让 VR 设备和佩戴 VR 设备的人相互传递感受。也就是说，VR 设备能让我们的身体在虚拟的环境中感受到身临其境的感觉，而我们的动作也能传递给 VR 设备，这就是传感设备所达到的交互效应。

二、什么是 AR

AR，就是增强现实技术。它是 VR 的延伸，VR 场景是完全由计算机制作的虚拟环境，而 AR 场景是将计算机生成的虚拟信息和真实世界结合起来，带给人们在真实世界中不能看到的信息，为人们提供便利，从而达到超越现实的感官体验。在视觉上，透过 AR 眼镜，我们将在真实世界中看到一些添加进去的虚拟图像，这些虚拟图像为真实世界增彩，让人们看到的世界更多样化，例如实时的路标箭头。当我们戴上 AR 眼镜后，会在前方的道路上看到虚拟的路标箭头，指引我们前进的方向。其实，AR 要达到的效果远不止如此，AR 眼镜还需要自动识别人类眼睛的转动，并自动调整视角，让虚拟信息自动同步到视角内的真实环境中，达到实时的增强现实效果。另外，还要加上同步的声音，甚至触感。我们可以想象自己行走在或者驾车行驶在路上，戴上增强现实显示器，带有路况信息的播报图像就会出现在我们的视野；而且，随着我们转头，图像会跟随我们的视野移动，所播放的声音也将与我们所看到的图像保持同步。

增强现实系统正常工作所需的三个组件：头戴式显示器、跟踪系统和移动计算能力。头戴式显示器就是前边已经提到的 AR 眼镜，它是虚拟现实应用中的观察设备。跟踪系统是为了实现虚拟图像实时匹配真实世界，跟踪人们的视角移动，从而知道使用者相对于周围环境所处的位置，再将虚拟的信息匹配到人们视角内的真实环境中。但就目前的跟踪技术来说，虚拟、真实信息的匹配和图像跟随感官的移动都还存在延迟问题。移动计算能力是指移动设备（如手机、iPad）的数据处理能力。除了跟踪技术外，AR 和 VR 还面临着同一个问题，就是创建与真实世界匹配的三维图像，现在的计算机技术还不能够制作出难分真假的三维图像。因此，还没有多少 AR 技术能够真正应用到我们的生活中。

三、VR/AR 的特点

（一）多感知性

多感知性是指 VR/AR 能带给人们本身所具有的一切感知。在虚拟环境里，人们能看到画面、听到声音、触碰到东西、闻到气味，甚至能感受到疼痛。多感知性能带给人们身临其境的感觉，让人感觉和在真实世界中没什么区别，难以区分虚拟和现实。但现在的 VR/AR 技术只能实现视觉、听觉和触觉，还不能够实现多感知性。

（二）临场感

临场感又称为沉浸感，它是指 VR/AR 能给使用者带来的身临其境的感觉。理想的模拟环境应该达到使人难辨真假的程度。也就是说，人们感觉所处的虚拟环境和真实世界所差无几，我们在那里做的任何动作都可以实时同步，会使我们感觉自己就是这个虚拟环境中的渺小一角，活生生地站在这个虚构的环境里，难以区分真假。

（三）交互感

交互感是指虚拟环境会给人们反馈信息，人们也会根据虚拟环境做出相应的反应，从而形成交互性。交互性是 VR 最“聪明”的特性之一，它运用动作捕捉装备、追踪技术捕捉人们的细微动作，像是能读懂人们的内心一样。例如在游戏环境中，模拟环境实时捕捉并模拟使用者的动作，如出拳、踢腿，然后系统会根据使用者的动作，为他们佩戴上装备，如武器、盔甲。在这个游戏体验中，设备和使用者之间的互动就是交互，而模拟动作的实时性、相似性和佩戴装备的自然程度就是所说的交互感。

（四）自由感

自由感有两方面的意思。一是指人们在 VR/AR 环境中具有自由行动的能力，可以根据自己的意愿做动作，不受虚拟环境的限制；另一方面，人们可以做很多不受时间和空间限制的尝试，可以在夏季感受雪花纷飞，可以和自己喜欢的明星同台演唱，还可以观看远在边疆的沙漠。

四、VR 和 AR 的区别

通过上面的介绍，我们已经对 VR/AR 有了初步的认识，那么 VR 与 AR 的区别体现在哪些方面呢？

（一）呈现区别

VR 设备看到的场景和人物全是虚拟的，把人带入一个完全虚拟的世界，带给人们沉浸式的体验。使用者佩戴的头戴式显示器是非透明的。

AR 设备看到的场景是真实世界和虚拟图像的融合，是对真实世界的效果增强。使用者佩戴的头戴式显示器是透明的，因为需要看到真实的世界。

（二）交互区别

VR 是纯虚拟场景，所以 VR 设备更多的是用于佩戴者与虚拟场景的互动，要实时地捕捉佩戴者的动作，并在虚拟环境中为其佩戴装备。因此，在 VR 设备的配置中，位置跟踪器、数据手套、动作捕捉系统尤为重要。

AR 是将虚拟图像叠加到现实场景中，所以需要摄像头来捕捉人们视角内的真实场景，然后为其同步增加虚拟图像。其实，像 iPad、手机这些带摄像头的智能产品，只要安装有

AR 软件，就可以使用 AR 功能，只不过现在移动设备的计算能力还不够，达不到理想 AR 的要求。

（三）技术区别

VR 设备：对 VR 设备来说，最主要的是要创造出一个虚拟场景，例如一个沙漠、一个公园，所以其核心是计算机图形学（Computer Graphics）的各项技术的发挥。

AR 设备：AR 设备强调的是将更多人类的器官感知叠加到真实与虚拟叠加的环境中，所以 AR 设备应用了很多的计算机视觉（Computer Vision）的技术。

（四）应用区别

VR 设备：对 VR 设备的应用上，主要关注的是使用者在创造出的虚拟场景中是否有良好的体验，而与真实场景是否相关并不是关注的重点。VR 设备往往是浸入式的，给人 360° 身临其境的感觉。

AR 设备：AR 设备是虚拟与现实的结合。虚拟的图像只是对真实世界的锦上添花，完全依靠真实世界而存在。因此，对 AR 设备的应用上，大家更关注的是它在现实生活中的实用性。

五、VR/AR 是怎样一步一步趋向成熟的

近十年，VR/AR 被炒得火热。其实，它们已经有很长的发展历史了，VR 的出现甚至更早。而且，在 VR 技术正式出现前，立体眼镜、3D 技术已经存在了。

19 世纪中期，西方发明了一种立体视镜（Stereoscope），这种眼镜利用我们双眼视差的特点，通过给双眼分别呈现不同的画面，让我们看到一个更加清晰、立体的图像。那个时候，还出现了许多结合立体视镜技术的娱乐项目，比如在游乐场里设有立体视镜体验区，让游人佩戴眼镜体验。德国大名鼎鼎的镜头生产商蔡司，当年也生产过立体视镜。在立体视镜最流行的时候，一些商家还生产出各种样式的“头盔”，让人们观看立体动画片。

1961 年，世界上第一款头戴式显示器 Headsight 问世。它的组件中包含了监视和跟踪系统，因此主要用于秘密信息查看。

随后，在 1968 年，被誉为“计算机图形学之父”的美国计算机科学家伊万·萨瑟兰创造了第一个头戴式设备“头盔显示器”（Head Mounted Display，HMD）——用虚拟现实显示器和增强现实耳机构成的立体视觉系统。当时头盔的重量巨大，为了减轻重量，需要将其悬挂在天花板上，它也因此被称为“达摩克利斯之剑”（The Sword of Damocles）。当时设备技术低，性能差，体验效果不理想。

1980 年，美国开始投入大量资金研发 VR 军用设备。1981 年，美国设计出了专门为宇航员使用的头盔显示器，最终研制出第一个包括图形计算机、非接触类传感器与液晶显示器头盔的虚拟现实系统。

1991 年，游戏厂商世嘉推出了它们的第一个虚拟现实耳机，并开发了 4 款 VR 游戏。

这是虚拟游戏的开端，也打开了虚拟游戏的新世界。不过由于技术不够完善，这个风波很快就过去了。不久，任天堂推出了《虚拟男孩》（Virtual Boy）游戏。虽然这款虚拟游戏不成熟，效果也不是十分理想，但仍然给用户留下了深刻的印象，那时，还没有任何虚拟现实游戏是成功的，但这款游戏的确是一次重要的尝试。

2007 年年初，一款名叫《第二条命》的虚拟游戏问世。它是一个虚拟的社交平台，玩家可以在虚拟世界中和其他玩家交流、组织会议以及组织聚会。这打开了虚拟社交的世界，大家距离很远，或者处于不同的国家，也能在虚拟的环境中面对面交流。

2012 年，虚拟现实的爱好者拉吉·帕尔默设计出了可以携带的头戴式显示器“Oculus Rift”。这款 VR 眼镜是专门为虚拟游戏设计的。陀螺仪控制视角是这款游戏产品一大特色，使得延时短，给游戏玩家带去更好的虚拟体验。

随着 VR 技术的不断提高，VR 已经逐渐应用到了生活的方方面面，为人们的生活增彩，为人们的生活带去便利。在比赛直播、课堂、医疗、游戏上，都逐渐看到了 VR 的身影。

2015 年，51WORLD（原 51VR）成立。它是一家以“VR+AI”为核心的国家高新技术企业。51VR 围绕打造“虚拟世界”的愿景，通过“可视化+仿真+预测”的产品组合，立足智慧城市、汽车、房地产三大领域，帮助企业与政府客户进行科技化转型。公司目前已经服务了海内外超过 500 家企业客户，包括华为、阿里巴巴、中国移动、中国联通、中国电信、商汤科技、科大讯飞、中国铁建、招商局集团、万科、碧桂园、华润、广汽、宝马、奔驰、威马汽车、国家智能网联汽车（上海）试点示范区、汽车之家、戴姆勒、JQZ Group、当代、一汽奔腾和重庆车检院等知名企业和机构。自 2015 年成立以来，51VR 陆续推出的可视化产品在智慧城市、无人驾驶、地产数字化营销三大细分领域市场占有率第一，客户和业务保持了每年超过 300%的快速增长。其核心产品是 51Sim-One、51City OS 和 51Cloud。其核心部门是地球克隆研究院、智能驾驶与交通事业部和数字城市事业部。51VR 对 VR 的发展起到了很好的推动作用，在未来其潜力不容小觑。

2016 年是 VR 元年，各大科技公司纷纷开始涉足 VR，已经有相关的研究也加大了研发力度和资金投入。但由于技术的发展跟不上 VR/AR 进一步发展的需求，进入了瓶颈期。

2016 年下半年，VR 进入了“沉寂期”，VR 的发展处于停滞状态。2018 年，VR/AR 再一次迎来了春天。2018 年下半年，世界 VR 产业大会在南昌举办，这为 VR 的发展起到关键性的作用，不仅行业巨头再次重视 VR 的研发，而且一些地区政府开始出台相关政策，例如福建福州、青岛崂山、武汉光谷、湖南长沙和浙江嘉兴等地在相关政策的推动下成立了 VR 产业基地，把 VR 作为了重点发展产业。其中，一些互联网巨头公司开始打造自身的 VR 生态，例如 Facebook、Google 等。而且，相关行业比如娱乐公司、通信公司、医疗机构也纷纷加大对 VR 的投资，为用户带去更好的服务。不断推出新品或更新原有系统平台，加快了 VR/AR 行业的发展速度。此阶段，中国的 VR/AR 市场仍以硬件为主，还没有将技术渗透到应用层面。从 VR/AR 设备的销售额可以看出，消费级内容的比例要大于企业级内容，因此可以推测出，此阶段推动 VR/AR 市场发展的仍然是消费级内容。另外，游戏在所有融资应用领域中依然保持领先，因为 VR/AR 设备的深度沉浸感为游戏公司和喜欢游戏的人提供了新的机会，给使用者带去了更完美的游戏体验。

2019 国际 VR/AR 暨三维显示大会在杭州成功召开，大会以“5G 时代、智享 VR”为主题，邀请了国内外顶级相关学者，探讨了 VR/AR 的技术现状、发展前景和 5G 发展如何对虚拟现实、增强现实技术产生推动作用。接下来 VR/AR 会以怎样的形式迅速发展，大家都抱有很大的期待。[1]

第二节　VR/AR 能给人类带来什么

一、VR/AR 是如何为我们提供服务的

从第一节的介绍中，我们了解了 VR/AR 可以给我们带来身临其境的沉浸式体验，让我们感觉好像真实地身处于虚构的环境中。那么 VR/AR 是如何带给我们这样的体验的呢？换句话说，它是如何为我们服务的呢？它主要通过三个方面为我们服务——HMD 设备、交互设备和三维跟踪传感设备。

HMD 设备就是头戴式显示器，人们通过它来看虚拟的世界。HMD 设备分为三类：滑配式、分离式和整合式。滑配式 HMD 设备是依赖于智能手机而存在的。将它与智能手机相连，将手机上的应用图像变为 3D 图像，给使用者带来更好的视觉效果。目前，生产滑配式 HMD 设备的厂商有 Google 和 Samsung；分离式 HMD 设备拥有自己的系统和显示屏，但它仍然需要与其他设备相连才能使用，分离式 HMD 设备不再依赖于智能机，它还可以与计算机、游戏机相连。分离式 HMD 设备和滑配式相比，能带来更好的用户体验。目前，生产分离式 HMD 设备的厂商有 HTC、Sony、Facebook 和 Oculus Rift；整合式 HMD 设备相比较之前的设备，增加了追踪系统，另外，它拥有一整套系统，可以独立运行。目前，整合式 HMD 设备价格较高，有的甚至超过主机的价格。当前，整合式 HMD 设备主要为 AR HMD。随着技术的不断进步，VR 设备也将发展成为整合式。

只有 HMD 设备先普及，才能提高 VR/AR 基础设备的保有量，从而才能更快地促进 VR/AR 的普及。目前，HMD 设备没有真正普及的原因有三个：电池续航、价格过高和设备移动性。一是确保电池续航一整天，如何在不增加 HMD 设备电池重量的前提下，保证电量充足，确保续航一整天；二是解决价格过高问题，针对这个问题，随着技术的进步，零部件价格的降低，设备价格自然会逐渐降低；三是设备的移动性，要想实现设备在生活中方方面面的普及，就必须要实现设备的移动性。整合式 HMD 设备已经具备了独立的系统，不久之后，随着性能的逐渐完善，解决独立性问题指日可待。在发展过程中，快速充电可以作为铺垫阶段，为 HMD 设备的快速普及做准备。我们知道，终端设备（PC、电视、平板电脑、笔记本和智能手机）的价格都是随着技术的逐渐成熟和零件成本的降低而下降的。我们认为，HMD 设备的发展趋势类似于以上这些电子产品。因此，HMD 设备的价格趋势可以用这些电子产品的价格趋势来评估。

---

1 2019 国际 VR/AR 暨三维显示大会在杭州成功召开[J]，2019.

目前，一些互联网巨头企业已经生产了一些 HMD 设备。Google Glass 早在 2013 年就已经限量发布，售价 1 500 美元，但后来停止销售。Magic Leap 在 2014 年 10 月，申请了虚拟视网膜显示（Virtual Retinal Display，VRD）的专利，不用佩戴 VR 眼镜，直接将图像投影到视网膜上，但目前还没有新产品上市。Samsung Gear VR 在 2015 年 9 月发布，售价 99 美元。Oculus 在 2016 年 1 月 6 日发布，价格为 599 美元，这款设备对 PC 端要求较高，要想体验该设备，需要较高的配置的计算机与其相连。PlayStation VR 和 HTC Vive 也在同年开始出售。2016 年上半年，Microsoft HoloLens 发布，售价 3 000 美元。目前，Apple 还没有开发出 VR/AR 的相关产品，但并购了几家 VR 公司，说明在不久的将来，Apple 可能也将加入到 VR/AR 的行列中。2015 年 12 月，Amazon 开发出了 AR 手势控制系统，并申请了专利，将来在 Amazon 的平台上，我们或许可以运用手势发出购买指令。

交互设备主要有手势识别设备、动作捕捉设备、声音感知设备和传感器件。这些设备都是为了实现人机互动而配备的。顾名思义，手势识别设备是为了识别人体动作。当人们在虚拟环境中做出一系列动作时，手势识别设备就会启动，然后动作捕捉设备将这些动作模拟出来，再给这些动作佩戴上装备，这样就实现了人机交互。声音感知设备则用来识别人们的声音。传感器件是所有设备正常运作的基础设备，它是 VR 系统中实现人机之间沟通的极其重要的通信手段。

三维跟踪设备也是为实现人机交互而配备的。为了能准确、及时获取人的动作信息，需要高精度的跟踪、定位设备。跟踪设备在实现人机交互中起到催化的作用。

目前，VR/AR 的应用几乎还停留在硬件设备上。在未来，随着 HMD 技术、跟踪设备、交互设备的完善和普及，能和 HMD 设备匹配的终端将蜂拥而至。

二、VR/AR 从哪些方面改变了我们的生活

（一）游戏娱乐：更加真实刺激的战斗体验

目前，VR/AR 技术在游戏上的应用是最成熟的。VR/AR 游戏把玩家置于一个虚拟的三维世界，通过不同的游戏场景，将玩家带到不同的游戏世界，从而给他们带去更多的乐趣。我们知道，游戏对互动感的要求极高，最好的游戏体验感往往就是把自己代入到游戏的角色中，而 VR 技术能帮助游戏行业解决这一大难题，将玩家置身于游戏角色中，带给他们沉浸式的体验。玩家做出的所有动作都会被实时地同步到虚拟环境中，并随着做出动作，为玩家佩戴上相应的装备，让玩家感觉像是身处于这个虚拟环境中，丰富了游戏体验。这也正好满足了大部分游戏沉迷者的需求，体验完全进入到游戏中的真实感。经调查认为，VR 游戏将会是第一个发展起来的 VR 融合行业，因为游戏公司已经看到了 VR 将给游戏行业带来的收益，很多游戏公司都纷纷投入其中，开发 VR 技术、研发 VR 游戏内容，VR 游戏开发团队及作品如表 7-1 所示。

表 7-1　VR 游戏开发团队及作品

VR 游戏开发团队	游戏名称
Totwise	《The hum：Abductions》
Ubisoft	《Eagle Flight》
CCP Games	《Gungack》
Carbon Games	《AirMech》
Gunfire Games	《Chronos》《Project X》
Climax	《Bandit Six》
Otherworld Interactive	《Nimbus Knights》
Square Enix	《Hitman：Go》
Epic Games	《Chronos》
Bethesda Game Studio	《Fallout 4》
网易	《命运起源》
巨人网络	《3D 征途》
Time Of Vitual Reality	《再现甲午》

2015 年 12 月，腾讯举办了 Tencent VR 大会，并发布了 Tencent VR SDK 平台，这一平台为 VR 开发者提供了支持，为各个 VR 工作室开发 VR 游戏内容提供了支持。VR 游戏工作室可以利用 Tencent VR SDK 中的 3D 体感手柄，为游戏玩家提供触觉，还可以利用其中的账号、支付等功能，建立完整的游戏系统。总之，Tencent VR SDK 相当于给 VR 游戏开发者提供了一个工具包，从而更好地为 VR 开发者提供服务。这很大程度上促进了 VR 游戏的发展。

在娱乐上，美图旗下潮自拍推出了基于 ARCore 的互动滤镜。与传统滤镜相比，ARCore 滤镜通过面部识别，将动画效果与用户完美结合。还可以通过识别面部表情的变化，与用户进行互动，让自拍变得趣味十足。比如，滤镜可以给用户戴上生日帽，张嘴还会出现蛋糕砸脸、庆祝彩炮的效果，让自拍者玩到停不下来。[1]

现在的 VR/AR 在视频游戏的应用中面临的最直接的一个问题是技术不够完善，使得游戏体验感差。例如，动作同步延迟、头盔庞大都影响玩家的体验感。另一方面的问题是 VR 在该领域面临着“鸡和蛋”的窘境。如果 VR 的性能得不到很好的提升，购买 VR 设备的顾客就不多，相应的顾客没有能使用的设备，内容开发者就会持观望态度。这样就形成了恶性循环，到达一个窘境。要想解决这一窘境，需要一些巨头公司大量投入研发，开发技术、研发内容和应用，提升设备的性能，从而吸引顾客购买，打破这一窘境。VR/AR 技术的应用开发是必然趋势，只需等待这些互联网巨头企业在适当的时候，发现并把握先机，投入资金进行技术开发，便可打破“鸡和蛋”的窘境。

（二）影视行业：坐在家里就能体验的现场感

VR 的核心应用领域之一就是影视行业。一方面应用在视频直播领域，主要是通过

1 谷歌开发者，增强现实现在在国内外的发展情况如何？[EB].知乎.2019，03(09).

VR/AR 技术进行体育赛事、文娱典礼和网络直播。我们坐在客厅的沙发上观看篮球比赛、明星的演唱会和全球性新闻直播，和在现场观看的效果一样，能深深地感受到现场的热烈气氛。因为 VR/AR 所呈现的画面和我们从电视上看到的 2D 画面不同，它是模拟现实场景的三维虚拟画面；另一方面是 VR/AR 在电影业的发展，影视行业在现代社会的经济发展中占据重要地位，而且看电影已经成为大多数人生活娱乐方式中必不可少的一部分。现在，这一应用领域出现的瓶颈和在游戏上的相同，都是没有足够的保有量（能支持 VR 的计算机设备的数量），因此巨头企业不敢投入大量的资金开发 VR 的相关系统及应用。与此同时，没有新内容又很难引起大众的注意力。

2015 年，腾讯在直播 Bigbang 演唱会时使用了 VR 技术；美国 NBA 赛事通过 VR 向全世界直播，是全世界第一场通过 VR 直播的 NBA 赛事。另外，国内知名游戏直播平台斗鱼正在尝试推出 VR 游戏直播；未来随着 VR/AR 的普及，甚至农村行动不便的老人也能体验一把大型赛事现场的震撼。

在电影市场中，加入 VR 之后，电影的制作方法和内容设计与传统的完全不同。现在，许多导演将电影宣传片以 VR 的形式呈现来引起大家对电影更高的关注度。2016 年上映的《魔兽世界》，其电影宣传就采用了 VR 技术；郭敬明导演的首部玄幻类大型电视剧《幻城》也采用 VR 宣传片进行宣传。

现在的 VR/AR 在直播应用中的一个问题是获得 VR 广播权。VR 广播权是指运用 VR 技术公开广播或者传播作品的权利。随着人们对知识产权的维护，广播权也被大家所重视。现在的电视广播权还不知能否与 VR 广播权通用。因此，随着 VR/AR 直播的普及，VR 广播权有待获取。另外，目前的 HMD 设备还在完善过程中，仍然有很多技术限制，现在的 HMD 设备还不能满足人们在直播中实现社交互动。也就是说，我们只能体验到现场沸腾的氛围，但不能通过鼓掌、欢呼与现场互动。

VR 在影视方面有很大的发展前景，因为视频娱乐渗透到人们生活的方方面面，更贴近人们的生活，有很多可以开发的潜在领域。而且，它也是最能促进 VR 技术普及的领域，当 VR 渗透到我们的生活中时，就是它发展最快的时候。

（三）教育领域：身临其境的学习更有效

现在，多媒体在教育领域广泛应用，尤其在高校。各高校的每个教室都会配备多媒体设备。教授会提前准备好 PPT 或相关电子档资料，上课时直接在多媒体设备上进行呈现。如此一来，教授把所要讲授的内容通过图片、视频的形式更直观地呈现给学生，更能引起学生的学习兴趣，也更便于学生理解新知识。多媒体已经在教育领域占据了很重要的位置，随着 VR/AR 的普及和 VR/AR 在教育方面应用的完善，VR/AR 技术会广泛应用到教育领域。在课堂呈现上，VR/AR 技术不仅能以更直观、立体的方式为学生呈现知识，并且能够为学生提供模拟实验/模拟操作的平台，让学生不仅仅只停留在课本的知识上，还能有动手实践的机会，将所学的知识活学活用。

过去学生学习到的只有书本的概念，至于怎么在工作中把这些知识最大化的运用，很多学生都不能够做到。一旦 VR/AR 普及，教育方式将发生巨大的变化。课堂不再是简单的口头描述，而是让学生进入虚拟场景进行深入实践。例如，想要了解历史的同学，不用仅仅停留在书本上的文字，可以通过 VR 可以走进历史场景中去体会古代人的生活；医学院的学生在学习了课本知识后，可以通过 VR 技术进行虚拟实践。在社会影响上，也可以解决教师分配不均匀、教学基础设施不公平和学校“崇拜”现象。老师在学校占据着举足轻重的地位，因为教师是素质教育成败的关键因素。因此，VR 是解决教育资源不均衡的一个大好帮手。例如，在传统教育下，农村教育是“短板”，其教师配置和设施条件都极其匮乏，VR/AR 的普及，也将对这一问题的解决提供实质性的帮助。

2015 年 9 月，Google 推出了 Expeditions 应用于教育领域，学生带上 Google Cardboard 可以去访问自己只在教科书上见过的地方；2015 年，美国加州健康科学西部大学（波莫纳）成立了一个虚拟现实学习中心，让学生通过 VR 虚拟操作，熟悉医学相关的操作过程；2016 年，哈佛大学将其知名的计算机类 MOOC（Massive Open Online Course）课程《CS50：计算机科学概论》进行了 VR 全景直播，给学生带去了新的教学体验。

HTC 和美国自然历史博物馆合作，在 2019 年开放新场馆《霸王龙：终极捕食者》，并在该场馆中设置了 VR 体验项目。场馆最多只能容纳三个人。参观者戴上 VR 眼镜后，会发现展厅变成了几千万年前霸王龙生活的家园，接着可以一起在虚拟环境中将霸王龙的骨头一块一块地拼接起来，拼成霸王龙的模样后，眼前就会出现一只鲜活的、正在行走的霸王龙。这个场馆在 2019 年 3 月 11 日至 2020 年 8 月 9 日期间向公众开放。Viveport 已经在 2019 年夏季开始提供此 VR 体验版本。

近期，中央电化教育馆和平安科技联合推出了中央电化教育馆教育教学综合应用系统虚拟现实平台——平安科技 K12 VR 教育云（简称“VR 教育云平台”）。以后这或许将成为全国最大、最权威的 VR 教育平台。相信在不久的将来，随着平台技术的逐渐完善和应用的逐渐人性化，这个 VR 教育平台将被迅速投入到各个学校的教学当中。几年后或者十几年后，学生们便可身临其境地沉浸在知识的海洋中。

目前，VR 在教育的应用上面临两个主要问题。问题一是 VR 对支持设备要求较高且设备价格高，对于学校来说，如果在每个教室都配备 VR 设备将面临一笔巨大的支出。问题二是没有和 VR 设备匹配的教学内容，对于老师来说，准备创新的教学内容也不是一件容易的事情。因此，要想推动 VR/AR 在教育领域的应用，学校可以先从建设 VR/AR 实验教室开始，这样不仅省了大笔的设备支出，又能促进老师的教学内容创新，从而推动 VR/AR 在教育领域走向普及。

（四）医疗领域：提高医疗成功率

VR 在医疗上主要用于医疗培训、医学教育、外科手术、康复治疗、心理疾病治疗等。在现实中，医生不容有失，这就需要大量的训练。但训练的机会是有限的。有了 VR 后，医生可以通过 VR 模拟的复杂手术虚拟场景进行训练，以减少现实手术中的失误。例如，实习医生不用因为扎针找不到血管而挨骂；医生在进行高难度的大型手术前，可以提前进行模拟练习，找到可能的失误点，增加真实手术的成功率；护士可以通过虚拟的床位信息实时掌握每一位病人的情况。除此之外，还有很多待开发的医疗应用。

2016 年，南昌大学第一附属医院进行了一台 VR 手术：这台手术是对一个高龄患者的肝脏肿瘤切除，患者的肿瘤长达 7cm，而且肿瘤位置特殊，距离血管太近，手术过程中很容易碰到血管而引起大出血，因此手术风险大，对医生来说是极大的考验。因此主治医生采用 VR 模拟手术，来排除手术中可能出现的各种问题，增加手术的成功率。在正式手术时，主治医生和护士均戴上 VR 眼镜，将术前虚拟演练的图像与真实的手术进行重合，提高手术的成功率。这是江西第一台通过 VR 成功切除肝脏肿瘤的手术，对未来 VR 在医疗上的应用有重要的借鉴意义。

2019 年 3 月，在 5G 的推动下，南昌大学第二附属医院运用 5G 进行了 VR 手术直播。并在南昌联通 5G 产业大会上进行直播，在 5G 下 VR 直播的效果将如何呈现，这吸引了大量的 VR 界人士和医疗人士前来观看。远程 VR 对通信技术要求很高，清晰度、网速等都是一大考验。只有网速足够快，才能降低延迟，达到 VR 同步的效果。

VR 在医疗领域已经有了很多的尝试，而且在医疗领域的作用不可小觑，随着 VR 技术的逐渐成熟，VR 在医疗领域将大有作为。

（五）公共设施：更有趣的体验和更方便的生活

随着人们生活水平的提高，在工作之余，人们开始重视休闲娱乐。目前，VR 在娱乐设施方面还没有实质性的应用突破，但相关行业巨头预计出了三个目标市场，分别是 VR 主题公园、VR 交通和 VR 移动平台。

现在，很多大型主题公园里都会设有科技体验馆，为游客提供还没有普及到大众的科技体验。如果在全球的各大主题公园开设 VR 视频体验场馆，并实行季度更换制，为了吸引参观者，各大主题公园会拍摄出高质量的 VR 短片，来提升游客的体验效果，这样一来，将有大量的 VR 短片涌出，VR 影视内容上的丰富也将十分有助于推动 VR 在整个影视行业的发展，能为 VR 电影的制作做铺垫。2019 年暑假开幕的北京世园会在园区内设置了 5G 馆，在馆内提供 VR 全景游世园服务。在这么炎热的盛夏，想要看完整个园区的美景需要很长的时间，但 5G 馆为游客提供了不用走路就能游全园的便利服务，只要游客戴上眼镜，就能身临其境地看到池塘里欢快游动的小鱼，各式各样的植物也会映入我们的眼帘，吸引了大量的游客纷纷涌入场馆参与体验。

在公共交通方面，现在滴滴出行也在尝试将 AR 技术加入到应用中。现在像滴滴出行这种交通平台，仅仅有一个实时共享地图供司机和乘客找到相互的位置。但定位系统有时会因为乘客所处的位置比较偏僻或比较拥挤，导致定位不准确，这样就不便于司机快速准确地找到乘客的位置。比如，乘客所处的位置是一个偏僻的乡村，那里有很多岔路口，而且没有路标指示；或者所处的是一个商业区，有许多的地下通道和转盘，司机就会很难根据地图找到方向。还比如，大家去重庆旅行，我们知道，重庆的路是高低不平的，有很多阶梯，当我们看导航时，往往分不清楚是往前走还是往下走。如果有了 AR 技术，我们戴上 AR 眼镜后，在我们的眼前就会出现虚拟的路标指示和路况信息，能很直观地指引我们方向。但现在滴滴出行的这个想法还仅仅停留在预想和初步实验阶段，并没有得到真正的运用。

VR 在移动平台的应用是指在手机、iPad、笔记本电脑等移动设备上，将资讯、短视频、电影等信息以 VR 的形式呈现给我们。但现在的移动设备的配置还不能满足 VR 场景的呈现。因此，在当下，我们可以通过移动设备下载 VR 短片，然后通过 HMD 设备观看，给人们带来沉浸式的体验。随着未来 VR 支撑技术的成熟，再逐渐转移到移动设备上去。

VR 技术在公共设施上的应用现在主要停留在一些公园或商场场馆的体验阶段，这些年还没有显著的突破。大部分原因是 VR/AR 技术还不能满足在公共设施上应用的需求。我们都知道，公共设施的建设关系到一座城市的规划和发展。因此，一定要拥有最成熟的技术和最精准的规划，才能进行实施。

（六）零售业：让远程买卖也能观看到商品的样貌

VR 在零售业方面也很有发展潜力。和视频娱乐一样，它也和人们的生活息息相关。经推测，初期的应用领域是家庭改装、服装和汽车行业。在起步阶段，可以将 VR 主要应用于高端购买，因为高端品牌的企业巨头有更充足的资金可以投入到 VR 技术与零售方式的融合上。而且，高端品牌面对的购买人群也多为家境优越者，更需要既形象又省时的产品介绍。技术融合逐渐成熟后，可以逐渐普及、渗透到生活的方方面面。也许在未来，当我们走进一家超市，货架上的每件产品都带有 VR 体验眼镜，我们拿起产品旁边的眼镜，就能体验到商品的详细使用过程。例如，一双拖鞋，当我们戴上眼镜，向前伸出脚，我们就能体验到穿在脚上的感觉；一个炒锅，戴上眼镜，伸出手，我们就能拿到炒锅，并感受到它的重量，还能体验用它炒菜的感觉。

目前，有些巨头零售公司已经逐步在尝试 VR 与零售业的融合，以求更形象地为消费者展示自己的产品。

劳氏公司已经设置了几家 VR 零售店，前去购买的消费者戴上 VR 眼镜，就能进入到一个虚拟的家庭空间，消费者可以选择居家商品进行搭配，如果需要购买厨房用具，就选择厨房场景进行搭配，如果需要购买客厅用具，就选择虚拟的客厅场景进行搭配。这样一来，消费者不仅能直观地看到产品的样子，而且能体验到有趣的虚拟搭配。

沃尔沃汽车公司开设了运用 AR 来虚拟配置汽车的试点。运用 Microsoft 全息眼镜 HoloLens 来为消费者提供体验。消费者能看到车的外形、内部设计，甚至能看到零部件组成。购买者戴上眼镜后，先挑选出喜欢的车型，然后可以自主组装、拆卸配件。这样一来，消费者不仅仅只是看到车的外形，还能从性能上选择车型，这促进了现在顾客的购买。相信未来，随着 AR 技术的进步，获取了触感、嗅觉等更多的感知之后，我们戴上眼镜，就能体验到坐在车中的感觉。此外，它还可以解决汽车的存放成本和存放空间问题，可以缩小展厅面积，从而降低租金。

VR 与服装业的结合，为试穿带来便利。很多人逛街会觉得试穿很麻烦，但不试穿又担心穿上的效果和看到的样子不一致。因此，VR 技术可以帮助人们虚拟试穿衣服。戴上眼镜后，我们可以选择喜欢的衣服，然后进行虚拟试穿。这样一来，店家不用不停地整理衣服，购买者也不用麻烦地试穿衣服，为双方都省去了很多麻烦。

现在 VR 技术在零售业方面的应用中面临的挑战是开发与 VR/AR 设备相配套的软件。无论是消费者购买家居，还是购买其他商品，都需要更直观、更方便的购买体验。

（七）房地产：让住户购买前亲身感受户型设计

随着 VR 技术在房地产行业的应用，将推动消费者的房地产购买。因为 VR 可提高透明度，降低房地产交易摩擦。在之前的买房事件中，一些买房者仅仅在售楼大厅里看了楼房的宣传图片或者参观了小区的沙盘模型，就直接签了购买合同，但是当看到真实的楼房时，发现和看到的图片、模型有很大的差距。因此，现在的买家在购买楼房时会更加谨慎，很多买家希望亲自去现场观看，从而对房产有一个清楚的了解。有了 VR 技术后，买房人不需要不辞辛苦地去现场看房也能清楚地了解房产的详细情况。这些是 2D 图片所无法做到的。同时。买房人只需要戴上 VR 眼镜，就能看到房产所在的位置、周围的交通情况，周围的学校、医院、停车场的位置和房间的采光等，仅仅几分钟时间，就可以一目了然。这既方便了买房者，也提高了房产商的销量。国内贝壳找房 APP 的 VR 看房功能是房地产 VR 的一大亮点，设计相对成熟，是很好的实践。

VR 技术在房地产领域的应用所面临的问题是拍摄问题，虚拟房地产场景的呈现需要 360° 拍摄设备，成本高，其他附加成本不可估计。而且，现在的 VR 技术呈现出的效果如何也不为人所知。因此，尽管房地产商家知道 VR 能带来收益，但很多商家仍然不敢轻易去尝试。

在未来，随着 VR 技术的成熟，潜在买家可以像实地走动一样查看房产，能更加立体、直观地感受房产的内部构造，带给买房者更接近真实的体验。

（八）军事和航天：更全面的模拟战场和更精确的维修系统

军事、航天领域是 VR/AR 技术最大的市场。一旦发现 VR 在军事和航天上有重要的作用，国家不仅会投入充足的资金，也会召集最优秀的技术团队进行应用开发，而且需求量很大。而 VR 在人们生活中的应用开发是进行缓慢的，因为资金问题和发展潜力会让相关企业犹豫不决。因此在不成熟的发展阶段，军事应用的开发有利于促进技术的快速成熟，从而更有利于整个行业的发展。

VR/AR 技术在军事上的应用十分广泛，最主要的应用就是军事模拟训练，它可以极大地节约军事成本。尽管 VR 设备本身价格也很高，尤其对于军事的精密性来说，其需要最顶尖的设备，当然价格也是很高的，但相比较而言，VR 仍节约了大量的军事花费。

现在的战争是拼技术的战争，开发出一种新型武器装备，可能就会让整个国家的军事在世界上占领制高点。例如，军用卫星可以对地球进行定位，然后对地面发起攻击。这就给拥有国的军事发展带去巨大的支撑。目前，已经出现了无人机与 VR 的结合设备，这一设备在军事运用中提供的是远程遥控技术。

这几年，VR 在军事上的应用发展十分缓慢，几乎没有出现任何应用技术上的突破，仍然停留在模拟仿真训练的阶段。各国已经发现了 VR/AR 在军事上的作用不可小觑，但由于 VR/AR 技术不够完善，现阶段仍然没有变革性的应用出现。

目前，VR 在军事和航天上的应用面临的问题一是在虚拟场景中训练和维修的真实性不足。因为战争中的武器装备/军事战略需要十分精准，而且恶劣环境也不是一般人能承受的，因此模拟仿真训练和维修系统的精准性是十分重要的。如果所模拟出的环境不如真实的恶劣，那么当士兵真正上战场时，很可能难以承受。飞机维修也是一样，一个螺丝钉出现问题可能就会引发空中事故。问题二是还没有发现 VR/AR 与军事的完美结合点，使得 VR/AR 军事应用迟迟没有大的突破。

（九）设计/制造业：更精准的设备配置

现在新产品的生产要经过设计、生产、调试、实施等过程，一般情况下，产品生产出样本后，要经过调试、再生产、调试和再生产这样的循环，耗费人力、物力资源。有了 VR/AR 技术后，技术人员可以在生产前进行虚拟调试。首先设计出生产产品需要的虚拟环境，然后再在这个虚拟环境中对虚拟产品进行测试，甚至在设计环节也可以应用 VR/AR 技术，从而可以更直观、更快捷地看到产品的样子。这样不仅提高了生产力，还削减了生产材料浪费的成本。一直广泛使用的 2D 屏幕并不能让用户看到真实世界事物的全方位样子，看到的只是事物的一面，如果有多人从事同一设计，这会影响到合作的效果。而 AR 以虚拟加现实的场景呈现产品 360° 的样子，不管是零部件还是完成品，当设计者协同运作时，AR 无疑提供了便利的平台。

据《福布斯》报道，福特已于 2000 年开始利用 VR 技术设计汽车。VR 软件需要根据特定的产品特征来开发，比如服装公司的 VR 软件要能选布料、配饰，还要能裁剪；医药公司的 VR 软件要能选择各种药材原料，并能进行药品实验。因此要想开发本行业的 VR 软件，需要巨大的资金投入。大型汽车公司拥有足够多的资源来开发和自己产品配套的 VR 软件，VR 软件开发出来后，设计和工程人员还要学习如何使用 VR 软件。

现在 VR/AR 技术在设计/制造业应用上出现的瓶颈和在军事上的相同，都是 AR/VR 的技术还不能满足在行业上的要求。因为制造业和军事一样，对于产品的设计、调试都需要很精准地进行，一个零件不配套或一个螺丝松弛，都可能引起很大的故障。比如在汽车行业，大到发动机，小到螺丝钉，每一个部分都要保证完整无误。否则，当驾驶员驾驶上路时，很容易出现危险。

（十）体育：为无时无刻地训练创造条件

在前边的影视行业部分，已经介绍了体育赛事通过 VR 技术直播到世界各地，人们坐在家里就能感受现场的气氛。这是 VR 技术带给我们的最直观的体验。

另一方面，运动员的训练是重复的、大量的。因此，VR 技术可以提供虚拟场景，解决时间和场地资源的限制，让运动员进行更多的训练。例如，运动员想要在一场篮球赛中寻找经验，就要召集另外四名队员和五名对手进行对抗，还要寻找在合适时间的空场地。准备工作十分烦琐，还可能会遇到各种突发情况。应用 AR 技术，在一个篮球场地上架上摄像机，投射出四个队友和五个对手，并且可以自由选择想要的队友和对手进行比赛，这样一来，可以解决很多不必要的麻烦。此外也可以选择和明星球员打比赛，这是在现实世界中求之不得的机会。

VR/AR 在体育方面的应用瓶颈也是模拟场景的真实程度。在体育赛事中，需要研究对手的每一个动作和招数，是需要用智慧进行的一场博弈。因此在模拟场景中训练时，模拟出的对手动作的标准度和招数的速度等需要很精确，才能保证在真正上场时减少失误。

第三节　VR/AR 的未来发展前景

一、有潜力的巨头企业

（一）Facebook：虚拟平台的先行者

Facebook Oculus Rift 拥有一个早期的 VR 生态系统，这就是它的优势。平台可以提供硬件、软件和内容。对于 Oculus 来说最大的障碍就是兼容 VR 游戏的 PC 太少，估计只有 1 500 万台 PC 可以运行 VR。

Facebook 准备在 VR 市场打造一个“Android”。从长远来看，Facebook 的计划是打造一个开放的 VR 平台。Facebook 和 Samsung 在 Gear VR 上展开合作，还与 Microsoft 在 Xbox One 和 Windows 10 上展开合作。Facebook 正在建设自己的 Oculus 商店，类似于苹果 App Store， Oculus 商店只是一个 VR 内容资料库。从战略上看，Facebook 需要很多的合作伙伴，利润大多会从内容中产生，它可以抵消硬件的部分成本。[1]

Facebook 是一家有远大规划的公司，其长期规划可以归结为三个方面：首先，大量连接并搭建自然界面（飞行网络）；然后使用 AI 来理解海量信息（人工智能）；最后是创建一个身临其境的体验(虚拟现实)。可以看出虚拟现实是 Facebook 未来发展的战略重点，而 Oculus 承载着 Facebook 的下一个未来。[2]

马克·扎克伯格曾在自己的 Facebook 主页上发表感言：“虚拟现实曾经是科幻小说里的梦。但是互联网、计算机和智能手机曾经也是如此。未来将至，我们有机会去构建这样的未来。我已经迫不及待地想要和 Oculus 团队一同将未来带到这个世界，向每一个人打开新世界的大门。通过一种真实的感受，你可以与生活中的人分享无限的空间和体验。想象一下，你在游戏中可以坐在体育场内，或者跟来自全世界的老师和学生坐在一起上课，或者与医生面对面地咨询。”

目前，Oculus 的注意力主要还是在硬件设备上。不过现在 Facebook 也着手在虚拟实境社交上的布局，相信在不久的将来，我们将会看到 Facebook 的新产品出现。

（二）HTC 和 Value：后来者居上

HTC Vive 是 HTC 与美国游戏制作公司 Value 合作推出的虚拟现实产品。Value 有一个游戏平台 Steam，并且专门为其设计了 Steam VR，基于这样的优势，HTC Vive 可以直接用于 Steam 游戏平台，开启 Steam 虚拟游戏。

HTC Vive 的 VR 产品有很大的优势。一是画面更流畅。基于 Steam 游戏平台的先进技术，HTC Vive 的 VR 画面更清晰、流畅；二是它的产品有更加专业的防眩晕技术。Oculus 通过确保图片低延迟来减缓眩晕感，HTC Vive 则通过高频率刷新确保图像流畅性，效果更加明显；三是它具有更加先进的追踪技术，Lighthouse 运动追踪系统在特定环境下准确追踪用户的移动，并通过捕捉来的数据提供相应的高精度画面，这领先了很多其他的 VR 产品。

HTC Vive 的 VR 技术相对其他企业较为成熟，而且有 Value 的游戏平台 Steam 作为支撑。除此之外，HTC Vive 仍然是 HTC 和 Value 的主要发展计划。未来，这两大企业将是 VR/AR 发展的支柱企业。

（三）Sony：下一代游戏主机

Sony PlayStation VR（下简称 VR）是针对索尼当红的游戏主机 PS4 设计的，和 Oculus、

1 2020 年 VR 预测：你必须知道的 12 个事实.

2 王莉，杨明辉. 虚拟现实时代——智能革命如何改变商业和生活[M]. 北京：机械工业出版社，2016.

Vive 有着很大的不同。自 2013 年起，索尼相继推出了 PlayStation 多个游戏版本，PS4 无疑是最成功的一代。

PS VR 的第一个场景是一个简单的 demo，一群索尼音乐小人在舞台跳舞。当你用眼睛盯着其中一个小人的时候，它会相应地做出害羞的动作，或者给你跳一支舞。过一会儿小人们来到一个游乐场，有的在玩过山车，有的在玩射击游戏。第二个 demo 稍微复杂了一点，是一个枪战游戏，玩家扮演一个第二次世界大战的特工。

现在的 PS4 版本都支持 VR 体验，只要购买了 PS VR 眼镜，就可以体验 VR 游戏了。只不过现在的 PS4 游戏价格为 300～500 元，但购买 PS VR 眼镜则需要 2 000～3 000 元，很多游戏玩家不愿承担比游戏还要贵出很多的 VR 眼镜。而且由于技术不够成熟，VR 游戏的体验效果并不是很好。

（四）Samsung：打造未来的移动 VR

现在虚拟现实头盔主要被分为两类，一类是以 Oculus 为代表的需要连接计算设备的头盔，另一类是被称为 Mobile VR 的虚拟现实眼罩。Mobile VR 与 Oculus 最大的不同在于它的计算设备就是手机本身。把手机固定在设备内部，然后在手机里面运行虚拟现实软件，通过眼罩来把图像折射到用户眼睛里。Mobile VR 的典型代表是 Samsung Gear VR。

由于 Gear VR 是基于移动设备的，没有任何线缆和沉重的配置，因此舒适度大大提升。但也正是因为这个，手机的计算能力不如计算机等设备，从而造成延迟，给用户呈现的效果反而会变差。另外，Gear VR 是基于 Samsung 手机而存在的，因此 Samsung 手机的销量将和 Gear VR 的发展有很大的关系。目前，Gear VR 可供选择的游戏和 App 已经超过 200 款，未来还将有更多的上线。

在未来，如果一体机仍然无法脱离智能手机的软硬件体系，智能手机厂商将会拥有移动 VR 的控制权。从现在国内移动通信行业的现状来看，华为不管是从技术还是内容上都遥遥领先。因此华为有很大可能拥有控制权。

（五）Google：打造高端 AR 设备，简易 VR 设备

Google 在 VR 和 AR 上都有涉及，针对 AR 设计了 Google Glass，针对 VR 设计了 Cardboard。

大部分人可能并不知道 Google Class，因为它只存在了几个月，但是 Google 在背后却投入了三年的时间。Google 还表示，对于 Google Class 仍在研发中。Cardboard 主要是针对安卓移动设备所设计的，对苹果手机也兼容。最重要的是，它的价格便宜，在京东和淘宝上都有组装好的 Cardboard，仅售 30～50 元，不过对于体验效果就不要太苛刻了。低价格对 VR 的推广有很大的帮助，让大部分普通消费能力的消费者能有机会体验到它，从而对 VR/AR 抱有期待。等以后技术成熟，能更快地推向普及。

（六）Microsoft：有潜力的开发者

Microsoft 研发出了混合现实头盔 Microsoft Hololens MR，这个头盔的性能在整个 VR 头盔市场中处于领先。自从进入中国市场以来，其已经先后被运用到各个领域，其中包括房地产、视频、游戏和零售业。Microsoft 在混合现实行业涉足较多，且一直受到虚拟业界

的高度关注，它的第二代混合现实头盔 Hololens 2 也已经在 2019 年发布。

Microsoft 对 VR 的开发一直处于保密阶段，相关的详细信息较少。但据我们所知，Microsoft 有牢固的技术基础，因此其对 VR 的研发也指日可待。

（七）Magic Leap：神秘的 VR 企业

到目前为止，这家公司只展现出了两个 Demo。第一个 Demo 背景是 Magic Leap 的办公室，机器人从办公室的各个角落走出来，主角用手中的枪一个个把他们击倒；另一个 Demo 就是朋友圈经常被转发的体育馆鲸鱼跳水图，模拟的效果让人震撼。2013 年，Google 投资了 5 亿美元，而且其 CEO Sundar Pichai 也加入了 Magic Leap 的董事会。2016 年，阿里巴巴也投资了该公司，其董事局执行副主席蔡崇信也加入了 Magic Leap 的董事会。Magic Leap 对 VR 的开发一直处于保密阶段，但从这些投资动向来看，未来将大有作为。

二、VR/AR 创新发展

（一）建立 VR/AR 生态圈

Apple“iPhone+iOS+AppStore”生态的成功让大家明白生态布局对于一家企业成功的重要性，因此投入到虚拟现实的企业也开始打造专属的 VR/AR 生态圈。VR/AR 生态圈指集平台、应用、内容、终端于一身的生态布局。VR/AR 平台是指支持开发 VR/AR 应用的环境。Facebook 就将 VR 平台视为一个“社交平台”，基于这项技术，人们不仅可以玩游戏和看电影，彼此还可以进行交流互动。应用就是指在平台的支持下，开发出的供人们在日常生活中使用的软件或产品。例如 Oculus Cinema，内容就是指通过 VR 投放的游戏、影视等。终端就是指头显设备或交互设备，包括 PC 端头显（Oculus Rift）、移动端头显（Gear VR）和 Xbox One 手柄。

Oculus 就是集平台、应用、内容、终端于一身，但大多数产品都是与外部合作开发的。Oculus 与 Samsung 合作开发了 Gear VR，与 Microsoft 合作开发了 Xbox One 手柄。而且还在与其他公司合作开发其他方面的内容应用。

VR/AR 生态圈的形成，有利于促进技术更快速的成熟和内容更多样化的开发，从而更快地促进整个行业的发展。

（二）移动 VR 有更大的发展潜力

目前存在 PC 端 VR（如图 7-1 所示）和移动 VR（如图 7-2 所示）。PC 端能为 VR 设备提供更稳定的环境，接入 PC 端，VR 设备进行动作捕捉时延迟短，虚拟环境呈现更清晰，所以现在 VR 在 PC 端的使用更为广泛。但随着技术的进步，像智能手机替代固定电话一样，移动 VR 终将代替 PC 端 VR。

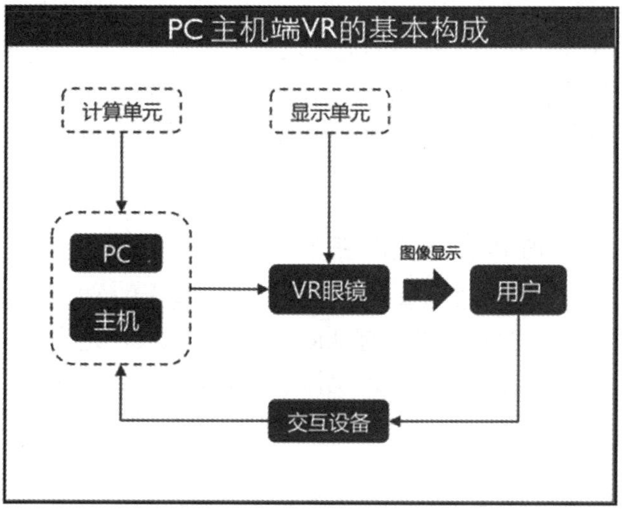

图 7-1　PC 主机端 VR 基本构成[1]

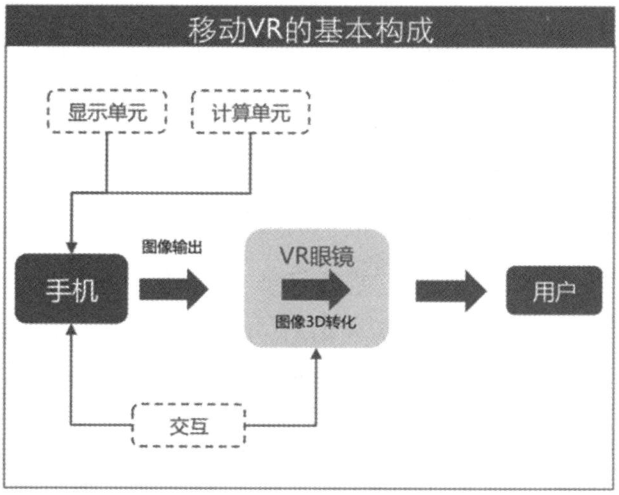

图 7-2　移动 VR 基本构成[2]

移动 VR 设备便于使用，成本低且便携性高。当我们出去旅游时，就需要使用移动 VR 设备了。未来移动 VR 加上手势跟踪技术，可以让用户通过自己的双手与虚拟世界互动。移动 VR 技术的成熟将为更多的应用提供可能。

5G 的出现为移动 VR 提供了更多可能性。5G 提升了网速，让 VR 在运行时延迟变短，从而能为用户提供更好的视觉效果。Verizon 已经在明尼阿波利斯和芝加哥推出了 5G 网络；Sprint 在 2019 年 5 月举办 5G 发布会；Samsung、LG、华为和中兴都宣布即将上市的 5G

1 VR 观察. 2017 虚拟现实行业发展预测报告[R].2017:19-20.

2 VR 观察. 2017 虚拟现实行业发展预测报告[R].2017:19-20.

设备。5G 技术的推出将对人们的生活产生重大影响，且对 VR/AR 意义重大，独立的 VR / AR 设备需要强大的 5G 网络，5G 网络的低延迟水平将赋予 VR / AR 的实时连接性，并改变未来的通信方式。随着通信技术的发展，网速会不断提高，通信设备的性能也会不断增强，这样一来，移动 VR 就有了更好的支撑设备，虚拟场景也将变得更加真实，它也就能更好地服务于大众。

（三）手机 VR/AR 内容生态更加丰富

专业内容开发商将带来更多的 VR/AR 应用。目前，推出的 VR 开发平台有 Steam VR、华为 VR 平台等，推出的 AR 开发平台有 ARKit 和 ARCore，这为虚拟内容和应用的开发提供了重要的支撑。现在在游戏行业、影视行业、直播行业、医疗上已经有很多尝试，相关的内容也相继涌现出来。现在国内相关行业，例如通信、手机，也纷纷开始布局移动 AR 生态。

在未来，很可能手机上的内容将以虚拟的形式呈现在我们面前，我们用手指轻轻滑动虚拟屏幕、点击虚拟图像，就能找到我们想看的内容，这些内容会以三维的形式呈现出来，并带有语音播报，实时与人们进行互动。

（四）VR 推动跨区域协作

根据 VR 的发展趋势，预计国内将会有更多的企业运用 VR 搭建虚拟的沟通平台，在跨境合作中，通过 VR 虚拟沟通平台来进行会议协商，简单方便地解决了异国面对面的问题。

VR 能将会议现场投射到现实中，让身处不同地区的人也可以坐在同一个会议桌前进行商讨，节省了跨地区见面的时间，提高了工作效率。

（五）VR/AR/XR+人工智能：实现完全自然的交流

Pupil Labs 和 Tobii 等公司正在开发 VR/AR 头显所需的眼动追踪硬件和软件。该技术支持渲染，其仅在中央凹区域中呈现高分辨率的给定场景，而外围区域以较低分辨率出现，从而节省处理能力。

与情感检测 AI 软件相结合，VR/AR 设备可以传达两个人之间更加丰富的交互表情，超越物理隔阂和言语障碍。VR/AR 将为新行业和融合行业提供更多的应用，随着 VR/AR 与人工智能、3D 打印、计算机计算及其他领域的融合，今天的 VR/AR 体验经济将在未来爆发性发展。

（六）VR/AR 将成为下一个计算机应用平台

互联网巨头预测：VR/AR 将成为继互联网之后的下一个计算机平台。现在我们的生活中遍布着互联网，通信、视频、游戏、支付、媒体软件等都需要互联网作为支撑。假如我们的生活中没有了互联网，我们的生活将变成一盘散沙，人们也会陷入恐慌。而在未来，VR/AR 也将扮演着这样的角色出现在我们的生活中，无形中充当着更重要的角色。

（七）临界点：虚拟和现实难以区分

行业预测：VR/AR 的最高境界是达到和现实难以区分的程度。未来，当 VR/AR 的技术成熟，运算能力和对图片的处理能力充分提高，设备的动作捕捉不再有延迟，虚拟的场景更加逼真，移动跟踪设备也更加灵敏，VR/AR 技术距离人们的预测就会越来越近。在 VR/AR 的世界里，虚拟现实的视频图像处理能力近似于还原真实世界。

在电影《黑客帝国》中，将一根钢针插入人体的后脑勺，人类的感知力将丢失，通过神经直接与外界进行交互，然后再模拟出一个虚拟世界来代替真实世界。这就是所说的"缸中脑"模型。这也将是虚拟现实的最终目标，即让人类难以区分虚拟和现实。

（八）中央+地方政策支持，将迎来新的机遇

自 2016 年开始，VR 产业在中国的发展就取得了政府的支持，中央各部委发布多个文件鼓励各行各业积极应用 VR 产业。2018 年 12 月 25 日，工业和信息化部发布《工业和信息化部关于加快推进虚拟现实产业发展的指导意见》，对 VR 行业给予支持。

（九）VR 繁荣可能不会很快到来

VR 和 AR 头盔变成主流可能需要 3 到 5 年时间，在决定拐点何时到来方面，价格只是一个因素。虚拟技术、内容和服务的生态系统需要进化，创作和分发应该是无缝连接的。网速、头盔设计、图形显示性能、下一轮游戏机循环将是关键的催化剂。AR 和 VR 设备将共同推动新生市场向前发展，最终它有可能复制 PC、智能手机和平板电脑的成功，销量达到相同的等级。

三、VR/AR 如何才能普及大众

VR/AR 技术将事物以一种全新的、更立体的方式呈现在我们面前。我们看到的不再是 2D 平面，而是三维的虚拟影像。我们可以在这个虚拟环境中做动作、打手势，可以在这个环境中进行模拟实验，还可以坐在家里的沙发上看现场直播，就像坐在现场一样，身临其境。当然，这种技术可以应用于各行各业，给人们带来更直观的场景、更便利的实验平台、更先进的技术，从而给我们的生活带来便利。VR/AR 技术可以与我们生活的方方面面完美融合，这种广泛的应用潜力，使 VR 和 AR 有潜力成为下一个重要的计算平台，其发展核心如图 7-3 所示。如同计算机和手机一样，它们的出现，将再一次改变人们的生活方式。比如，现在由于智能手机的出现，人们只需要一部联网的手机，就可以足不出户地做很多事情，可以与外界进行沟通、可以点外卖、可以做兼职。VR/AR 的出现将再一次颠覆市场现状，给人们带来另外一种全新的生活方式。VR 和 AR 已经在逐步尝试融入我们的生活中，目前，已在房地产、游戏与赛事直播方面做了大量的尝试。未来，VR/AR 技术的进步将创造更多的可能性。

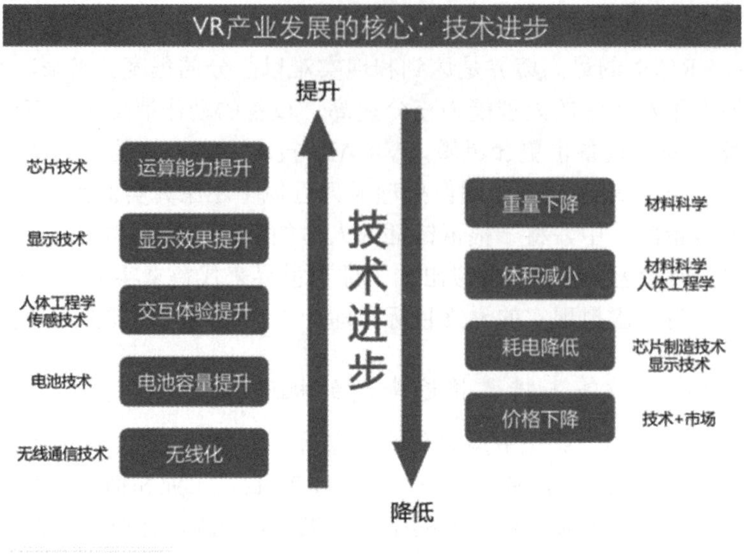

图 7-3 VR 产业发展核心[1]

（一）用户体验

用户体验是实现 VR/AR 走向普及的关键因素。那么如何提升用户体验呢？VR/AR 技术的进步推动了 VR/AR 产品的进步，从而给大众带去更好的用户体验。

一是随着技术的进步，VR/AR 的移动性会提升，轻装的 VR/AR 眼镜或 VR/AR 隐形眼镜将出现，我们可以随身携带，就像现在的近视眼镜一样，成为人们生活中必不可少的一部分。现阶段，要想体验 VR/AR，就要先戴上笨重的 VR/AR 头盔，十分不便。通常给人们生活带来不便的事物，往往是无法走向普及的。当给人们生活带来方便，给人们的生活质量带来提升时，也就是 VR/AR 普及最快的时候。

二是技术推动了 VR/AR 应用感知力的提升。感知力也是提升用户体验的一个很重要的方面。相信在未来，人们在虚拟环境中能感受到在现实生活中的所有感知力，甚至分不清虚拟和现实，这时也将推动 VR/AR 应用走向普及。感知力的提升同时解决了在 VR/AR 应用中的很多问题，如运动员体育训练时对模拟场景的要求很高，而且运动员在虚拟环境中也要拥有触觉、听觉等一切感知力；模拟军事训练，也要求高精准度，在枪支射击训练中，要考虑到风速、射程、扣动发射后的震感等因素。

我们知道，现在的 VR/AR 技术仅仅实现了视觉、听觉的感官体验，设备的触觉还在刚开始的试验阶段，虽然现在已经出现了触觉手套，但还没有走向大众。相信在不久的将来，VR 技术的进步将大大提升用户体验，推动 VR/AR 技术与我们的生活完美衔接。

（二）内容和应用

在这个互联网时代，要想让科技产品普及大众，最重要的就是内容和应用开发。因为应用是最接近人们生活的，它能带给人们最直观的感受，而技术的开发主要面向的是互联

---

1 VR 观察. 2017 虚拟现实行业发展预测报告[R]. 2017:19-20.

网巨头企业。目前，内容和应用开发一直受限于两个方面。一方面是设备的保有量低。现在，VR/AR 应用的开发对设备配置的要求很高，如果大部分人买不起能支持 VR/AR 应用的昂贵设备，应用开发者就看不到商机，就会对 VR/AR 应用的开发持保守态度；另一方面是互联网企业没有 VR/AR 开发的创新点来吸引人们的眼球，促使人们去购买设备。两者相互牵制，阻碍了 VR/AR 的普及。

现在华为开发出了 HUAWEI AR/VR Engine，它是软硬一体化的 VR/AR 通用引擎。近两年内，华为预计将售出将近两亿部支持 VR/AR 应用的智能手机，而且，华为的销售量仍在增长，这使得支持 VR/AR 技术的设备保有量大大提高。这就为 VR/AR 内容和应用的广泛开发提供了一个关键突破口，使得各行各业的应用开发者纷纷加入其中，占领市场先机。

我们所熟悉的 QQ，在我们大家的印象中好像一直没有变，但其实，在几年前，腾讯曾将 AR 应用其中，但很快又恢复了原状，并没有引起大家的注意。其原因是 AR 技术还不够成熟，在各个方面都存在问题，体验效果不理想。例如流量消耗快、浪费时间、功能分散等。华为高性能手机的研发和 5G 的发布，为应用的虚拟化提供了机会，在未来，AR 将成为我们手机系统的一部分，为我们的生活带来更多的可能。腾讯表示未来将与华为合作，打造 QQ VR 应用平台，打开人们社交的新方式。2018 年 11 月，华为组织了“AR/VR 应用创新大赛”，数百个团队都带着自己的 VR/AR 作品前来参赛，将所有优秀的 VR/AR 产品团队汇聚在一起进行相互竞争、相互学习，最终受益于 VR 本身。华为举办这次活动，是为了在国内打造华为自己的 VR/AR 生态圈。可见华为在未来将深入对 VR 行业的研发与投资。

相信在之后几年，VR/AR 应用将层出不穷，应用开发者利用华为开放的 AR/VR Engine 环境来开发应用，然后通过华为手机面向大众，人们就可以在手机上看到更立体、更直观、更鲜活的三维图像，而不是简单的图片或视频了。例如，当我们在淘宝买东西时总是因为看不到实物、摸不到实物而不放心产品的质量。尤其女生在买衣服时，担心买家秀和卖家秀的区别，有了 VR/AR 应用后，我们在淘宝买衣服时，就可以看到衣服 360° 的模样了，并且能在虚拟的三维环境中试穿，拥有了和逛实体店一样的体验。

（三）价格下降

价格也是影响 VR/AR 普及的一个重要因素。现在 VR/AR 技术还不够成熟，开发应用往往花费很大，传递到大众时，价格会更高，高到大部分人不能接受的程度。而且很多人权衡价钱和实用性，衡量购买后能不能够达到物有所值。因此，大部分购买能力较薄弱的人会放弃购买，只有那些购买能力强并且好奇心强的少数人，才会选择购买相关的应用或产品。为了研究 VR/AR 的发展趋势，研究人员将其与智能手机、平板电脑以及其他智能设备做了对比。经研究发现，VR/AR 的普及趋势与平板电脑类似，开始都是由消费者和企业级用户推动发展，到了某一个技术相对成熟、应用与产品开发相对完善的节点，VR/AR 应用会以最快的速度涌向大众。当大部分人都开始使用时，将到达一个饱和点，之后开始以较缓慢的速度发展。价格也是一样，当到达技术相对成熟、应用与产品开发相对完善的节点，应用开发的成本大大削减，相应的面向消费者的价格也会大大降低，应用的吸引力与低价格促使人们纷纷购买使用。

在一个产品走向大众时，价格往往起到一个直接推动的作用，技术成熟，价格下降，购买力提高，企业才能赢得更大的收益。接下来，有了大量的资金进行产品优化，价格会进一步降低，从而被大量购买。

（四）网络时效性提升

阻碍 VR/AR 应用优化的另一个方面就是现在网络的时效性还达不到要求。要想提升虚拟场景的真实性，就必须有足够的网络时效性做支撑。比如，我们戴上 VR/AR 眼镜后，随着我们做出动作，虚拟环境必须同步模拟出相应的动作，让我们感觉像是在真实环境中在做动作，这样才会有身临其境的感觉。如果网络的时效性达不到 VR/AR 同步的要求，模拟动作时就会产生延迟，就会与想要达到的效果产生差距。

随着 5G 的到来，网络速度将大大提升。这也为满足 VR/AR 的时效性提供了支持。随着时效性的提升，VR/AR 虚拟环境的真实性将会加强，从而解决了在很多应用上的阻碍。比如第二节提到的对真实性要求很高的军事、医疗和体育。因此，5G 的到来为 VR/AR 的普及创造了很好的条件，而 VR/AR 的应用开发也将成为 5G 最大的价值体现。

在未来，还会出现更快的网络，也会有更完善的 VR/AR 硬件、软件。当人们身处虚拟环境中时，可能分不清楚是虚拟还是现实。

目前为止，我们可以看出，VR 的实用性要高于 AR，这主要是因为 VR 现有的技术比 AR 要成熟。能实现 VR 体验的 VR 眼镜也已经更新了好几版，在不断地变得越来越轻便。而且各大互联网巨头公司在 VR 上的尝试更多，尝试与 VR 融合来提高收益。尽管 VR 和 AR 的技术均有待进一步提高，但 AR 面临的挑战更严峻。

在几年后或十几年后，VR 或许已经无处不在了，只用戴一个轻薄的 VR 眼镜，通过声音呼叫或者用手拨动，就会在人们眼前出现需要的信息，而且这些信息不是平面的，而是立体的。除此之外，当我们去购物时，可以通过 VR 虚拟信息了解产品的详情；当我们走在路上，可以亲临演唱会的现场，听场震撼人心的演唱会；当我们和家人距离千里时，也可以在虚拟空间里给对方一个拥抱，而且那个时候的虚拟现实或许已经具备触感，我们能感受到拥抱所带来的温暖。总之，在未来，VR 将像现在的互联网和智能手机一样无处不在，成为下一代的计算机平台。

第八章

3D 打印向 4D 打印演变

美国《时代》发文称，3D 打印为增长最快的工业之一，英国《经济学人》杂志预言 3D 打印将推动第三次工业革命的到来，认为该技术将变革企业的运营模式，改变商品的生产方式。这种技术使得许多个体都可以参与生产，并将影响我们的生活方式，改变多个领域市场的格局。

本章通过溯源传统打印技术的发展历程，探寻了 3D 打印技术的起源和发展，以及 4D 打印技术的萌芽，详细地介绍了 3D 打印的熔融沉积成型技术、光固化立体成型技术、激光选区熔化增材制造技术、激光熔丝增材制造技术、电子束熔丝沉积成型技术、电子束选区熔化技术等各项关键技术，并以典型的案例全方位呈现了 3D 打印技术在建筑制造、航空航天、国防军工、生物医疗、文化创意等众多领域的应用。在未来，3D 打印技术将不断向精密化、智能化、便捷化、通用化、稳定化、多元化、高效化、包容化、集成化、工业化等方向发展，并将在航空航天、医疗、教育等行业中取得重大突破。

第一节　传统打印技术的发展历程

传统打印技术的历史最早可追溯到中国历史上文化和科技非常鼎盛的唐朝时期。唐朝发明了雕版印刷术，并成为大众文化普及的一种重要媒介，如图 8-1 所示。宋朝的毕昇发明了活字印刷术，这是印刷史上一次伟大的技术革命，如图 8-2 所示。在 1450 年左右，德国发明家谷登堡将当时已有的多项技术整合在一起，发明了铅字的活字印刷术，并很快在欧洲传播开来，推进了印刷工业化。毕昇发明活字印刷术之后，印刷技术在随后的一千多年中，没有发生重大的变革。直到近代社会，伴随着工业革命的开始，印刷术才发生了巨大的变化。

图 8-1　雕版印刷术

图 8-2　活字印刷术

一、打印机的发展历程

19 世纪，办公室里的办事员居多。他们坐在高级写字台旁，用手费劲地写着各种东西。为了让这个工作变得容易些、快速些，许多人试图发明一种使这个工作更有效的机器。于是，打字机经过许多人的创造和改进，于 1874 年正式进入市场并很快得到推广，英国、德国、瑞士、瑞典、意大利等国也纷纷开始制造打字机，形成了一个新兴的打字机制造产业，如图 8-3 所示为英文打字机。打字机的出现，改变了大量职业被男性所垄断的局面。打字机简单、快捷、高效的特点，使很多文化程度较低的女性能够迅速掌握并将其作为谋生工具，从而产生了文书职业女性化的局面[1]。

图 8-3 英文打字机

西方现代哲学的开创者尼采因患有偏头痛和高度近视，在使用打字机时非常不便。于是他改变写作文风，由长篇大论改为通过精简的格言表达思想。另外，尼采还感叹书写方式的变革。这种由手写到自动化书写的转变，不仅是传播媒介的变迁，而且将深刻影响人类文化的演变，比如在文化的传播速度上有极大提升[2]。

由于受象形文字的束缚，中文打字机有上千个键，可谓笨重烦琐，但对中文打字机的探索为计算机的汉字激光照排系统奠定了基础，成为通向信息技术新领域的门户[3]。中文打字机如图 8-4 所示。

图 8-4 中文打字机

1 吕黎，郎静. "打字机"的前世今生——2017 年媒介考古学著作举隅[J]. 中国图书评论.

2 弗里德里希 · A. 基特勒，陈静. 留声机，电影，打字机[J]. 文化研究，2013(01):269-284.

3 Thomas S. Mullaney. The Chinese Typewriter: A History[M]. Cambridge: The MIT Press, 2017.

二、主流打印机介绍

（一）针式打印机

针式打印机是一种特殊的打印机，其基本工作原理类似于用复写纸复写资料。只有针式打印机能够快速实现多联纸一次性打印。这个1960年诞生的“老古董”，由于其成本低廉、操作简单、可以打印单据等特点而一直活跃至今。因此，在银行、超市等需要打印票单的地方依然可以看见它的存在。然而，针式打印机的工作噪声大和打印质量低等缺点限制了其在高质量、高速度的商用打印领域的应用。

（二）喷墨打印机

1976年，世界上诞生了第一台喷墨打印机，其特点是采用非打击的工作方式。从产生之初至今，喷墨打印机一直顺应着时代的需求而迅速发展，其外观愈发娇小美观，打印质量愈发上乘，噪声污染更轻微，操作更简便。在1995年，一台4 000元左右的彩色喷墨打印机，打印出来的图片中美女的皮肤依然显得粗糙。而如今，1 000 元左右的彩色喷墨打印机已经足够满足一般家庭的需求了。即使是像摄影爱好者这样对图片质量要求较高的用户，也能在2 000～3 000元的彩色喷墨打印机中找到比较理想的产品。另外，由于彩色喷墨打印机对承印物的材质及形状的宽容度极大，除了能印刷传统介质外，还可以在金属、陶瓷等材料上实现印刷[1]。正是由于喷墨技术这种极大的“宽容度”，使其能够实现皮肤、骨骼和干细胞等身体部位的打印。早在2003年，有人利用改进后的喷墨打印机首次打印出了有活性的牛血清蛋白和牛主动脉血管内皮细胞，“生物打印”的序幕由此揭开[2]。

（三）激光打印机

1971年1月，世界上诞生了第一台激光打印机，这标志着印刷领域一个革命性的开端。激光打印机经过不断发展，已经具备了针式打印机和喷墨打印机所不具备的独特优势，例如打印质量更卓越、打印速度更快、噪声污染更轻微、处理能力更强等。但美中不足的是，激光打印机在使用时会释放臭氧和粉尘影响人体健康[3]，而彩色激光打印机的打印成本较高，让众多用户望而却步。

（四）热转印打印机

常见的打印机通常是针式打印机、喷墨打印机或者激光打印机，但大家可能没注意到，在我们周围环境中，几乎所有的商品都有运用热转印技术所打印出来的标签。举例来说，

---

1 杜景敏. 喷墨技术在医学上的应用[J]. 今日印刷，2011(2):78-80.

2 Boland T, Mironov V, Gutowska A, et al. Cell and organ printing 2: fusion of cell aggregates in three-dimensional gels[J]. Anatomical Record Part A Discoveries in Molecular Cellular & Evolutionary Biology, 2010, 272A(2):497-502.

3 三足鼎立，墨仓式脱颖而出[J]. 办公自动化，2014(4):9-9.

譬如手机、计算机、冰箱等电器，打开外壳即可看到带有条码的标签。另外，服装吊牌、火车票、登机牌、行李牌等，也都是运用热转印技术打印的。热转印打印机打印出来的产品，经得起时间的考验，可长期保持不变形，打印出来的文字能够长期保存不褪色，不会因为接触溶剂而磨损，不会因温度较高而导致变形变色。

（五）大幅面打印机

大幅面打印机顾名思义是为了满足较大幅宽打印需求的产物，其打印幅宽一般都超过 0.61m，刚开始在建筑与工程领域的应用较多。随着墨水持久性和图形解析度的不断提高，大幅面打印机也开始被广泛地应用于传播和装潢设计领域，如广告制作、艺术写真、大幅摄影等，突破了数码印刷技术的瓶颈[1]。

第二节　3D 打印技术的发展历程

一、3D 打印的基本概念

进入 21 世纪，有很多技术可以引发全球性的关注，这其中 3D 打印机以它梦幻般的魔力持续刺激着人们的神经，让许多人为之惊叹、追求、争论不休。那什么是 3D 打印呢？这项神秘的现代科技有着怎样的魔力呢？

我们首先来看看美国科幻作家罗伯特·希克利笔下的“万能制造机”的场景。这是一台身上杂乱地安装着刻度盘、小灯和各种指示表的奇特机器。当人们按下按钮，对它响亮而清楚地说：“我要硬铝螺帽，直径为 4 英寸。”接到指令的机器便发出低沉的轰鸣声，灯光闪烁，闸板缓缓打开，眼前赫然出现了一颗闪光发亮已经制好的螺帽。这应该是有关 3D 打印机最初的幻想。

3D 打印技术，学术上称为添加制造（Additive Manufacturing）技术[2,3]，也称“增材制造”或“增量制造”。根据美国材料与试验协会（ASTM）2009 年成立的 3D 打印技术委员会（F42 委员会）公布的定义：3D 打印是一种与传统的材料去除加工方法截然相反的，基于三维 CAD 模型数据、通过增加材料逐层制造的方式。3D 打印涉及的技术包括 CAD 建模、测量、接口软件、数控、精密机械、激光、材料等多种学科。相对于传统的材料去除（切削加工）技术，3D 打印技术是一种“自下而上”材料累加的制造方法，其对应的优势与缺点如表 8-1 所示。

---

1 中低端打印机全攻略[J].计算机与网络，2000(24):9-11.

2 李涤尘，刘佳煜，王延杰，等.4D 打印-智能材料的增材制造技术[J]. 机电工程技术，2014，(5):1-9.

3 卢秉恒，李涤尘. 增材制造（3D 打印）技术发展[J]. 机械制造与自动化，2013，42(4):1-4.

表 8-1 3D 打印技术的优势与缺点

3D 打印技术的优势	3D 打印技术的缺点
（1）实现制造结构复杂的物品而不增加成本 （2）产品多样化而不增加成本 （3）无须组装 （4）零时间交付，产品开发快速 （5）拓展了设计的空间，所想即所得 （6）零技能制造 （7）减少废弃副产品，绿色环保 （8）凸显个性化的需求 （9）技术可广泛应用	（1）得到的零部件力学性能尚不够稳定 （2）标准产品的 3D 打印的规模效益不如传统的加工方式 （3）当前可用的原材料种类仍然有限 （4）3D 打印在加工精度、表面粗糙度、加工效率等方面与传统的精密加工技术相比，还存在差距

3D 打印技术是以信息技术为支撑，以柔性化的产品制造方式来极大限度地满足个人和企业无限丰富的个性化和定制化需求的技术[1]。经过 20 多年突飞猛进的发展，3D 打印技术实现了从萌芽到产业化，从原型到零件直接制造的跃进，其核心的柔性化特征依赖于控制激光束（或电子束、电弧等高能束）按任意设定轨迹运动的数控机床、振镜技术或机械手，以及几何模型的计算机设计和对其进行分层解析的软件技术[2]。因此，3D 打印应被称为"信息化或数字化 3D 打印技术"更为准确。

西安交通大学的卢秉恒教授认为，3D 打印是信息技术和制造技术完美的结合。中国 3D 打印技术的先驱——清华大学的颜永年教授认为，3D 打印是在制造科学上面能引起革命的一个技术。华中科技大学的史玉升教授认为，3D 打印可能会改变世界，至少会影响我们人类的生活方式。

3D 打印机与普通的打印机有何不同呢？3D 打印机的最大特点是，可以把计算机中的数据模型按照设定一层层地打印堆叠成一个立体实物。计算机中的数据模型是如何产生的呢？可以用三维扫描仪扫描得来，也可以从 3D 系列软件创建得来。3D 打印机所使用的材料不再是普通打印机用的墨水、碳粉和纸张，而是不同形态（如固体状、粉末状、液体状），不同材质（如金属、塑料等）的。从理论上讲，3D 打印技术只需要更换不同的打印材料，几乎可以制造任何东西，即所谓"只要想得到，就能做得出"，为制造业的发展提供了广阔的空间。但打印材料一直是 3D 打印技术的关键突破点，公认的观点是谁突破了材料，谁就能主宰市场。3D 打印与传统制造方式的对比，如表 8-2 所示。

1 王德花，马筱舒. 需求引领，创新驱动——3D 打印发展现状及政策建议[J]. 中国科技产业，2014(8):46-53.

2 黄卫东. 如何理性看待增材制造（3D 打印）技术[J].新材料产业，2013(08):9-12.

表 8-2 3D 打印与传统制造方式的对比[1]

特性项目	传统制造方式	3D 打印技术
完成方式	减量制造	增量制造
完成步骤	按工序加工制造	直接打印
模具需求	需要	不需要
成本	高	低（比传统工艺降低 90%）
生产周期	长	短
生产精度	完全准确	需控制和检验

在 3D 打印技术出现之前，减材与增材制造是主流的制造方法，如切、削、铣、刨等去除成型，或者是铸造锻压等受迫成型，但无论哪种方式都需要专业的设备和人力，由于受到现有技术的限制，许多复杂形态的产品无法被制造，或者制造的精度无法满足需求。然而，3D 打印技术的出现突破了壁垒，因为 3D 打印只需要一台计算机和一台 3D 打印机，生产过程自动化，不需要大量的人力，分层打印堆积的增材制造方式又使得它可以打印出异常复杂精细的产品。这一技术的应用与发展，为医疗、生物、建筑、军事、文化、食品等众多行业带来了福音，以前所未有的速度改变着人们对传统行业的认识。同时，3D 打印作为一种精密的先进制造技术，将突破原有材料的种类，创造出新材料。试想利用 3D 打印机微米级别的制造能力，改变物质的分子结构就可以获得具有特殊性能的新材料，或者通过 3D 打印改变生物的基因结构就可以产生新的物种，这个“万能制造机”在未来又将会生产制造出什么呢？3D 打印与传统打印的对比，如表 8-3 所示。

表 8-3 3D 打印与传统打印的对比

	3D 打印	传统打印
打印耗材	工程塑料、树脂、石膏粉末、热塑性塑料、钛合金、光聚合物、液态树脂	墨水、碳粉、纸张
打印结构	空间立体打印	平面打印
打印载体	基于三维 CAD 模型数据	基于 Word、PowerPoint、PDF、Photoshop 等构造平面图形
打印时间	可能要打印几天或一个月以上	几分钟

二、3D 打印的起源及发展

新材料的突破、先进设备的研发使得 3D 打印飞速发展，行业产值持续增长。3D 打印行业的增速由 2015 年到 2016 年间的 20%，增长到了 2017 年到 2018 年间的 30%，如图 8-5

1 蒋立新，易翔翔，邵洁. 3D 打印技术的发展及在军工领域的应用[J]. 中国军转民，2013(12):58-62.

所示。3D 打印的浪潮同时波及着传统制造业[1]。*Wohlers Report* 2019 预测：全球所有的增材制造产品和服务收入将达到 158 亿美元，2022 年收入预测将攀升至 239 亿美元，2024 年将达到 356 亿美元。增材制造市场整体继续呈现急速上升趋势。

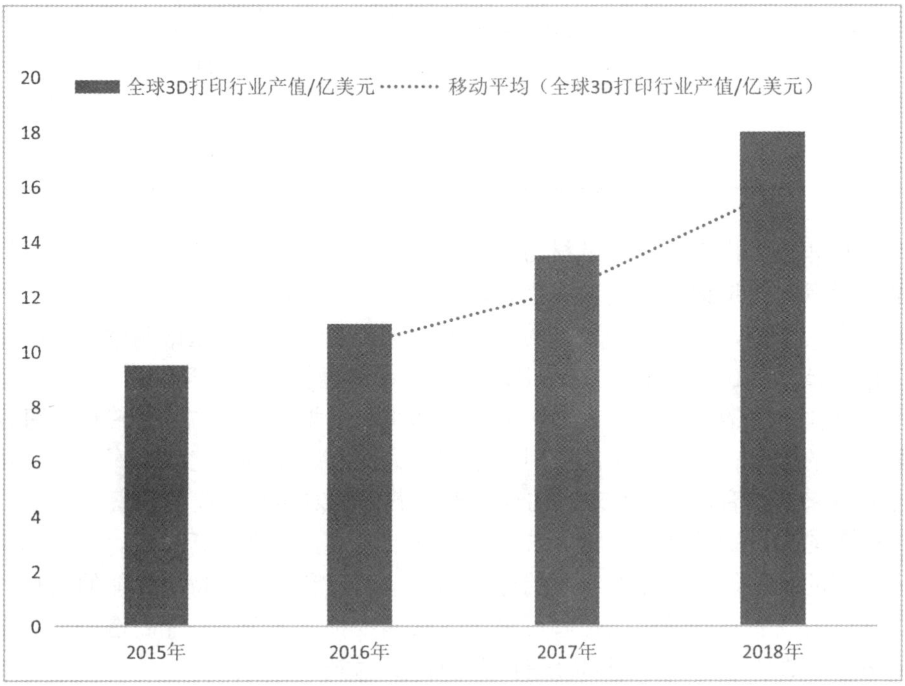

图 8-5 全球 3D 打印行业近年来产值

3D 打印突然大热，很容易被误认为是新涌现的技术。其实，任何新技术都不是一蹴而就的。早在 100 年前的美国，就有人想要生产出一台"万能制造机"，他们开始研究照相雕塑和地貌成形技术，渴望像拍照洗印一样，获得一个立体实物，虽然这一想法在当时并没有实现，却成了 3D 打印技术的开端。20 世纪 80 年代，二维打印和计算机辅助设计 CAD 技术的成熟，让 3D 打印快速成型成为可能。

说到 3D 打印，不得不提到查尔斯・胡尔，他被称为"3D 打印之父"，被列入美国专利商标局发明家名人堂。1986 年，他发明的光固化方法（Stereo Lithography Apparatus，SLA）标志着 3D 打印技术的诞生。同年，他为这项技术申请了专利，并创立了业界知名的 3D Systems 公司。1988 年，3D Systems 公司生产出了第一台光固化 3D 打印机 SLA-250，奠定了后续 3D 打印机的研发基础。从图 8-6 中可以看出其体型很庞大，但打印空间却很狭窄。这家世界上第一个将 3D 打印创新带进传统制造业的公司目前是世界上最大的 3D 打印公司，在他们的网站里有世界上最先进、最齐全的 3D 打印机和产品服务。

1 段望春，高佳佳，董兵斌，等. 3D 打印技术在金属铸造领域的研究现状与展望[J]. 铸造技术，2018，39(12):2895-2900.

图 8-6　第一台光固化 3D 打印机 SLA-250

1988 年，作为慈爱父亲的美国人斯科特 • 克伦普在为女儿制作玩具青蛙的时候受到启发，设想将手动制作青蛙的过程利用 CAD 数据自动成型。在妻子的鼓励下，他潜心研究，一年后熔融沉积制造（Fused Deposition Modeling，FDM）技术诞生了。第一台基于 FDM 技术的 3D 打印机 3D Modeler 如图 8-7 所示。1989 年，他与妻子共同创立了 Stratasys 公司。1992 年，基于 FDM 技术的 3D 打印机一经面世就迅速吸引了人们的目光。Stratasys 公司目前是全球两大 3D 打印巨头之一。2013 年，制造工程师学会授予斯科特 • 克伦普快速成型技术及增材制造行业杰出成就奖。2017 年，他入选 TCT（Time Compression Technologies）名人堂。

图 8-7　第一台基于 FDM 技术的 3D 打印机 3D Modeler

1989 年，C. R. Dechard 发明了选择性激光烧结工艺（Selective Laser Sintering，SLS），它具有使用材料广泛的优点，几乎各种材质的粉末材料都可用于打印。1993 年，麻省理工学院（MIT）教授 Emanual Sachs 发明了一种全新的，类似二维打印机中运用的喷墨技术的三维打印技术（3DP），它具有生产快、成本低的优点。1995 年，Z Corporation 公司得到 MIT 的同意，利用三维打印技术生产 3D 打印机，产生了现在通俗的说法即“3D 打印机”[1]。1996 年，3D Systems、Stratasys、Z Corporation 各自生产了新一代快速成型设备，之后快速成型又被称为“3D 打印”。2005 年，Z Corporation 公司推出世界上第一台高精度彩色 3D 打印机 Spectrum Z510，让 3D 打印绚丽多彩。2008 年，第一款开源的桌面级 3D 打印机 RepRap 发布，它为 3D 打印普及化浪潮揭开了序幕。此后，3D 打印迅猛发展，新技术、新设备的产生不断推动着 3D 打印与其他行业的融合，融合的需求进一步推动着 3D 打印的前进。3D 打印发展史，如图 8-8 所示。未来我们将去向哪里呢？3D 打印留给青年人无限的遐想与思考。

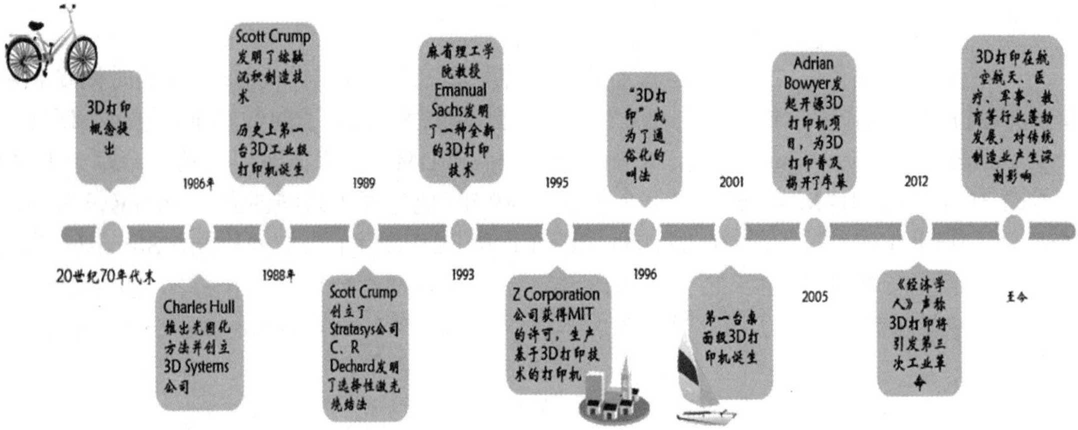

图 8-8　3D 打印发展史

第三节　3D 打印技术的应用领域

3D 打印技术广泛应用于工业制造、航空航天、国防军工、生物医疗、文化创意等各个领域。根据 *Wohlers Report* 披露的数据，航空航天在 3D 打印领域占 14.8%，在工业应用领域占 17.5%，在消费电子产品领域占 16.6%，在汽车工业领域占 16.1%，在医疗应用领域占 13.1%，在学术机构领域占 8.2%，在政府军事领域占 6.6%，在其余领域则占 7.1%[2]。各行业 3D 打印对比分析如表 8-4 所示。

---

1 李小丽，马剑雄，李萍，等. 3D 打印技术及应用趋势[J]. 自动化仪表，2014，35(1):1-5.

2 程俊廷，张怿，卢建军. 浅谈 3D 打印技术的应用与发展[J]. 机电信息，2018，(27): 96-97+99.

表 8-4　各行业 3D 打印对比分析

行　　业	应用对象	打印机特点	应用效益
建筑制造	打印各种建筑	体积大、高效率	可以降低生产成本，方便快捷地制造，提升效率
航空航天	航空工业的重要零部件	体积大、材料多元化、低成本、高效率	与传统制造相比，3D 打印技术将使零部件的制造成本降低 30%，制造周期缩短 40%
国防军工	打印各种军事装备	——	能够缩短武器研制时间，降低研制成本，提高武器性能
生物医疗	打印各种生物组织器官	高精准、高强度、高硬度以及耐腐蚀	新药物疗效验证的临床试验速度加快，减少了动物实验的次数。除此之外，还可以对患者进行个性化的治疗
文化创意	应用于文物修复和设计文化创意产品等	操作方便	提升创意产品的实用性和多元性，同时催生出新的业态

本节将结合 3D 打印技术的应用实践，介绍其在各个领域的应用现状，并分析其在这些领域应用的优势。

一、建筑制造

3D 打印建筑是在构建建筑信息模型的基础上，将混凝土、砌体、金属、塑料等多种建筑材料按照模型的各项数据指标和相关程序，运用机电一体化技术建设为预期的实物形态。通俗地讲，其本质就是整合 CAD 建模、自动化控制、材料应用及一些现代化工程管理技术手段来完成建筑制造的技术。

2014 年 3 月 29 日，盈创建筑科技（上海）有限公司（以下简称盈创公司）在同济大学逸夫楼举办建筑 3D 打印发布会，国际多款 3D 打印建筑产品亮相上海，如图 8-9 所示。该公司通过一部高 6.6 米、宽 10 米、长 150 米的打印机，用一种特殊的“油墨”、一台计算机、一个按键，在 24 小时内打印出了 10 栋多层建筑，现已作为办公用房使用，如图 8-10 为 3D 打印出的门卫房。

图 8-9　全球首批 3D 打印建筑

图 8-10　盈创公司 3D 打印出的门卫房

那么，3D 打印建筑有何神奇呢？它到底使用了什么“油墨”呢？它的打印过程是怎样的呢？实际上，3D 打印出来的建筑是以高标号水泥与玻璃纤维为主要材料，通过自主研发的 3D 打印机连续线性“挤出式”打印而成的，比传统钢混建筑强度更强。这种建筑的墙体是空心的，不仅在很大程度上减轻了建筑本身的重量，而且便于建筑商在其墙体中填充保温材料，增强保温性能。

2019 年 7 月 28 日，“梦・见”全球最大规模 3D 打印建筑应用与未来城市新闻发布会在盈创 3D 打印建筑产业园举行。在发布会上，一栋灰色的 3D 打印“风景房”吸引了很多人的注意。这是媒体报道的“魔垃屋”，也是一栋时尚的“垃圾产房”，如图 8-11 所示。让人更加惊奇的是，这是盈创公司像利用魔法一样用城市建筑垃圾和生活垃圾打印和再生循环制造出来的。盈创公司创始人马义和在发布会上用通俗的语言解释说：“以后，你家的垃圾，有一个管道，自动分类，管道外面就是这些 3D 打印的‘魔垃屋’。”如图 8-12 所示为 3D 打印出的智能生态空间。

图 8-11　盈创公司 3D 打印出的绿色挡土墙

图 8-12 盈创公司 3D 打印出的智能生态空间

结合盈创公司的实践和 3D 打印建筑的原理，可以总结出 3D 打印的优势如下：

（一）降低建筑成本

2014 年，荷兰 Dus Architects 公司开工打印整个欧洲一座完全运用 3D 打印技术修建的建筑。在进行这个项目的过程中，建筑师们致力于证明通过直接打印建筑的各个零部件，可以减少甚至消除材料的浪费和运输成本[1]。在运用 3D 打印技术的时候，只需要设计人员、一台计算机和一台打印机就可以制造出完整的建筑模型。因此，建筑所需的人工成本也大大减少。在广州、北京、上海等地，近些年有专长的建筑工人的年收入超 10 万元，劳动密集型的建筑业在逐渐步入老龄化的时代中面临巨大的挑战。3D 打印建筑 24 小时可打印出 10 栋 200m^2 的建筑，只需采用信息化和机械化的技术手段，人工成本只需原来的 20%，就可以非常有效地减少对劳动力的依赖，提升工作效率，改善工作环境[2]。

（二）缩短建筑工期

3D 打印建筑技术不使用传统的施工队伍和建筑材料，其大部分建筑构件都使用 3D 打印机进行构造，最后到施工现场进行组装，大大减少了建筑过程中的工序。从实践案例中可以看出，3D 打印技术与以往的建筑形式比，速度要快很多。它不需要使用模具，既可以节约成本，又能大幅度提高建筑的生产效率，促进建筑行业快速、高质量发展[3]。

（三）解放建筑设计师的思想

传统的建筑设计受到的制约因素较多，尤其会受到施工技术的限制，导致许多建筑设计理念很难被实现。3D 打印技术能实现三维模型设计，将传统图纸与地理信息、建筑扫描等电子数据进行结合，并以实物形式展现出来。前期设计模型可经过分割、单体化和比例

---

1 任何东，杨景宇，李超林，等. 3D 打印技术及应用趋势[J]. 成都工业学院学报，2018，21(02):30-36.

2 侯涛，李佳男. 3D 打印技术在建筑景观设计中的有效应用[J]. 科技资讯，2019，17(02):85-85+87.

3 王元桢. 3D 打印技术应用简介[J]. 中国设备工程，2018，(15):169-170.

缩放等步骤制作成等比例的三维模型，再利用 3D 打印技术，便可直接将模型按 1∶1 的比例打印出来。

建筑师可充分发挥创意而不必局限于传统的建筑类型和标准化的模数制。3D 打印技术能使复杂的建筑一次成型，并根据建筑设计人员的设计图纸对各种形状的建筑造型进行打印，完成传统建造无法完成的复杂设计结构[1]。

二、航空航天

从 20 世纪 80 年代开始，3D 打印技术在航空航天领域崭露头角。发展到现在，航空航天领域正运用 3D 打印技术进行产业化生产。航空航天企业已经不再纠结是否要运用 3D 打印技术，而是一股脑地集中精力探索如何通过 3D 打印技术保持自己航空航天制造技术的领先地位。3D 打印技术已成为提高航天器设计和制造能力的一项关键技术，其在航空航天领域的应用范围不断扩展。企业和研究机构运用 3D 打印技术不仅打印出了飞机、导弹、卫星的零部件，而且打印出了发动机、无人机机壳等，在成本、周期、质量等方面取得了显著效益，充分显示了 3D 打印技术在该领域的应用前景[2]。

2013 年 12 月，Solid Concepts 运用 3D 打印技术打印了燃料箱、副翼、操纵面等主要零部件，为 Area-I 公司制造 737 无人机模型 PETRA，如图 8-13 所示。打印产生的零部件质量精美，重量大幅减轻。除此之外，相比于传统制造方法，3D 打印技术省掉了耗时的后处理步骤，仅副翼的制作就从原来的 24 天缩短到 3 天，最终使 PETRA 实现了完美的试飞测试[3]。

图 8-13　737 无人机模型 PETRA

1 李嘉. 论 3D 打印技术在建筑设计领域的应用与发展[J]. 居舍，2018(28):47+142.

2 谭立忠，方芳. 3D 打印技术及其在航空航天领域的应用[J]. 战术导弹技术，2016(4):1-7.

3 蒋立新，易翔翔，邵洁. 3D 打印技术的发展及在军工领域的应用[J]. 中国军转民，2013(12):58-62.

2015 年 5 月，东方航空在接收首批 B777-300ER 飞机时发现，客舱第 73 排座位指示牌的 L、J 座位标识发生错误。但要改正这一错误，重新订制指示牌的时间将长达 180 天，采购成本大约为 1 000 美元。难道为了小小的指示牌，飞机就要等待半年？东方航空最终决定成立增材制造（3D 打印）项目组，启用 3D 打印技术，一周内完成实物测绘、三维建模和打印切片。最后，仅一个晚上，利用 3D 打印技术的座位指示牌制作完成并装上飞机。一个小小的指示牌，等待周期从 180 天减至一周，采购成本也从 1 000 美元降至 30 元人民币。3D 打印技术的巨大优势体现得淋漓尽致。飞机需要的零部件中有很多每批需求量不大的产品，如果向传统厂商订购，一方面由于传统生产方式的原因，成本较高，另一方面由于采购数量相对有限，这些原因同时提高了价格，通过 3D 打印可以很好地解决这一问题。如图 8-15 所示为 3D 打印的航空发动机零部件。所以，东方航空本次 3D 打印补救带来的不仅仅是等待成本与周期的降低，更是飞机零部件保障模式的一次创举[1]。

商用飞机的使用寿命是 30 年，而维护和保养飞机的原制造设备是非常昂贵的。以高性能整体涡轮叶盘零部件为例，当某一叶片受损时，整个涡轮叶盘将报废，直接经济损失高达数百万元，如图 8-14 所示。而运用 3D 打印技术以后，在受损部位进行激光立体成型，就可以恢复零部件的形状，且性能满足使用要求。

图 8-14 高性能整体涡轮叶盘零部件

1 王康，黄筱调，袁鸿. 3D 打印技术最新进展[J]. 机械设计与制造工程，2015，44(10):4-9.

图 8-15　河钢集团用 3D 打印制造的航空发动机零部件

航空航天领域集成了一个国家所有的高精尖技术，是国家战略计划得以实施、政治形势得以展现的后援保障领域。3D 打印技术作为一项全新的制造技术，在航空航天领域的应用优势突出，服务效益明显。主要体现在以下几个方面。

（一）缩短新型航空航天装备的研发周期

国防大学教授李大光表示，20 世纪 80 至 90 年代，要研发一款新战斗机至少要花 10 至 20 年的时间。由于 3D 打印技术最突出的优点是无须机械加工或任何模具，就能直接从计算机图形数据中生成任何形状的零部件，所以如果借助 3D 打印技术及其他信息技术，最少只需 3 年时间就能研制出一款新战斗机。加之 3D 打印技术的高柔性、高性能、灵活制造，以及对复杂零部件的自由快速成型的特点，3D 打印将有望在航空航天领域大放异彩，为国防装备的制造提供强有力的技术支撑。

（二）修复高性能零件

在航空航天领域，重大仪器装备如果在试用时出现零部件损坏或尺寸性能不符合要求的情况，造成的经济损失将是非常巨大的。这种时候，通过 3D 打印来修复零部件缺失或破损的部分，则可以显著提高修复质量和修复速度。

（三）优化零部件结构，减轻重量

减轻航空航天武器装备的重量是航空航天领域永恒不变的主题。重量的减轻意味着可以提高飞行装备在飞行过程中的灵活度，节省燃油，降低飞行成本等。而传统制造方法已将零部件减重发挥到了极致，但 3D 打印技术的应用，可以优化复杂零部件的结构，在保证性能的前提下，将复杂结构变换重新设计成简单结构，从而起到减轻重量的效果。3D 打印技术通过优化零部件结构，使零部件的应力呈现出最合理化的分布，减少疲劳裂纹产生的危险，从而增加使用寿命。

三、国防军工

在国防军工领域，3D 打印具有成本低、速度快、材料利用率高、适应性好等优点。将 3D 打印应用于武器装备生产则能显著缩短武器装备的研制时间，并减少研制成本，提高武器装备性能和维修保障的时效性与精度。伴随 3D 打印技术这种革命性的制造方法的高速发展，其在国防军工领域中的应用将会从本质上提升武器装备的生产效率和性能，对武器制造的发展产生深远的影响。比如，2013 年 11 月，3D 打印的金属手枪被美国得克萨斯州的 Solid Concepts 公司用金属粉末制造成功。这支手枪以经典的 M1911 为模型打印，其组成元件超过 30 个，包括不锈钢和一些特殊的合金材料，经过 50 次发射测试，射击距离超过 27 米，与常规武器同样精准，如图 8-16 所示；另外，可折叠 3D 地形图也可用 3D 打印来实现，如图 8-17 所示。

图 8-16 Solid Concepts 公司打印的 M1911 手枪

图 8-17　3D 打印的可折叠 3D 地形图

从上述例子可以看出，3D 打印在用于武器装备研发时进行创意验证和模具制作，甚至直接打印复杂的配件。我国曾用 3D 打印机喷头喷出的高强度钛合金粉末制成了歼-15 舰载机的起落架，取得了良好的效果。在枪支制造方面，3D 打印能发挥更大的作用。比如美军曾在很短的时间内打印出 AR-15 半自动步枪的绝大部分配件和实体。令人惊喜的是，该枪还射出了 600 多发子弹，体现了较强的实用性。因此，我们有理由相信如果材料问题得到解决，在未来 3D 打印将很可能全面用于轻武器及装备的制造，如图 8-18 所示。

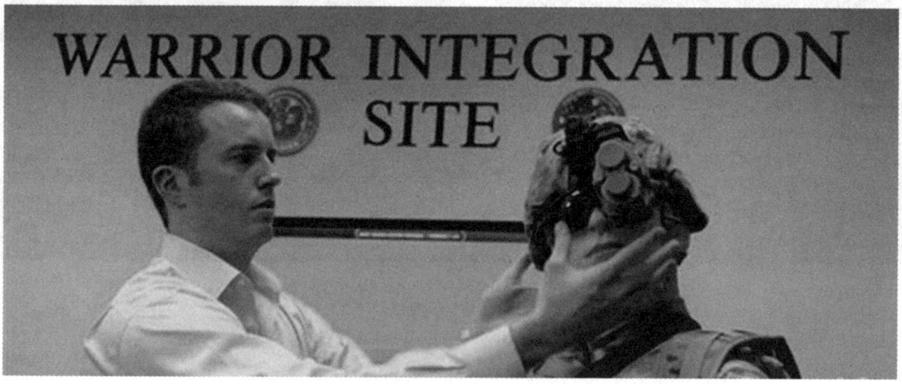

图 8-18　美国正尝试通过 3D 打印“轻量化”士兵装备

在武器装备维修领域，3D 打印技术也得到了大量应用。运用 3D 打印技术可以实现战时装备维修备件与维修工具设备的快速制造，使得战时维修的保障效率得到大幅提高。比如，美国 Optomec 公司运用 3D 打印技术修复高价值的航空金属零部件。美国海军水下作战中心也使用 3D 打印技术进行老旧零部件与工装的维修[1]。

表 8-5　国内外运用 3D 打印技术维修复杂零部件部分实例[2]

单　位	零部件名称	维修技术	维修效果
美国安妮斯顿陆军基地	M1 艾布拉姆斯坦克的燃气涡轮	3D 打印技术（SLS）	成功
美国海军水下作战中心	老旧零部件与工装	3D 打印技术（RMR 计划）	成功
西北工业大学	航空发动机叶片	3D 打印技术（LENS）	成功
装甲兵工程学院	坦克装备失效零部件	基于焊接的 3D 打印成型技术	成功

除此之外，3D 打印还可应用于制造医疗零部件和救助用具。由于制造成本低、打印机可携带等特点，3D 打印能为骨折的伤员打印支架、夹板，为截肢的伤员打印或修复假肢等，能为战地医疗提供便利。随着 3D 打印技术的发展，在战场上也可以为伤员及时“量身定制”救助工具，极大地降低因医疗工具不足而死亡的伤员比率[3]。

四、生物医疗

BCC Research 发布报告称，预计到 2023 年全球 3D 打印材料市场年复合增长率将达到 22.8%，其价值可能达到 24 亿美元。其中，生物医疗领域正在变为 3D 打印最热门的行业。3D 打印技术灵活性高、不限数量、节约成本等特点能与医学领域个体化、精准化医疗的需求完美契合，因此，3D 生物打印应运而生。所谓的 3D 生物打印，就是一种以计算机三维模型为基础，通过软件分层离散和数控成型的方法，定位装配生物材料或活细胞，制造人工植入支架、组织器官和医疗辅助等生物医学产品的 3D 打印技术，如图 8-19 所示。3D 生物打印的目的是，解决移植器官来源有限的问题。目前，人类已经实现了多种器官的 3D 打印。

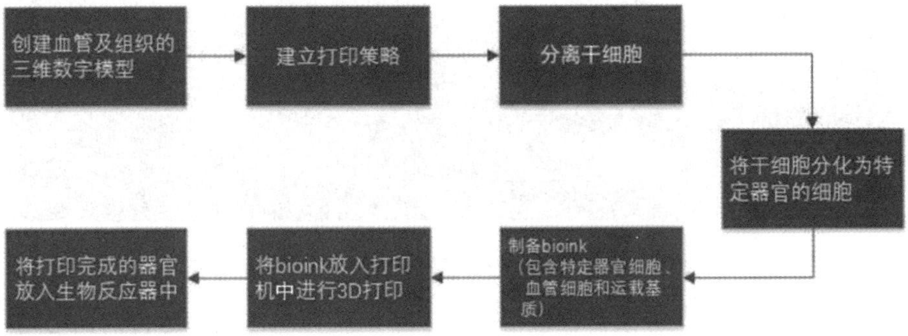

图 8-19　3D 生物打印的过程图

1 罗大成，刘延飞，王照峰，等. 3D 打印技术在武器装备维修中的应用研究[J]. 自动化仪表，2017, 38(04):32-36.

2 Arcella F G，Froes F H. Producing titanium aerospace components from powder using laser forming[J]. JOM，2000，52(5):28-30.

3 王群，耿云玲. 3D 打印的军事应用前景[J]. 国防，2013(8):79-81.

如密歇根大学的医生使用 CT 扫描患者的呼吸气管道图像，对患者的支气管进行精确建模，然后运用 3D 打印技术打印出气管夹板，成功植入到一个患有支气管软化症婴儿的气管中，预计在 3 年内夹板将被婴儿体内完全吸收。在国外，许多生物技术公司都在研究生物组织和器官的再造技术。Organovo（器官创新）公司的研究者正在运用该技术打印肝脏组织，他们希望这些材料能够在新药的筛选上提供便利[1]。

在可以预见的未来，通过 3D 打印技术可以打印出一颗牙齿、一块骨骼，甚至是复杂的心脏、肝脏、肾脏等。这些器官可以植入人体内，发挥人体器官的功能。这些设想看似异想天开，但 3D 生物打印技术早已经有了一个又一个成功的实践样本，现代医疗正因 3D 打印而变得不同。

美国康奈尔大学的研究人员通过快速旋转的 3D 相机拍摄获得数名儿童耳朵的三维信息，然后将其输入计算机，利用 3D 打印机打印出了耳朵模型。随后，研究人员利用数亿个牛的软骨细胞和从鼠尾提取的胶原蛋白制成一种高密度的凝胶，并将其灌入该模型内。15 分钟后，研究人员将得到的耳朵移出并在细胞培养皿中培育，最多只需要 3 个月的时间，软骨就可以取代胶原蛋白。调查表明，每 1.25 万名儿童中就有一名儿童罹患先天性小耳畸形，患者由于外耳发育不良或畸形会丧失听力。由人体细胞培育而成的 3D 打印耳朵可以更好地同人体相结合，为这些患病儿童带来世界的声音，如图 8-20 所示。

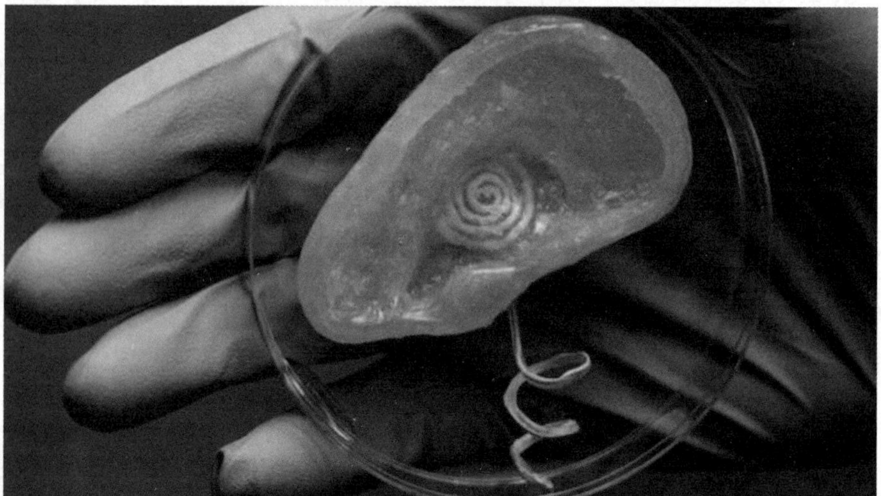

图 8-20　3D 打印出的耳朵

另外，据调查，在排队等候器官移植的病人中，有 80%的病人等待的器官是肾脏。如果通过 3D 生物打印技术制造的肾脏能够发挥作用，只需使用病人自身的细胞，就有可能培育出与身体完全匹配的器官。Prellis Biologics 是为 3D 打印复杂器官提供解决方案的公司。目前该公司研发的超高速全息 3D 打印技术已经被应用于创造“活的生命组织”，最终去实现“在实验室环境中，用活体细胞按需创造人体特有的功能性组织”的目标。这项超高速全息 3D 打印技术，能在 5 毫秒内发生光诱导化学反应产生三维模型，成型速度极

1 张鹏. 3D 打印在生物医疗方面的应用现状[J]. 新材料产业，2017(11):29-32.

快，基本上制止了细胞死亡情况的发生。除此之外，这项技术实现了结构内打印，可以生成内部支架以及支持和维持围绕着它的有机材料。官方资料显示，Prellis Biologics 公司的 3D 生物打印技术已经对复杂的肾脏完成了分支血管打印的开发和测试，正在设计和构建功能性肾单位，踏出了全肾构造的第一步，对应的打印过程如图 8-21 所示。

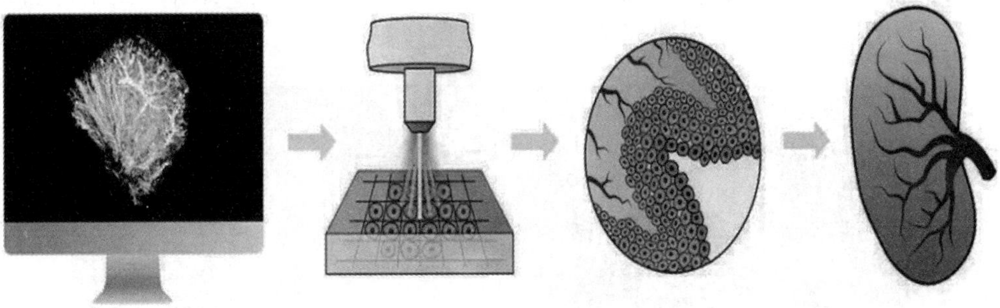

图 8-21　3D 打印肾脏的过程示意图

2016 年，北京大学第三医院顺利完成了世界上首个金属 3D 打印定制 19 厘米人造脊椎的植入，如图 8-22 所示。患者患有脊索瘤，这是一种恶性肿瘤，侵蚀范围非常广。患者的胸椎和腰椎共五节脊柱都受到了侵蚀。从医学上讲，这种情况，只有通过手术把五节椎体上的肿瘤全部切除干净来治疗。但五节脊椎拿掉后，如何支撑呢？作为 3D 打印人工椎体研究团队的负责人，刘忠军综合研究患者的病情后，决定为他植入人工椎体。北京大学第三医院运用 3D 打印技术，依照患者的解剖结构，制造出与其脊椎形态与长度相仿的人工椎体。刘忠军介绍，3D 打印脊椎特殊之处在于能被制成海绵状的微孔结构，类似人体骨头中的骨小梁。有了这种“骨小梁”，相邻正常脊椎的骨细胞可以长入其中，最终实现骨融合[1]。

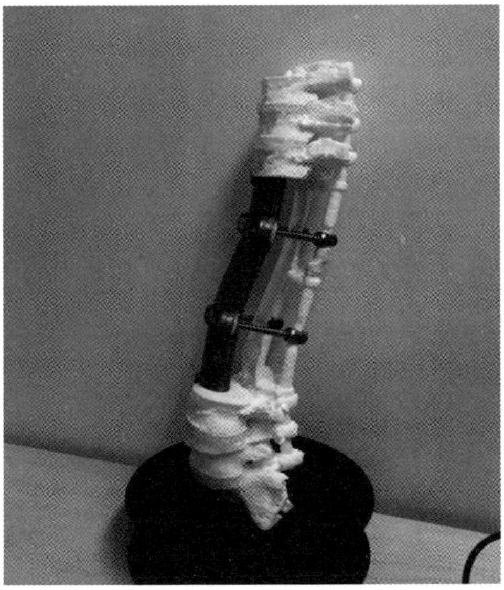

图 8-22　3D 打印的脊椎

1 维维. 3D 打印助力现代医疗[J]. 现代班组，2018(02):16.

除了打印人体组织器官外，3D 打印技术也被应用于药物的研究和制造。药剂师可以通过分析患者的药理学档案以及年龄、性别等特征来确定最佳的用药剂量。之后，药剂师可以通过 3D 打印系统打印和分发个性化药物，并根据临床反应进一步调整用药剂量。除此之外，在全新制剂的制备上，3D 打印也具有很大的潜力。3D 打印的药片，如图 8-23 所示。在一个药片中实现为患者提供精确、个性化的多种药物治疗功能。未来，药店可以为他们的顾客直接出售 3D 打印定制的药品。

图 8-23　3D 打印的药片

五、文化创意

文化创意产业是一个强创新性、高知识性、大融合性、广扩展性的产业，其发展的发动机就是科学技术。因此，3D 打印技术对文化创意产业的影响是非常大的。3D 打印不仅作为一个便利工具来衔接创意草图到成品加工之间的流程，还可以作为进行个性化制作文化创意产品的新型媒介。3D 打印技术在文化创意领域的应用使相关产业有了更广阔的商业应用前景，并且降低了文化创意产品的成本，加快了其进入市场的进程[1]。

3D 打印技术因其“采集信息无须实际接触文物”和“个性化定制”等特点，已经被广泛应用于文物数字修复和文物成型打印复制中。哈佛大学闪族博物馆（Semimc Museum）的考古人员曾从古城约尔干（Yorghan Tepe）发掘出大量的 3 300 年前被毁坏的珍宝。博物馆的考古专家约瑟夫・格林（Joseph Greene）利用三维扫描软件和 3D 打印机，成功修复了一只被打碎的陶质狮子，如图 8-24 所示。他们从上百个角度拍摄了陶质狮子的碎片，并对每块碎片制作了 3D 模拟图，然后将其整合，做出了原物的 3D 模拟图。他们将模拟图与同地发现的完整物品进行比对，将缺失部分以及支持结构打印了出来。然后按照每一碎片的位置，将碎片进行黏接、做旧等处理进行修复重塑[2]。

1 贾品第，邰易萱. 基于 3D 打印技术的创意文化产品创新设计[J]. 包装世界 2017(3):126-128.

2 李小东，熊壮，兰希，等. 3D 打印技术对文化艺术的影响[J]. 今日印刷，2019(04):46-48.

图 8-24　3D 打印修复的文物石狮子

荷兰阿姆斯特丹的梵高美术馆也运用 3D 打印技术成功复制了梵高的油画《向日葵》等[1]，如图 8-25 所示。通过 3D 打印技术再造的油画，不仅在图画内容和颜色上十分贴近原作，在油画质地和纹理上也很好地表现出梵高用“厚涂法”展示的作品质感。梵高美术馆馆长吕格尔说，每幅复制品售价为 2.5 万欧元，且带有编号，每款限量 260 幅。他还表示，由于制作过程复杂，目前每天只能生产 3 幅，但随着生产技术变得更便宜、更简单、更高超，其价格可能跟着下降，其仿真度也会不断提升。

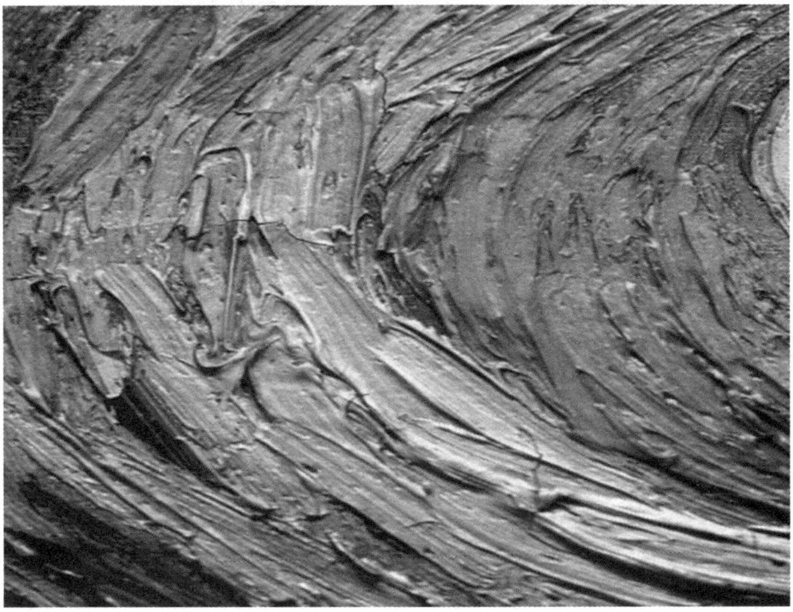

图 8-25　3D 打印复制梵高作品《向日葵》的局部图

1 马玉静. 试谈 3D 打印技术在博物馆文创产品开发中的应用[J]. 北京文博文丛，2018(3):99-103.

3D 打印技术作为一种新型的快速成型技术，正在渗透到传统的服装设计领域，其新型元素、材料和科技的创新，为 3D 打印服装的创作提供了新的契机和无限的想象空间。服装设计师们可以将自己的设计创意和灵感来源绘制在计算机上，通过 3D 打印设备，使用特殊的材质来实现服装的整体展示。时装品牌 Iris Van Herpen 的 2018 年春夏系列女装就运用 3D 打印技术完成了系列成衣，设计理念为穿越时空、体验未来感，如图 8-26 所示。在时装秀上，身穿品牌新衣的模特就好像是来自外太空的时尚女神。

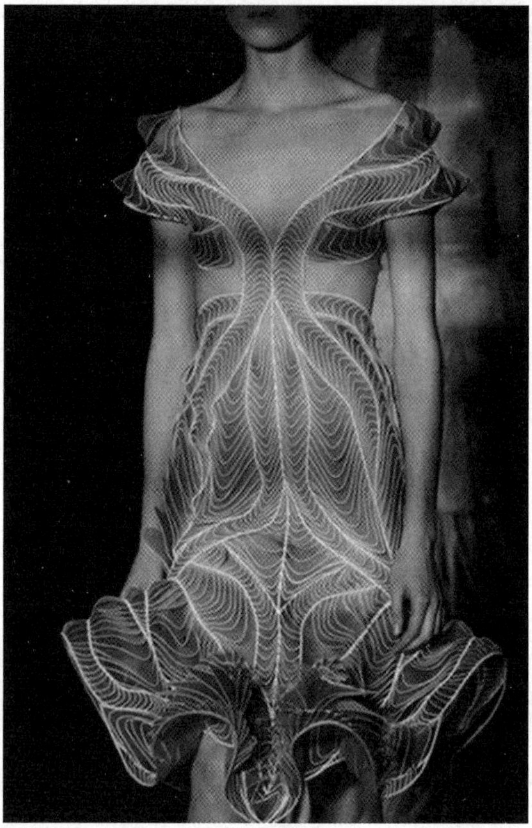

图 8-26　3D 打印的时装秀

服装在不同的时期展现了该时期社会经济的繁荣程度，每一次科技革命也为服装行业的发展带来新的契机[1]。3D 打印技术在某种程度上大大拓展了服装设计师创意灵感的空间，使他们不再受到传统裁剪方式的制约，只需要在计算机软件上绘制出相应的创意思维设计，并找到适合实现该服装的材质。后续工作完全可以交给专业的 3D 打印技术人员。此外，客户也可以将自己的喜好融入其中，自己动手创作服装，享受开放性的定制过程，进一步实现一站式的个性化定制服务。

文化创意有附加值高、融合性强、知识性强等特点，是我国重点关注的产业领域，具有广阔的发展前景，如图 8-27 为 3D 打印文创。将 3D 打印这种新兴的技术手段应用到文化创意产业发展中，不仅可以提升文化产品的实用性和多元性，还能够催生出许多新

1 上官丽婉. 3D 打印技术在服装创意设计中的艺术表达[J]. 艺术科技，2019，32(11):103-104.

的产业，有利于提升产业的整体发展速度和质量，从而推动我国文化创意产业的可持续发展[1]。

图 8-27　3D 打印文创作品

第四节　4D 打印成为未来趋势

早在 20 多年前 3D 打印这项“新”技术就已应用于工业和消费领域，但由于应用面较窄，一直没受到社会的广泛关注。

近年来，美、英、日等发达国家高度重视 3D 打印技术[2]，大力推进 3D 打印技术发展，3D 打印技术研发与产业应用不断取得重要进步。2012 年 3 月 9 日，美国提出发展美国振兴制造业计划，政府初期投资 3 000 万美元支持增材制造技术，以使美国成为全球一流的增材制造中心。英国技术战略委员会在未来的高附加值制造技术展望中，将 3D 打印视为提升国家竞争力、应对未来挑战的 22 个应优先发展技术之一。2013 年 1 月，英国、德国、法国、意大利的产业界、学术界和政府间组织启动 3D 打印技术研究合作计划，该计划投资 2 000 万欧元。2014 年，日本在国家 3D 打印项目投入了 3 960 万美元，以促进 3D 打印

1 刘可武，阳志清，张涛. 浅析 3D 打印技术对文化创意产业领域的影响[J]. 中国新技术新产品，2017(03):8-8.

2 郭继周，邓启文. 我国 3D 打印技术发展现状及环境分析[J]. 国防科技，2015(3):35-39.

设备和技术的研发。

当前，我国3D打印产业迎来高速发展期。2018年，全球和国内的3D打印产业规模分别达到96.8亿美元和23.6亿美元，5年间的复合增速率分别达到26.1%、49.1%，预计未来几年仍将快速增长，如图8-28所示。中国3D打印产业规模占全球比例也逐年上涨，2018年已经达到24.38%，如图8-29所示。

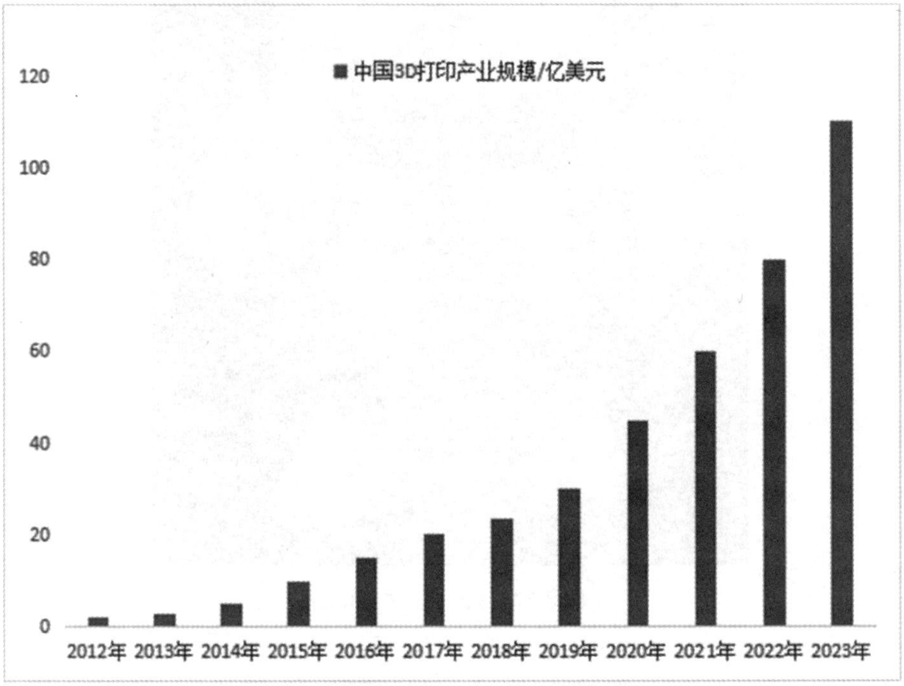

图8-28 中国3D打印产业规模（亿美元）

图8-29 中国3D打印产业规模占全球比例

一、3D 打印向更高精度方向发展

3D 打印一直以其能够打印复杂精密物品的特点而受到人们的青睐，继续追求卓越的打印精度，高质量的产品势必是 3D 打印的发展趋势。近年来，研究者们一直在探索如何能向更高的打印精度迈进，攻破一系列技术壁垒，产生更多高质量的成品。

例如，邵中魁等人研究的基于选择性激光烧结 PS 粉末的快速精密铸造工艺，成功完成了典型金属零部件的精密铸件制造。金属铸件的尺寸精度可达到 CT6 级精度[1]。2018 年，宋国强、陈秀生针对发动机叶片这种复杂直纹面在传统数控铣削加工与熔模铸造加工中分别存在的加工成本高与开模周期长的问题，提出了一种基于增材制造特性的航空发动机叶片快速成型工艺方法。该方法只需传统减材制造的 1/5 周期，即可加工出精度达 IT8、表面粗糙度在 3μm 以下的制品，实现了该类产品的精密高速化[2]。2019 年，一位创客爱好者设计的个人 Rose Go 3D 打印机具有高精度、美观、噪声低等优点，实现了 0.02～0.3mm 的打印层厚精度，这使得 Rose Go 可以面对各种打印任务的挑战，即使是打印强度与精度都要求很高的机器人竞赛。

研究人员已经发明一系列先进的 3D 打印技术、设备等来推动高质量的 3D 打印品产出，未来 3D 打印将向着高精度目标不断前进。

二、3D 打印向高效化方向发展

3D 打印技术相比于传统制造技术，生产效率一直比较低。因此，为满足新工业时代的发展需要，提高制造效率是其重要攻关内容[3]。

各国在提高生产效率上不断进行着探索，并取得了一定成果。例如 J. D. Spencer 等提出以 GMAW 为原理的立体焊接成型（Three Dimensional Welding）工艺，这一工艺明显提高了铸造模具的生产效益[4]。Nexa3D 推出了最快的 SLA 3D 打印机 Nexa3D NXE400，它的打印速度是同类打印机的 6 倍，速度为 1.2cm/min，这意味着无论产品复杂程度如何，打印一英尺高的物体只需半小时。德国弗劳恩霍夫模具和成型技术研究所（IWU）开发全新的 3D 打印系统——螺旋挤压增材制造 SEAM，其打印速度比传统 3D 打印技术快 8 倍，且成本更低，质量更优[5]。机械科学研究总院先进制造技术研究中心与德国弗朗霍夫激光技术

1 邵中魁，沈小丽，何朝辉，等. 基于选择性激光烧结 PS 原型的快速铸造工艺研究[J]. 机电工程，2019，36(04):51-54.

2 宋国强，陈秀生. 基于增材制造特性的航空发动机叶片快速成型工艺技术研究[J]. 铸造技术，2019，40(01):56-62.

3 杨延华. 增材制造（3D 打印）分类及研究进展[J]. 航空工程进展，2019，10(03):309-318.

4 Spencer J D, Dickens P M, Wykes C M. Rapid prototyping of metal parts by three-dimensional welding[J]. Proceedings of the Institution of Mechanical Engineers，Part B: Journal of Engineering Manufacture，1998，212(3): 175-182.

5 全新高速 3D 打印系统问世[J]. 模具工业，2019，45(04):8-9.

研究所合作，引入国内首台激光高速熔覆修复系统，应用自制高性能微细金属粉末，可实现修复速度最快达到每分钟 200 米，是目前最快速度的 40 至 50 倍，可替代电镀，相关成果在中煤能源集团多家子公司等企业推广[1]。

三、3D 打印材料向多元化方向发展

增材制造急需满足多元材料功能特性的工业需求，因此增材制造多元材料、多功能材料、梯度功能材料、智能材料等是今后增材制造的必然趋势[2]。

2017 年，美国开发出了一项“混合 3D 打印技术”，实现柔性导电油墨、柔性基质材料和刚性电子组件集成到单一、可拉伸的柔性电子设备中[3]。华东科技大学高玉乐等人开展了挠性电子电路的打印研究，对速美（Speedy Maker）FDM 打印机进行了改进和扩展，可实现对单一导电银浆的打印，绝缘胶与导电银浆的多材料打印[4]。工业级的金属 3D 打印（SLM）成型工艺粉末供应商 SNDVARY 宣布推出新一代 3D 打印模具钢材料：CH-SDCX。此类粉末产品属于不锈模具钢一种，适用于 SLM 成型工艺的模具钢，设备匹配度高，成型过程稳定，现已批量生产。美国劳伦斯利弗莫尔国家实验室（LLNL）的研究人员发明了一种新的超材料，由填充铁磁流体的空心 3D 打印晶格结构组成，当暴露在磁场中时立即变硬。这个创作完全和听起来一样酷，因为它的潜在用途包括从软机器人和光学外壳到智能装甲，这与蝙蝠侠在黑暗骑士中的电子硬化“记忆布”斗篷一致。

四、工业级 3D 打印发展迅速

专业级 3D 打印机又被称为工业级 3D 打印机。工业级 3D 打印机主要应用于工业产品设计。与传统的铸造技术相比，工业级 3D 打印机具有操作简单、自动化程度高、效率高等特点，适用于概念设计阶段的快速成型、玩具模型生产、医疗器械与人体器官制造、汽车与军事等行业[5]。消费级 3D 打印机主要以桌面级 3D 打印机为主，其成型技术主要是熔融沉积制造（FDM）技术，以高分子材料加工成的丝状材料作为该类型打印机的主要耗材，操作方便、体积小、精度低，应用于学校或家庭对学生、孩子的认知教育等。

在国际上，相较桌面级 3D 打印，工业级 3D 打印发展迅速。2019 年的 *Wohlers Report* 显示，它跟踪了 177 家工业增材制造系统生产商（产品价格为 5 000 美元或以上）的增长和销售情况，数量比一年前增加了近三分之一。然而，桌面 3D 打印系统（售价低于 5 000 美元的打印系统）的年增长率显著下降，甚至出现完全关闭的情况。

---

1 王强，姜明伟，郭书贵. 中国增材制造产业发展现状及趋势分析[J]. 中国科技产业，2018(02):52-56.

2 杨延华. 增材制造（3D 打印）分类及研究进展[J]. 航空工程进展，2019，10(03):309-318.

3 杨伟，毛久兵，冯晓娟，等. 电子电路 3D 打印技术研究进展[J]. 电子工艺技术，2019，40(01):5-8.

4 高玉乐，史长春，董得超，等. 基于 3D 打印技术的挠性电子电路的快速成型工艺研究[J]. 印制电路信息，2016(2):5-8.

5 崔俊星. 浅析工业制造中的 3D 打印机[J]. 中国新技术新产品，2016(3):25-25.

在我国，3D 打印也呈现出工业级打印占主流的特点。从国内 3D 打印市场来看，设备环节的进口替代大幕已经开启，在存量市场上，联泰、铂力特、华曙等 3 家企业的合计占有率已达到 27.9%（主要是工业级 3D 打印机）；从全球来看，美国仍是最大的设备和应用的市场，中国市场正在快速增长。预计随着技术的成熟，工业级 3D 打印机的价格仍有较大的下降空间，性价比的逐步提高有利于下游应用的拓展。桌面级 3D 打印机目前竞争已比较激烈，市场集中度在短期内难以提升。2017 年，国内 3D 打印各下游应用中，工业产品占比 55%，军用产品占比 16%，民用产品 29%，工业级 3D 打印的应用规模远远超过消费级 3D 打印，如图 8-30 所示。

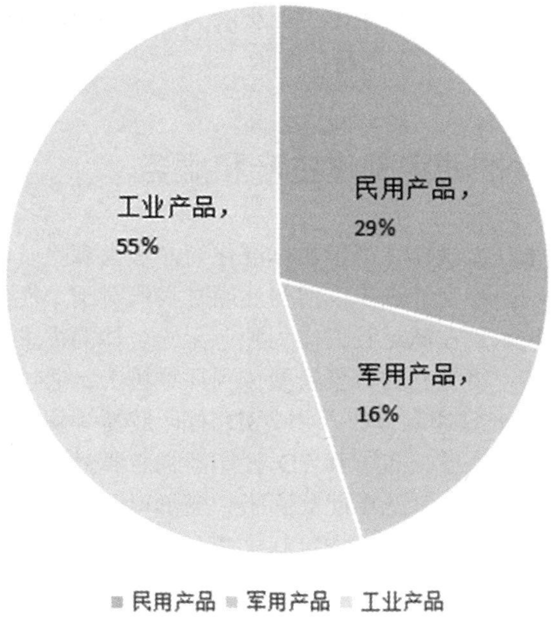

图 8-30　2017 年国内 3D 打印产业应用行业占比

五、3D 打印应用领域不断拓展

目前航空航天、生物医疗、建筑制造、电子产业是 3D 打印的主要应用领域，美国兰德公司在《3D 打印：先进制造技术促进供应链改革》报告中指出，3D 打印技术已进入向军用、商用和民用领域快速普及的阶段。例如，在军事领域，统计数字显示，在全球 13 个主要国家的所有涉及 3D 打印技术的用户中，军方的业务量正以平均每年 1.2%的速度增长。在不久的将来，随着技术成熟度越来越高，3D 打印或将成为推动军事工业供应链条变革的重要力量。在生物医疗领域，以色列特拉维夫大学的研究人员以病人自身的组织为原材料，3D 打印出全球首颗拥有细胞、血管、心室和心房的“完整”心脏，这在全球尚属首例 3D 打印心脏。我们不禁幻想是否有一天除了人类的思想以为，3D 打印能否打印出一个人呢？在食品领域，3D 打印技术激发出食品的创新潜力，尽管 3D 打印在食品领域的应用较新，但人们怀着对食物的浓厚兴趣利用 3D 打印机已经制造出了形状各异的面食、巧克力等，有专家预测 3D 打印食品领域每年将以 40%的速度增长，到 2023 年将发展成为一个价值超 5 亿美元的产业。未来，3D 打印食品是否可以用来解决全球人口营养不均衡的问题，提高食品市场的效率，实现大规模定制化营养呢？在建筑领域，使用本土化的废料作为原材料进行生产，可实现就地取材制造，并且更加绿色环保，减少了运输成本，打破了对基础设施要求高的诸多限制。欧洲航空局已经生产出一种打印机，能够用月球上的尘土制造重达 1.5 吨的建筑砌块，希望能够在月球上建造殖民地。美国国家航空航天局正在研发用火星上的沙砾建造住所的 3D 打印机。汽车领域与 3D 打印技术结合的成果将会如同当下 3D 打印技术在医疗领域一样丰厚。个性化与高效率将成为 3D 打印在汽车领域应用的主要驱动力。

随着科技的进步，3D 打印技术应用于工业级的大规模制造，为市场带来更多的可能性，我们期待着 3D 打印给更多行业带来创新与突破。

六、3D 打印进一步推动定制化生产和服务

第二次工业革命以来，大规模生产出的标准化商品极大满足了消费者的物质需求，低成本、高效率的生产推动了社会的进步，但与此同时我们对于个性化、定制化商品的需求从未减弱，而 3D 打印技术正在满足我们作为独一无二个体的需求。如今我们已经可以利用扫描仪扫描病人的口腔，将得到的数据模型传到计算机上，通过 3D 打印机打印出病人的牙齿模型，个性化的 3D 打印人体植入物、3D 打印胶囊等解决了众多医学难题。2019 年，以色列耶路撒冷希伯来大学公布了其 3D 打印药物胶囊最新技术，这项新技术能够利用水凝胶物体打印个性化药物，制造出能够膨胀、变形以及延迟激活的复杂结构。这项技术的出现使常规制造技术无法实现的药物定制化和个性化有了可能。2019 年，可实现自动化和自定义多材料 ActiveLab 数字制造系统研发成功，消费者可以根据喜好进行个性化设计。以色列已开发出了一种专有的基于液态金属的喷墨 3D 打印技术，可以实现大尺寸金属部件的定制化制造，而且比此前的所有技术都更加经济和高效，足以推动金属 3D 打印技术进入主流制造领域。3D 打印带来的定制化生产，其灵活的产品定制能力更适合不断变化的消费者需求、更低的库存和物流成本需求，并且具备更接近需求的生产能力以及更短的交货时间。

我们相信，人们未来将会看到一些诸如医疗设备、服务、航空及新能源汽车等行业运用 3D 打印技术实现定制化生产成为一种常态。我们也可以大胆想象，未来每个家庭拥有了 3D 打印机，便可以进行小规模生产，大工厂不再被需要，我们城市的格局都有可能被改变。史玉升教授预测将来可能会变成一个社会化制造的世界，即人人是设计者，人人是制造者。现在我们商场里卖的都是大批量生产的商品，少有个性化生产的产品。未来的商场可能不再有实物，而是由设计师设计的样式，并且可以对设计好的商品进行个性化的修改，之后可以在自家完成打印。我们设想，在并不遥远的未来，也许一切事物都会有自己的 3D 数据，而人类都能在云端数据库共享。如果你在大街上看上了某人的衣服或者电视里的某个物体，你只需要用手机扫描一下就可以获取这件物品的 3D 打印数据，付款获取后，只需要点击按钮就可以在家中的打印机中打印出来。可能在未来，我们可以打印出器

官，甚至一个人，除了他的思想。我们可以把材料和打印机送入空间站，这样卫星就可以无限地被制造出来了。但是如今 3D 打印产品只能是奢侈品，因为其高昂的材料。一件 3D 打印产品的诞生，并不是想象中点击一个按钮那么简单，首先你必须精通 3D 打印建模软件，或者拥有专业的 3D 扫描仪，如果你想打印不同尺寸和颜色的物品，你可能需要更换打印设备。打印完之后，你还需要对其进行一定的后期处理，才能得到你真正想要的物品，可见 3D 打印还有相当长的路要走。

七、3D 打印持续助力制造业升级转型

相对于传统的制造方式来说，数字化制造是一种颠覆性革新，而 3D 打印是加速制造业数字化转型的关键技术。对于制造业而言，生产的经济性和可靠性尤其重要。3D 打印技术的创新，可以带来更高的经济性、工业级的效率、准确性和可靠性，从而满足工厂生产环境的需求。将 3D 打印的增材制造方式与传统加工技术相结合，使 3D 打印成为传统制造的补充与拓展，包括制造工艺、核心器件和技术标准及智能化系统集成。

例如，安徽恒利增材制造科技有限公司运用选择性激光烧结（SLS）技术和石膏型真空增压铸造技术融合，制造实现一体化制造双金属复合发动机缸体，改变传统开模具和组砂型铸造的模式，替代进口，已经成功应用在奇瑞汽车、东风汽车、广汽等企业[1]。已开发的由金属粉末激光选区熔融（SLM）堆积成型和高速切除减材加工（CNC）合二为一的混合式金属 3D 打印机已面世。利用该 3D 打印机，所制造的模具加工精度可达到 1μm[2]。

增材制造技术已被广泛用于原型制作，随着 3D 打印技术的成熟，可用材料种类的增多，3D 打印将登上更加广阔的舞台。2019 年的一项调查报告称，越来越多的制造商已开始使用 3D 打印进行全面生产。但是 3D 打印技术在制造业中所占的比例并不高，对于制造行业而言，不仅需要制造具备功能性的零部件，去保证统一的规格和最终产品的实用性，而且追求价格更低的材料，速度更快、更可靠的打印机，从而保证每个打印批次都严格按照同一规格生产。这对于 3D 打印技术本身有着非常高的要求。近期 3D 打印不会取代现有的传统制造技术，而是与传统减材制造方式并驾齐驱，共同造福于人类。

此外，行业标准的统一和行业教育仍在不断摸索当中。相对于传统的制造方式而言，增材制造的知识新颖且复杂，需要进一步去实现人才的教育，为市场带来更多的改变。

八、3D 打印致力于降低创新壁垒，开创更低准入门槛

3D 打印技术如今还不能飞入寻常百姓家，但是已经有大量业余爱好者对这项新兴技术充满了好奇心，可是专业知识的缺乏阻碍了他们探寻技术的脚步。福莱姆 • 施瓦茨希望通过设计过程的自动化来降低创新的壁垒，他开发了一条计算程式，它可以把业余爱好者的

1 李强，张帅. 基于云制造的 3D 打印机应用模式研究[J]. 制造技术与机床，2018(07):22-25.

2 陈雪芳，孙春华. 3D 打印技术及其应用[J]. 苏州市职业大学学报，2018，29(01):18-25.

设计自动转化为 3D 打印机可识别的方案，不需要费力理解种种参数等制约因素，这促进了 3D 打印技术的广泛传播和应用。

3D 打印技术的便捷化和智能化将推动这一技术的普及。新西兰研发出了层压树脂印刷技术，使开发人员和制造商能够快速、轻松、经济地为电子、可穿戴设备、传感器、物联网设备等应用创建各种印刷结构。先临三维公司于 2019 年推出全新 EinScan Pro 2X Plus 多功能手持式三维扫描仪，是可获取到大尺寸物体高质量 3D 数据的多功能手持式三维扫描仪，拥有强劲的图形算法支持以及直观的交互流程展示，便于使用者轻松掌握使用方法且获得高质量的数据。2019 年 10 月，一款 3D 扫描仪附件已经在 Kickstarter 上众筹到 12.9 万美元，将它与你的手机或计算机连接就可以轻松得到准确的 3D 模型数据，这一过程耗时非常短。3D SIM 公司和桌面金属公司等都在降低 3D 打印门槛，在推动技术的传播和普及上做着努力，例如制造更便宜、更轻便的 3D 打印机，优化处理 3D 打印机减少生产制造上改进模型的问题等。随着 3D 打印技术的普及，产生了更多的 3D 打印模型网站，使普通玩家方便获取数字化模型。可见，3D 打印的门槛很低，许多人不会因为专业水平不高而被扼杀在摇篮里，3D 打印的发展步伐也将越来越快。

期待将来这一技术能够像互联网一样普及，友好的界面、简易的编程规则让更多的人进入互联网行业发展，相信随着 3D 打印技术准入门槛的降低会有更多人投身于这一新兴技术之中。

九、3D 打印与新兴领域交叉融合发展

伴随工业互联网和物联网的快速发展，单一增材制造不再满足发展需求，增材制造向着同新兴领域包容的方向发展。近年来的大数据、云计算、生物工程、人工智能、机器人、虚拟现实等新兴技术及其应用不断涌现。3D 打印与这些新兴领域的交叉融合发展会成为新的发展趋势[1]。

例如 3D 打印机的云制造模式，它是一种面向多用户的、按需获取资源、即用即得、按时付费的新型网络制造新模式。目前处于试验阶段，已经接入部分 3D 打印机，完成接入打印机的虚拟化、数据标准化工作，但距离最终目标还有很大距离，其中涉及的云安全、服务管理还需进一步优化[2]。

十、3D 打印持续为发展中国家带来机遇

3D 打印将持续为发展中国家带来诸多机会。目前来看，3D 打印并不能够替代传统制造业，而中国目前在 3D 打印行业有着很多机会，中国特别需要 3D 打印技术来助力产业的转型升级与创新驱动。据《2018 年 3D 产业研究报告》数据显示，中国在 3D 产业领域顶

---

1 金玉然，李新，戢守峰. 3D 打印的研究热点及其演化:基于科学知识图谱的分析[J]. 科技管理研究，2019，39(04):92-100.

2 李强，张帅. 基于云制造的 3D 打印机应用模式研究[J]. 制造技术与机床，2018(07):22-25.

尖学者占 13.65%左右，中国人才流入量大于流出量，有利于我国 3D 打印发展。另外，政府在中国智能制造发展战略中 3D 打印置战略核心位置，未来的 3D 打印将如火如荼地在中国大地上书写精彩的诗篇。

3D 打印能够降低制造业的准入门槛。非洲大陆一部分地区十分贫困，由于基础设施落后，缺少建立工业基地的大量启动资金，非洲国家一直没有完备的重工业。3D 打印可能为非洲国家带来希望。用 3D 打印进行生产不需要依靠大规模的基础设施，硬件只需要原材料和电，非洲一些发达的国家瞄准了 3D 打印这条致富之路，并取得一些成果。2014 年，尼日利亚发明家萨希德·阿德波尤 3D 打印出了一台手提电脑。利用 3D 打印机非洲国家可以利用本国资源优势生产成品，这项技术为非洲国家提供了跨越工业时代，直接迈入数字化制造时代的可能[1]。

十一、4D 打印技术进入萌芽阶段

伴随着 4D 打印技术的发展，动漫里哆啦 A 梦从四维口袋里拿出各种未来道具，来帮助野比大雄化解身边的种种困难的剧情正在一步步成为现实。麻省理工学院的斯凯拉·蒂比茨（Skylar Tibbits）提出了 4D 打印的概念。2013 年，他在一次大会上演示了一场科技塑造的神奇魔术，他将一段链条放进水中，链条自动折成三个字母“MIT”。3D 打印出了三维结构的物体，在 3D 打印的维度上加上一个时间维度，就产生了 4D 打印，4D 打印出的物体具有随着外界环境变化而改变自身属性的特性，这种变化源自预先设定好的物体内部自发的过程，而非借助机电设备的驱动。4D 打印依赖于变形的智能材料，可以理解为是 3D 打印技术与智能材料相结合的产物。4D 打印出的成品通过外界的刺激发生形状、性能和功能的变化，并在数学建模的辅佐下得以实现特定的改变，从而使其满足各个领域中的应用需求。

4D 打印研究尚处于起步阶段，国内外研究团队研制出了多种 4D 打印结构，在 4D 打印的应用方面也取得了一定的进展。2017 年巴黎时装周期间，阿迪达斯发布了 2017 年春夏系列。其中有一款充满科技感的阿迪达斯 4D 打印鞋，如图 8-31 所示。这款鞋采用编制材质设计，由皮革点缀，两侧和后跟连为一体的三线和支架，全脚掌“镂空网眼 4D 中底”是整双鞋的亮点。除了制作时间和重量减少外，这款鞋的缓震效果也比传统注塑鞋更优异，也就是在脚感舒适性上更上一层楼。

我国应用 4D 打印前沿技术成功为一名先天性阴道闭锁的患者实施阴道成形手术，患者术后恢复良好，如图 8-32 所示为手术现场。通过软件设定模型和时间，打印的实物会在设定时间内变形为所需的形状。4D 打印技术可设计出符合患者阴道长度的“定制模具”，避免了传统手术中因模具过长或过短导致的术后并发症，还避免了反复放置阴道模具所致的感染，以及放置位置不正确导致的各种并发症。这项技术的成功应用，填补了 4D 打印技术在妇产科疑难病症治疗应用上的空白。

---

1 里克·史密斯，米奇·弗里. 大颠覆——从 3D 打印到 3D 制造[M]. 余小丹，陈毅平译.北京：中信出版集团，2018:147-148.

图 8-31　阿迪达斯 4D 打印鞋

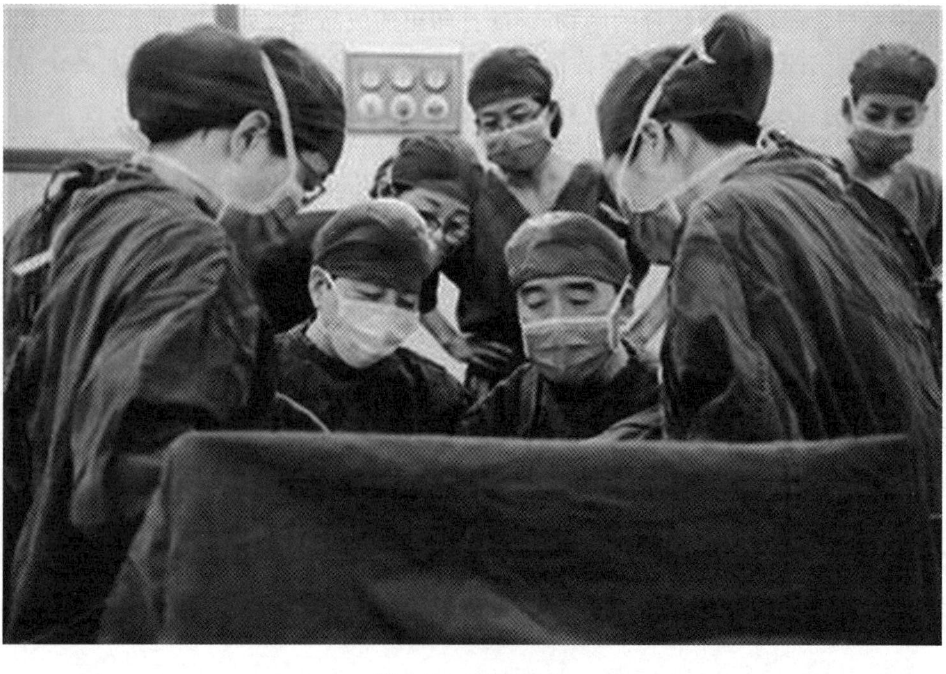

图 8-32　手术现场

4D 打印这一独特的技术在未来将有极为广阔的应用前景。有专家预测 4D 打印可以用于武器装备制造，4D 打印生产的武器装备可根据环境和攻击目标而优化武器攻击性能，从而提高作战效率。值得一提的是，4D 打印技术可使智能材料感知外光的变化，自动实现与周围环境融为一体，从而改善伪装效果。美国陆军部已经研发出具有隐身功能、防弹功能和自适应功能的“自适应伪装作战服”。这种作战服像变色龙一样，其迷彩斑的颜色与大小，能够随着光线的强弱以及周边植被或地形、建筑物的变化而自动调节，从而达到伪装的效果，极大地增强了行动的隐蔽性。除了打印防护服外，4D 打印在军事领域的其他方面也有很大的应用价值。比如，4D 打印还能够用于大型军事装备上，大型装备在打印过程中呈压缩或者折叠状，到达目的地后能够自动展开成预定的形状，大大简化了组装的过程和步骤，减少装配零件的成本[1]。4D 打印自修复材料还可以在武器装备出现裂缝时通过结构和形状的变化实时对缝隙进行自动填充和固化。

另外，生物医疗领域最有可能成为 4D 打印炫技的主秀场。麻省理工学院数学家丹雷维夫曾表示，4D 打印有利于新型医疗植入物的发明，比如心脏血管支架，如果采用 4D 打印技术制造，将不再需要给病人做开胸手术，可通过血液循环系统注射入携带设计方案的智能材料，其到达心脏指定部位后自我组装成支架。Ge 等人[2]利用热响应形状记忆材料制备出一系列不同直径、高度、空隙密度的心脏血管支架，有望应用于微创外科。该支架可编程并在临时形状下保持较小的直径，而在加热后恢复较大的直径以扩展血管。Zarek 等人[3]利用 UV-LED 立体定向打印机，以 10 000g/mol 的甲基丙烯酸酯化聚己内酯为打印材料，成功打印了一种遇热可以发生变形的形状记忆气管支架，并进行了相关的体内测试。体内模拟测试表明，气管支架能更好地适应拱廊模式和器官软骨环，并提供一个稳定的结构，以防止气管闭塞，这种气管支架可以直接植入体内。体内跟踪检查表明，气管支架可以随着温度的局部升高而扩张，直到形状完全贴合气管不再改变。Kokkinis 等[4]发明了智能钥匙锁连接器，连接器的边缘在膨胀前是扁平的；膨胀后，壁面出现凹凸变形，导致长方体内部尺寸减小，最终实现互锁。钥匙锁连接器可以用作身体部分之间的物理连接，如肌腱和肌肉。将 4D 打印的产品应用于生物医学领域，尤其是普及至人体内应用，无疑是人类健康医疗发展的福音。

蒂比茨和他的团队介绍，把 4D 打印技术应用于城市管道建设，将是一个了不起的建筑技术飞跃，管道的自动调整、自动组装和自动修复功能可以降低管道铺设的难度和成本，还可以轻松应对地质灾害的发生，危险地区的工程将不再需要人员的参与。人们只需在计算机上完成管道规划和技术嵌入，接下来的一切只需“打印”。此外，当我们运用 4D 打印技术建造房子时，所构建的房屋的物理空间将会被改变，也就是说房子的物理空间将由

---

1 刘屹环，朱丽．4D 打印的发展现状与应用前景［J］．新材料产业，2018(1): 61-64.

2 Ge Q, Sakhaei A H, Lee H, et al. Multimaterial 4D Printing with Tailorable Shape Memory Polymers[J]. Scientific Reports, 2016, 6:31110.

3 Zarek M, Mansour N, Shapira S, et al. 4D Printing of Shape Memory-Based Personalized Endoluminal Medical Devices[J]. Macromolecular Rapid Communications, 2017, 38(2):1600628.

4 Kokkinis, Dimitri, Schaffner, Manuel, Studart, André R. Multimaterial magnetically assisted 3D printing of composite materials[J]. Nature Communications, 6:8643.

当前的静态向动态转变，并且这种转变将会根据住户预设的空间需求，在特定的时间情况下自我驱动变化。由 4D 打印所带来的新技术，对于房地产业而言，至少会带来以下两方面的颠覆性影响。第一个是居住空间的有效利用。在高房价的影响下，居住空间似乎成为了影响人民生活质量的重要问题。但深入思考，房子建筑面积大小固然重要，但空间的合理利用更为主要。当传统房屋的大部分生活居住功能被外移之后，我们对于房子的使用功能需求已经较 30 年前发生了很大的改变。以客厅为例，我们不再以 K 歌、打麻将或亲朋会客为主，可以说客厅的实际使用时间与利用率并不高。还有我们的卧室，通常来说，使用卧室的时候，客厅将处于闲置状态；而使用客厅的时候，卧室基本处于闲置。因此这组矛盾自然就出现了，一方面使用空间似乎不足；另外一方面使用效率不足。如果采用 4D 打印之后，这种情况将能获得有效解决，当我们处于客厅环境的时候，房子的空间格局将会自动变化，将卧室的空间融入客厅中，为客厅提供更多的空间；当我们需要进入休息状态时，空间格局也将同样自动变化，将客厅的空间融入卧室中，提供较为舒适的休息空间。第二个就是装饰行业的影响。通过 4D 打印技术打印的建筑空间并不需要装修，用户所希望的装修元素在打印初期已经被完全融合进去，并通过打印技术直接成型。不仅如此，4D 打印的建筑风格、装修风格、装修布局等都可以根据住户的“想法”而变化，也可以简单地理解为家里的装修风格可以随我们的心情而变化。我们只需要在打印初期，在建筑的模型设计中赋予其变化的想法，室内装饰环境或布局或风格将在接收到住户所发出的触发指令之后自动为我们变化完成。在 4D 打印的建筑中，我们住的或许已经不再是一座建筑，而是一座可灵活变化的“魔方”。

Bakarich 等人[1]制作了具有高响应速度和可逆性的骨骼肌类制动器，他们把它并入一个智能阀门，通过在冷水中打开阀门和在热水中关闭阀门来控制水流，这项工作展示了 4D 打印软机械制动器应用。

4D 打印使得打印的物体具有“活性”[2]，比如含苞待放的向日葵、自折叠飞机、可变形的埃菲尔铁塔等有趣的智能结构不断被发掘出来，实现了娱乐与功能的一体化设计[3]。此外，4D 打印在时装设计领域的应用将改变当前服装的格局，通过一台人体 3D 扫描仪和一台 3D 打印机，用户可以根据自己的风格与偏好自行设计不同的风格。通过控制打印过程中的层厚以及在智能织物上的程序编程，具有自动调节能力的服装可以产生重构并自动精确契合人体形态。

4D 打印具有人本性、智能性、交互性、生态性和生成性等教育应用特性[4]，可以为教学者或学习者打印个性化的教具、学具和玩具；同时，利用其自适应和自组装能力，可以

---

1 Bakarich, Shannon E, Gorkin, Robert, Panhuis, Marc in het, 等. 4D Printing with Mechanically Robust, Thermally Actuating Hydrogels[J]. Macromolecular Rapid Communications, 36(12):1211-1217.

2 Ge, Qi, Dunn, Conner K, Qi, H Jerry, 等. Active origami by 4D printing[J]. Smart Material Structures, 23(9):094007.

3 Yang, Hui, Leow, Wan Ru, Wang, Ting, etc. 3D Printed Photoresponsive Devices Based on Shape Memory Composites[J]. Advanced Materials:1701627.

4 Ge Q, Sakhaei A H, Lee H, et al. Multimaterial 4D Printing with Tailorable Shape Memory Polymers[J]. Scientific Reports, 2016, 6:31110.

重构智能化的学习空间，方便学习者进行协同编程，以培养信息时代所需要的编程素养。4D 打印资源的优势在于，这种动态的呈现方式能够帮助学习者建立有效的认知模式。例如，4D 打印作品的自动变形、自动组装等展示过程，以通俗化的表现形式，将欲传达的信息转换为直观、浅显、易懂的符号或图像语言，使学习者能够比较容易地懂得信息的内涵，并能够通过受众亲身参与和体验获得多重感官上的刺激，高效完成信息加工；对于在现实生活中无法观察到的自然现象或事物的变化过程，如细胞的分裂、分子的运动、动物或人体运动过程中骨骼的运动等，借助 4D 打印的智能教具可以直观、形象、逼真地呈现抽象的概念和理论，有利于学生理解和掌握。这种实物的动态展示，具有生动、直观、逼真、可视化、立体感强的特点，能够通过相应部件的运动变化方式，增强视觉化、立体化的记忆能力，丰富和提升学生的学习体验。4D 打印是人工智能在教育领域应用的重要形式，其具有的智能属性，将更好地服务和支持未来教育，服务于面向未来的创新人才培养。

4D 打印技术还需要在智能材料种类、智能材料结构打印工艺以及结构激励方式等方面展开深入研究，力求在材料科学、制造产业、航空航天、生物工程及医学等领域中的突出成果以及创新性技术，广泛应用于医疗、军事、航天、教育等领域。而随着 4D 打印正在成为现实，那么作为传统制造业的变革方向和新技术创业者的契机，它的优势主要体现在哪里呢？

优势一：大幅降低制造成本

对于生产复杂或者个性化定制产品来说，其制造和组装成本都是偏高的，甚至还会随着部件的复杂程度同比例上涨。而在 4D 打印技术的支持下的产品制造，零部件与产品本身结构的难易程度将变得不再重要，因为通过对整体产品不同零部件进行的一体化打印，以及可变形自组装将让组装成本化整为零，由此最大幅度地降低产品的生产制造成本。

优势二：个性化定制成本不变

在当前的制造技术与环境下，小批量定制的成本还是处于一个比较高的位置，更别说私人定制了，其成本或许要以艺术品的角度来看待。伴随着 4D 打印技术的介入，私人定制的成本将与传统的批量化制造画上等号，甚至更加低廉。因为在传统制造中被认为是很复杂的结构、工艺，到了 4D 打印面前，都将变得简单化，尤其是成本不会因零部件的复杂程度而波动。

优势三：取代人工组装成本

4D 打印的产品零部件，将不再需要厂家或用户自行组装。厂商根据用户的需要，将所制造的产品运送到指定地点放置好后，用户在需要的时候直接给予介质触发，打印物就会实现自动组装，这就取代了当前依赖于人力进行组装搭建或拆解的方式，人力成本也将由此得到释放。

优势四：零库存的生产方式

对于生产制造企业来说，所有的商品即是资产，同样也是其资金成本的核心部分，一旦销售周转放缓将直接导致资金周转率降低，进而影响利润。通过 4D 打印进行的生产制造将有效缓解这个问题。厂家根据消费者的想法随时提供产品设计、打印制造的服务，做到“即买即造、即造即销”，真正取代传统的库存销售方式。

优势五：放大创意空间

对于很多设计师而言，最痛苦的事莫过于创意很丰满，现实制造却很骨感。满满的创意，面对工程师的设计，以及传统加工制造技术，被改得面目全非。4D 打印技术可以毫不夸张地说，但凡设计师能描绘出来的创意构想，都能不折不扣地得到实现，真正做到让创意设计的价值获得充分体现。

优势六：降低制造专业性

当前的制造不论是简单或复杂，都在一定程度上对生产工人提出了专业技能和熟练程度的要求，尤其是一些专业性要求高的制造领域；而且技术的培养也都是需要经过多年的训练和沉淀的，中间还存在所培养技术人才流失的较大风险。4D 打印技术的应用，大大降低了我们对于复杂制造零部件的专业技能要求，并且可以帮助我们承担相当部分的“高难度”工艺制作，从而有效降低制造的专业门槛。

第五节　3D、4D 打印带来的问题与挑战

一、威胁人身安全

任何技术都有两面性，3D 打印技术亦然。2013 年 5 月，一家机构在社交网站上发布了一则 3D 打印手枪试射成功的视频。之后，各种各样 3D 打印的枪支以一种令人意外的速度纷纷现身网络。然而，由于制度和规则的漏洞和缺失，使用非金属材质的 3D 打印枪支，可以顺利通过安检，给安全带来隐性威胁。2019 年，一名英国的大学生因为使用 3D 打印制造枪支而被判入狱 3 年，警方发现该名学生使用的是专门制作实弹枪支的模板，且正在对 3D 打印出的枪支进行改装。3D 打印枪支持有者不受登记管制，3D 打印枪支本身也没有序列号等可供个体识别的标识。在中国，枪支、管制器具等在制造、运输、保管等各个环节均有较为严格的监管，而犯罪分子使用 3D 打印枪支作案后，枪支上没有序列号等标识，很难追踪销售或制造途径，塑料材质若销毁或改造成其他物品，则更难进行痕迹取证工作，这一切都将对侦查工作提出新的挑战。随着 3D 打印机的普及，心怀不轨的人利用 3D 打印制造武器，而这些武器的使用又没有具体的规则去限定的时候，也就意味着增添了威胁。来自美国麻省理工学院电气工程专业的两名学生在国际黑客大会上发布了一组应用程序编码，通过这组编码可以轻松开发出任何一把钥匙的 3D 数据模型，再配合 3D 扫描仪和打印机就可以获得成品。无独有偶，在纽约的 HOPE 黑客大会上，一名自称“RAY”的德国开锁专家使用 3D 打印设备和激光切割机，成功复制出高安全系数手铐钥匙。这些黑客研发 3D 打印技术复制生活中的特殊物品可能只是源于对技术的兴趣和炫耀，然而当这

些设备或者软件流入犯罪分子的手中时，就会成为实施不法行为的作案工具。格拉斯哥大学的一名化学家李•克罗宁正在研制药物打印机。他希望这台机器能够帮助贫穷国家的病人们迅速打印出所需的药片，然而倘若被用来生产毒品或是毒药，那么后果将不堪设想。3D 打印制造出来的很可能是一个人们从未想到的、失控的未来。

二、挑战信息安全

3D 打印技术将带来信息安全危机。利用 3D 打印技术打印出人头，蒙骗人脸识别系统，攻破信息安全围栏的案例近年来屡见不鲜。2018 年 12 月，《福布斯》杂志记者托马斯•布鲁斯特（Thomas Brewster）用打印出的自己的人头立体像解锁了四款高端安卓手机，但是 Apple 的手机难以通过识别，但似乎事情不是那么简单。越南安全公司 Bkav 用石灰粉 3D 打印出了面具解锁了 iPhone X，这个面具的成本约为 200 美元。接下来为了保障用户的安全性，我们可能会收到不去开启面部识别，用密码锁定的建议，随着 3D 打印技术的进步，打印人头立体像的过程可能更加简便，可能偷拍几张图片或是录制一段视频就可以得到人员的头部、脸部模型，进行准确打印。未来，如何防止 3D 打印技术给我们带来的威胁是一个引人思考的难题。

3D 打印机实际上也是另一种类型的计算机，因此也会有受到黑客攻击、中病毒的风险，倘若用一台被黑客入侵修改了程序的 3D 打印机制造军事核心部件，那么在使用时就会出问题，带来严重危害。如果打印的物资对精度要求非常高，那么一丝一毫的差别都会达不到理想效果。除此之外，如果黑客入侵 3D 打印机直接窃取数据，就会丢失关键技术，丧失核心竞争力。可见，在 3D 打印技术突飞猛进发展的过程中，加强网络安全维护，保证信息安全是至关重要的。

三、引发知识产权问题

技术的保密性，会因为 3D、4D 打印技术的出现而降低，保护知识产权成为新问题。3D 打印技术让未来的版权和设计成为最普遍的商品，但 3D 扫描和打印给知识产权带来了风险，其超强的复制功能让剽窃和抄袭更加容易。以现行的知识产权保护方面的法律来看，不论是对于 3D 打印或是 4D 打印领域都还处于空白阶段。这不单是我们国家所存在的问题，也是全球范围内许多国家所面临的共同挑战，主要表现在以下三个方面。

（一）公共交易的产品形态

由于 4D 打印技术所打印的产品具有自变形、自组装的能力，这就意味着商品交易环节的产品知识产权保护难度加大。以家电产品为例，我们借助于 4D 打印技术所打印的商品是仿制某品牌，但在面对监管部门取证的时候通过自变形、自组装的能力以另外一种非侵权的形态出现。比如冰箱，当我们仿制了 A 产品之后，在展示或者取证过程中，借助于自变形、自组装的能力，通过预先设置的可变模型对冰箱的尺寸与形态进行变化，形成 B 产品这在一定程度上增加了知识产权保护的取证难度。

（二）定制交易的灰色边缘

正如 3D 打印所衍生出的一些商业模式与服务一样，4D 打印也同样会衍生出一些专业为客户提供服务的打印平台，只是这种平台所呈现的形式更加多元、多样，或许是一种众筹模式，或许是几个共同爱好的人服务于某一个社区或者社群。而借助于 4D 打印的软件合成技术，用户可以在任意时刻、任意地点看到某一自己喜欢的产品，借助于手机、可穿戴设备等直接对其拍照，并将照片传送至所选择的定制平台。此时，提供 4D 打印服务的平台就能根据用户所传输的照片，借助于软件进行合成，并为用户打印好相应的产品，这种由定制服务所衍生出来的服务让知识产权保护在一定程度上游走于灰色的边缘。

（三）个人打印的版权挑战

当桌面级的 4D 打印机走入家庭的时候，尤其是对于一些小型化的产品，比如锅碗瓢盆、茶杯、居家装饰品等，用户完全可以根据自己的喜好在自己家中完成打印。当用户在网络交易平台上浏览到自己中意的产品时，或者是看到一些感兴趣的设计师的创意设计作品时，只要将相关的图片下载到相应的 4D 打印软件中进行三维合成，再传输到自家的 4D 打印机中即可完成产品的制造。不仅如此，用户还可以将多种不同的设计方案打印在同一个方案中，根据自身的需要在不同的时间对其进行驱动、变化，在这个过程中所发生的侵权活动，其取证难度可想而知。

自 2011 年由 3D 打印引发的版权纠纷在美国、荷兰等地相继出现，这种由新兴技术引起的知识产权纠纷开始进入人们的视野。可以预见，如果没有制约，3D 打印可能会引发更多的版权纠纷之争。为应对这一问题，3D 打印的几家大公司正在开发一种称为 3MF 的生产文件格式，它允许作者把知识产权信息直接嵌入 3D 打印文件之中[1]。美国的 Fast Radius 公司正在与其他公司合作开发存在云端的 3D 模型数字化库，用户可以在库中找到需要打印的物品模型，付费取得一次性打印权。我们希望对知识产权的保护措施能够跟上 3D 打印和 4D 打印技术的发展步伐，只有这样，知识产权才能在新技术的进步中得到保障。

四、可能引发伦理问题

3D 打印技术在生命科学领域有着光明的应用前景，可以打印组织、骨骼、血管甚至人造器官等，例如美国康奈尔大学的生物工程师们曾成功利用一副儿童耳朵 3D 扫描图成功复制出新的器官组织。这些应用将使人体修复病损、衰老组织或器官取得新的突破。不可否认 3D 打印技术的应用帮助很多人重新获得了健康，创造了医学奇迹。但人体器官的不受约束地复制和应用，很容易产生伦理和生理相关的复杂问题。

总之，3D 打印和 4D 打印具有美好的前景，广泛的应用领域，也会遇到各种问题和困难，这就要求我们择其长抑其短，科学全面地发展、运用好相关技术。

---

1 里克·史密斯，米奇·弗里. 大颠覆——从 3D 打印到 3D 制造[M]. 余小丹，陈毅平译. 北京：中信出版集团，2018:136-137.

第九章

物　联　网

如果说互联网连接的是计算机，那么物联网连接的就是世间万物。物联网主要通过先进的技术将世间万物转换成各种参数，通过中间的各种技术上传到互联网上，从而形成一个关联世间万物的网络。物联网与互联网最大的区别在于，向物联网上传各种数据的是各种物体，并且物体间也能进行各种信息交换，而向互联网上传数据的是人。在现代社会，物联网已经初步渗透在人们的日常生活中，随着识别和感知技术的发展，它还将为人类带来更多的便利，给未来的社会生活带来更大的机遇和挑战。本章从什么是物联网、物联网对人类社会的影响、物联网与人工智能时代这三个方面介绍物联网的相关知识。

第一节　什么是物联网

一、物联网的概念

物联网（The Internet of Things，IoT）可以称作“万物相连的互联网”，因为它是基于互联网的延伸和发展，将各种传感设备和互联网相连，从而实现在任何时间、任何地点的人、物的相互连接。

物联网是新一代信息技术的重要组成部分，是物与物相连的互联网，其中包括两层的含义：第一层含义指物联网的核心基础仍然是互联网，它是在互联网基础上的延伸和发展；第二层含义指物联网将互联网人和物的联系拓展到人与物、物与物之间的联系，从而进行信息的传递和交换。

因此物联网是指通过各种先进的技术（例如云计算、射频识别技术、全球定位系统等），采集物体的各种声音、光、生物、化学、物理等信息对它们进行实时的监控，通过对监控数据的收集和分析，建立物与物、物与人之间的联系，实现对物体的智能化感知、管理和识别。所以说物联网是基于互联网和各种先进技术，将各种物体与互联网相连，从而实现对物体智能化的识别、监控和管理的网络。

二、物联网的起源和发展过程

“物联网”一词最早出现在美国比尔·盖茨1995年出版的《未来之路》一书中，当时书中有提及“物联网”一词，但是由于当时网络和传感技术的发展不是很成熟，物联网在当时并没有引起人们足够的重视。

1998年，美国麻省理工学院提出了当时被称作EPC系统的“物联网”构想。1999年，美国Auto-ID正式提出了“物联网”这一概念[1]，20世纪90年代的中国一直将物联网称作“传感网”。1999年，中国科学院就开展了有关传感网的研究和探索，并取得了一些科研成果。20世纪末，一些发达国家已经意识到传感网将是21世纪人类面临的一个新的机遇和挑战，加大了对传感技术的研究力度。2003年，美国《技术评论》杂志指出传感网技术将是未来改变人们生活的技术之首。2005年，在WSIS会议上正式提出了“物联网”这一概念，并且发布了“ITU Internet report 2005: the Internet of Things”，其中介绍了物联网的核心技术以及未来面临的机遇和挑战[2]。根据Statista门户网站2017年公布的数据[3]，2016年互联设备数量已经高达176亿，预计到2020年物联网市场规模将突破7万亿美元[4]。

自“物联网”这一词诞生后，就在中国引起了特别广泛的关注。2009年，我国将设立“感知中国”的研究中心。2010年，在上海举办的IoT国际会议上指出物联网产业将成为全球信息产业的新兴产业。2011年，随着我国互联网技术的迅速发展形成了完整的产业链，各类先进的技术在我国各个行业开始应用起来，比如公共服务产业、交通运输业、电子科技产业等。2009年，物联网产业的发展被列入《2009年国务院政府工作报告》中，我国物联网产业的规模不断扩大，速度不断加快，带来的经济效益也不断增加，物联网也逐渐渗透到人们的日常生活中，我们更需要物联网技术改善人们的生活，并且推动我国经济技术的快速发展。

但是物联网在中国的发展也面临了很多挑战。一开始我国物联网的发展缺乏完整的规划，相关的科学技术还需不断提高，物联网在一些领域发展相对较慢。物联网在中国处于起步阶段，由于各项技术的不成熟以及行业之间联系不够紧密，物联网的发展先进程度不足，因此我国需要高度重视物联网产业以及相关技术的支持，国家可出台一系列的支持和鼓励政策，给物联网产业的发展营造更好的政策环境，在政策和资金上给予物联网技术研究和开发足够的支持；其次更要注重培养高素质的科技人才，为物联网相关技术的发展储备高素质的人才。

---

1 AutoID Labs homepage. http://www.autoidlabs. org/.

2 International Telecommunication Union, Internet Reports 2005: The Internet of things[R]. Geneva: ITU,2005.

3 Statista Inc. Internet of Things (IoT) connected devices installed base worldwide from 2015 to 2025 (in billions)[EB/OL]. [2017-05-30]. https://www.statista.com/statistics/471264/iot-number-of-connected-devices-worldwide/

4 Ironpaper Growth Agency. Internet of Things Market Statistics-2016[EB/OL]. (2016-02-04) [2017-04-08]. http://www.ironpaper.com/webintel/articles/internet-of-things-market-statistics/

三、物联网的核心技术

物联网的核心技术主要包括 4 部分，其中最主要的部分之一是射频识别技术（Radio Frequency Identification，RFID），RFID 的主要作用是能让物品“说话”，就是人们可以通过这个技术随时掌握物品的信息和位置，许多公司因为使用了 RFID 这一技术，例如用机器扫码代替了人工查看进货码从而节省了大量的劳动力成本。在物联网中，传感网作为一项核心技术，通过微传感器、微执行器、信号处理等部件组成微型系统，主要作用是将信息的获取、处理和执行集成在一起提高系统自动化、智能化和可靠性水平。其中比较常见的是传感器，微机电系统（Micro-Electro-Mechanical System，MEMS）赋予了物体新的生命，使它们有了自己的数据传输通路和存储功能，从而形成一个庞大的传感网，并且能让物联网通过物品实现对人的控制。在物联网中起着重要作用的另一项技术是 M2M 系统框架，M2M[1]是（Machine-To-Machine）的简称，它主要以终端的智能设备为载体进行网络化服务，比如目前市面上比较常见的智能家居，可以通过手机端的 App 来控制家中所有电器设备的开关或者使用情况，家中遇到特殊情况会发消息给主人。此外，在物联网中对于数据收集和信息处理最为关键的技术是云计算，它主要是通过把多个计算的实体融合在一起形成具有强大计算功能的系统，并且可以通过先进的商业模式让智能终端用户感受到这种高效率的计算能力。智能终端的使用者可以随时获取“云”上的资源，只需按量付费即可，正是由于它有着强大的计算能力，才可以把它当作一种商品进行交换，比如人们生活中使用的水、电、天然气这些资源不需要用户自备，只需按照自己的用量进行付费就可以满足自己生活的需求，云计算把许多的资源集合起来，通过一定的技术实现自动化管理，参与人员很少，但是能很快提供资源，“云”就好比自来水厂，我们可以随时用水，并且没有用量限制，可以按照自己的用水量付费给自来水厂。

四、物联网的特点

（一）全面感知

物联网主要是利用 RFID、传感器、定位器等手段对物体随时进行信息数据的采集、传递和控制，从而掌握物体的位置和基本信息。全面感知的过程主要包括信息的收集、数据的协同处理等，从而达到监控和指挥的目的。

（二）可靠传递

物联网是在互联网基础上，对已经接收到的数据信息进行传递，并借助无线网络对信息进行分析与处理，从而实现数据的交互和共享。因为传感器网络是一个局部的无线网，

---

1 M2M Activities in ETSI. (2009-07-09)[2010-05-12].http://docbox.etsi.org/M2M/Open/Information/M2M_presentation. ppt

因而移动互联网作为承载物联网的一个有力的支撑。

（三）智能处理

物联网的智能处理主要是运用云计算等技术，对随时接收到的跨地域、跨行业、跨部门的数据进行分析和处理，从而提高对整个社会经济活动变化的洞察力，实现控制和管理。

第二节　物联网对人类社会的影响

物联网是信息技术的重要组成部分。随着我国物联网的快速发展，物联网应用到了各个领域，尤其在公共管理、交通运输、农业、物流等基础设施领域的应用，通过先进的科学技术使得这些领域朝着智能化、信息化发展，促进了资源的合理分配，并提高了整个社会的经济效益。与人们生活息息相关的智能家居、医疗卫生、交通运输行业、公共卫生等都通过物联网，不论是服务的质量还是服务的范围方面都得到了改善，进而改善了人们的生活方式，提高了人们的生活质量；在社会管理方面，物联网的应用带来的影响也不容小觑，大型机场等的安保系统都有物联网信息技术的支持，提高了工作效率从而节约社会资源；此外，物联网也在不断改变着日常管理的方式，把物联网的相关技术应用到企业日常管理和城市管理等，通过信息传输，并借助互联网的手段不断改善管理的效果；物联网技术应用到社会生产方面能够极大地提高社会生产的效率，节省人力成本和社会的资源消耗。

一、物联网对人类生活的影响

近年来，我们深刻感受到物联网对人类生活方式的改变，物联网已经逐渐渗透到人们的生活中。例如智能家居的兴起，人们可以通过手机端的 App 控制家的智能电器，下班前提前调好室内的温度，休息前也可以通过手机端调节光亮；公交一卡通和 ETC 缴费系统改善了交通的情况，这些都为人类创造了更加便捷的生活方式。

（一）智能家居的使用

随着信息技术的快速发展和智能手机的普及，智能家居模式也在一步一步的变化中，智能电视使得一些家庭摒弃了普通电视机和计算机这两个硬件设备，扫地机器人的推出也使得一些富裕的家庭进一步提高了生活质量。

当智能家居刚在中国兴起的时候，主要发展方向是智能住宅，但是发展得并不是很理想。如今发展到我们生活中的家电和照明的控制系统、家电影院系统、电路报警系统等，但是我们能够发现这些系统之间没有相互的联系，各个公司只专注研究自己的产品，围绕产品的性能、质量、外观，尽可能使其智能化。总体来说，现在的智能家居系统是将互联网技术应用到传统的家电中，利用有线和无线的信号，通过智能手机进行控制，使其智能化。当代智能家居的一个重要特点就是改变了人与物之间的联系。

智能家居的构成主要是由几个有影响力的企业推出自己的核心产品。我国传统的家电企业如海尔、美的、长虹等都构建自己的战略平台。华为、小米等一些 IT 领军企业也陆续开发了自己的智能家居产品。例如海尔集团在自己的公众号曾经推过一篇文章《拥有智能家居后，我的一天是这样度过的》，文章中有这样一段描述："早晨智能联动的海尔无线电动窗帘将自动开启崭新的一天，检测到主人上班后将开启一键离家模式，自动关闭灯光、电视、空调并同时开启安全防御系统（电路报警器、烟雾探测器、水浸传感器等），等主人下班回家后将自动开启照明系统并自动调节灯光，此外，白天外出家里没有人，遇到突然的暴风雨，风雨传感器也能应对自如。"从这段文字中，我们能感受到智能家居带给我们的便利与贴心，同时我们不难发现在智能家居中起着至关重要作用的是传感器，智能家居都是通过一系列的传感器来感知现实的变化来进行调控。

物联网时代下的智能家居相比传统的家居而言，在提高生活品质的同时更注重实用性和整体性。传统家庭中的普通家电，虽然有时候也被称为智能空调、智能电视、智能洗衣机等，但它们工作起来都是独立的个体，就整个系统而言，它们是混乱的、零散的。而物联网下的智能家居是一个系统中的要素，通过彼此之间的关联共同作业，每个个体都和主人有密切的联系。举个例子，某天当你起来吃早餐的时候，智能家居系统里在向你播报今天的天气情况的时候插播汽油明后两天会有大幅上涨，这时智能家居系统会自动检查你汽车里的汽油量，提醒主人是否向汽车补充能量，整个智能系统是一个大的整体，各个子系统密不可分，这样也不用时刻抱着手机关注各项变化，从而在节省时间的同时提高自己的生活品质。

另外，智能家居相比传统家居有自己的一大特色——个性化定制。当今社会，在各行各业都强调个性化服务、个性化创新，物联网时代对智能家居也有个性化的要求，智能家居的个性化是指在整个家居环境中任一的智能家居都要满足主人的要求和喜好，所以不存在完全相同的智能家居的安装和设计。物联网时代下的智能家居另一个亮点是家庭安保，现代社会很多人避免不了长时间的出差，如果时间久了我们会担心家中的各种问题，遇到下雨天没有关窗，会不会有小偷入侵的担忧，即使出门前我们再三确定电源已经拔掉，水闸已经关闭，但是我们还会产生别的忧虑。物联网下的智能家居就会帮助人们扫除这些顾虑，比如安装远程监控系统，我们可以通过手机端的 App 实时关注家中的变化情况，如果家中安装了水侵传感器、烟感探测器等，一旦出了问题就会向手机发出异常信号，给人们带来了很大的安全感。

虽然智能家居能够改善人们的生活方式，给人们带来诸多便利。但是相比传统家居而言，物联网下的智能家居不能普及的一个重要原因在于价格比较昂贵。物联网是指万物互联，它的一个首要前提是让家居环境中所有的家电都具有"智慧"。但是就当前而言的智能家居，每个厂商提供的一系列家居产品还是比较昂贵的，很多家庭负担不起或者不愿意负担，要使智能家居普及还需要科学技术进一步提高，产品价格进一步下降。

（二）支付方式的改变

随着物联网的快速发展，人们的支付方式也发生了很大的变化。对于原有的支付方式，消费者需要支付现金进行等价交换，但是现金交易的这种支付方式会有很多不方便的地方，例如购买大件昂贵商品时现金不便携带，并且安全系数低，由于这种支付模式的烦琐和复杂，智能支付是消费者一个不错的选择，人们出门旅游不论是订机票、酒店还是日常的消费只需要携带手机，几乎所有大大小小的交易都能通过手机完成，在给人们带来了极大便利的同时，简化了支付的流程，提高了整个交易的效率。

同时这种支付的价值也超越了支付的本身。在传统的支付模式中，银行作为中介，目的单一，掌握的信息也非常有限，但是随着互联网的快速发展，特别是近年来电子商务发展的需要使得支付的价值远远超过了支付的本身，通过电子支付不仅仅可以实现产品的交换，更重要的是在支付的过程中对数据信息的收集、分析和处理，进而了解消费者的消费偏好，有针对性地为消费者提供可能消费产品的信息宣传。在物联网时代，技术的进步使得一些银行有能力和条件去顾及原先无法解决的消费者的支付需求的问题，通过物联网云计算技术对信息的收集和处理使得银行对消费者更加细分，从而提供更具有差异性的服务。

在物联网时代，无卡化的趋势进一步加快。尽管现在网络支付还是很难摆脱银行卡独立存在，但是相信这种依赖程度会随着无卡化的发展逐渐降低，并随着相关技术的进步，这种降低的速度会越来越快。物联网在智能支付方面给人们带来便捷的同时也隐藏着一些挑战，首先消费者应该提高防范风险的意识，不要随意点开支付链接，在平时生活中保护好自己的个人信息；另一方面对于监管者也是很大的挑战，监管者以对待传统支付模式的理念对待智能支付是行不通的，因此需要监管者以更加开放包容的心态对待新型的支付方式，同时协调政府相关部门制订相关的法律规范，为支付方式的创新提供强有力的保障和稳定的市场环境。

（三）购物方式的改变

物联网对电子商务的影响不容小觑。通常购物不仅仅是购买到人们想要的产品，更重要的是消费者在这个购物过程中的满意程度，不论是线上还是线下，物联网对人们的购物方式都产生了很大的影响。物联网可以通过数据的收集和分析进而给人们提供个性化的购物体验，比如通过大数据的分析可以判断出消费者对品牌的忠诚度，进而品牌可以提供一系列的奖励措施在消费者的后台推送各种优惠券来增加消费者重复购买的机会。

在人们购物的过程中，结算方式及其方便性也影响着消费者的满意程度。之前我们经常看到节假日期间超市结账台会排很长的队伍，这样不仅影响消费者购物的心情，而且会给收银员带来很大的压力，往往会出现收银员工作失误的情况。但进入 21 世纪后，沃尔玛等一些具有代表性的大型零售超市采用了自助结账的方式，消费者可以在自助结账机器前进行自助的扫码结算，这样会提高结算的效率，降低超市经营的成本，更重要的是能够提高消费者的满意程度。最近“自助结算”有了新的含义，消费者不需要在自助结账机器进行扫码结算，只要将自己想要购买的商品放在购物车中，店内商品跟踪技术应用到购物车中，消费者不用结账就可以直接走出超市，之后会根据消费者购买的商品总额自动在联网的信用卡上扣除，但是这项技术处于发展的初期，还面临许多问题，需要相关技术公司的进一步研究才能进行大范围的推广。

在超市中摆放商品的货架中其实也运用了物联网技术，通过在货架上粘贴 RFID 标签，可以随时感知哪些商品什么时候取走、什么时候上架、什么时候下架，帮助商家了解商品的购买情况，更重要的是有助于提高库存的管理效率，通过大数据的分析清楚知道商品的销售量和库存量，以及哪些商品是畅销商品，哪些是滞销商品，有利于提高整个超市的管理效率和运作效率。对于一个企业而言，销售一件商品还应该注重售后服务，特别是零售商，否则他们要在客户关系的维护中花费大量的时间和资金，物联网技术应用到产品售后中也是一个很大的进步，通用汽车就是一个很好的例子，他们从产品的销售开始就注重数据额收集，并能够进行远程的高级诊断，提醒车主进行定时的维修保养。

（四）便利的智能医疗

物联网对人类的医疗保健行业产生了巨大的影响。许多物联网驱动下的医疗器械，不论是远程监控还是有智能传感器的医疗设备，都对患者的满意度产生了很重要的影响，同时智能医疗也为医护人员提供了很大的便利。

首先，医院部署物联网后，能够实时监控库存商品的数量并通过大数据进行分析和处理，得出哪些是滞销药品，哪些是需要大量储备的药品，根据分析的数据信息进行采购，节省了人力，提高了工作效率，同时药品的使用者可以根据药品盒上的 RFID 标签进行溯源，明晰药品的生产厂家、生产日期[1]。其次，随着无线网络技术的快速发展，物联网对医疗工作的流程也产生了重要的影响，通过无线设备的使用，例如病人手腕的智能手环、压力袖口等，可以监测病人的具体位置以及病人每天的体温和血压值，减少了医疗工作的流程，同时也能自动化地收集数据，根据监控的数据及时调整治疗方案或者为病人提供早期的医疗干预，提高病人的满意度。与此同时，智能医疗系统还具有紧急的呼叫急救设施，能够确保在最短的时间内迅速洞察这些病症的风险，然后呼叫医护人员，现在许多家庭已经安装无线的健康设备，从这些设备中挖掘数据的机会很大，并且将这些数据整合到医疗记录中有很大的潜力，这种智能医疗系统对于独居老人是有很大好处的，独居老人通过携带医院配备的智能手环，保障病人在遇到紧急的情况下能得到救治。

同时借助物联网也能提高护理的质量，大大改善医疗服务的运作，比如新生儿住院会配备智能腕带，这些智能腕带有着无线网络的支持，如果小孩调皮离医院的出口很近，医院的记录并没有批准出院，那么医院的出口会发出警告声，同时关闭出口。此外，护士也能通过智能手机端监测到重症病人的心率变化等，减少工作流程，提高工作效率。物联网设备能够提高患者的满意度，比如刚做完手术的病人，通过贴上实时的位置跟踪标签，到康复出院前医生和家属都能查看病人的恢复情况，家属可以通过等待室的显示屏查看病人的进展情况，从而避免医患纠纷。医院可以通过冰箱和实验室安装的无线传感器来确保药物、血液样本等保持在合适的温度，在这种情况下使用无线传感器能大大提高医院的工作效率。基于物联网的设备，同时也能实时更新电子记录，比如可以将订单放置用于 ECG，并且一旦完成，该订单可以自动保存到该文件中。医务人员可以通过此设备远程查看 ECG 报告，并与之前的 ECG 报告进行相对有效的对比。

相比其他行业，物联网在医疗卫生领域的可能更具有变革的潜力，同时物联网会在未来几年对医疗行业产生更深刻的变革。

---

1 李浩源，贾纳尔，孙涛.物联网技术在智能医疗行业中的应用研究.[J].数码世界，2016（10）：66-69.

二、物联网对社会生活的影响

（一）互联网下的智能交通

近年来，随着互联网的发展，物联网催生出了很多的出行交通方式，其中最具代表性的是城市公交一卡通和高速公路的 ETC 收费模式。智能交通系统是在现代先进技术的基础上发展起来的，其中运用了传感技术、通信技术和识别技术等先进的技术，可以优化智能交通系统，实现对城市交通的监控管理[1]。

1. 城市公交的一卡通

城市公共交通是智能交通的重要领域，真正实现了人、路、车的三者的有效联系，通过建立城市公共交通信息的“一卡通”信息系统，确保乘客能够随时搭乘公交或者地铁，减少了乘客买票、验票的环节，节省了大量的人力成本，同时也方便了乘客。近两年政府鼓励绿色出行，再加上信息技术的快速发展，卡片式的一卡通逐渐变成了电子卡，比如西安的市民可以在支付宝中注册“长安通电子卡”，通过手机进行扫码乘车，这极大地节省了社会的资源。此外，“智能”公交平台能够通过感知终端实时定位车辆以及车辆的运行情况，从而实现有效的调度，通过这个平台车辆的调度员也可以在调度室实时了解车辆的情况，感知设备进而检测交通是否拥堵。同时，公交车辆的信息会及时显示在站台，实时地更新车辆的到站情况，市民可以在手机 App 端实时掌握车辆的位置，比如关注“车来了”公众号可以查看任何一辆公共汽车的运行情况，也可以设置自己的终点站，届时会发出提醒下车的信号，给我们出行带来了极大的便利。物联网智能公交实现了把公交变成一辆私家车，同时也符合智能交通的目标和宗旨。

2. ETC 收费模式

除了公交一卡通，目前智能交通还表现在 ETC 车道的设置上。ETC 指电子不停车收费系统，是一种先进的收费模式之一，现在很多城市和地区的高速公路出入口和部分停车场都设置了 ETC 设备，减少了原有的人工收费，物联网在这种车辆收费模式的转变中发挥了重要的作用，这种收费模式能够加快路桥收费站车辆的运行速度，节省了车主本身需要缴纳的车辆人工费。可以看出，运用物联网模式有利于提高效率、减少和防止行车在收费站停留时间过长而导致的交通拥堵的情况。

3. 智能停车场

大城市尤其是市中心，交通拥堵现象严重，物联网一定程度上帮助解决了城区如何规范停车的问题，通过建立智能感应的停车诱导、停车收费和通车管理的平台，车主可以自主地进行缴费，给车主带来了极大的便利，也为交通监管部门缓解交通压力提供了很大的帮助。停车场实时的车位数据展示使车主可以选择附近有停车位的停车场，同时车主也可

---

1 陈杰，孙霄龙，奚文，等. 基于物联网的城市道口机动车智能监控和行为检测系统[J].网络安全技术与应用，2014(6):18-19.

通过多种支付方式进行缴费，现阶段主要有三种付费方式：App 自助缴费、人工收费、PDA 人工收费，通过物联网技术感知车辆的停车时间做相应的统计换算，同时也避免了一些不必要的纠纷。

4. 智能交通系统

在物联网的基础上，我国的城市交通朝着智能化快速发展，交通的管理水平和服务水平都得到了很大的提高，智能交通注重解决城市交通中的交通拥堵和交通污染的问题，在智能监控系统中要强化监控信息管理服务质量[1]。智能交通系统主要包括三个方面：道路交通管理智能服务、公路交通智能管理、城市公共交通职能管理。今年随着物联网技术和云计算的发展和进步，人们提出了智慧交通系统的新理念，虽然智能交通和指挥交通都运用了传感、识别等技术，但是智慧交通是将这些技术应用在整个系统的各个节点上，它是物联网对交通领域更深刻的应用，实现了对交通设施的高效管理。智能交通通过交通状态的感知、智能化的控制、车辆调度和定位等的物联网系统，注重云计算等先进技术在系统中的有效集成，从而提高交通管理的水平。例如物联网可以通过检测桥路的承载能力等“健康情况”避免超载车辆驶入；或者通过感应技术感应车辆的灯光的情况调节路灯的明亮程度。

（二）物联网下的智能物流

物联网对物流产业的影响是全方位的。现代物流业的发展需要先进的技术作为支撑，物联网无疑是使物流配送智能化的强有力助手，从而带来智能供应链的变革。物流产业发展的一个重要特点是对产品信息的追踪，而物联网技术是基于 RFID 技术发展而来的，通过在产品包装上粘贴 RFID 标签，产品的相关信息可以在不用接触的情况下获取，因为该 RFID 标签包括了产品的所有信息，再加上 GPS 技术的应用，就能对产品进行追踪，实现物流智能化的管理。例如我们生活中常常会看到各种各样的自助售卖机，当你扫码开柜后，取出自己想要购买的商品时，关闭柜门后系统会自动结算，给人们的生活带来了很大的便利。

此外物联网在物流产业的应用还包括以下几方面：（1）实现了智能配送，这主要是运用了 GPS 技术，对物流车进行实时的跟踪和定位，实现产品的配送的可视化调度和管理。（2）建立了全自动的物流配送中心，每个大城市都有自己的物流配送中心，实现了智能控制和自动化的操作。（3）企业的智慧供应链，智慧供应链是将物联网技术和供应链管理相结合的技术、理论和方法，在企业和企业之间实现供应链的网络化、智能化和自动化的集成系统。智慧供应链主要是满足客户各自的个性化需求，更倾向使用可视化的手段来表现数据，采用移动化的手段访问数据，更重要的是智慧供应链更加系统地考虑问题，考虑人机系统的协调性，实现个性化的管理系统。

总之，物联网通过云计算、智能网络、传感技术等对数据进行分析，实现了库存的监控、配送管理、流程追踪等物流过程，标准化的物流系统建立可以使整个物流供应链更加

---

1 祁宏宇. 物联网在公交管理中的应用[J]. 计算机光盘软件与应用，2013(18):34-35.

透明[1]，从而提高了物流效率，保障了物流的安全性和可控制性。

（三）物联网下的城市管理

1. 城市照明管理

城市管理中可以通过运用照明电器远程联网控制技术对城市的照明进行检测和控制，可以实时监测、采集各项照明信息，并通过云计算对收集的信息进行分析和处理，实现对照明系统的主动控制[2]，从而有效避免深夜照明标准过高而造成的资源浪费，也可以避免深夜照明电压过高造成的能源的浪费。比如，通过设定程序，天亮后可以自动关闭路灯，或者某个时间节点调节路灯的亮度；遇到突发的自然情况，比如暴风雨天气能见度极低，可以自动开启照明模式；在正常状态下，可以设定相应的程序自动执行照明系统，比如在夜间的某个时间点开启或关闭单号灯或双号灯；安装定位报警系统，当某个路灯发生故障时可以自动向总台发出信号，避免了人工检测，维修人员可以根据发出的定位及时地维修和处理，节约了时间，也保障了照明系统的正常运转。在物流产业中，我们在产品包装上粘贴 RFID 标签，同样在城市照明系统中我们也可以运用该技术，有效地检测每一个细节的变化，从而实现传统手段无法实现的细节管理，我们可以在每一个电杆、灯杆、井盖上粘贴 RFID 标签，实时监测城市所有照明设备的信息，以及照明设备使用情况的全程跟踪，当工作人员进行巡查的时候可以通过扫描粘贴在照明设备上的 RFID 标签，全面掌握该照明设备的目前运转情况和历史维修记录，当发生故障时，也能及时处理，保障照明系统的正常运作。

2. 户外广告管理

户外广告布局不合理将会影响城市的风貌，如何使得户外广告的布局更加合理呢？物联网在对户外广告的识别和监管中发挥了重要的作用。通过对户外广告身份的统一识别、对广告的统一编码来识别广告，物联网技术的应用将户外广告的审批、检查、年检等工作也纳入其中，执法人员只需通过相应的检查软件来检查这些广告的基本信息是否合格，从而减少了执法人员的工作量，极大地提高了执法的效率。

3. 环境卫生的管理

在城市环境卫生管理工作中，无法根据垃圾的数量来进行计费，只能根据配备的垃圾桶的数量来进行结算，这样无论垃圾是否清运，环卫部门都要为其付费，造成了大量人力和物力的消耗。随着物联网技术应用到城市垃圾管理中，可以将每个垃圾桶粘贴 RFID 标签，通过识别 RFID 标签对每个小区的每天产生的垃圾量进行准确的记录，同时也能汇总城市垃圾中转站每日的垃圾处理量，这一技术的应用不仅可以保持城市环境的干净整洁，而且能够减少城市管理中垃圾处理的不必要的开支。在日常生活中，我们常常能看到这样一种现象，许多居民为了自己的方便将城市公共的垃圾桶放在自家门前使用，但是城市环卫工作人员也无法准确判断市民门口的垃圾桶是否是城市统一安排的垃圾桶，随着物联网

---

1 高一凌，探析物联网下的智能物流发展[J]. 智富时代，2018(07):1004-0447.

2 马玉波，张培剑. 基于物联网的智能城市（照明）管理系统[J]. 信息技术与信息化，2014(01):49-52+58.

的发展，这一问题有了很好的解决办法，城市在统一安放垃圾桶前进行电子编码，后台能够定位到每个垃圾桶的位置，这样减少了公共资源的损耗，也提高了社会的风貌。物联网技术同时也能实现对环卫车辆的全程监管，环卫车辆包括垃圾运输车辆、洒水车、保洁车、道路清扫车、转运车等，通过对这些环卫车辆安装定位系统，实时监控环卫车辆的定位监控、车辆跟踪等。另一方面可以根据不同城区的工作量进行车辆的调度，通过物联网技术监控对后台的数据分析对环卫车辆的出勤率、行驶里程、工作效果进行比对和分析，掌握每辆环卫车辆每天、每月的工作量，从而实现对整个环卫工人和车辆的调度，从而实现科学的管理，避免了不必要的浪费，节约了清扫车辆和人员的成本，提高了工作的效率。还能通过在环卫车辆上安装的定位系统监控这些车辆是否按照要求作业，这样也能提高城市环卫工作的效率。

4. 地下管线的管理

城市的地下管线包括自来水、燃气、电力等管线，这是一座城市的生命线，但是由于我国城市化建设比较晚，在地下管线的建设中又缺乏经验和规划，因此地下管线监管体系还不够完善，这样我们时常会看到城市中有些管线老化造成泄漏的现象，都是因为我们无法实时对地下的管线系统进行全方位的监控以致不能及时地关闭闸门，并且在维修过程中会造成附近居民停水、停电、道路中断等现象，给市民生活带来了很多不便。但是在地下管线信息系统中，感知层通过传感器对地下的管线进行实时监控[1]，并将这些数据进行收集和分析，当出现异常情况时能及时采取措施。比如当某一城市的地下管线突然发生故障时，根据地下管线安装的传感器发来的信息定位故障位置及时关闭管线的阀门，随后采取合理的处理方案，把损失降到最低，这样就不会影响居民的正常生活了。

5. 共享领域的管理

在城市中，我们随处可见的共享单车有美团、摩拜、青桔等，但是如何实现对这些单车的定位和监管呢？其中物联网技术发挥了重要的作用。一般的单车以 GPS 终端坐标为主，辅助手机 App 的 GPS 坐标、附件基站信息进行定位，公司能够根据这些定位信息以及传感器发送的信息进行 24 小时的监控，监控所有车辆的实时位置、行驶的轨迹以及行驶的速度，当车辆超速时会自动报警，单车的行驶速度如果超过了监控中心预设的速度，会及时报给监控中心，同时监控中心能随时回访近两个月车辆的轨迹记录。

当某一地区的共享单车数量较多时，监控中心也能够检测到，每天晚上会有专门的工作人员进行单车数量的调控；当遇到故障车时，可以通过手机端进行问题反馈，监控中心收到信息后自动停用该故障车直到调控人员将故障车辆收回，其他人员无法使用该车辆。

6. 公共安全的管理

公共安全是国家安全和社会稳定的基础。物联网在公共安全领域的应用为我国解决目前的公共安全问题提供了新的思路。通过建立公共安全检测系统，对全国范围内各种危险源进行主动的监控，做好切实有效的预防，比如有毒、可燃物的泄漏、隧道桥梁的坍塌等突发性事件；通过对巡察设备数据的收集和分析，做好公共管理的预防和监控，因此公共

---

1 张晓光，将物联网技术应用于城市地下管线管理 [J]. 测绘通报，2013(A2): 67-68.

安全领域物联网的应用应该得到全社会的大力支持和重视，因为它关系到人民的生命安全和生活质量；通过物联网使得公共安全的管理更加透明化，提高对突发事件应急处理的能力，从而促进整个社会的稳定。

（四）物联网技术支持下的行政管理

我国人口众多，行政管理的难度一直很大，由于行政工作的特殊性，以及缺乏对行政执法相关的监督和约束，会出现违法执法的现象，导致行政执法工作效率低下。但是物联网技术在行政执法工作中的应用，提高了行政执法工作的效率，同时也规范了执法的方式。

当遇到突发事件时，城市管理的网络员可以通过手持设备对现场进行录像、拍照，并对现场事件进行简单的描述，该设备可以安装 GPS 定位装置，可以拍照、录音等，城市管理的网络员可以将拍下的内容发送给指挥中心，指挥中心核实后交给执法人员进行处理，这样不仅能够还原事情的真相，保障执法的公正、公平，同时极大地提高了行政执法工作的效率。同时物联网在设备中的应用可以进行业务的资源的查询、相关案件的数据记载和处理情况、行政处罚情况等；对事故现场进行拍照、录音、信息的采集，这些都有利于提高行政执法工作的效率，提高执法管理的精细度，降低行政执法工作人员的工作量和压力。

物联网作为公共管理的有力支撑，能够及时地保存公共管理所需的大量管理的资料，能够整合现有的公共管理的资源，最终达到资源的优化配置和有效利用；此外物联网在公共管理的监管方面也发挥了重要的作用，减少了公共资源的浪费。

三、物联网对社会生产的影响

（一）物联网对农业生产、发展的影响

在传统的农业生产中，主要是通过人工的方式来获取信息的，会耗费大量的人力、物力并且生产效率低下。通过物联网技术助力“传统农业”向“现代农业”转变，发展农业物联网对于提高农产品的质量、保障农产品的供给、提高生产效率等方面都发挥了重要的作用，物联网对农业的控制主要表现在对生产管理的控制、产品质量安全和农业病虫害生物的控制，从而推进农业的转型升级，增加农民的收入。农业物联网实质上是精细化农业、信息化农业[1]。

在农业生产的过程中，通过物联网信息共享能够第一时间提示耕种的时间，保障更低作业的正常开展，还可以对不同土壤的土质进行检测，判断土地适合浅耕还是深耕；在播种的过程中，通过物联网技术对不同农作物以及周围环境的监测来确定播种的时间和密度，从而保证播种的质量；在农田的日常管理工作中，通过物联网技术对土壤进行湿度、PH 值及最近的降雨量、风力的检测来判断农田是否需要灌溉或者施肥；在农作物收获的季节，通过人力、机器设备的配置实现资源的合理利用，提高工作效率，保证在最短的时间内完成作业。在农业生产中通过物联网技术的应用，能够对农业环境进行科学的预测，从而帮助农民科学种植，提高效率，实现农业生产的标准化、网络化和数字化。

---

1 王庆，物联网对农业的影响 [J]. 合作经济与科技，2015(18):22-23.

此外，物联网的RFID技术在粮食仓储方面也发挥了重要的作用。传统的粮食仓储监管系统通常运用的是有线连接的技术来进行监控的，但是这种监管系统有很大的弊端，有线数据较多使得粮仓就像一个很大的蜘蛛网，不仅占用了很大的空间，并且在每次的储粮过程中都需要花费很大的精力去整理这些有线网络，在整理过程中容易造成有线网络的破坏。而RFID技术的应用会大大改善这一问题，节省了粮食仓储监管的人力、物力成本，这种技术的工作原理是在粮食中放入一些RFID标签，在粮仓中也放入一些RFID标签，通过一些读卡的设备将这些RFID标签上的信息快速地转换并且收集发送给粮仓的监控中心。在粮食仓储的过程中，受到天气、通风情况等的影响，可能会造成仓内粮食温度和湿度等的变化，当读卡器读取放在粮食中的RFID标签，就会清楚知道目前仓内粮食的温度和湿度，当这些信息的数据超过或者低于技术人员设定的范围时，就会向仓储的监控系统发出警报的信号，以让粮食仓库管理员采取一定的措施，实现仓库的即时管理。在粮食仓储的过程中物联网RFID技术的应用不仅操作简便，减少了有线网络错综复杂的局面，并且能够大大提高仓库管理的效率，保证粮食的安全。物联网是信息时代的新产业之一，为了推进中国物联网的发展，引进RFID技术能够有助于扩大物联网应用的范围，促进物联网的快速发展，使物联网发展跻身世界前列。

（二）物联网对工业企业发展的影响

在智能工厂的发展中，物联网技术是核心的技术，同时工业物联网是如今发展的一种趋势，也是智能工厂的基本要求。物联网在工业领域的产品信息化、生产制造环节、经营管理环节、节能减排、安全生产领域都得到了应用。

在生产制造环节，物联网技术通过对生产线的控制和监控记忆实时数据的收集等，能够大幅度地提高生产的智能化水平。企业可以通过监控生产运作的过程严格把控产品的质量，优化生产流程，比如在家电行业海尔企业在生产线中运用了RFID技术，提高了生产运作的效率，同时也节省了大量的资金，将海尔集团通过这一技术的应用每年平均节省1 200万元。物联网技术也应用在供应链的管理领域，通过对库存商品、运输、仓储等物流的监控大大提高了物流效率，降低了库存成本。此外物联网技术应用在生产车间等领域的管理，能够及时发现某台机器设备的异常情况，直到工作人员及时地维修，提高了生产管理的水平。总之，通过物联网技术对工业生产过程及车间管理的实时控制从而降低工厂的能源消耗，提高工业的生产效率。

在工业企业发展过程中往往会面临环境污染的问题，恰恰物联网的应用能够改善这一现状。工业企业通过构建物联网的系统，将生产终端的处理系统与之连接，利用安装在其内的传感器、RFID标签等对污水、用电消耗等指标数据进行传输，通过云计算对这些数据进行存储和分析，从而督促企业改进设备与优化生产流程，政府部门也可以通过这些数据对企业的运作环境以及效果进行监控，这样有利于企业的长远发展，同时达到了环境保护的效果。

同时，物联网技术也应用于企业产品仓储、运输的环节，通过定位系统、传感器、二维码等技术可以实现产品从生产线到仓库再到运输环节的实时监控，有利于对运输车辆进行实时的调度，准确掌握运输车辆的运输路线、运输进度以及货物的状态，可以实现供货商、第三方的物流以及收货方的信息交互，对产品的运输情况进行实时的监控，实现资源的充分利用，从而提高了企业物流的运输效果，提高了客户对企业的满意度，进一步提高企业的利润。

在企业的发展过程中，物联网应用于企业的生产制造环节、管理控制环节、仓储运输环节、节能减排环节等中不仅提高了企业的生产效率，带给企业更多的经济利益，而且有利于企业改变原有的固态生产模式，创新企业生产发展的方式，从而促进企业的优化升级和长远发展。

物联网在推动人类社会发展、人与自然和谐发展方面发挥了重要的作用，在经济社会的建设中政府投入大量的资金进行基础设施的建设，在信息化时代我们又投入大量的财力、人力、物力建立数据的中心开发各种网络系统。社会的发展是一个渐进的过程，其发展对技术的要求也越来越高，物联网在社会发展和技术之间起到了桥梁的作用，将万物相连推动人类社会向前发展，也推动人与自然的和谐相处。

第三节　物联网与人工智能时代

随着物联网的快速发展，世界各国的企业正在运用物联网技术构建各自完整的产业链和技术平台，由此带来了新的发展机遇。但是，目前物联网的发展还不是很成熟，如果需要尽可能地发挥物联网的功能，还需要结合当代的人工智能技术达到更好的效果。近些年，人工智能技术在迅猛发展，对各个领域的管理与发展都起到非常重要的作用。因此，对于世界各地的各个公司应该将人工智能技术与物联网技术紧密结合，通过二者的结合创造更大的价值，从而扩大自己的市场份额，提高企业在市场上的竞争力。

一、智能物联网的概念和应用形式

在人工智能时代，人工智能技术和物联网的结合，推动了智能物联网的快速发展。

（一）智能物联网的概念

智能物联网是指不同种类的物品都与网络建立联系，形成一个智能网络，目的在于都能通过相关的技术识别这些物品的属性及相关信息，借助传感器进行相应的信息反馈，遇到突发事件也能及时地制止与处理。另一方面，智能物联网与连接物联网的设备形成良好的配合，从而能够准确判断设备的相关位置，虽然智能物联网主要是对于那些信息不确定的物品以及随时可能变化的物品，但是智能物联网能在信息的传递交流中保持相对的独立性，几乎不受其他因素的影响，这个是相对于普通物联网的一大特色。

（二）智能物联网的应用形式

传统的物联网主要是借助数据的处理服务器，但是其工作效率低，处理速度慢，智能物联网主要是通过将人工智能技术纳入物联网，帮助物联网形成更加智能的服务终端，从而极大地提高了处理速度。智能物联网与传统物联网相比另一个重要特点是智能物联网将传感器和执行器都放在了末端，这样极大地提高了运作的效率和服务的质量，也提高了控制部分的协同能力。随着人工智能技术应用于物联网，我们也能更直观地从中接触到传输的数据，从而更便捷地享受网络资源。

二、物联网与人工智能技术的关系

物联网与人工智能技术是彼此相依、密不可分的，只有将二者有效地结合才能发挥其最大优势。21世纪，人工智能技术的快速发展给社会带来了很大的影响，将人工智能技术与物联网结合起来也能帮助解决物联网出现的一些问题，因为物联网是在互联网的基础上借助一些核心的技术，比如云计算、传感器等实现一些非智能物体的智能化。通俗地讲，物联网的发展需要借助先进的技术和智能设备，那么人工智能技术就是不错的选择。

人工智能对物联网的发展起着重要的推动作用，主要表现在两方面：一是人工智能使得物联网更加智能化，扩大了物联网的服务空间和范围；二是在工业方面，工业生产通过使用先进的机器，实现了生产的精细化，提高了产品的质量，减少了企业的损失。随着物联网与人工智能技术的结合，推动物联网不断发展壮大的主要有6个主要因素，其中包括中央处理器、内存以及存储成本的降低、信息技术与运营技术的结合、大数据和云计算的出现、人们风险投资花费和投资的增多、物联网下设备扩散的加大、网络成本的降低，其中最主要的影响因素就是云计算和大数据的支持,使得连接物联网的设备也在逐年的增加。人工智能技术和物联网的多次结合也有很多的成功案例，通过物联网和人工智能的结合，从而提供数据的实时反馈，实现我们系统的三大功能。第一是预测功能，二者结合进行实时的数据反馈，使得一些大公司的机器设备发生故障时能够及时地制止，并采取一些干预的措施，从而减少损失，比如GE的新一代发动机比前几代的喷气发动机的绩效提高数百倍，成本降低数倍；第二是自主调整功能，物联网主要通过传感器进行数据的收集，这样通过数据的分析使得系统采取适当的行动，比如糖尿病患者通过血糖感测器来调节胰岛素的用量；第三是说明功能，智能感应器通过感应能够采取一些干预的措施，比如当轻轨发生故障脱离轨道时，传感器会向控制室自动发出警报信号，从而避免了灾难的发生。

三、人工智能时代下物联网的发展前景

人工智能技术与物联网的结合，智能物联网技术在人们的生活、医疗、社会管理等的应用都可以看出智能物联网使得社会的发展更加迅速，人们的生活方式更加便利和舒适，给现代化社会带来了更美好的发展前景，但是人工智能时代下物联网的发展也存在很多亟待解决的问题。

（一）智能物联网发展存在的问题

智能物联网在发展中可能遇到类似终端设备传输的信息泄漏、设备被操控的问题。在终端设备的使用上，很多使用者可能因为没有修改设备商提供的初始密码或者密码设置过

于简单导致设备被黑客入侵，造成用户的个人信息泄漏，侵犯了消费者的隐私。如果大公司的终端设备被黑客操控会造成更为严重的后果，有些终端设备的使用者可能懒于更新设备，给黑客进入系统提供了机会，因此作为终端设备的使用者应及时提出适用范围更广的入侵检测与防御系统[1]和设备安全测试工具。为解决用户自行升级设备固件的不便性，让终端设备固件自动升级成为了一种趋势。之前比特币“挖矿”盛行，一些黑客就进入这些终端设备，运用其强大的运算能力帮助挖比特币，造成终端设备的异常耗电。智能物联网在进行大量数据传递时，如果相关的信息安全的措施不够也会给使用者造成严重的损失，黑客可能篡改传递的数据信息，造成传递方和接收方信息的不对称，容易做出错误的动作。因此如何保证智能物联网在传输信息数据的真实性和安全性，成为我们需要重视的问题。

智能物联网处于发展的初期，虽然各行各业的需求可能不一样，但是各个领域如果不能实现信息共享，那么智能物联网的发展就没有什么重大的意义。

（二）智能物联网发展的前景

近年来，随着大数据、人工智能等技术的快速发展和普及，智能物联网产业的发展迅速，其中人工智能技术起到了不可磨灭的作用，一方面提高了物联网的智能化程度，另一方面更多的公司企业、个人能够享受网络资源带给大家的便利，智能物联网也能给大家提供更多的智能服务。200 多亿台设备连接到物联网上，使得全社会的一些基础设施通过物联网实现了万物互联，人工智能技术和物联网的结合将会给人类社会带来更大的技术变革。尽管该变革带来的影响不会在一夜间全部实现，但会比大多数企业和个人想象中的更快，因此我国的企业及其高管人员应该从现在开始做好战略对话，在变革到来之前做好充分的准备。随着科学技术的进一步发展，想要智能物联网实现更大范围的服务，需要相关的技术人员不断加强有关物联网技术的相关研究，促进人工智能技术和物联网的不断进步，从而实现我国智能物联网的快速发展。

就目前形势看，物联网已经成为了各国综合国力竞争的重要因素，很多国家已经就物联网展开了战略的布局，积极研究和探索物联网，争取物联网技术的主动权。对于高速发展的中国来讲，这也是顺应世界科技变革的重要机遇，我们首先要为物联网的发展营造良好的发展环境，政府为物联网的研究和发展给予政策上的支持，只有真正掌握物联网技术的国家才能顺应世界发展的变化，才能促使人类社会迈入智慧时代。

---

1 Dantas H, Erkin Z,Doerr C, et al. eFuzz: A fuzzer for DLMS/COSEM electricity meters [C] //Proc of ACM Workshop on SEGS'14. New York:ACM ,2014:31-38

第十章 大数据时代

数据古已有之，但互联网的产生为数据带来了质的突变。大数据的影响力随着互联网的深入发展，开始展示其蕴藏的巨大能量。大数据时代是社会进步的体现，大数据是一把双刃剑：一方面，它可以为供给侧结构改革和产业转型提供新的思路和机遇，催生大数据公司和吸纳大数据人才就业，互联网时代的大数据给人们的生活带来了一系列的便利，例如我们已经享受到了大数据技术在政府治理、民生服务、数据安全、工业转型、未来生活等方面带来的便利；另一方面，它对个人、企业甚至国家带来信息隐私泄漏和安全风险，在如何有效解决数据泄漏问题方面还没有有效的解决方案。本章内容将从大数据时代的特征、大数据的应用场景和对未来大数据的展望三个部分展开论述，其中大数据的应用场景将从社会治理、政府决策、产业转型、商业变革和日常生活中的大数据五个大方面列举案例详细介绍我们身边的大数据。

第一节 大数据

大数据有宏观表述和技术表述两大类。从技术上，大数据是数据、数据库、数据仓库、大数据的进阶形式，是一种大型、综合型数据库。从跨领域、跨行业、跨时空的宏观角度，它是一种资源、一项战略、一项工具，具有重要的社会影响。本文采用后者。

一、大数据时代

人类是数据的创造者和使用者，随着计算机和互联网的广泛应用，人类产生和创造的数据量呈爆炸式增长，中国已成为全球数据总量最大、数据类型最丰富的国家之一。人类采集、存储和处理数据能力的大幅提升使数据应用渗透到我们生活中的每个角落，数据智慧使我们的生产和生活方式随之发生深刻的改变。农耕代表古代文明，工业代表现代文明，而大数据也将代表和催生一种全新的文明形态，中国正以前所未有的速度迎来崭新的时代。据行业机构预测 2020 年全球数据总量将达到 40 个 ZB（ZB，中文名是泽字节，外文名是 ZettaByte，是计算机术语，代表的是十万亿亿字节），意味着平日观看的一部电影以 1GB（吉字节，十亿字节）来计算，要想看完这些电影，足以让全国近 14 亿人口每人每天观看不同的电影 7 年。

近年来云计算、大数据、智能物流、物联网的概念成为我们平时谈论的热门话题。如果说第一次工业革命以煤作为主要的生产资料，第二次工业革命以石油和电作为主要的生产资料，那么，第三次工业革命数据将成为重要的生产资料。大数据中的“大”不是多的意思，而是大计算的意思，“大计算+云数据”才是我们所认为的大数据。

1926 年成立的麦肯锡咨询公司（McKinsey&Company）是大数据研究的先驱创建者詹姆斯・麦肯锡认为：“数据，已经渗透到当今每一个行业和业务职能领域，成为重要的生产要素。人们对于海量数据的挖掘和运用，预示着新一波生产率增长和消费者盈余浪潮的到来。”数据集的体积以及数量大不是大数据的唯一特征，大数据还应体现无法通过传统的数据技术和处理手段进行管理和分析应用。互联网业界普遍认为大数据的特征可以归纳为 4 个“V”，即体积 Volume（大体积）、品种 Variety（各种形式）、速度 Velocity（快速生成）和值 Value（巨大的值但密度很低）[1]。大数据对海量数据的处理提出了速度上的要求，大数据的目的则是通过大数据技术将存储下来的数据根据数据的需求和目标构建数据模型，然后经过数据处理对数据进行分析以发挥数据价值。

将大数据作为一项技能或者能力对待，而非一门技术。我们从数据中去发现价值、挖掘价值的技能，能从海量的数据中挖掘商机和发现问题。想要深入认识大数据，我们有必要先了解大数据的几个误区。第一，大数据并不是数据量大，数据量再大，不去使用，待在机房里偏安一隅，那绝不是大数据；第二，懂技术是懂大数据的必要不充分条件；第三，数据并不是越多越好，不能只为了量大而存取，而应取之所用。

二、大数据时代——未来已来

维克托・尔耶・舍恩伯格在《大数据时代：生活、工作与思维的大变革》中提出了大数据时代数据的三个特征，这三点分别是：不是随机样本，而是全体数据；不是精确性，而是混杂性；不是因果关系，而是相关关系[2]。处于大数据时代的我们，面对无穷无尽的数据，如果热衷于精确度，显然不太现实。相对于对精确度要求高的因果关系，在大数据时代我们更加注重相关关系。众所周知的沃尔玛“啤酒与尿布”的销售案例，描述了一个令人激动的未来——人类居然可以通过计算机挖掘出那些我们平时根本无法察觉到的、事物之间隐藏的联系。在 20 世纪 90 年代，沃尔玛百货有限公司（WalMart）运用销售数据分析系统对其存储的海量销售数据分析发现，尿布卖得好的商店中啤酒的销

---

1 Min Chen, Shiwen Mao, Yunhao Liu.Big Data: A Survey[J]. MOBILE NETWORKS & AppLICATIONS, 2014, 19:171-209.

2 维克托・尔耶・舍恩伯格.大数据时代：生活、工作与思维的大变革[M]. 浙江人民出版社出版：浙江，2013:27.

量也很高，啤酒和尿布的销量有一定的正相关关系。这种现象其实很容易被解释，当妻子吩咐丈夫下楼购买婴儿尿布时，先生们往往都会大方地犒劳自己几听啤酒。因此，啤酒和尿布之间建立了相关关系，两种商品一起购买的机会就得到了提高。沃尔玛知道尿布和啤酒的销量具有正相关性，就足够做出将两个物品摆放在一起销售的决策了，这并不需要我们去分析背后的因果关系。

2019 年 7 月，央视网推出了《大数据时代》的纪录片，讲述了大数据技术在政府治理、民生服务、数据安全、工业转型、未来生活等方面带来的改变和影响。通过该系列纪录片，我们能深刻感受到以大数据为基础的智能时代正在来临，大数据将引导整个社会全方位升级和变迁，时刻丰富着我们的生活。大数据的开发和利用，源源不断地释放着数字红利，从生产到生活、从制造到服务、从工业到金融商贸、从传统到前卫，商业生态也在悄然发生改变，站在数字之巅凝望整个世界，蓦然发现，这一切的改变已经到来，数据智慧已成为政府科学决策的依据。大数据如何提升政府治理能力的现代化？如何为服务需报告政府的转型带来新思想、新理念、新方法？同时，全球正在开启新一轮工业革命，回首过去那些我们曾经以为难以解决的问题正被破解，大数据又是如何驱动传统工业向前发展、助力工业提质增效实现转型升级的？数据激起的波澜，已经在时代的时光之河里发出铿锵声响。

第二节　身边的大数据

大数据从开始到现在，被人们热议、讨论了这么多年，但是似乎离我们大众的生活还有一段距离，就现状来看，大数据更多应用在政府和商业领域，而应用于个人的似乎很少。技术不是用来炫耀的，也不是用来自我陶醉的，而是用来解决实际问题的，改变人们的生活和工作的。所以一切脱离应用场景的大数据都是虚无缥缈的，一门好的技术都是以应用为目标的，不能应用的技术都不是好技术！今天，可以说人类已经很难再离开互联网了，如果有一天，当人类很难离开数据的时候，就是大数据应用真正深入人心的时候。未来的生活场景一定是基于数据构建的，未来的数据也是由生活场景产生的。数据来源于生活，而又用之于生活，才是大数据正确的应用姿势。脱离生活场景来谈大数据都是一句空话。

随着互联网的发展，计算机存储和计算能力大幅提升，数据智慧得以开启，大数据技术的出现，可以了解你的喜好，让你更快地找到自己喜欢的商品；可以洞察一座城市的运行规律，破解一座城市管理的难题；还可以掌握自然运行的规律，提前预防灾害发生。

我们在列举身边的大数据应用案例之前，先思考一个问题——阿里巴巴是一家什么类型的企业？我们日常接触最多的可能就是其旗下的淘宝和天猫，因此我们认为其是一家电子商务公司、零售企业。其实阿里巴巴是一家数据公司，马云曾经说过："我们集团本质上是一家扩大数据价值的公司"。如图 10-1 所示为阿里巴巴集团的部分业务示意图。

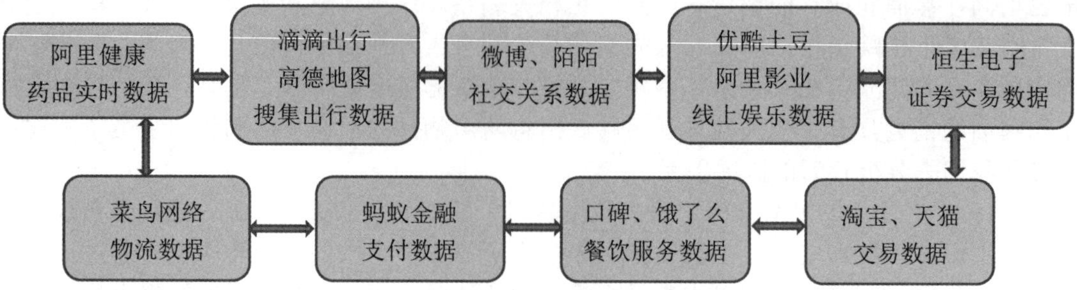

图 10-1　阿里巴巴集团的部分业务示意图

我们可以看出阿里健康是在获取药品的实时数据、滴滴出行和高德地图在搜集我们的出行数据、微博和陌陌在获取我们的社交关系数据、优酷土豆和阿里影业在获取我们的线上娱乐数据、恒生电子在获取证券交易数据、菜鸟网络在获取物流数据、蚂蚁金融在获取支付数据、口碑和饿了么在获取餐饮服务数据，而淘宝、天猫获取的正是我们的交易数据。数据是未来商业的“土壤”，只要我们处于现代社会的协作网络，我们必然处于一张数据大网之中。

一、大数据与社会治理

（一）北京互联网法院的大数据与人工智能

2018 年 9 月成立的北京互联网法院（简称互联网法院），一个成立之初只拥有 38 名法官的“高科技型法院”，面对不断涌现的互联网案件，法官们工作压力倍增。大数据技术的出现，破解了他们的难题。之前有一个对互联网法院法官的采访，法官说：“我们每天要处理大量的网络诉讼案件，而其中大部分案件都是简单类似的案情，只有少部分是复杂的、需要仔细研究的案情。但是，那些同质化的案件审理却占用了大部分的时间和精力”。2019 年 8 月，互联网法院发布了《互联网技术司法应用白皮书》（以下简称《白皮书》），在《白皮书》附件部分展示了十大典型的技术应用，包含法律知识图谱技术、区块链技术、即时通信技术、人脸识别技术、图像识别技术、语音识别技术、云视频技术、微服务架构技术、数据安全交换技术和云计算技术。同时，在《白皮书》发布会上现场展示了“移动微法院”“天平链”“屏幕共享”“智能审判应用”这四大互联网司法应用技术如何在实际司法场景中运行。移动微法院——用科技改变诉讼模式，无论诉讼当事人是否处于同一地理空间，只要双方当事人同时约定登入移动微法院，诉讼程序就可以在一部手机上完成，“移动微法院，真正实现了让数据多跑路，让当事人少跑腿的转变。”天平链运用的是区块链技术，由于它的最终功能是维护公平正义，故称作“天平链”。由于区块链技术具有去中心化的信任机制、不可篡改和可溯源的特点，客观上对互联网信任体系的建立也有推动作用。相对于程序烦琐的传统公正，区块链公正大大降低了人力、物力、财力、时间成本，区块链公正不仅从技术层面大大降低了传统的纸质公证书被伪造的风险，同时，取证的时间由传统的几个月或者几天缩短为瞬间、秒核，使取证的物力成本从一大摞卷宗降低为一个哈希值 32 字节。屏幕共享是在庭审过程中由法官或当事人发起桌面共享的申请，观看申请方的屏幕的技术。“屏幕共享”功能大大提高了对证据进行核验的效率和效果，极大地简化了当事人的诉讼程序，保护了当事人诉讼材料的安全。通过智能审判应用可以快速地、自动地生成法律文书，虽然机器法官能够快速地处理简单的案件，但是当面对复杂的案件时，法官的经验和理性判断是必不可少的。互联网法院通过引进大数据技术，大幅度提升了案件审理的效率。

如今，“法律机器人”可以快速地协助法官们梳理出同质化的案件并自动生成法律文书。无论是网络交易，还是网络服务，都不应是法律的盲区，大数据、人工智能在司法领域的应用加速网络纠纷案件的处理且维护了互联网商业环境的公平、公正，互联网法院的诞生是中国司法主动适应互联网发展趋势的一项重大制度创新，如图 10-2 所示。

图 10-2　互联网法院

（二）气象大数据

大数据技术的发展，让人们的生活变得更加智能有序。人与自然的关系，一直是人类思考的哲学命题。通过数据，人类最终要实现人与自然的和谐发展。放眼全球，大数据技术在提高社会治理能力、挖掘新的经济增长点、推动经济发展速度、优化政府服务水平和监管能力等方面发挥了不可替代的作用，数据已成为国家的基础性战略资源。与此同时，不仅发达国家重视大数据的发展，一部分发展中国家的大数据意识也得到了极大提高，把大数据作为国家战略的一部分，相继制订出台和完善大数据战略性文件，大力推动大数据的发展和应用。从哲学角度看，联系是普遍的，世界是一个相互联系的整体，而气象大数据不仅与我国防灾减灾体系相关，同时与生态文明建设、社会经济发展、民生发展和“一带一路”倡议也是相互联系的，气象的发展早已融入政治、经济、民生等各领域发展中，发展气象大数据可以为我们的社会发展和居民生活提供更具针对性的指导。中国气象台 2017 年发布《气象大数据行动计划（2017—2020 年）》，推动建立气象大数据体系。

古有草船借箭，今有“观天象，定行踪”，三国时期，智勇双全但心胸狭隘的周瑜由于长期妒忌诸葛亮的才干，在与曹军开战在即的时候，周瑜有意“刁难”诸葛亮三日之内造出十万支弓箭。诸葛亮利用江上伸手不见五指的大雾以及风向和水流方向的优势，前往曹军水寨“借”箭。当我们对诸葛亮的神机妙算五体投地的时候，却不知道，很大程度上得益于孔明对气象的准确观察和预测。那么，三国时期诸葛亮的草船借箭和如今的大数据时代之间存在什么联系呢？大数据时代，气象人员不再单纯追求气象预报的准确性，而是通过观察浩如烟海的数据，对多元化的数据（如风向、温度、湿度、云层的厚度、光照时间和强度、节气等）进行分析处理，为农、林、牧、渔业以及城市发展提供针对性的指导。当然诸葛亮并不懂什么叫作大数据，却是一种数据思维的体现。这就是我们现在所说的“气象大数据”，如果有一天，我们能够将每一场下雨、每一次刮风、每一次打雷都进行量化分析后，每一个人都可以实现预测天气的能力。这样我们可以提前预知哪一天适合外出、哪一天适合约会，而不是像现在心情好不好，全凭老天眷顾！

防汛抗旱监测预警预报系统主要通过各类传感器、遥测终端（RTU）等信息采集设备和移动公网（4G/3G/2G）、卫星、超短波等通信方式，以及计算机网络、服务器等硬件设备和应用软件系统，实现降雨量、水位、流速、流量、旱情、工程视频等信息的自动化采集、传输、处理、存储、显示、监视、报警，以及灾情实时评估、洪水预警预报、洪水调度、气象预警监控、防洪工程险情监测预警、抗旱物资与应急队伍的动态管理及智能调配、防汛抗旱移动应用管理等功能。纪录片《大数据时代》记录了贵州夹岩水库施工期利用大数据进行洪水预测的机理，由于夹岩水利枢纽工程在工程尚未完工，它的防洪能力还比较差，这个时候如果来一场洪水，预报不及时，会对施工队伍的安全、当地百姓的人身和财产安全造成重大的威胁，如图 10-3 所示为智能地图。

图 10-3　智能地图

通过采集全球公开的气象数据，对指定区域的降雨量进行预测，结合地质、土壤含水量、植被、水文等相关数据，提前预测河道水位高度，预测哪里会发生洪水。把监测来的数据结合国家气象中心的数据建立新的数据模型预测一个星期内的水文和气象情况，对雨季和旱季预测非常准确，我们可以根据预测结果在雨季水库放水，避免因为不合时宜的排水浪费财富和资源。运用大数据和人工智能对旱涝灾害进行预测，合理对水库容量进行调节，极大提高了生产力，降低了人员的财产损失的可能性。

二、大数据与政府决策

拥挤的城市交通，巨大的人流量，每一座城市都有一种“城市病”。大数据，可谓是一剂治愈系良药。通过人工监测道路状况不仅不能及时、准确地传递准确的道路信息（人工监测的滞后性），也不能从根源上降低甚至杜绝交通事故。但是，庆幸的是大数据使这一切成为可能。通过物联网和遍布城市的传感器，我们可以对汇集的手机用户数据、公共交通数据（例如地铁、公交）、小型车车流数据（例如私家车、出租车）和实时监控视频等进行数据分析挖掘，不仅可为城市道路规划提供依据，还可以通过分析异常车辆状况减少事故发生，以及对拥挤的道路及时疏导分流。智慧城市的建设，离不开交通系统蕴含的强大的数据流。比如现在的出行导航 App 会提供实时的道路状况，以达到对车辆进行分流的效果，不仅缓解了城市交通拥挤的状况，而且节省了行人的出行时间。

（一）“互联网+”便捷交通发展

北京的行政边界是清楚的，但真正的交通边界，却没有人能说清楚。燕郊、三河、廊坊，甚至固安，这些地方都有很多人，到北京城区来上班。这就意味着北京通行圈的范围是非常大的。如何设定科学的交通线路才能更好地服务这些人群的出行，成了交通规划部门的一个棘手难题。如果我们有交通大数据，那么不仅仅使交管部门协同计算区域所有车道的流量数据，形成该区域各个路口的信号灯配时方案，算出该让谁先走，实现整个区域的交通流量最大化，降低区域内车辆、行人在路口的等待时间，有效提升区域内的通行效率；也可以使我们即时规划出行路线，缓解车辆出行与道路资源的供需矛盾。

现在大多数基础设施都是智能设备，因此我们可以通过对设备数据进行提取来对城市进行全面的感知和管理，对核心设施进行监测。海量的手机数据、公共交通刷卡类数据、铁路民航数据等居民出行调查数据，通过建构模型和数据分析，可以精准反映出人的移动。在城市化过程中，只有以大数据为依托，将从区域交通融合、停车难等热点领域着手，开展城市综合交通规划，才能使城市的道路更加条理、便捷，使城市更加智能化、互联化。北京市交通管理局正是利用上述数据和模式，对京津冀地区道路以及北京通勤圈进行交通优化。

随着城市化和交通网络的快速发展以及“超级城市群”的出现，大数据技术的发展为城市解决交通拥堵提供可能。只有以大数据为支撑，公共服务才能更精准，才能更好地为人们服务。

（二）海南全域旅游监管

“全域旅游”的概念最早可以追溯到 2010 年成都的建设“世界现代田园城市”的新理念，2017 年，全域旅游第一次被写入政府工作报告。在供给侧结构性改革作为经济工作主线的背景下，单一发展的“门票经济”已不能满足时代发展的需要，未来旅游业的发展必然是综合性的、联动性的、全域性的，“全域旅游”概念应运而生。“全域旅游”时代游客的旅行方式不再是单纯的“走马观花”式的观赏景点，而是能够深度体现当地生活和文化的“沉浸式”体验。全域旅游是在旅游业发展的新需求下提出的一种旅游模式，全域旅游对城市资源整合、产业融合、结构优化、市场管理提出了更高的要求，要求旅游业的发展与生态文明建设、文化体育产业发展、城乡建设等深度融合，形成多点支撑的大旅游发展格局。

海南省三亚市作为国家全域旅游示范区所在市，从 2018 年开始，三亚市政府陆续为三亚市海鲜交易商户配备了一款特殊的公平秤，在公平秤上安装了一根网线，将实时交易反馈到交易平台上，监管平台结合实时批发价、零售价、历史成交价和市场供需等多维度分析，发布最高指导价。当消费信息进入平台，系统自动检查每笔交易，发现价格超标时，自动生成监管工单，这样将海鲜交易有效监管起来。而且，当一平台的数据汇入到一个更大的数据平台——全域旅游监管平台时，则打破了信息孤岛，整合了一座城市的数十个政府服务部门的数据资源。12345 政府服务热线和以移动互联网大数据作为支撑将多个部门、千余个事项列入办理范围内，市民可以通过微信申报，各项业务就能轻松在线办理，大数据推动政府部门的行政效率和服务质量，提高了政府处理紧急事件的能力。

三、大数据与产业转型

（一）塔里木盆地大数据平台建设

塔里木盆地是我国油气资源中西部连接东部的重要基地，是西气东输的源头，塔里木盆地具有丰富的石油和天然气资源，如何对这个聚宝盆进行高效率勘探成为重点。近年来，由中国地质调查局油气资源调查中心、中国石油化工股份有限公司西北油田分公司等 6 家企业、科研机构和大学，借助电缆和传感器对塔里木盆地进行“悬丝诊脉”——对地表做彩超，明确了塔里木盆地深层生储盖条件，清晰地看到地下的地质结构和岩层的性质与形态，提高勘探成功率。他们利用震源车制造地震波来了解地下岩层的性质和形态，这一看似传统的方法背后，已经悄然发生了改变。这一改变并不是获取数据的方式，也不是工作的原理，而是处理数据的能力。

（二）酒钢智能互联平台建设

过去，高炉工作人员都是通过数据计算和多年积累的经验来判断高炉内部的运行情况，水温、水压等数据都是由人工记录，不仅费时、费力，还会存在偏差。在大数据时代，酒钢集团决定将“互联网+”与炼铁融合，进而提升炼铁生产经营管理水平，扭亏为盈。炼铁厂积极搭建炼铁数据中心，在高炉外部的不同位置，安装了几千个传感器。这些传感器，像 CT 扫描一样实时监测高炉，每天收集 600MB 以上的数据，通过水温、水压等参数，准确预测炉内的情况，对高炉数据进行计算和数据挖掘。

酒钢炼铁大数据智能互联平台项目建成后，炼铁厂将借助互联网技术，将部分人工作业改为远程集中自动控制，实现炉内布料状况的可视化，并建立高炉生产过程数据存储采集分析系统。同时，炼铁厂将大数据平台接入异地炼铁行业大数据综合平台，进行远程工况诊断和云服务，生成诊断优化报告并反馈回现场，实现对炼铁厂数据的统一协同管理以及形成云诊断机制。现在，酒钢所有的监测数据都是实时自动精确生成的，为高炉生产可诊断、可量化提供了依据。

四、大数据与商业变革

金融和电子商务是大数据技术较早实现营业场景的领域。大数据技术的发展，为传统的物流与农业、养殖行业的发展注入了活力，带来了商业变革，同时也为中国商品出口销售，提供了帮助。伴随着各行各业数据维度的不断增多，新型共享经济的商业模式应运而生。

（一）物流货运大数据平台

在陌生的地方寻找货源，这是长途货车司机最头疼的事情。他们往往要等待三到五天，行驶一两百千米，才能匹配上货物。据统计，与发达国家货车平均每天 1 000 千米的有效行程相比中国货车平均每天只达到 300 千米。“货车帮”为了解决这一困境，根据司机的找货偏好、车辆状况和其他行为数据对司机进行更精准的刻画，这样一来，“人、车、企、货”四核的一体化的货运大数据平台应运而生，实现了找车、找货、交易、评估、风控、保险等全业务流程智能化和集成化。货运大数据平台通过动态跟踪物流节点，对车辆货源和业务管理进行科学化调度和集约化管理，提高车货的匹配效率，缩短货车的等货时间和返程空驶率，帮助用户降低风险，实现了精准找车、找货、订单全程可视化跟踪，创新了物流组织和管理模式。

物流大数据平台将中国 2 000 万高度分散的货车司机与同样高度分散的货主互相连接，建立货运物流数据网。货运物流数据网可以规划行程路线，从而使平均找货时间由之前的 4 天缩减到 4 小时，月均有效行驶里程从 9 000 千米提升到 13 500 千米，物流园区的经济价值和社会价值也得到极大的提高。互联网信息技术嫁接到传统物流产业上，加快了产业的升级，同时，只有将数据、科技、业务三者深度融合，才能创造更大的产业价值。

（二）智能营销

工业革命带来了商品的极大繁荣，广告业随之兴起，科技的进步进一步激活广告能量。与传统广告大面积曝光的粗放式投放相比，大数据使广告的投放更加讲求高效和精准。随着互联网的高速发展，特别是电子商务的推广，商品的广告宣传已从传统媒体向互联网转移，网络消费正成为主流。美国管理学大师德鲁克说：“优秀的企业——满足客户需求，伟大的企业——创造客户需求”，我们可以通过大数据分析消费者的人群特征、消费习惯、年龄和收入等个体特征，从而主动拉动消费。

2016 年 11 月底，阿里巴巴开创性地提出了“全域营销”（Uni Marketing）的理念，全域营销区别于对营销手段和营销资源进行整合的全员营销，全域营销指的是在数据和技术的驱动下，提高消费者对品牌产品的认知、兴趣、购买欲望和忠诚度，实现全链路、全媒体、全数据、全渠道的营销。阿里巴巴的全域营销的商业系统主要包含以下几个核心产品：1、可以获取消费者的消费习惯、人口特征和生活方式等数据的Uni ID数据体系；2、可以存储和洞察消费者数据的品牌数据银行（Brand Data Bank），品牌数据银行和Uni ID数据体系进行数据匹配，可以将数据变为资产，保持消费者与品牌之间的良性互动；3、可以使广告投放的目标受众群体更加明确具体的全域广告投放工作台（Uni Desk），通过阿里巴巴的Uni Desk策划、投放以及投放广告后的数据追踪，极大地提高了广告效果；4、致力于确定广告投放位置和如何使广告价值最大化的策略中心（Strategy Center）。既不重复投放，又不漏投，和在不同的渠道上用与其相适应的方法影响每个目标人（群）是目前营销策略面临的两个核心问题。在过去要实现这两点并不困难，比如展示广告，找齐了媒体之后把媒体受众重合度搞清楚，把媒体对应人群的属性搞清楚，基本上不重不漏的问题不大了。但是，今天的情况大不一样了。现在媒体形式和属性过于碎片化，想要不重不漏实在太难了。媒体的碎片化也造成了另一个困难，即给这个人提供合适的广告内容也比过去要难，因为不同媒体的广告形式区别也很大，像过去那样对目标人群不重不漏地提出针对性的广告创意基本上已经跟着门户网站的衰落一起告别时代了。因此，我们被迫依靠机器、依靠数据来解决这个问题，实现在极为异构的媒体上识别这个人，并且快速地提供与这个人相关的广告。全域营销不同于整合营销，后者是营销渠道的选择和配合上的整合策略，而不是技术和数据驱动的媒体整合和策略执行。全域营销要解决的问题，是依靠机器和数据，实现在多个异构媒体上的不重不漏并以与各渠道相适应的方式影响每个目标人（群）。本章开头介绍过阿里巴巴本质上一个数据公司，也正是基于阿里巴巴收集的各种各样的数据，全域营销从理念变为数据驱动精准营销的利器，因为数据驱动一定是能够真人识别的，能够多维度分析的，可辨识、可分析、可触达的。通过这些数据，我们可以定位人生阶段、职业、品牌倾向、行业，尤其是阿里巴巴的数据有别于IP地址，因为它有一个常住地址。这些定位根据不同的人、不同的属性、不同的定位向不同的人传达不同的素材，甚至不同的时段也可以传达不同的素材。千人千面，每个人的手机都不一样，淘宝、天猫都可以做得到。这也就是我们平时在线上购物平台浏览某类商品时，当我们转向其他短视频平台或者资讯App浏览信息时，会突然出现商品的推荐广告，并且与我们之前寻找的商品极为相关的原因。基于此，我们可以总结出数据时代的营销策略有以下几个特征：

1. 明确的市场定位

在大数据时代，传统的以改变消费者购买习惯的市场营销方式已经逐渐显露其弊端，相反，消费者的话语权得到了极大提升，因此传统的营销方式面临极大的挑战，不同销售渠道的品牌方也对现代广告营销提出了更高的要求。在这种背景下，“市场营销+市场定位”的商品营销策略应运而生。20世纪70年代，美国营销专家艾·里斯（Al Ries）与杰克·特劳特（Jack Trout）提出了定位理论，他们直接指出了传统广告营销试图改变用户购买习惯的错误倾向。它们主张广告投放要根据不同类型的消费者（消费者细分市场）制定不同的策略，以树立独特的品牌形象。定位理论下的商品广告营销不仅要投其所好，还应了解消费者的消费习惯，以维护与消费者的关系，增强消费者对品牌的忠诚度。

2. 低营销成本

与盲目投放广告以追求“全覆盖”式的传统营销方式相比，互联网广告投放的受众群体更加明确，从而避免了无效的广告投放费用。大数据时代产生的精准营销通过分析处理存储的消费者数据，挖掘品牌的潜在消费者和维护现有消费者关系，使广告营销以低投入获取高收益。

3. 供需双方的互动性更强

以依赖于代理商、经销商或者采用直营方式的传统营销模式，难以适应高速竞争的市场环境。一方面，传统营销下的广告营销普遍以单方宣传为主，无论受众消费者是否对企业的产品有需求的愿望，都无法立即打通企业产品与消费者之间的沟通通道；另一方面，由于企业资源的有限性，以市场为导向的传统营销模式的差异化营销成本高，难以适应现代市场高速竞争的要求。精准营销的出现不仅适应了现代消费者需求个性化、产品多样化的需求，而且精准营销面对新的市场商机和消费者需求，能通过资源整合快速做出反应。与此同时，各类社交媒体的涌现，不仅成为精准营销的舞台，而且为各品牌提供了大量的数据。社交媒体营销，打破了传统营销单一的宣传，不仅可以通过数据分析进行定向广告投放使潜在消费者转变为品牌的购买者，还可以通过实时沟通维护销售关系。

4. 精确的地理定位

LBS 位置营销，首先，可以和电信运营商合作，通过 GPS 或者手机信号获知位置信息；其次，LBS 的签到服务让用户能在移动消费时留下消费地点痕迹；第三，根据地点的不同设置不同场景的 Wi-Fi，在用户连接上网时也可以对潜在的目标群体进行信息推送[1]。当我们打开手机上的 App 时，有的会自动弹出询问框“是否使用地理位置服务”，甚至有的 App 默认使用 GPS 定位服务。当广告运营商和品牌商掌握这些数据后，便可以有目标地分类推送相应的商品信息。

大数据分析与信息存储是大数据技术中最重要的特点，也是大数据时代下对人们造成影响的重要原因，移动互联网广告充分利用了这两点将社交媒体、移动互联网和 GPS 等工具结合起来，从而确立了“精准营销”概念。2017 年 6 月，阿里巴巴推出了品牌数据银行，品牌数据银行本质上是一个整合了数字营销效果数据和用户数据的数据呈现与应用系统。它的应用主要是在营销领域，尤其是在形成营销策略的帮助和进行定向投放的帮助上。2018 年京东推出买家资产管理平台——数坊，基于积累和管理京东上所有与本品牌产生（购物、浏览）行为的消费者数据，利用“4A 模型”（认知 Aware、吸引 Appeal、行动 Action、拥护 Advocate）对消费者数据的流转动向进行分析，体现品牌与消费者的关系的一种数据管理平台[2]。两者都在媒体不断融合，消费者获取信息的渠道不断拓宽，流量红利时代已经消失，广告主对精准营销的需求愈发急切；互联网因其独有的技术，存储着大量拥有巨大价值的数据，从而使企业能够运用电子商务平台针对特定群体投放广告，进行精准营销。

中国电商平台运用全域营销和精准营销的理念，对交易进行全球化布局（如将中国的

---

1 谷斌，蔡玮莎. 基于 SoLoMo 的移动电子商务精准化营销模型构建[J]. 电子商务，2014，91:561-566.

2 甘心. 电商平台精准广告投放探究——以京东数坊为例[J]. 新媒体研究，2019，6:62-63.

商品与国外的节庆物品等建立联系，定义标签）帮助大量的中国商品通过互联网销往全球，数字信息针对性服务也使中国从世界工厂向世界市场转变，更多的国家希望与中国建立一个便捷的贸易通道。数字经济时代跨境电商抓住这样的机会，不仅满足各国之间的文化交流，而且能更好地满足人们的商品需求，提高人们的购物体验。

（三）大数据+旅游

根据统计数据，2017 年中国旅游人数首次突破 50 亿人次，旅游收入同比增长 15.9%。随着人们生活水平的不断提高，旅游已经成为人们日常生活的一部分，人们逐渐形成了较为成熟的旅游消费观念。与此同时，在消费升级的背景下，人们对旅行途中的舒适度和体验提出了更高的要求。人们开始追求沉浸式的旅行体验，渴望差异化、特色化、品质化、休闲化的旅行路线。在大数据时代，大数据的概念已渗透到各行各业，面对如此大的“蛋糕”，旅游产业需要紧跟时代要求，利用数据思维和数据分析技术提高服务质量，改变营销策略以及景区传统的管理和运营模式。2016 年 12 月初，国务院发布《“十三五”旅游业发展规划》（以下简称《规划》），《规划》中提到实施“旅游+”战略，将旅游业的发展与城镇化、新型工业化、农业现代化和现代服务业融合发展，同时强调物联网、云计算、大数据等现代信息技术在旅游业中的广泛应用。通过旅游大数据我们不仅可以对消费者的特征和消费偏好进行分析研究，而且可以对人们的出行数据、旅行目的地以及出发地进行综合研究，为道路规划和资源分配提供依据，真正实现“智慧旅游”。

根据 2017 年网络中的一张旅游大数据图片，我们会惊讶于旅游大数据所产生的社会效益和经济效益。

1. 大数据+旅游与智慧管理

旅游大数据是基于旅行团等旅行机构所存储的数据，这类数据称为内部数据。一类是通过微博、Facebook、微信、抖音等社交媒体上获取到的旅游数据和 GPS 位置数据，这类数据称为外部数据。大数据时代的一个核心特点是我们可以通过技术手段将获取到的信息可视化，把复杂的信息表示为一个个关系明确清晰的图片，帮助使用获得规律性的信息，降低个人认知壁垒。首先，我们可以通过社交媒体实时监测当地各个风景区的网络舆情，以协助相关管理机构及时对突发事件进行处理，提高处理效率；其次，根据游客的迁徙行为、客流分析、出游偏好，政府不仅可以监控各个车站机场停车场的车流信息，规划市政公交路线，及时做好防堵、救援工作，还可以为政府的公共服务和基础设施建设提供决策依据；第三，大数据还可以使旅游局更好地监管旅行社和导游，根据旅游市场的景气状况，因地制宜地进行宣传。

2. 大数据+旅游与精准营销

旅游大数据可以实现旅游供应过程中服务流、信息流、价值流的“三流”合一，为我们提供大量的有价值的数据。第一，旅游大数据为我们提供游客的分布情况（哪个景区是热门景区，哪个景区的人流量较少），政府部门可以根据游客的密度分布、停留时间和画像特征对景区附近的商户的经营范围进行规划，实现资源的优化配置，比如高低中端的酒店分布、餐饮店的位置规划和指导等；第二、旅游供应商可以利用大数据合理安排热门旅游路线和小众路线的开团数量，同时，根据社交媒体 PC 端上的文本信息、图片资源和新闻评论等，挖掘需求信息，分析目标客户的浏览偏好，精准投放广告；第三，相关机构根据线上线下收集到的反馈信息（抱怨、投诉等不利信息和收到的有利信息），及时采取补救措施，扬长补短。第四，通过数据分析手段可以从海量的信息中分析市场需求、竞争情报，从而做出精准的市场定位决策，使旅行产品具有独特的竞争优势。只有充分挖掘旅游数据，政府才能更好地推进“全域旅游”，旅行服务机构才能做到“知己知彼，百战不殆”。

3. 大数据+旅游与个性化服务

根据气象数据、交通数据、出行数据、住宿数据和景区的游玩或度假项目，政府和旅行商可以为游客提供个性化的服务。比如，风景管理部门根据家庭旅客和团体旅客的人数提供用车服务，或是根据游客的兴趣爱好推荐景点游玩路线；旅游商根据页面浏览记录和以往的出行方式，为游客提供出行时间、旅游地点、酒店等“一站式”个性化定制服务。

五、生活中的大数据

（一）大数据中的真爱

网络上有一个观点“真爱，可以通过大数据计算出来”，不同的人对此有不同的看法。一方面，大数据确实可以帮助我们匹配性格相近的搭档；另一方面，大数据在追寻真爱中的作用绝对化是不合适的。但这并不妨碍我们了解大数据在“相亲”中的作用。2014 年，美国的 Match.com 约会网站与 Three Day Rule 网站合作，推出了一些吸引眼球的新功能，比如利用面部识别技术分析其前任男友的个人特征，找出他们潜在的最佳伴侣。现在，各种类型的相亲网站比比皆是，人们也许通过动一动手指就可以找到符合要求的伴侣。人们可以通过海量的社交软件，在上面输入对伴侣性别、身高、兴趣爱好、职业、年龄等要求，然后点击搜索键，互联网会自动地为其进行匹配。但是，在虚拟网络中寻找伴侣也出现了很多诚信问题，单纯基于线上交友是难以建立牢固的关系的。

（二）大数据与职位匹配

求职是每个人都不可避免要经历的事情，也是实现自身价值的途径之一。互联网时代，求职有了新玩法。设想在我们选公司之前，有一个非常智慧的“人”给你列出了几家公司的名单，有些你耳熟能详，有些甚至你根本没有听说过，但是他告诉你这几家公司就是最适合你的公司，并且你去的话被录取的概率会非常高。这个“人”就是大数据——他通过我们的手机或其他途径采集了我们的个人特征数据，在此基础上进行职位匹配。

求职类 App 如雨后春笋般涌现，移动互联网求职为求职者提供了更加便利、高效、智能、准确和个性化的选择。智联招聘、BOSS 直聘等求职类平台，拥有海量的求职者个人简历，截至 2018 年第一季度，仅智联招聘一个平台就拥有 1.4 亿注册用户。招聘网站可以将求职者简历中的相关目标职业、薪资水平等数据与招聘者的招聘要求通过数据分析手段为双方提供便捷的智能匹配服务，为用人单位和求职者提供建议，也可以根据求职者的地理位置、以往的工作经验、简历投递等数据，为求职者提供精准化的服务。此外，“互联网+求职”改变了过去车马时代的低效率情况，大大提高了就业信息的传播速度。

（三）大数据让学习更加个性化

不同于以往的“赶鸭子上架”式教育模式，数字教育可以根据每个个体不同的学习情况制订课程计划，不仅体现了“因材施教”和“因时施教”，而且符合大数据时代个性化学习的要求。

百年大计、教育为本，教育在国家发展、社会和个人发展的过程中具有不可替代的作用。以前的教育数据则是通过对考试成绩、出勤率、请假率、作业的准确率、课堂举手发言的频率以及与老师沟通交流的频次等数据的统计和分析，近年来，大数据的飞速发展，教育大数据的边界外扩。通过对教育数据的分析，首先，可以为教育部门的政策制定提供依据；其次，教师通过对前面所提到的数据和机器考试中机器所产生的教育数据（如学生在某道题上停留的时间长度和正确率），革新教学方式，为学生提供有助于改进学习状况的个性化学习方案；第三，教育大数据可以使学生及其家长了解该学生的学习行为，及早做出明确的职业规划。我们可以想象一下，如果每个学生都拥有一个完整的教育数据档案，那么升学率可能不再是学校担心的指标。

第三节　未来的大数据能为我们带来什么？

一、网络安全

大数据在我们的生活中已无处不在，它可以用来反腐、查偷税漏税、进行舆情监测、精准营销、智能交通管理、完善信用评估体系等，大数据给我们的生活、学习和工作带来了实实在在的便利。但同时大数据引发的隐私保护问题引起广泛关注，互联网是把双刃剑，互联网在给人们生活带来便利的同时，也蕴藏着信息安全的风险。运营商作为网络服务接入者和网络内容的承载者，对于用户网络应用行为的熟悉和了解，以及对用户关注内容的了解，比 OTT 服务商（Over The Top，由运营商之外的第三方提供应用服务）有更深刻的理解[1]。在今天这个信息化时代、大数据时代，每个人的上网行为、通话行为、短信行为，都脱离不了运营商，这些信息都被记录在数据库里，无论是 Wi-Fi 上网，还是手机流量上网，无论是手机上网还是通过 PC 端上网，无论是打过什么电话、发过什么短信、接到过什么电话、接到过什么短信，这些上网行为、通话行为、短信行为，都脱离不了运营商。总的来说，大数据时代，没有隐私可言。相较于过去，侵犯隐私权的行为进一步发展，产生新的隐私风险。例如，最近 Facebook 的一项研究发现，只要 Facebook 的用户在 Facebook 上点击超过 300 个赞，Facebook 预测用户的想法和期望的准确率可能比用户的

1 程德杰. 电信运营商真正的优势在于大数据分析[J]. 移动通信，2013，17:76-77.

配偶还要高。

大数据时代，通过互联网内在的数据存储平台产生的最严重的道德问题是存储的数据是否可以被特定用途所使用以及能否得到信息所有者的许可和数据的使用程度。具体表现如下：第一，数据是永无休止、无时无刻地产生的，这使信息所有者难以发现自己的数据易被他人获取使用，同时，面对海量的信息也难以监测使用者的告知义务；第二，数据处理手段呈现多样化、专业化和复杂化的趋势，数据信息使用者难以控制数据的应用场景；第三，虽然云存储克服了传统存储方式高成本和扩展性差等不足，但是数据泄漏风险和数据安防难度明显提高。比如我们都有这样的经历，当我们在淘宝或在京东等购物平台上搜索商品时，会惊奇地发现旁边的广告信息和我们几分钟前在其他平台浏览过的商品信息很一致。大数据之前我们的个人信息如名字、手机号码等并没有太大的商业价值，但在大数据时代，当把我们的个人数据综合起来，形成数据画像后，可能会出现数据比我们自己还要了解自己的情况。互联网最大的痛点就是安全问题，在万物互联的时代，万事万物都绕不开安全这道坎。

2010 年，伊朗官网发布，一种名为“震网”的计算机蠕虫病毒正大范围攻击着伊朗工业企业。2012 年，境外黑客组织“海莲花”同时针对我国多个政府部门展开精密的网络安全攻击。2018 年，法国外交部发布公告称，“阿丽亚娜”服务平台遭到黑客非法入侵，导致该国部分出境旅客在注册时填写的个人信息被泄漏。大规模个人重要信息的泄漏，不仅会造成个人恐慌和提高网络犯罪事件的发生频率，而且事关国家社会发展的利益和国家安全。然而，类似的数据泄漏事件却时有发生。各国对数据泄漏也纷纷做出了强烈反应，以打造安全的网络环境。如今贩卖公民的个人信息已经具有产业化、专业化的特点。

世界各国都遭遇不同程度的网络攻击，涉及国家的交通、医疗、金融等方方面面，网络安全关乎着个人、企业乃至国家的安全。如今，世界网络空间已经成为继陆地、海洋、天空、外太空外的第五空间，这里是无硝烟的战场，这里的武器不是枪支和弹药，而是键盘和鼠标，计算机屏幕就是战士们的掩体，但激烈程度丝毫不亚于真实的战场。2016 年，腾讯推出的打击网络新型违法犯罪的公益平台“守护者计划”，旨在发挥腾讯在安全大数据、底层技术和海量用户等方面的优势，协同社会多方力量共同构建新型网络安全治理模式，为民众提供全方位的网络安全防护，降低民众遭遇网络犯罪侵害的风险。2016 年至今，“守护者计划”已在一系列案件中为警方打击犯罪提供大数据侦查、AI 智能追踪等前沿网络技术支持。2016 年至今，腾讯“守护者计划”已经协助公安机关破获了如无锡“佳佳拍”、广东“飓风 1 号”等多起特大窃取贩卖公民个人信息案在内的共计二十余起涉及公民个人信息的案件。在行业联盟内共享安全数据协同制止诈骗，使反诈骗模式从过去的用户举报变为警方、运营商主动拦截防御。

相比以蒸汽机的发明为标志的第一次工业革命，以电力的发明为标志的第二次工业革命，眼前以大数据、物联网、人工智能等前沿技术为代表的新一轮工业革命，对人类文明和社会进步以及经济发展的影响，将超越历史上的任何一个时期。我们需要乐观且务实地看待这个时代。随着政务信息的互联互通，政府服务、城市管理、便民服务等诸多领域的应用已初见成效。大数据对个体数据的感知，正在使政府工作真正做到“以人为本，惠及群众”。

二、万物互联的“5G”时代

2G时代（第二代移动通信技术）的显著特点是资费贵、网速慢、信号差。随着CDMA（Code Division Multiple Access）技术发展壮大，3G时代到来，同时，一场移动互联网的变革由此展开。3G时代手机网速从十几KB一跃飞升到几百KB，手机不再是单一的通信工具，人们利用手机发微信、发微博，以及基于定位服务的导航、分享、购物应用随之而生，手机游戏也进入勃发阶段。3G网络彻底改变了人们沟通和休闲的方式，但爆发式增长的移动互联应用需求却暴露出一个新的问题——用户体验感差。随后我们迎来了一个更好的时代——4G时代，4G网速再次大幅提升至MB级别水平。我们可以随时随地进行一场直播，在地铁上刷抖音和头条，等餐的时候先吃一把“鸡”，用户体验感极大地得到提高。从2G到4G一路走来，打电话发短信逐渐演变成了微信、微博、直播、小视频等多元化的社交方式，手机里面的游戏从贪吃蛇变成了“农药”和“吃鸡”。从2G到4G的迭代，人们沟通和娱乐的方式彻底被改变。2019年8月底，中国移动发布了首款5G手机，5G时代已至。5G除了承载的功能不同，速度也有质一般的飞跃。3G比2G快了130倍；4G比3G快了3.3倍；而5G要比4G快825倍，下载电影只需要几秒，打游戏延迟只有1毫秒。

在本章第二节，我们列举了身边的大数据案例，然而，有大部分还处于起步阶段。但是，5G时代的来临，将带动万亿规模的物联网产业发展，包括车联网、大数据、云计算、智能家居和无人机，并推动上述行业的井喷式发展。互联网、大数据技术的成熟，已经改变了人们的娱乐方式、生活方式、工作方式、学习方式和社交方式。今天物联网即将走进人们的生活，这使地球将变得更加小，如图10-4所示。互联网时代还在塑造新的经济增长点和政府管理新模式，“苟日新，日日新，又日新”，在互联网经济新时代，一定要有抢抓机遇的敏锐意识，抓住机遇，主动求变，实现“弯道超车”，做创新红利的“尝鲜者”。

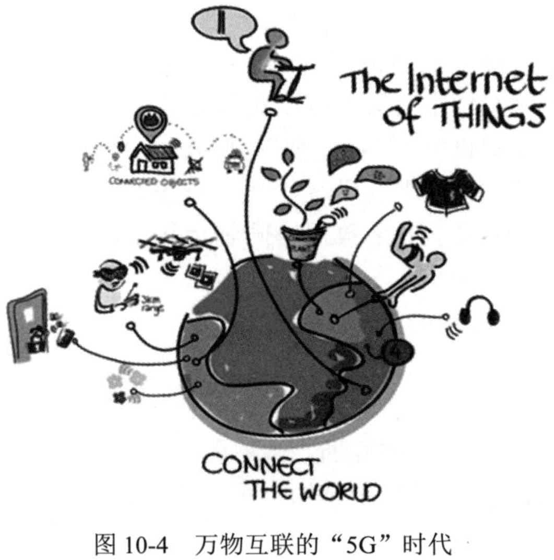

图10-4　万物互联的“5G”时代

三、2030 年大数据展望

在大数据、计算机、互联网融合的时代，我们将处于一个万物联网的"智慧地球"中。2030 年，我们不仅拥有联网的汽车、无处不在的传感器、全新的购物体验，而且唇语识别、虹膜识别等视觉识别技术的成熟将极大地提高社会公共生活的安全性和个人生活的便利性。

第十一章

高铁与民航的竞争

人们总是会畅想未来，提出一系列疑问，未来的交通会是什么样的？又会出现哪些新型交通工具？现在的交通工具到时候会被淘汰还是经过更新换代后再次升级？

交通运输方式主要分为公路、铁路、航空、水路等形式，不同的运输方式之间都存在一定程度上的竞争。随着运输行业的不断发展，公路、铁路和航空运输之间的竞争愈加激烈，特别是高铁与民航，高铁经过十几年的迅猛发展，其凭借发车时间间隔短、乘坐舒适、方便快捷等优势，给民航带来了巨大的冲击和挑战，分走了部分民航客源。本章将通过高铁的发展状况与民航的生存空间来讲述高铁与民航的竞争。目前高铁发展态势良好，超级高铁及高速飞行列车研究的推进刷新了人们对交通工具速度的认知，1 000 千米、4 000 千米的时速让很多人甚至预测未来高铁将取代民航，更不用说科幻小说中出现的可以穿梭地球两端的重力火车，但这个问题的答案真的如此绝对吗？其实，民航面对高铁的提速也做出了一系列努力，电动飞机可以将民航效能大幅提高，核动力飞机可以进一步提高能源密度超声音客机的技术成熟度也远高于真空管道列车。但是，无论未来高铁还是未来民航，都有一系列技术难题需要突破，管道高铁、超音速客机的正式问世都还有很长一段路要走。

第一节　高铁的发展状况

十几年前，如果你想从一座城市去另一座城市，只有几种选择，自己开车、乘坐大巴、火车或者飞机。汽车、火车虽然价格比较合适，但一般耗时较长，消耗精力；飞机虽然速度快，但是机票价格相对较贵，且飞机会受天气状况的影响，导致其时常晚点，这对因为赶时间而选择飞机的人群来说并不友好，反而无形中给自己增加了不能按时到达的风险。总之，无论哪种交通方式都有它的缺点，但是随着高速铁路的出现，其便捷舒适、准点率高、速度快、价格适中的特点使其成为更多人长距离出行的新选择。

一、高铁的相关知识

（一）高铁=动车？

相信很多人都会在潜意识里把高铁和动车当成同一种交通工具，但是二者真的一样吗？严格来说，高铁是铁路线路类型，动车是列车车型，两者完全不是同一个概念。

高铁是“高速铁路”的简称，指的是路，或者是“路+车”这一系统整体；而动车是“动车组列车”的简称，指的仅仅是车。在国际标准中，高铁指的是铁路，动车是一种火车形式。但是在中文词汇中，动车、高铁既包括火车，又包括铁路的铁路系统，差别就在于时速不同，高铁（G 字头列车）全称是“高速动车组旅客列车”，指时速在 300 千米级别的铁路线路；动车（D 字头列车）全称是“动车组旅客列车”，指时速在 200 千米级别的铁路线路。

高铁有专门的运行线路，动车则是与普通列车一样在既有提速线路或城际铁路上开行。由于速度的需要，中国高速铁路几乎全部开行各种型号的动车组，正因为高铁上用的车是动车，所以人们经常把动车和高铁搞混，但是在高速铁路干线上运行时，高铁比动车的停靠站点更少、速度更快。

（二）烧油还是耗电？

高铁跑那么快，是烧油还是耗电的呢？或许我们坐上高铁时会有这样的疑问。高铁是由电力驱动的，其实不止高铁，一些速度比较快的列车也是采用电力驱动方式。因为电力驱动具有一次性载客数量大、无污染、动力足等优势。我们在乘坐时可能没有注意到，其实高铁沿途都有高架电线，这些都是高压线电网，是专门用来给高铁等列车供电的。高铁在运行的时候，就是通过车顶像弓箭一样的受电弓接触高压线获得的电源进行电力供应的。

高铁用电和民用电不同，民用电压一般在 220 伏，但是高铁用的电压是 25 千伏的，只有用这样的电压，才能保证高铁的稳定性和安全性。另外，因为高铁用的都是单相电流，所以电量的计算方式与居民用电也不同。有资料显示，时速为 350km/h 的高铁每小时的耗电量约为 9 600 度，如果时速为 250km/h 的话，高铁运行一小时，耗电量约为 4 800 度，但也可以供某“一晚低至一度电”的空调开上 13 年。

按照中国工业用电的收费标准，一度电是 1 元左右，那么时速 350km/h 的高铁，一小时的电费就是 1 万元左右。高铁用电量这么大，一趟下来会不会亏本？我们大概计算一下，一辆高铁有 8 节或者 16 节车厢，按照 16 节车厢算，一节车厢一般一等座有 13 排，二等座有 17 排，一等座每排 4 个座位，二等座每排 5 个座位，时速 350 千米的高铁一般运行 5 小时，这样根据票价就不难算出高铁的盈利情况了。以京沪高铁为例，其运行时间平均为 5 个小时，京沪高铁有 10 节二等车厢、4 节一等车厢、1 节商务车厢和 1 节餐车，票价为二等座 553 元、一等座 933 元、商务座 1 748 元，如果满座，京沪高铁一次大约可收入 70 万元，但如果只坐满一节二等车厢，该收入将不到 50 万元，可见，高铁的利润与其他公共交通工具一样，主要是由客流量来决定的。

二、高铁的发展历程

（一）高铁发展简述

1964 年，日本建成了全世界第一条高速铁路——东海道新干线，自此，高速铁路从无到有，迅速发展。世界高铁发展共经历了三次建设高潮，发达国家日本、法国、意大利和德国推动了第一次建设高潮；第二次建设高潮主要发生在欧洲，其中，法国、德国、意大利、西班牙、比利时、荷兰、瑞典和英国等地的高铁发展成绩突出；第三次建设高潮涉及亚洲、北美、大洋洲以及整个欧洲。总而言之，高铁作为一种交通工具，始于日本，发展于欧洲，格局大变于中国。

铁路行业有一个现象，截至 2019 年，中国高铁总里程突破 3.5 万千米，居世界第一。2018 年底，排名第二的日本，总里程数只有 2 700 千米；而作为世界最大经济体的美国，其高铁里程按照严格标准来说是零。事实上，近年来高铁建设与运营技术已成为中国大幅进军海外的标志性科技产品，中国也成为世界上高铁里程最长、运输密度最高、成网运营场景最复杂的国家。

（二）速度发展历程

1. 降速

2011 年，中国高铁降速之前，曾有 5 条高铁以每小时 350 千米的速度运行，但从 2011 年 6 月底开始，京沪高铁、武广高铁、郑西高铁、沪宁高铁、沪杭高铁五条高速铁路均降速至 300km/h，大批 250km/h 的高铁则被降速至 200km/h。虽然当时人们认为高铁降速的原因是“温州动车事故”，但是因为时间线的原因，高铁降速运营的消息先于事故发生，所以降速的原因就被归结到了效率和成本上。首先，300km/h 的动车组和 250km/h 的动车组混跑，效率要高于 350km/h 的动车组和 250km/h 动车组混跑；而且，从时速 350km/h 降到 300km/h，可以降低成本。

2. 提速

本来高铁就是因为速度快才在中长途出行中占据有利地位的，长时间的较低速运营等于空耗了资源，一点也不经济。中国的高铁技术已经成熟，对于规划时速在 350km/h 以上的线路达到 350km/h 完全没有问题；而对于那些原先按照时速 300km/h 设计的线路，要提速到 350km/h，就会出现一些问题，比如当对向行驶的两列列车错车时，产生的强大吸力有可能将列车车窗玻璃打碎，所以提速成为高速铁路一个长久的课题。

列车速度还可以进一步提高吗？通过何种方式提高呢？相信大家应该都听说过磁悬浮列车，在中国的上海和湖南，我们还可以体验乘坐。该列车利用的是磁体“同性相斥，异性相吸”的原理，简单来说，就是通过排斥力使车体悬浮于轨道之上，消除轮轨系统无法消除的摩擦力，然后通过吸引力使列车前进，如图 11-1 所示。列车车体与轨道均有线圈，通电后变为电磁体，通过操控电流方向使得轨道磁场呈南北极交替分布，并在列车行进过程中不断调控电流方向，从而使得列车车头前方的轨道永远对车体是吸引作用，车尾与列车车尾后方的轨道永远是排斥作用，前拉后推，列车就能顺利前进了。通过悬浮克服系统摩擦力后就只剩下空气阻力，磁悬浮列车车头正好采用了可以减小空气阻力的流线型，所以运行时速可以超过 400km/h，甚至可以达到 600km/h。

空气阻力还能进一步减小吗？中国工程院沈志云院士发表的研究结论表明，当列车时速超过 400km/h 时，空气阻力将占总阻力的 80%以上。但是如果需要用 80%以上的能耗去克服这一阻力，显然是非常不经济的。所以，为了实现在地面上的超高速行驶，只有通过改变介质密度的方式，这也是真空管道高铁出现的原因之一。

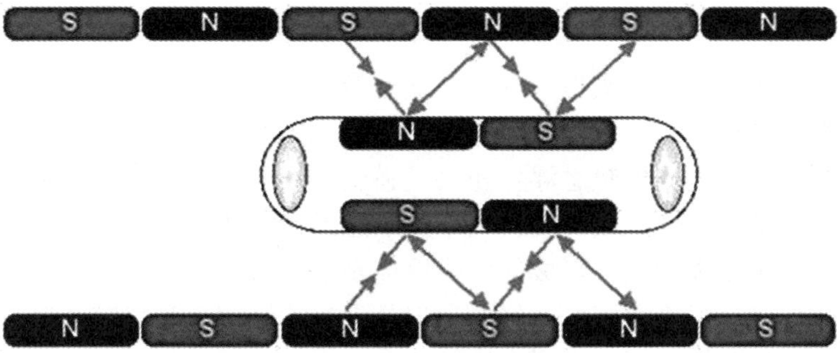

图 11-1　磁悬浮列车车体与轨道磁场示意图

三、“超级高铁”—— 真空管道高铁

目前来看，如果期望高铁的速度进一步提高，在未来比较有可能实现的就是时速可达 1 000km/h 的真空管道高铁了。真空管道高铁就好像是把磁悬浮列车放在了一个更低压甚至是真空的管道空间里，使空气阻力降到最低，进而进一步提高列车的行驶速度。

其实真空管道高铁是很久之前就有的概念，在 20 世纪 20 年代初，就有人提出了真空管道磁悬浮列车的概念，但近一百年的时间内，始终没能成为现实。直到 2013 年，硅谷“钢铁侠”埃隆•马斯克（Elon Musk）提出了“超级高铁”的设想，这种新的交通方式才引起了人们的广泛关注。

（一）超级高铁

超级高铁是在密封的真空或低气压的管道中运行的列车，如图 11-2 所示。通过抽取空气使运行的管道变为真空或低压环境，采用气动悬浮或者磁悬浮驱动技术，使列车在全天候、无轮轨阻力、低空气阻力和低噪声模式下超高速运行，这种新型的交通模式被称为真空管道运输，俗称超级高铁，因其外形像胶囊，也被称为胶囊高铁。

图 11-2　超级高铁效果图

1. 超级高铁列车

超级高铁列车主要有两种类型，分别是气动悬浮列车和磁悬浮列车。

（1）气动悬浮列车。

气动悬浮列车又分为“气垫悬浮”和“气膜悬浮”两大类。两者都是通过一个装置喷出空气，在车辆底部形成空气膜，使得列车可以悬浮在导轨上，克服摩擦。不过气垫悬浮是通过燃气轮机输出压缩空气，形成的气膜厚度是毫米级的；气膜悬浮是通过车底的气腿喷射空气，形成的气垫厚度是百毫米级的。但是气垫悬浮列车和气膜悬浮列车都因为稳定性和实用性问题无法商用，研究也鲜有进展。

（2）磁悬浮列车。

和气动悬浮列车不同，磁悬浮技术已经实现了商用化，并且形成了三大独立的技术，分别是电磁悬浮、低温超导电动悬浮和高温超导磁悬浮，这三项技术的代表国家分别是德国、日本和中国。

德国磁浮列车技术先驱赫尔曼·肯培尔（Herman Kemper）被称为“磁浮列车之父”，德国后来的磁浮列车就是基于他的磁浮列车专利发展而来的。

日本的低温超导电动悬浮技术借鉴自美国。2003 年日本的低温超导高速磁浮列车试验时速达到 581km/h，保持记录 12 年后，2015 年突破了 590km/h，仅仅 5 天之后，列车的时速又进一步提高到 603km/h，创造了高速交通系统新的世界记录。但是，日本的这一时速是在稠密大气中实现的，如果把稠密大气变成低压管道，进一步降低空气阻力，理论上 1 000km/h 是可以实现的。

中国对于高温超导磁悬浮技术的研发具有代表性，2000 年西南交通大学研制成功世界首台高温超导磁悬浮实验车“世纪号”，证明了高温超导磁悬浮车在原理上的可行性；2013 年建成高温超导磁悬浮测试环线。

2. 真空管道高铁研究进程

管道高铁？第一次见到这个名词可能大家都会有点懵，把高铁放到管道里会有什么神奇的系统呢？

真空管道运输最早萌芽于 19 世纪早期，当时蒸汽机车还未普及，电力和内燃牵引还没有出现，智慧的先驱们就尝试在密封的管道内通过压缩空气作为动力驱动列车行驶，但是当时的密封管道还无法做成真空。

进入 20 世纪之后，美国火箭专家罗伯特·哥达德（Robert Goddard）首次提出真空管道磁浮列车的概念。20 世纪 30 年代，德国的科学家赫尔曼·肯培尔提出将磁悬浮列车系统置于低压环境的密闭管道中，这时设想的运行速度就达到了 1 800km/h。1978 年，美国兰德公司的技术专家提出建造名为“运输之星”的交通运输系统，由建设在地下的具有低压环境的管道和磁悬浮列车系统构成。1999 年，美国著名工程师达里尔· 奥斯特（Daryl Oster）取得真空管道交通系统的发明专利。

对真空管道磁浮列车技术的研发，中国做出了很多努力。2004 年 12 月，中国召开“真空管道高速交通”研讨会。2005 年，牵引动力专家沈志云院士撰文阐述了真空管道高速列车的技术方案和实现途径。2011 年，西南交通大学研发出“真空管道磁浮车实验系统”，系统压力达到 0.012 个标准大气压，这是全球第一个同时结合真空管道、磁悬浮及线性驱动技术的完整真空管道试验设备。2014 年，西南交通大学建成全球首个真空管道超高速磁悬浮列车环形实验线平台和国内第一个载人高温超导磁悬浮环形实验线，研究并验证了“真空管道+高温超导磁悬浮”的可行性，列车测试速度达到了 400km/h。

3. 马斯克的超级高铁进程

戴勒·奥斯特于 1999 年提出“胶囊列车”由运输管道、载人舱体、真空设备、悬浮部件、弹射和刹车系统等组成，运行时，通过磁浮技术使可容纳 4 至 6 名乘客的胶囊状载人舱体悬浮于真空处理过的管道中，再利用弹射装置发射“胶囊”，使其可以沿着管道无间断地驶向目的地，由于无空气、无摩擦，所以根据预想，其速度可以达到 6 500km/h。

有着“科技狂人”之称的马斯克对这一概念进行了丰富，他在 2013 年发布了一份“白皮书”，提出了“超级高铁”的概念，对这种运输概念贡献了更多的设计细节。因为克服空气阻力是高速旅行中最大的能量消耗之一，所以飞机在空气较稀薄的高空飞行。为了在地面实现相似的效果，超级高铁将乘客舱放在了低压的管道环境中。在马斯克的模型中，超级高铁管道内的气压约为火星大气压力的 1/6，也就是 100 帕，相当于飞机在超过 15 万英尺（约 4.5 万米）飞行高度上的飞行时的压力。马斯克说这个系统很安全，不会崩溃，可以对各种复杂天气免疫，而且它的速度会比“子弹头列车”快 1 倍，也可以达到两倍于飞机的速度。超级高铁采取太阳能供电的方式，在系统中装上太阳能板后，获得的能量将超过运行所需的，多余的能量将通过能量存储设施存储起来，可以供超级高铁在不使用太阳能板的情况下行驶一周。

马斯克要把乘客从民航拉过来，就必须至少让列车达到高亚音速，也就是民航飞机的速度，现在看来只有真空管道高铁有可能实现这一速度。但是真空管道高铁难度极大，造价也高，如何降低造价？如何实现技术上的可能性？

在马斯克的设想中，这种高铁车厢很小，人是半躺着的，所以管道并不粗，隧道的开挖量远远小于地铁，这样就降低了造价。车厢没有轮子，靠磁力悬浮，也就不存在轮子与轨道之间的摩擦阻力，空气阻力成了唯一要考虑的因素。在高速运动时，列车前方的空气像一堵墙一样阻碍其前行，所以设想把空气抽光来降低空气阻力，但是真空的难度很高，所以目前只要求空气稀薄。而且在真空环境中，一些在正常空气环境下可以工作的驱动方式无法运行，但磁浮驱动方式是可以在真空环境下工作的，所以真空和磁浮相辅相成。

2016 年 5 月 12 日，美国超级高铁 1 号公司（Hyperloop One）首次在真空环境中对其超级高铁技术进行了测试，利用磁悬浮技术实现了 800 英里/小时（约合 1 287km/h）的时速。

2018 年 4 月，马斯克宣布，旗下“超级高铁乘客舱”进行测试，目标运行速度为音速的一半，并在 1.2 千米内完成刹车。

然而，外界对于超级高铁也提出质疑。对于马斯克提出的低造价，业内许多人认为不符合事实；美铁公司总裁理查德·安德森（Richard Anderson）不认为由马斯克提出的超级高铁可以在短时间内实现，并能超过传统铁路运输；比尔·盖茨（Bill Gates）也对超级高铁的安全问题心存疑虑。

4. 超级高铁的优势

超级高铁是一种以“真空管道运输”为理论核心的交通工具，具有超高速、高安全、低能耗、噪声小、污染小等特点。

对于超级高铁的优势，快是一定的，而且其不受天气影响、不会堵车。与时速 800km/h 的飞机相比，超级高铁达到该速度时的耗能仅是飞机的 1/6；在耗能相等的情况下，超级高铁的速度可以达到地面其他交通工具的 5 倍以上；真空管道运输虽然耗能少，但是每千瓦时的运输量却要比火车的运输量多 1 倍。真空管道列车一般采用电能，清洁无污染，比传统燃油型交通工具更环保。由于管道密封，一般深埋地下或者高架空中，通过采用双管道设置，使得列车往返不受干扰，所以说只要解决了列车的安全制动问题，这一系统的安全系数还是很高的。真空管道运输的造价将很便宜，只有高速公路的 1/4、高铁的 1/2。按照预想规划，这样的管道可以附着到既有的高速铁路架桥上，用来节省路线资源与基础设施搭建成本。

5. 真空管道列车的技术难点

真空管道运输是一种面向未来的技术，代表了先进的技术发展方向，其技术原理虽然简单，但实现起来却很困难，必须攻克一系列技术难点，真空管道列车的实现还有很长的路要走。

第一，如何实现真空环境。如何实现并保持真空环境是最大的难点，真空管道列车的运行一般至少需要几百千米甚至更长的管道，如何保证管道长期的良好密封是一个需要解决的技术难题，同时管道的设备维修也是一大挑战。

第二，真空环境下相关设备如何运行。真空环境下，许多在常规大气压下可以正常工作的设备会难以运行，虽然有些设备在理论上不一定需要空气，但当其真正置于真空环境中时，一些没有考虑到的问题就会慢慢暴露出来。理论上，在真空环境中交通运输确实有可能达到更高的速度，但速度不仅与空气阻力有关，还与悬浮导向系统、牵引系统、轨道系统及运行控制系统性能相关。随着速度的提高，因悬浮、导向、驱动力系统引起的真空管道列车的振动也会加剧，如何使各个分系统协调工作，需要工程试验来解决。

第三，如何保障列车安全运行。虽然由于真空管道列车的管道环境，能使其不受天气影响，比一般的交通方式更安全，但这并不意味着它可以避免运行中出现的任何问题。其中，最大的问题就是如何在遭遇突发故障时刹车，因为普通列车常规的应急大多采用摩擦制动，但这一方式在真空环境中无法实现，真空管道列车如此高的运行速度，一旦制动失控将会带来可怕的后果。而且由于密封性，一旦运营故障，旅客如何安全疏散也成为一个比较大的问题。

第四，如何降低建设及运行费用。现在，真空管道列车无法从设想走向现实的最大问题还是建设成本和运行费用太高。真空管道列车由于克服了传统轮轨列车在运行过程中影响速度的两大因素而变得高速，但是真空管道的建设和管道内的维护在现有技术水平上还不太经济，还需要技术的不断发展。

第五，如何保证真空管道的线型满足列车亚音速甚至超音速的要求。因为半径大小与速度的平方成正比，所以列车速度越高，线路的曲线半径就越大。复杂的地形条件使得线位的制约因素极多，让实现和维持列车的超高速成了一大难题。

但是列车速度快了一定好吗？好像有的时候速度太快也不是一个好事情，速度快必然伴随着巨大的加速度。为了满足乘客对舒适度的要求，真空管道列车必须要求低加速度，也就是需要有较长时间的加速和减速过程，因此只有在长距离运输时，真空管道列车才具有明显的优势。而交通工具的出现是为了使人们的出行更加方便，人们的起点和终点不同，交通工具的站点必须实现较大范围的合理覆盖，那如何满足如此多的站点可达问题呢？是牺牲乘客的舒适度频繁刹车重启吗？还是设置多条线路交叉可达呢？考虑到真空管道修建的难度，设置多条线路的可能性应该直接被否掉。那么这个问题该如何解决，是不是可以设置几个大的站点，然后与其他交通方式合作，人们先通过其他交通方式到达超级高铁站点，再乘坐超级高铁呢？这也是一个值得思考的问题。

6. 真空管道列车的发展前景

真空管道列车的发展可分为三步，从时速 500km/h 至 600km/h 的普通真空高铁，到时速 1 000km/h 以上的低真空磁悬浮，最后到时速可超 4 000km/h 的高真空磁悬浮。

真空管道运输技术的原理虽然简单，但实现起来却很困难。同磁悬浮列车一样，技术不成熟且成本过高都阻碍了其发展，同时，真空管道只能专供真空管道列车使用，无法与其他运输方式兼容，这就容易让人们产生投资到底值不值得的疑问。对于高铁技术已经非常成熟的中国来说，“和谐号”进一步提速到 500km/h 甚至 600km/h 是有可能的，所以真空管道技术发展的最好机遇就是为该提速提供技术支撑。然而，时速超过 400km/h 的列车在稠密大气中运行所产生的能耗和噪声会严重超标，如果能在条件较好的整体道床上加罩，使其构成密闭管道，再将管道通过抽气站抽成 0.1～0.2 个大气压的低真空状态，才有可能实现“和谐号”高速列车的超高速商业运营。上述方案要求高速列车在有真空管道的区段超高速运行，在没有这一装置的区段仍按普通速度行驶，其最大优点就是可以与中国高速铁路网兼容，也是可以把真空管道运输技术最快变成现实的途径。当高铁速度超过 600km/h 时，管道中的压强要求达到百分之一的大气压，而超过 1 000km/h 时，管道中要求达到千分之一大气压的低压环境，也就是说高铁速度越快，对管道真空状态的要求越高，所以如何经济地制造真空环境值得人们探究。

由于真空管道高铁的管道是密封的，可以不受任何影响并在海底及气候恶劣的地区运行，所以北京九州动脉隧道技术有限公司提出建设跨海真空旅游飞行巴士的设想，该方案集海底隧道技术、真空管道运输技术及磁悬浮列车技术于一体，是一种新型跨海交通旅游运输系统。

真空管道高铁速度更高、技术难度更大，是应对几十年后能源、环保等问题的重要举措，将成为以后交通运输市场的亮点。但每一种交通方式的推行都需要经过很长时间的试运行之后再不断完善升级，且真空管道列车的市场仍有相当的不确定性。真空管道涉及的抽真空、气密封以及管道抗气压三个关键技术的耐久度和维护难度似乎决定了其只适用于少数用户，比如国家领导人或者军队高层领导在战时的超远程快速运送，无法满足大量旅客的乘坐需求，但是一种新技术的应用是技术推动和市场需求相结合的结果，它的应用过程既受到技术成熟度的限制，又要在技术发展过程中经受市场的检验。

（二）高速飞行列车

高速飞行列车，人们也称其为“飞铁”，时速可能高达 4 000km/h，以超过 3 倍音速的速度实现“近地飞行”，被誉为继公路、铁路、水路和航空之后的人类的“第五种交通方式”。中国将要研发的高速飞行列车与马斯克的超级高铁设计理念比较相似，都是采用真空或比真空状态要求低一些的低压状态管道以减少空气阻力，并在动力方面同样运用磁悬浮技术，不同于超级高铁的胶囊形状车身设计，高速飞行列车外形采用流线型，如图 11-3 所示。

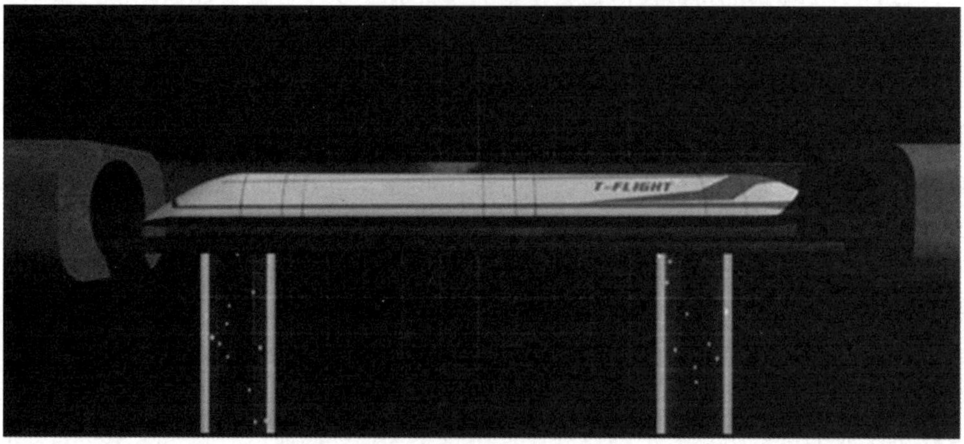

图 11-3 高速飞行列车效果图

2018 年，吉利集团和中国航天科工集团签署战略协议，双方共同致力于高速飞行列车的研发和市场推广，这个“高速飞行列车”项目有比较完整的规划，将按照时速 1 000km/h、2 000km/h、4 000km/h 三步走战略逐步实现。有了高速飞行列车，从北京到武汉只需要 30 分钟，而从北京到莫斯科，则只需不到两个小时。

中国作为高铁大国，中国中车研发的速度为 600km/h 高速磁悬浮试验样车 2019 年 5 月已经在青岛下线，列车将在全封闭的低真空管道内运行，已取得了一定的进展，其市场目标是填补航空与铁路交通之间的速度空档，也将是中国版“超级高铁”——高速飞行列车的雏形。

超级高铁与高速飞行列车已经足够科幻，在不久的将来或许会颠覆人们的出行方式，但接下来介绍的重力火车会更加让人跌破眼镜，相信会在未来给人们带来全新的出行体验。

四、重力火车

如果一个人从地表直降而下，穿越地心，到达地球另一端需要多长时间？最初人们认为需要 42 分 12 秒，后来，科学家们基于不同地球层密度的假设条件下，估测这样的行程将比之前预计的缩短 4 分钟，跨球旅行将只需要 38 分钟。可是我们如何穿过地心呢？

1990 年美国上映了一部科幻电影《全面回忆》，背景设定是全世界都因为生化战争而毁灭，只剩下两块地方可以住人，分别是西欧的“不列颠”国和澳大利亚的“殖民地”国，由于地表已经充满毒气，两地之间没有地面或者空中的通航方式，仅有一条穿过地心的高速“重力火车”来通航，这种炫酷的交通工具是这部电影里一个引人入胜的地方。1998 年刘慈欣创作的短篇小说《地球大炮》里也提到过这个交通工具。

就可行性来说，这种火车的原理并不难，但实现起来有一定的困难性。说原理不难，其实是源于重力火车利用的是重力资源。古希腊科学家亚里士多德认识到重力的客观存在，他认为重力的客观存在使人类可以安全地生活在地球上。人们利用水流的落差进行水力发电；下坡时，骑自行车的人们利用惯性滑行，汽车司机则不踩油门达到了省力和省油的目的……诸如此类的应用，人们往往仅将其看成是水力和惯性的作用，忽视了重力的贡献。因此，重新认识重力资源是十分必要的。重力作为一种清洁能源，在能源危机威胁我们生存的背景下极富前景。

（一）重力列车

开行重力列车的基本条件是，必须具有下坡路轨和上坡路轨，这也是和现有铁路的显著区别之一。现有的铁路尽量避免坡度，而重力列车的钢轨必须铺设在有较大坡度的路基上，也就是说，重力列车不再靠普通的动力资源，而是利用重力，靠下坡轨面起动、加速、储能，靠上坡轨面减速、停车。重力列车需要解决的核心问题就是下坡容易上坡难的问题，在下坡时如何控制速度，在上坡时如何提供动力都是值得思考的。

生活常识告诉我们，当坡度越大、斜面越长时，重力加速度可使滚动或滑动的物体速度越来越快，对于这一“过快”的速度，是否可以通过什么方式进行控制呢？一般控制列车下坡速度的方法有机械刹车、电阻制动、再发生电制动等，其中，再发生电制动方式似乎可用于重力列车。既然电力机车在下坡减速时可以将牵引列车运行的电动机变为发电机使用，将动能转化为电能返送电网，那么重力列车同样可以通过一些设施将部分重力能量转变成其他形式的能量存储起来，以备需要时使用。现代计算机技术和现代动力技术为有效控制列车下坡速度奠定了基础，计算机可根据速度、曲线半径等基本条件实时计算出列车的最佳速度值，通过与现行速度相比较，以决定列车加速还是减速。

对于上坡时动力提供的问题，还需要进一步讨论。因为上坡时最初一段时间还可依靠惯性“闯坡”，可是这种由重力势能转变的动能非常有限，列车继续运行还必须有重力之外的能源来驱动。从节能的角度出发，上坡的动力还有很多来源，比如电能，利用下坡时多余的重力带动限速发电机，将重力势能转换为电能；利用风速与车速的速度差，带动风力发电机发电；在列车的车身上安装太阳能电池；在列车某些部位设温差发电装置，将这些电能用高效蓄电池存储起来，可以作为上坡时的驱动电源。当列车本身以重力能源为主的所有的“自产”驱动能源仍不能满足上坡需要时，还可利用地面站点向列车输送清洁能源的方式提供动力。而且，既然地面可向卫星、导弹、飞船、航天飞机发射激光束将其摧毁，那么也可以通过激光束向列车接收装置传输能量，以帮助列车爬坡。

解决了动力的问题后，重力列车还可以借鉴上文中的真空管道列车运用“气垫”“磁浮”等新兴动力技术减少上坡时轮轨之间的摩擦力，以节约驱动能源。这样，无污染、低噪声、耗能少的重力列车才会更有发展前景。

（二）重力火车

存在于科幻电影和科幻小说中的重力火车，是将重力列车进一步升级它不像重力列车还需要再靠其他能源，而是主要只靠重力能源；它的轨道不在普通的地面上，而是需要贯穿地球，如图 11-4 所示。

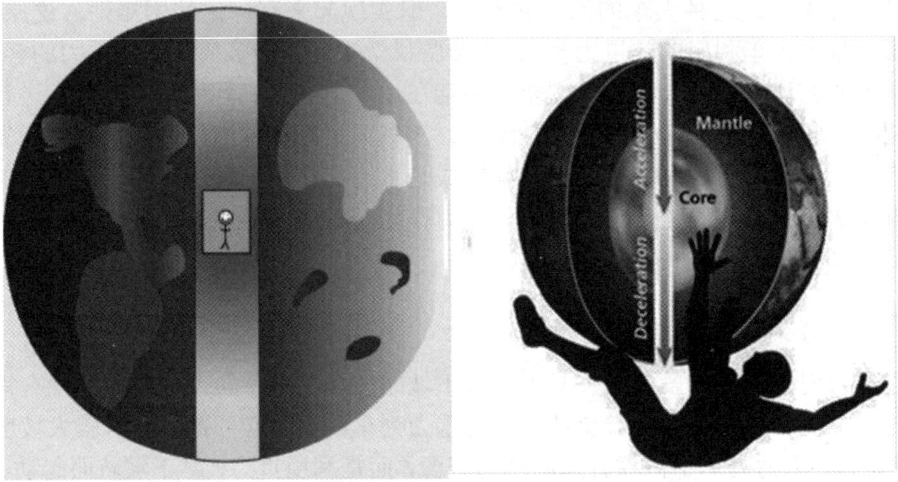

图 11-4　重力火车简单示意图

重力火车是一个仍然处于理论上的运输模式，相比于前文提到的高速飞行列车和超级高铁，其理念更为大胆，它的轨道将横穿地球、通过地心，仅以自身的重力获得加速度，从而快速穿梭于地球两端；相比于超级高铁和高速飞行列车需要在地面以及地下铺设轨道，重力火车的技术难度已经完全上升到了更高的层次。

重力火车的先决条件为隧道贯穿地核，火车靠地心吸力垂直跌入隧道，一直加速，通过地核之后地心吸力对火车作出反作用，使之减速，并使其到达地球另一端时刚好速度为0。这样确实是节能，因为重力火车不用电也不烧油，靠的是地心吸力。而如何挖出一条贯穿地球的轨道，以及轨道如何贯穿布满岩浆、最高温度可达 5 430℃的地核，这两点仍是目前无法解决的难题。

在小说中对重力火车是这样设计的，打通一条贯穿地球的隧道，用新固态材料做支撑，抽成真空，火车从一端下去后，可以保证重力势能和动能的无损转化，使得其从地球的另一端出来时速度恰好为 0，同时考虑到地球自转因素，隧道设计并不是笔直的。小说中它叫地心列车，后来改成地球大炮，小说中把新固体材料作为可以耐极高温的轨道材质，用抽成真空的方式解决了阻力问题。

新固体材料是介于固态和简并态之间的形态，具有极高的密度，耐极高温和极高压，极其坚固。新固态的制取方式是用一种具有平衡各方向压力特性的薄膜材料“糖衣”来包裹普通材料，通过连续的小型核爆产生高温高压，将普通物质压至新固态。但是，新固态材料是虚构出来的，现有科技无法制造出具有这种性能的材料。即使能做成，需要的糖衣、小型核弹以及用作原材料的普通物质等资源的消耗量也是相当大的。

因为地壳下的岩浆压强很高，所以地壳薄弱处会出现火山喷发。小说中隧道是用沉井法建成的，但是当新固态材料制成的井圈破坏了地壳结构时，地幔中高压的岩浆也会喷涌而出，所以地球隧道的施工仍是一个需要探索的问题。

虽然重力火车有许多技术难点要解决，但是这个想法其实有着比较高的可行性，期待吧，期待未来我们可以乘坐重力火车实现环球旅行。

（三）重力火车会把你带去哪里？

不知道大家有没有想过一个问题，既然地球是近似球体的，那我们每个人站立的地球表面的另一端是哪里？也就是说，我们每天脚底下踩着的到底是谁？而重力火车又可以贯穿地心，是否意味着我们未来可以很快到达我们脚底下踩着的地方？那这个地方又是哪里呢？

有一个叫 Antipodes Map 的网站可以模拟出这个过程，显示页面也很有趣，一个人撅起屁股往地上一钻，之后在地球另一边钻出了头。这和重力火车的设想一样，但是极度简化，忽略了好多因素后直接认为这条穿过地心的隧道是笔直的。这其实是“对径点”的概念，指大圆或大球同一条直径的两个端点。可由于地球实际上是“水”球，地表超过 70% 的面积都被海洋覆盖，所以事实上世界上大多数陆地国家的另一边，只有汹涌澎湃的海水，比如北美、非洲、西欧、俄罗斯、日本等。而中国则与南美洲隔地球相对。

五、高铁的自动驾驶

无人驾驶不仅可以用于汽车，也可以用于轨道交通，列车可以通过感知系统实现自主识别障碍物、道路、交通信号，彻底解放司机。目前，英国、法国、迪拜、德国、丹麦、澳大利亚、中国等都拥有了全自动无人驾驶列车线路。

高铁的自动驾驶与大型客机类似，都是采取“无人驾驶，有人值守”的模式。实行自动驾驶后，高铁可以实现车站自动发车、车站区间自动运行、车站自动停车、车门自动防护以及车门和站台门的联动。可见，自动驾驶功能并没有完全取代司机，而仅起到辅助作用。

京张铁路建成后将成为速度为 350km/h 的智能化高速铁路。京张高铁智能列车车身安装有数千个传感器，在列车运行过程中可以随时自检，保障运行安全。京张高铁首次全线采用智能化变电所，能实时监测列车运行中的状态信息，在线处理发生的故障，使列车运行更加平稳。其中，用于京张高铁的智能化动车组首次采用中国自主研发的北斗卫星导航系统，通过将导航系统和人工智能相结合，使京张高铁成为全球第一条具有自动驾驶能力的高速铁路。

现在还只是自动驾驶，未来高铁也有可能实现无人驾驶。无人驾驶是最高等级的自动驾驶，是自动化运营的最高级别。列车上不需安排工作人员，列车的休眠、唤醒、启动、停车、车门开关、洗车、车站和列车的设备管理以及故障和突发情况的应对全部由系统自动管理，无须任何人员参与。中国的绝大部分城市地铁系统都已经实现了有司机值守的自动驾驶，北京机场线、北京地铁燕房线、广州 APM 线、上海地铁 10 号线等线路更是实现了全自动驾驶，不过分为了不同等级，低等级的则仍需要有人监视。

继工业化、信息化之后，智能化成为人类社会发展的必然趋势，高速铁路也将向着更加自动化、智能化的方向发展。未来 30 年，通过云计算、大数据、人工智能、卫星导航等新兴技术，突破列车无人驾驶，实现高速铁路建设运营全过程、设施设备全生命周期的全面自主操控，无人化将成为可能。

第二节　民航的生存空间

民航是国家的重要产业。之前，民航几乎成为垄断长距离出行人群的首要出行选择，但是随着高铁的出现，民航的地位被撼动了。高铁的准点率大大高于民航，票价和舒适度也具有竞争力，免除了行李托运的烦恼，且大部分高铁与民航的行程耗时相差不多，使得更多乘客更愿意选择高铁，这给民航业带来不小的压力。

一、国内外民航与高铁竞争实例

（一）国外几个例子

日本新干线开通后，日航就暂时停飞了东京至大阪、东京至名古屋等航线。因为事实表明，如果新干线列车在起始站与目的地之间耗时小于 3 小时，大部分旅客将选择新干线，但是如果超过 4 小时，大部分旅客将选择航空运输，所以权衡过后，日本民航退出了有高铁运行线路的短途市场。

法国高速铁路公司陆续开通巴黎至里昂、巴黎至马赛路线后，法航也逐步压缩了这些短途市场。

英国 BMI 航空公司也因为欧洲之星快速列车在伦敦至巴黎、伦敦至布鲁塞尔的运输市场占据较大份额，停飞了伦敦希思罗机场至巴黎戴高乐机场的多数航班。

（二）国内的实例

2007 年高铁诞生至今，12 年间，中国民众的出行习惯逐渐被高铁改变。

高铁对民航的短期冲击力强。由于方便快捷、价格适中的特点，中短途出行市场迅速被高铁占领。与此同时，民航的中短途航线遭到严重冲击，旅客数量骤降，一些中短程航线策略性取消。

2010 年，南京至邯郸、济南、天津、温州、武汉的五条航线被取消。

2011 年，徐州观音机场陆续取消了徐州至北京、上海虹桥、杭州萧山机场三条航线。

2015 年，长沙至合肥的航线被取消。

2017 年，西成高铁开通，西安至成都由 11 个小时缩短到 4 个小时，之后航空公司陆续减少西安与成都之间往返航线的数量，海航、国航、成都航空停运了该航线。

2017 年，宝兰高铁开通，尽管航空公司对兰州至西安航线的座位投入及时做出了调整，但该航线的收益仍急转向下。2018 年春运期间，兰州至西安航线客座以及折扣均大幅下滑，航线整体座收水平同比下滑幅度达到 23%。兰西高铁开通后，所有兰州至西安的航线停飞。

二、未来的民航

（一）电动飞机

电动自行车、电动汽车都已经实现，电动飞机的时代还会远吗？

其实，电动飞机离我们的生活并不遥远，很多人喜欢的航空模型就是以电驱动的，但我们这里要介绍的是用于航空运输的电动飞机。

一直以来，传统商用飞机强噪声、高油耗和环境污染等问题受人诟病。以一架波音 747 为例，它飞行 1 小时消耗约 9 吨航空煤油，而随着油价上调，燃油成本在航空公司总成本的占比也很大，高时可达三分之一。因此，节能、环保成为未来商用飞机的新趋势，电动飞机成为民航的理想选择。

电动飞机也即依靠电动机驱动的飞机，其电力来源主要包括燃料电池、太阳能电池、超级电容器、无线能量传输或其他种类的电池等。目前，已经研制成功太阳能飞机、蓄电池电动飞机和燃料电池飞机等类型的可载人电动飞机。1957 年，第一架电动飞机模型在英国试飞成功，它使用的是永磁电动机和银锌电池，但是这项节能技术在之后的几十年内一直鲜有进展，再后来，燃料发动机的发展超过了电力驱动。

现行喷气式发动机的原理是，压缩汽油燃烧产生膨胀进而推动飞机飞行，相比之下，螺旋桨或者电动涵道风扇驱动的电动飞机并没有飞行性能方面的优势。最近几年，很多企业做了很多有突破性的尝试，但更多的是维持在低速模式上。美国波音公司配备固体高分子型燃料电池（PEFC）的小型载人飞机全球首次试飞成功。日本 IHI 公司与美国波音公司合作，实施了配备再生型燃料电池系统的民用飞机试飞。马斯克领导 SpaceX 也正在联手打造电动飞机。法国交通部正在与空中客车集团合作，计划将于 2020 年进行混合动力轻型直升机的验证飞行。劳斯莱斯希望建造世界上最快的电动飞机，计划于 2020 年推出速度超过 480km/h 的电动飞机。

1. 电动飞机的优势

电动飞机使用电动力推进系统代替传统燃料动力，最突出的优点是节能环保、效率高、能耗低，同时接近零排放，电动飞机的噪声和振动水平很低，乘客乘坐舒适性好，是名副其实的“环境友好”飞机。

此外，电动飞机还具有安全可靠、结构简单、操作使用简便、可维修性好、费用低、经济性好等特点，不会发生爆炸和燃料泄漏。

在飞行过程中，除应用燃料电池的情况除外，飞机重量不会发生变化，飞机的重心位置不变，起飞重量与着陆重量相等，着陆时刻相对灵活。

2. 电动飞机面临的挑战

（1）技术难题

各类电动飞机发展面临的最大技术挑战是，电动力推进系统关键性能指标低、技术不成熟、重量大，仅能满足电动飞机相对低的使用要求。此外，电动力推进系统实用性、安全性和可靠性都有待提高。其中，电动力推进系统重量过大是电动飞机设计的最大难题。对于氢燃料电池电动飞机，还有燃料电池及氢燃料存储系统布局和设计问题，而安全可靠的氢燃料存储系统设计问题不容易被解决。太阳能电动飞机设计上的主要技术挑战是大尺寸机翼的气动弹性、昼夜连续飞行——太阳能飞机超大展弦比、大面积机翼会造成严重的气动弹性问题。太阳能电动力推进系统从太阳能输入到螺旋桨最终的动能输出，总的能量利用率只有约10%，无法实现长时间飞行。电池的储能问题也很关键，如果能够研发出超高能量比的电池，电动飞机才会有用武之地。因为电池能量密度低，就会造成飞机的续航时间和航程短，这样就限制了电动飞机的应用领域。

（2）成本过高

电动飞机成本过高。锂电池、燃料电池和太阳能电池等电动力推进系统关键部件成本高，电动力推进系统和电动飞机的开发成本也很高。

电池占据飞机空间，而且减轻重量很难。在飞机上，每一克重量都意味着成本的增加，而燃油的能量密度是锂电池的60倍，因此相同能量所需的锂电池体积更大，可见用锂电池驱动载人飞机成本极高。

（3）适应能力差

天气和环境适应能力也是一个重大的技术问题。目前电动飞机基本上只能在天气良好的状况下飞行，而对于降雨、降雪、雷电等恶劣天气情况和比较恶劣的环境条件下还不能飞行，要满足实用要求，这些问题必须加以解决，这在技术上存在较高难度。

航空业的特殊性决定电动飞机的商业化合规性和经济性缺一不可。如果不能打造一个完整协调的生态系统，不能突破技术瓶颈和政策制约，电动飞机离真正的商业化应用仍然遥遥无期。目前已经投入日常飞行活动的电动飞机，主要以电动轻型固定翼飞机或者电动直升机为主，承载量有限，要实现民航商业飞行至少四五十人的载客量，电动飞机还难以实现，仍有很长一段路需要走。

（二）核动力飞机

核能作为一种清洁能源，它的问世不仅解决了部分能源问题，而且成为军事领域的一项关键技术。在核应用领域，目前有核动力航母和核动力潜艇，还有陆上核电站和海上核电站。水面舰艇可以利用核动力推进，与经常需要浮出水面的常规潜艇不同，核潜艇可以在海底长时间潜伏且无须加油，那既然核动力的潜艇那么好用，为什么没有核动力飞机呢？如果可以让飞机使用核能作为动力，是不是意味着我们也可以制造出像宫崎骏《天空之城》中想象的飞行岛屿拉普达一样永不降落的飞机呢？

其实早在1942年，美国物理学家恩里科·费米就提出了核动力飞机的设想。从1946年起，美国就开始计划研制核动力飞机，直到1951年美国核动力飞机项目正式启动，通用电气公司负责开发机载核反应堆，康维尔公司和洛克希德公司负责开发合适的载机，该项目以美军最大的轰炸机B-36H为平台加载了一个小型核反应堆后改造而成的，改装后的飞机被命名为“NB-36H”。NB-36H采用两种动力方式，第一种是混合动力，在陆地上仍采用汽油动力起飞，到空中巡航的时候才使用核动力，起降时不使用核动力是因为高速气流通过堆芯的液体金属再排出，造成的核污染比较严重；另一种方式不让空气进入核反应堆，而是利用反应堆内自带的空气循环加热液体或金属，以此释放的热量再对外部空气加热产生动力。为了防止核辐射，美国在核反应堆旁边加装了多个大型屏蔽水箱，在此基础上还又加装了以铅、钢为原料制成的防护罩，虽然做得足够完善，但仍然避免不了核辐射的存在，而且这样的改装还大大增加了飞机自身的重量。

苏联在 1955 年也开始了核动力飞机研制计划。1961 年，苏联在 TU-95 远程轰炸机的基础上改装，把弹仓改装成了核反应堆，把以前的涡桨发动机改成了核动力发动机，研发出了 TU-119 核动力战略轰炸机。当时，负责该项目的图波列夫设计局选用 VVR-C 核反应堆作为 TU-95 轰炸机的动力源，安装了 4 台 NK-14A 核动力涡桨发动机。这架轰炸机是一台真正意义上的纯核动力轰炸机，理论航程远超美国的 NB-36H 核轰炸机，是迄今为止人类发明的航程最远的飞行器。为了解决核反应堆运行后的燃料棒冷却问题，苏联利用原有的涡轮螺旋桨发动机高压空气来冷却核燃料棒，而高压冷空气进入后又会被核反应堆加热，因此这种冷却方式也相当于代替了原有燃烧机的作用，冷热空气的循环更替，也给飞机提供了源源不断的动力。

但由于核反应堆无时无刻不在散发核辐射，以及可怕的热量，对于机组人员而言危险性极大，所以就因为防护和重量问题没有得到很好解决，核动力飞机未能大规模应用。

1. 核动力飞机的优势

核能不仅是清洁能源，而且能源密度大，一磅（大约 454 克）浓缩铀就可以驱动一架飞机绕地球飞数十圈。利用核动力后，核潜艇不需浮出水面，同理推断，核动力飞机也不需要降落。加油一直是困扰飞行的大问题，之前依靠基地加油的办法，成本太过昂贵，而且也存在很多安全隐患，使用核动力后飞机的加油问题也就迎刃而解。而且近几十年，核聚变取代核裂变作为能量来源被证明前景更为广阔，它更加高效，不会生成需要处理的核废料，并且燃料可以容易地回收利用，这给了未来核动力飞机更多的想象空间。

2. 核动力飞机面临的挑战

（1）技术问题。

首先核动力装置需要很大的体积，目前的飞机无法容下，这不像现在的发动机可以优化结构，因为核动力装置的结构优化很难而且具有一定的局限性。核动力装置体积大的原因是核燃料发出的热量必须由冷却水载出，这个载热剂系统十分庞大，大约有两层楼高，100 多平方米大，只有航母、巡洋舰、核潜艇这样大的船才可能装下。为了防止其自身的辐射效应，核动力装置还需要相应的屏蔽设备，无论增加体积还是质量，都将是个不小的技术难关。

其次，即使能造出超大飞机，还有一个更关键的技术问题，就是核动力装置的冷却问题，即冷却水的来源问题。核动力飞机不像船舶可以利用海水，也不像核电站可以利用河流或海水，因为水本身就是天然的优良冷却剂，但是飞机和坦克都是快速活动装备，无法接通水源，而且在天上可调用的资源更少。当然，飞机可以用空气冷却，可惜目前的空冷技术不过关，无法满足冷却条件。

最后，反应堆会释放巨大的热量，如果这个热量必须有效释放，保护飞机，而且向四周发射大量放射性物质。

（2）成本过高。

核反应堆越大越经济，做那么小放到飞机上不但技术很难支撑，也很烧钱。核能燃料成本极高，通常不适用于单架飞机，无法实现商用。

（3）安全问题。

核动力飞机如同一枚悬在空中的核弹，上百吨重的核武器飞在天上，一有故障很有可能就是一次可怕的核事故，如果有一天坠下来，那就将是一场核灾难，所以需要考虑如果突发事件发生时应如何减少核污染。其实直接炸了可能还是个好事，毕竟污染的只是一块区域，而且飞机能携带的核物质也相当有限，最可怕的是核动力装置的外壳被打穿，核物质泄漏，但是飞机仍在飞，造成不可想象的污染，而且如果发生在海面上空，对地球的生态环境将是灾难性的打击。

核反应堆自身具有强放射性，如果由于技术故障、战争破坏、人为操作失误、自然灾害等原因造成核泄漏，就可能会引发相当严重的后果。

此外，核动力飞机现在尚无法解决机组人员的核辐射问题防护和生活问题，特别是如何保护飞行员不受核辐射伤害。一个从未被完全解决的设计问题是如何为机组人员加装一套沉重的防辐射屏蔽层。美俄的两架核动力飞机都采用了铅包裹驾驶舱的做法，几十厘米厚的铅板包裹着驾驶室，无疑给飞机增加了几十吨的重量。如果是核动力航母和核潜艇，这种重量可能不算什么，但对于飞在天上的飞机，这就影响很大了。

（三）超音速民航飞机

有人会说，既然民航原来是速度的代表，现在为什么不能通过提高到高铁追不上的速度来保证自己在长距离运输中的最强地位呢？

要回答这个问题，或许只能靠超音速民航飞机了。现在波音和空客等国际上知名的亚声速民用客机已经相当成熟，但现役民用飞机对于跨大洲、大洋等长距离飞行的飞行时间一般都在十几个小时。超音速民航飞机的飞行速度可达到现役亚声速飞机的两倍以上，能缓解现在长途飞行耗时长等问题。新一代绿色超音速民航飞机一旦问世，将极大地缩短空中飞行和民航运输的时间，使国际间的经贸往来更为频繁和高效，让人们的生产生活和高速飞行完美融合。

截至目前，世界民航告别超音速时代已经 15 年了。20 世纪 60 年代曾出现过“超音速热”，当时英法两国联合研制的“协和”号客机就是世界上著名的超音速民用客机机型，乘坐该机从伦敦到纽约仅需飞行 3.5 个小时。然而由于这一代飞机强音爆、高油耗、高污染三大致命弱点，严重削弱了其市场竞争力。最终还是由于经济原因和环保因素，导致超音速民航客机逐步退出了历史舞台。2000 年的“协和”号客机的空难，更是让世界对这类飞机的安全性产生了质疑。

超音速民航飞机最大的优点就是快。“协和”号客机的巡航速度最大可以达到 2 172km/h，现在常见的亚声速客机则多数在 800～900km/h 之间，而这个“快”字的代价是非常大的。

为了飞得更快，飞机本身一定要做得更尖锐、纤、薄以减小飞行阻力，所以“协和”号内部空间非常紧张。结构也一定要坚固，要不易变形、不易被破坏，才能抵抗平方关系增加的气流压力，因为当速度增加两倍时，气流压力要增大到四倍。发动机要额外消耗大量的燃油，才能生成足够速度的高速喷流去维持超音速飞行。全机重量需要非常轻，否则推重比不够，飞机速度受限。

这意味着相较于亚声速客机，超音速客机在制造成本上要贵得多，因为超音速客机的钛合金比例比亚声速客机高得多；在使用成本上也高得多，因为超音速客机油耗高，需要更频繁的检查、维护、修理，且难度大、花费多；因为频繁检修，使得飞机出勤率更低；而且因为座舱比亚声速客机要狭小得多，所以超音速客机在舒适性上也较差。

除了自身成本，超音速客机还存在一个致命问题，就是噪声。超音速飞行产生的激波、起飞时进行加力燃烧的发动机，这些造成的噪声都是极其巨大的。飞机超音速飞行的激波，近距离传递到地面就是音爆，足以震碎玻璃。所以，即使超音速客机投入使用，它也只能在海洋等无人区域的上空才能维持高速飞行。也就是除了跨洋等少数航线以外，绝大多数航线上，超音速客机的性能是无法发挥的，只能以高耗油的状态进行低效、低速飞行。

1. 国外研究现状

（1）“协和之子”——X-59 低音爆超音速验证机。

以美国为代表的发达国家在低音爆、低油耗、低排放等方面已经进行了近 70 年的研究，获得了大量技术成果和经验积累，并且逐渐开始向实用领域转化，相关设计技术首先应用于体型较小、重量较轻、巡航速度也较低的超音速公务飞机上，预计最快于 2025 年前后陆续交付，而较大型的超音速民航飞机在 2030 年后可能投入商业运营。

美国国家航空航天局与洛克希德 • 马丁公司联合研制的 X-59 低音爆超音速验证机，集成了美国近年来在低音爆设计领域的成果，将于 2021 年进入飞行验证阶段。这款机型号称“静音”的超音速运输机，因为外形相似于已经停飞的法国超音速客机“协和”，因此被戏称为“协和之子”，如图 11-5 所示。那么，“协和之子”到底有什么长处呢？

图 11-5　X-59 低音爆超音速验证机样图

众所周知，超音速飞机在高速飞行时，由于要突破“音障”，不可避免地会产生震耳欲聋的巨响，这叫作“音爆”现象。超音速客机“协和”自 1976 年投入航空运营以来，它产生的“音爆”令公众难以忍受，甚至被禁止飞行跨大西洋航线，最终被迫于 2004 年退役。可是“协和之子”X-59 不会产生“音爆”，最多产生“音砰”，就是类似远方的雷鸣，或者像关上车门时“嘭”的撞击声响。

其实，“协和之子”X-59 的最厉害之处不是“静音”，而是它的驾驶舱居然没有前窗！

没有前窗的飞机让飞行员如何驾驶呢？X-59 在机头装备了两个高清摄影机，可以将飞行时拍摄的实时图像传送到驾驶舱，在 4K 高清显示屏上完整显示出来；这块 4K 高清显示屏还连接着一台高端计算机，可以将地形数据、航空信息和航道数据等实时在屏幕上显示出来，与摄像机的图像相结合，更方便了飞行员的操控飞行。

“协和之子”X-59 的另一个长处是，其飞行速度预计可以高达 1700km/h，按这个飞行速度，从美国纽约跨大西洋飞行到英国伦敦，X-59 只需 3 个多小时。

不过，“协和之子”X-59 即使将来投入商业运营，也只是作为运输机使用，乘客们将无缘享受 X-59 的高速飞行。

（2）“Baby Boom”——XB-1 超音速验证机。

近年来，由于新能源技术的发展和市场的需求，业界普遍认为现在是发展小型超音速公务机的时机。尽管各国民航对超音速客机的运营有严格的限制，但美国的一些制造商已经推出了多个设计方案，并在积极推进验证机的首飞。

位于美国科罗拉多州的博姆技术公司研制出了 55 座级的超音速客机，可以让人们以现在的公务舱票价实现超音速旅行。

XB-1 是一架标准客舱可容纳 45 座、高密度客舱可容纳 55 座的三发动机超音速客机的 1/3 缩比验证机，如图 11-6 所示。该验证机长 20.7 米、翼展 5.2 米，驾驶舱可容纳 2 人，采用长脊状前体和后掠式后翼，最初设计的最大起飞重量为 6.1 吨。该机采用三角翼、三发动机设计，速度比 20 世纪 60 年代成功运营的“协和”超音速客机快 10%，具有更高的使用率，其在 4 500 海里距离上拥有更短的飞行时间，为了满足相关噪声规定的要求，它采用了在陆地上空以亚声速飞行的解决方案，而不是低声爆设计或者低马赫数设计，但其大部分飞行将在水面上空进行。

图 11-6　XB-1 超音速验证机

博姆公司除了瞄准“协和号”曾飞行的跨大西洋航线外，还计划拓展旧金山至东京、洛杉矶至悉尼等水上航线。为此其客机可能不仅会是单一公务舱布置，还可能采用 30 个平躺头等座位加 15 个公务舱座位的两级客舱布局。

进入 21 世纪以来，美国国家航空航天局在制订其未来超音速民机发展规划时，根据多年来的经验教训，放弃了先前一步到位、力图在所有性能指标上全面超越“协和”等第一代超音速民机的思想，而选择了“由小到大（公务机→小型客机→较大型客机）、由慢到快（Ma1.6～1.8→Ma2→更高）、由近到远（航程跨大西洋→跨太平洋）”的发展途径，通过 N+1、N+2 和 N+3 代飞机“三步走”，分阶段实现多年来的超音速民机发展目标。

2. 中国研究现状

相比之下，中国在超音速民航飞机领域起步较晚。但随着近年来科研投入的不断加大，以及科研团队的刻苦攻关，中国已经初步形成了对航空发达国家快速追赶的态势。目前，中国已突破声爆高精准度预测、低阻力低音爆设计等绿色超音速民航飞机的核心关键技术。

对于中国来说，由于历史原因，在超音速民机的研发和使用领域基本为空白，所以可借鉴国外超音速民机发展战略，本着“先小后大、先慢后快、先近后远、先易后难”的发展策略，从技术难度和复杂程度相对较低、较小、较慢的超音速公务机入手，然后逐步增大飞机尺寸重量、提高飞行速度，最终向大型超音速、高超音速民机甚至空天飞机迈进。

三、民航真的会被高铁替代吗？

（一）高铁压缩民航生存空间

随着近些年高铁、公路、铁路等交通工具的出现和完善，民航的生存空间确实受到不同程度的影响，如今的高铁更是对民航发展的更大冲击。

以中国为例，“十三五”期间“十纵十横”高铁网贯通，由于中国政府对高铁的公益性定位，使得高铁票价低于航空票价水平，因此高铁成为大众中短途出行的主要交通方式，大幅压缩了民航业与公路客运业的短途市场空间。这期间，中国民航客运量复合较之前十年明显放缓，而且可以发现高铁在 1 000 千米以下的行程具有明显的竞争优势，可以对民航产生替代。上一节我们已经对未来高铁的发展进行了展望，高铁还在提速，各个方面都在不断优化，而航空业从制造到营运，特别是现在信息发展如此迅猛的时代里，依旧沿用传统，各层级、各环节的改变都很缓慢。1969 年波音 747 问世，现在即便有了更大的空客 A380、更舒服的波音 787，但是波音 747 依然是飞行速度最快的民航飞机之一。高铁的快速发展自然使其成为民航的挑战者，高铁的速度到底能提高多快？说法不一，但不管哪种说法，肯定是可以超过如今飞机的速度，也就是说民航的速度优势到时肯定是荡然无存的。

民航的速度难以提高，原因到底在哪里？我们赶飞机往往需要提前几个小时，因为地面保障耗时太久。那何为地面保障呢？其实简单来说就是尽一切可能保证飞机准点。一说到这个问题，大家可能会想到“9·11 事件”，“9·11 事件”后，各国民航安检越来越严格，如何在保障安全的前提下，更好地缩短安检时间也就成了行业内最关注的焦点。可是，提高安检放行速度也仅仅是一方面，在其他方面民航又能有多大的改变呢？在今天这样一个信息化的时代，机场、空管、航空公司之间的数据传递、信息沟通依旧非常缓慢，使得面对高铁的不断提速，民航却无法提速，渐渐丧失了自己在交通运输中的有利地位。

人们在中短途旅程中选择高铁的重要理由还涉及运营效率，因为比起高铁只需取票安检，航空公司必须面对安全检查、行李托运、天气限制等各种问题，在现在这个时间就是金钱的社会，无疑高铁在这一点上占尽优势。

世界上很难有不变的行业，行业的巨变常常不是因为内部的觉悟，而是因为外部的冲击。只有走出“舒适区”才能发展，这句话不仅适用于人，对于企业和整个行业也是如此。

（二）民航的发展短板

纵观全球航空界，各国都开始重视航空运输的污染排放问题。2012 年，欧盟率先对所有入境的航空公司征收航空碳排放税。2016 年，国际民航组织第 39 届大会通过了国际航空碳抵消和减排计划，旨在控制国际航空温室气体排放增长。目前，世界发达国家已将节能减排作为一项重要内容纳入发展战略规划和具体工作部署中。飞机制造商着力研制更高效节能的机型、航空公司着力提升运行效率、空管部门致力于新一代空管系统建设。世界发达国家的空管部门均提出了空管现代化计划，旨在通过新技术的应用、空域灵活管理机制等推进空地一体化整合，为飞行活动提供全面的优化选择，实现空域容量的最大化，以持续提升民航运行效率，减少航班延误、燃油消耗和环境污染。近年来，中国民航在节能减排方面也做了大量工作。未来仍需要积极推进创新更清洁、高效的航空替代燃料，减少碳排放，绿色发展全球民航事业。

除了环境污染问题，中国航空运输的短板主要还在民航基础设施与服务水平上。空运资源紧张是民航发展的首要矛盾。在基础设施建设方面，数量和容量尚显不足，未来还需要进一步提高民航的服务水平与品质。对于在面对突发事件时，如何使运输航空和通用航空两个板块实现优势互补、共同发展，补齐通用航空发展的短板，未来仍需要进一步探索。

（三）民航之于高铁的优势

根据国内外经验表明，在高铁运行时间在 3 小时以内的市场上，高铁占有较大份额，且时间间隔越短，其市场份额越大。时速在 200～300km/h 的高铁最擅长的是 300 千米到 1000 千米距离的路程，较短的线路上航空基本无法与其竞争，因为从出发到机场安检登机再加上降落离开机场到市区的时间与直接坐高铁时间上相差无几，甚至乘坐飞机耗时更长，但 1 000 千米以上就依赖航空了。而航空系统，可以覆盖 500 千米以上的距离，这意味着，航空系统不仅可以做到高铁系统能做到的事情，更能做到高铁做不到的事情。为了规避与高铁的直接竞争，航空公司大量削减短途航线，新开国内长航线与国际航线。2018 年，中国民航业国内航线的平均航距已延长至 1 438 千米，相当于近 5 个小时的高铁车程，基本脱离高铁的“优势距离”。

一个大城市，可以没有高铁，但不能没有机场。要建造一条高铁，沿线土地占用面积较多，对铁路沿线民众的生活影响较大。铁路沿线有些地方人口密集，有些地方人口稀疏，密集的地方效能高，稀疏的地方门可罗雀，但民航就可以任意越过人口稀疏的地区，合理安排航班，减少资源的浪费。

高铁的效能看上去很高，春运期间票很紧张，每趟车乘客都很满，效能确实很高，但是放在平时，如果一个车厢只有几个乘客，火车头照样要整列开行，其效能有所减损。

（四）未来猜想

很多人可能会说，既然未来高铁的速度比民航快那么多，那民航还有存在的必要吗？至少笔者认为民航未来还是会存在的，高铁不可能全面替代民航，起码在短时间内无法实现。因为高铁需要运行轨道，需要高铁站，这些都需要建设时间。而且高铁的轨道有使用条件，如果运行速度高于一开始设计的最高运行速度，就会有安全问题，所以轨道需要新建或者改建，这些都需要时间，且要综合考虑成本。

所以说，高铁和民航的关系并不是我们简单想的谁一定会代替谁，总体来看，高铁和民航原先只是人们利益比较后的选择，随着科技的进步，国家进行利益比较后，对某些有高铁的短途线路选择关闭民航线路，但对某些高铁建设难度大、造价高的地区继续沿用民航。比如跨洋跨洲的旅程，虽然前文提到的真空管道运输可以在海底及气候恶劣地区运行，但可想而知，在海底建设真空管道短期难行。再比如中国的青藏铁路，号称“天路”的青藏铁路是经过几代人的努力才最终修建成功的，现在去西藏可选择飞机和火车，以后可能会通高铁吗？理论上讲，因为动车和普通列车的轨距一样，都是 1 435 毫米，所以青藏铁路也可以走动车，但行驶速度最高只能 100～120km/h，远远低于民航的速度，对于想要节省时间的人们来说并没有竞争力。事实上，在高寒地区建高铁还存在很多技术难题，因为可以在平原上运行的高铁在高原上并不能运行，机车需要更新换代；而且，在西藏建高铁很容易造成后期维护跟不上等问题。

而对于未来，未来的高铁和民航究竟会发展成什么样子，谁又会成为人们长途出行的首要选择，没有人能说清楚。

根据马斯克的估算，现在的电池技术虽然可以支持电动飞机，但是电动飞机如果想拥有可观的航程，电池能量密度还需要提高。过去估计锂离子电池需要达到 400Wh/kg 的能量密度，才能击败燃油，这样其电动飞机方案才可能成为现实。目前，高循环电池可以达到 300Wh/kg 的能量密度，这个数字正在一年年提高，相信很快航空业就会开始进入电动时代。电动时代的民航效能将大幅度提升，这样看来，高铁在效能方面的优势就变小了。同时，电动飞机还可以大幅度降低噪声，此后机场也可以临近人口密集区了，高铁站距离市中心较近这一优势也可能消失。

高铁在地上跑，安检相对可以宽松，前文我们也说过民航无法提速的原因包括地面保障的速度慢，不过，这方面属于技术问题，技术问题往往都只是时间问题，将来更智能的安检设备会让安检更加人性化、更快、更可靠，这并不是决定未来高铁与民航谁更好的关键点。

关于长途旅行，正如本书第三章所述，自动驾驶的时代正在逼近。届时，私家车不再需要司机，中长途旅行对于人们来说将变得不再痛苦，人们可以随走随停，尽情享受旅途的乐趣。这时，在自动驾驶汽车和电动飞机的挤压下，高铁的生存优势将被进一步挤压。

再说最近大热的超级高铁，它真的会成为替代飞机的利器吗？

首先，虽然目前超级高铁热度很高，英国维珍大西洋航空也已经开始搭建测试轨道，但由于真空等关键技术仍处于理论阶段，能够真正实现还有很长一段路要走。管道的真空如何实现、如何维持、管道误差如何克服等问题都需要解决，要知道，随着科技发展越来越快，容错度变得越来越低，未来所有的设定都要求必须正确，因为只要有一点细微的错误就可能会导致灾难，产生无法估量的后果。而且，与超高速相对应的是超高加速度，超级高铁的加速度至少需要达到几个 g（重力加速度），才可以在短时间内迅速加速到每小时上千千米的时速。可是作为拥有良好身体素质的飞行员，其能够承受的最大加速度也不过 6 个 g 左右，所以一般人对于超级高铁这么大的加速度根本无法承受。再者，普通人在这种频繁高加速度的行驶中乘坐体验肯定非常不好。

所以，可以肯定的是超级高铁现在仍处于起步阶段，它的发展任重而道远。最起码就目前来说，超级高铁并不能够立刻取代飞机。但超级高铁一旦研发成功并投入使用，它对现行交通的影响一定是巨大的，它可以在很大程度上提高人们的出行的方便性，长途旅行将变得不那么痛苦，乘车时间将大大减少，人们可以更好地享受旅行的乐趣。

在上节中，我们还提到了飞铁，其运行时速可达到每小时 4 000 千米。其实，在每小时上千千米的时速上，可以与真空管道列车相提并论的是超音速客机。自苏联的图波列夫图-144 与英法联合研制的“协和”超音速飞机停飞后，人们基于对高速的追求一直期盼着新一代超音速客机的出现。超音速飞行技术可以军民两用，所以多国都在进行相关技术的研究。相比真空管道列车很多仅基于理论的技术，超音速客机的技术更加成熟。

因此，展望未来，除非真空管道列车有颠覆性的技术突破，可以大大降低真空管道的建造成本，使总建造成本远低于超音速客机，否则真空管道列车就难以动摇现有基础的超音速客机在未来长距离出行市场的地位。

四、民航如何应对高铁的挑战

（一）积极推动电动飞机及绿色超音速民航的进程

我们无法预测未来，是因为我们不能准确知道高铁和民航谁能更快实现那些设想，如果“飞铁”研制成功，每小时 4 000 千米的时速无疑将使其成为速度的象征，如果超级高铁试验成功，速度也会超过现在的民航，但是如果超音速客机也试验成功了呢？所以民航需要做的事情就是积极推动电动飞机及绿色超音速民航的研发进程。

（二）推进创新航空替代能源

上文提到，电动飞机的飞行性能在与现行烧油的飞机相比时并无优势，虽然核能燃料密度大，但是核辐射的问题还无法解决，因此当前还是优先考虑更清洁经济的可替代燃料。涡轮螺旋桨发动机的喷气式飞机用的是航空煤油，小型的活塞螺旋桨飞机用的是航空汽油，但是可持续发展面临着液体短缺、环境问题、排放问题等困境，发展航空替代燃料是业界解决燃料危机的首选方案。

目前全球航空替代燃料发展均追求简单易用，兼容机场设施、飞机和发动机硬件，希望不需改动设备即可直接替代传统化石航空燃料的即用型燃料。按照航空替代燃料来源可分为生物燃料、煤基燃料、天然气合成燃料、液氢燃料；按照主要生产工艺可分为费托合成工艺、酯类和脂肪酸类加氢工艺以及糖发酵加氢制备异构烷烃工艺等。其中，合成技术最为成熟的是费托合成，应用热度最高的是生物燃料。与传统石油基航空煤油相比，生物航空煤油可以实现二氧化碳减排 55%～92%，并且生物航空煤油不仅可以再生，具有可持续性，而且无须对发动机进行改装，具有很高的环保优势。而液氢由于本身存在许多缺陷，无法满足即用型的兼容特性，且高空水蒸气的大气污染机理及程度未知等问题，所以未作为现阶段航空替代燃料被使用，液化天然气也存在同样问题，我们未来就是要在保持现有研究优势的基础上，解决现在未能解决的问题，推进航空替代燃料的创新进程，找到更清洁、更高效、更经济的替代能源。

中国目前处于航空工业快速发展期，喷气燃料年消耗增长较快，这就意味着碳排放增加迅速，中国面临着巨大的减排压力。从目前替代喷气燃料的开发和发展前景来看，未来 20 至 30 年内，替代喷气燃料必须与现在的喷气燃料性质相近、相容，并能以任何比例混合、实现共同运输。现在来看，在能量密度与流动性等方面与现有喷气燃料基本相似，又满足减排要求的热门燃料，主要是生物质喷气燃料，这属于西方发达国家热点研究领域。国际航空运输协会预测 2020 年生物航空煤油将达到航油总量的 30%，那么中国就将有 1.2 亿吨的航油需要打上生物制的标签，生物航空煤油的发展前景广阔。中国具有充足的航空生物燃料原料来源，并具备航空生物燃料的研发能力，所以应利用现有优势加大航空生物燃料的开发力度，积极推进航空生物燃料的研制和利用。

（三）民航与高铁合作、分工

铁路和民航都是综合交通运输体系的重要组成部分，具有很强的互补性。高铁在中短途运输市场上较民航拥有明显的优势，而民航则在长距离航线上占据领先。

民航与高铁竞争的临界点在 900 千米左右，对于 1 000 千米及以上的长途航线，高铁对民航影响较小。所以民航应该调整思路，让出与高铁存在激烈竞争的中短途航线，把重点放在长途航线上，积极开辟国际航线，在高铁路线暂时还不可达的地带大力发展。对于人口比较稀疏的地区，高铁建设不太经济，民航也可考虑发展支线航空，填补高铁的空白。总之，在这场竞争中，高铁与民航都应找准自己的定位。

西方有一句谚语，“如果你不能打败它，就加入它”。民航除了用其自身的短程航线来输送中转客流外，还可以与高铁合作，利用高铁在短途旅程的优势为其运输中转客流，帮助旅客实现便捷的城市到机场间或者机场群之间的地上交通。双方可以探索合作方式，实现更有前景的空铁联运，提供更优的换乘方式及延误处理模式，实现高铁与民航的无缝对接，使得转乘不必再等很长时间，给予乘客更多方便。民航在远距离航线上发挥优势的同时，高铁可以连接枢纽机场至其他城市的短途路线，解决最后几十、几百千米的运输。高铁主攻中短程，民航主攻中远程，高铁有远方，民航有蓝天！

（四）各大航空企业如何应对

一方面，航空公司在经营民航的同时，应该涉猎其他有前景的产业，比如超级高铁、新能源等，优化自己的收入结构，英国的维珍航空现在就已经进入了高铁市场。

另一方面，民航需要提高自己的服务质量。虽然超级高铁的原理可行，对此的研究也正如火如荼地开展，管道快速高铁时代貌似马上就会到来，但是究其根本，过快的速度还是会影响人们的乘坐体验，不然也不会这么久都没有实现高速交通工具的商业化普及。而且超级高铁在超高速运行中转弯将会是一件很困难的事情，再加上不直的管道可能导致的列车翻滚和急刹车等紧急事件，都会让乘客体验变得非常不好。但是乘客体验在人们选择乘坐何种交通工具时是很重要的考量因素，所以各大航企必须不断地优化旅客的乘坐体验。

第三节　未来交通工具的设想

提到未来交通你会想到什么？相信大多数人想到的都是无人驾驶，这也是各大科技公司目前正在努力的方向。但《连线》杂志对未来交通趋势的判断却不同于我们对无人驾驶的痴狂，他们预测未来的交通工具将不在陆地上，而是在我们的头顶上。

我们之前展望了高铁和民航的未来，而高铁和民航都是大运载量的交通工具，不可能做到满足每个人随走随停的愿望。未来，如果自己或者家人想随时出行，除了现在的私人汽车，又会有什么样的可能性呢？

一、飞行汽车

从原始时代的动物代步、工业时代的蒸汽火车再到现在路上行驶的汽车，虽然交通工具一直在更新换代，但是绝大多数仍还都在地面上。随着世界人口的不断攀升，人们对交通代步工具的需求增大，而作为不可再生能源的土地承载能力十分有限，无法满足全部人的交通出行需求，亟待开发新的空间用来进行交通分流。这时，如果抬头看看，你会发现

其实我们头顶上还有很多空间可以利用，起码来说天空是一个空间，地面只是平面，最多也只能通过搭建立交桥再人造几个平面，利用率始终不能与天空的空间相比。如果可以将地面上的交通运输引入空中，无疑会使通勤更快捷、更经济。

设想一下，如果你住在郊区，每天需要去市中心上班，这时如果汽车可以飞起来，你就可以一直以每小时上百千米的速度前进，而不用被迫在通勤路上感受交通高峰期的拥堵状况，小心翼翼并不时刹车，以低速“龟行”。空中的路线规划也将变得更加简单，两点之间直线最短终于可以真正实现，地图上的直线测距也将变得有意义，我们不用再因为地面上的建筑物、道路设计问题或交通拥堵等客观原因绕远路，通勤时间将大大缩减。同时，因为飞行汽车使用的动力来源是清洁的电力能源，成本会更低，对环境也会更加友好。

20世纪40年代，美国福特汽车公司的创始人福特先生就预言“飞行汽车迟早会出现”，而飞行汽车真正诞生于1917年，格·寇蒂斯发明了一款铝制汽车 Autoplane，但却从未真正上过天，仅仅实现了短距离飞行式跳跃。1986年，美国人泰勒研发出一种既能在地上跑又能在空中飞的飞行汽车，但是机翼比车身宽了五六倍，无法在正常道路上行驶。2018年，日内瓦车展上荷兰 PAL-V 公司的一辆名为 Liberty 的飞行汽车正式亮相，它可以在10分钟之内完成驾驶模式和飞行模式的切换，但是它烧的是普通汽油，需要180米长的跑道，保证200m×100m的安全区域才能起飞，如图11-7所示。

图 11-7　Liberty 飞行汽车

美国的 Kitty Hawk 公司有两款飞行汽车，一款叫 Flyer，希望作为家用车；另一款车叫 Cora，可以用来提供公共交通服务，如图 11-8 所示。Cora 每次可搭载两人，相当于一架小型飞机，其飞行高度在 150 米到 900 米之间，最高速度可达到每小时 177 千米。未来，人们可以像现在使用滴滴、优步一样通过软件享受飞行汽车叫车服务。

图 11-8　Cora 飞行汽车

二、载人飞行器

谈到未来，我们对自动驾驶技术似乎有着很大的热忱，那么，无人机可以实现载人吗？

2018 年 2 月 6 日，国产的一款可载客的自动驾驶飞机“亿航 184”在广州起飞，如图 11-9 所示。“亿航 184”的寓意是这种飞行器能运载 1 位乘客，它有 8 个螺旋桨和 4 支向外伸出的机臂。“亿航 184”飞行器负重 150 公斤，还配备了后备厢，可以放入一个随身背包。该飞行器内装有智能操控系统，后台设定好路线后会发送指令给飞行器，然后飞行器就会直飞目的地，这个过程的实现也特别简单，乘客只需要在系统屏幕或手机应用程序中输入目的地，然后像搭电梯一样按个键就可以了，乘客还可以通过机舱内的平板电脑观看飞行实况。

图 11-9 “亿航 184”飞行器

“打飞的”以前是人们一种调侃的说法，可是无人驾驶载人飞机的出现可能真的会使其变为现实。“亿航 184”定位为短途交通出行工具，有点像“空中出租车”，可以实现城市内及城市间的点对点飞行，明显提高城市短途的交通效率。该飞行器飞行均速约每小时 100 千米，最高可达每小时 130 千米，“亿航 184”飞行时间控制在半小时之内，飞行直线距离理论上可达到 50 千米，一般飞行预留距离为 40 千米，这 40 千米是城市空中直线距离，足以应付日常通勤出行需要。未来，城市内将设置多个起降点，并且会有多台无人机随时待命，也就是说，未来我们有望通过“打飞的”上下班，在相应 App 上预约，到时候系统就会自动安排最近的无人机飞来。

相信载人飞行器未来可以像私家车一样普及，科幻大片里的场景也不再只是想象。

未来，天空将取代地面成为最佳的交通场所，科幻电影中的立体交通或将成为现实。

未来，我们天上见吧。

第十二章

第四代核能

随着时代的变化，人类对能源的需求高涨，传统能源已经无法满足人们的需求，人们急需一种高效、稳定、环保的能源。核能是一种环保且稳定的能量来源，而核能的利与弊一直是人们争论的焦点。本章从第四代核能系统是什么、第四代核能系统的前世今生、第四代核能系统对我们生活的影响这三个方面来阐释这个问题。

第一节　第四代核能系统是什么

一、核能的重要性

一克铀完全裂变所释放的能量相当于一卡车 3 吨燃煤完全燃烧所释放的能量。中国从 20 世纪 80 年代开始发展核能，近 30 多年来，中国核电站数量的增长速度超过了欧美。截至 2020 年 9 月底，中国在运行核电机组 48 台，14 台在建，核反应堆总数仅次于美国和法国。中国核能快速发展，预计在 2030 年核能发电量有望超过美国。核能发电不会释放二氧化碳、硫化物、氮化物，对于减轻温室效应、酸雨等环境问题有着积极的作用。掌握尖端的核能技术不仅能在国防军用领域起到战略威慑作用，而且在民用领域有着广泛的用途，例如发电、制氢、海水淡化、供热、提供高温工艺热源等，在未来的生活中扮演着日益重要的角色。

二、核能的发展阶段

新型核反应堆从实验室研发到大规模的商业应用一般要经历四个阶段：实验堆、原型堆、示范堆和商业堆。实验堆是在实验室环境下建设的小型核反应堆实验装置，科学家首先要解决工程的安全性问题，目标是验证核反应堆的技术可行性；原型堆的系统复杂，需要进一步考虑设备、系统可靠性的相关问题，并通过建造和运行来验证技术的可行性，同时进行必要的改进；示范堆作为商用堆前的准备，最接近商用堆的成熟度，除了考虑安全性，还要考虑经济性；商业堆是投入发电的成熟的核反应堆，既要满足安全性要求，也要在经济性方面可与其他能源竞争，是具备大规模商业推广条件的核反应堆。从这几个阶段可以看出，核反应堆的商业成熟周期是非常漫长的，从概念提出到大规模商业应用，至少需要几十年的研发、论证、优化、定型。

人类从 20 世纪 50 至 60 年代开始探索和平利用核能，经过几十年的发展，核电技术已经从第一代核能系统逐渐发展到第四代核能系统。

第一代核能：20 世纪 50 至 60 年代建造的早期原型核反应堆（Early Prototype Reactors）。例如，美国在 1951 年建成世界上第一个发电的核反应堆 EBR（Experimental Breeder Reactor），苏联在 1954 年建成并运行世界上第一个商用并网发电的奥布宁斯克（Obninsk）核电站，英国在 1956 年建成第一座产钚、发电两用的卡德霍尔（Calder Hall）石墨气冷堆核电站。建设第一代核能系统的主要目的是试验各种技术在核工程实施上的可行性，这期间的核反应堆从结构设计到材料选型丰富多样，可谓“百花齐放”，充分验证了多种核能发电的技术可行性。

第二代核能：20 世纪 70 至 90 年代前期在第一代核电站的基础上择优改进的大型商用核电站。20 世纪 70 年代，石油危机推动了核能大发展，目前世界上大部分核电机组都是在这段时期建造的，而且大部分核反应堆设计都采用水冷方式，如压水堆、沸水堆、重水堆等。截至 2020 年 5 月 10 日，全世界共有 441 座核反应堆，其中采用水冷方式的核反应堆有 424 座（占比 96%）。这期间不仅可以证明核电技术的可行性，同时其经济性可与传统能源相竞争，是人类文明发展所需能源的重要来源。

第三代核能：从 20 世纪 90 年代开始，在第二代核反应堆的基础上进一步优化，在安全性及经济性方面提出了更高的要求。根据美国核管理委员会（Nuclear Regulatory Commission NRC）积累的经验，核反应堆每 1 万年会发生一起堆芯损毁的严重事故，即堆芯损毁概率（Core Damage Frequency，CDF）约每年 10^{-4} 堆，而目前大部分在运行的第二代核反应堆设计为每 10 万年发生一起堆芯损毁的严重事故，即堆芯损毁概率约每年 10^{-5} 堆。第三代核反应堆的安全设计要求更加苛刻，要求在 1 500 万年至 2 000 万年发生一起堆芯损毁的严重事故，即堆芯损毁概率约为每年 10^{-7} 至 10^{-8} 堆，这要求第三代核反应的堆芯损毁概率比第二代反应堆再降低至少 100 倍以上。为了实现超低的堆芯损毁概率要求，第三代核反应堆进一步增强了非能动安全设计理念，例如美国的 AP1000 三代核电站可以在发生核事故后，三天内不需要人为干预，通过非能动系统排出核反应堆余热，防止发生堆芯损毁的严重事故；中国自主研发的“华龙一号”第三代核电技术，创新性的采用“能动与非能动结合”的设计理念以及双层安全壳的设计方案，充分考虑严重事故的预防和缓解措施，有效提升应对多种极端事故的能力；法国的 EPR 核电技术，采用多重冗余安全系统和双层安全壳设计，可以有效应对设计基准和严重事故。

第四代核能：由美、英、日、法、加等国家联合组成的“第四代核能国际论坛”（Generation IV International Forum，GIF）在 2001 年签署了合约，提出了六种最有实现前景的第四代反应堆，包括超高温堆、钠冷快堆、超临界水冷堆、铅冷快堆、气冷快堆和熔盐堆。每年由成员国组织提交分析报告，其宗旨是研究和发展第四代核能系统。

三、第四代核能的开发目的

1. 提高经济性。核能发电的成本必须优于其他发电方式，具有竞争性的价格水平。核电机组投资不大于每千瓦 1 000 美元，发电成本不大于每度电 3 美分，建设周期不超过 3 年。

2. 提高安全性、可靠性。能够向公众证明核电的安全性，大幅度降低堆芯损毁的概率。在发生事故时，不会造成放射性物质排放，不需要场外应急电源，不损害电厂场外的公众安全。甚至在最极端的事故工况下，利用非能动系统导出堆芯余热，无须人为干预，使堆芯温度维持在可控范围之内，进一步降低堆芯损毁概率，防止给公众带来灾难性事故。

3. 核能的可持续发展。从铀矿的开采、核燃料棒的制造、核反应堆的运行、核废料的处理等过程加以考虑，尤其是在所有核废料处理流程中保护公众健康和环境。通过对核燃料的高效利用，实现核能的可持续发展。

4. 防止核扩散。利用核反应堆的固有物理特性，在燃料循环中处理核材料，保证核燃料难以用于制造核武器，同时防止不法分子偷盗、运输、使用核材料。

第二节 第四代核能系统的前世今生

一、熔盐堆

熔盐堆（Molten Salt Reactor, MSR）最早是在 20 世纪 50 年代提出的液态核燃料反应堆，核燃料可以是 U-233、U-235、Pu-239 以及其他超铀元素的氟化盐。高温氟化盐为液态，既是核燃料的载体，又是冷却剂。氟化盐具有沸点高、热容高、热导高等特点，所以熔盐堆功率密度高、输出温度高、可常压运行，同时兼具安全性以及经济性。

熔盐堆起源于美国的核动力推进装置计划（Aircraft Nuclear Propulsion，ANP）。当时美国和苏联处于冷战时期，而洲际弹道导弹技术和核潜艇技术还不成熟，所以核武器缺少远程攻击的载体，美国为了保证所谓的战略核威慑，计划制造核动力飞机（如图 12-1 所示）。

图 12-1　美国核动力飞机概念设计图

如图 12-2 所示为在美国爱达荷国家实验室（INL）附近露天放置的已经退役的核动力飞机发动机传热实验装置（Heat Transfer Reactor Experiment）HTRE-2 和 HTRE-3。图 12-2 是 1957 年投入运行的传热实验装置 HTRE-2（累计运行 1 353 小时）和 1959 年投入运行传热实验装置 HTRE-3（累计运行 187 小时）。传热实验装置底部安装了经过改装的喷气发动机，成功实现了核反应堆驱动飞机发动机的技术。

图 12-2　美国核动力飞机发动机传热实验装置 HTRE-2 和 HTRE-3

如图 12-3 是没有支撑结构的 HTRE-3 装置零部件，由于它可以水平放置，是最接近飞机使用的核动力发动机设计。整个 ANP 项目长达 10 年，在项目实施中验证了飞机发动机与核反应堆结合具有可行性，但是 ANP 项目由于一直没有解决飞机驾驶员的辐射屏蔽问题，项目后期进展缓慢，甚至一度搁置。随后美国洲际弹道导弹以及核潜艇相继研发成功，空盘旋核动力飞机方案终止，于是美国终止了 ANP 项目。

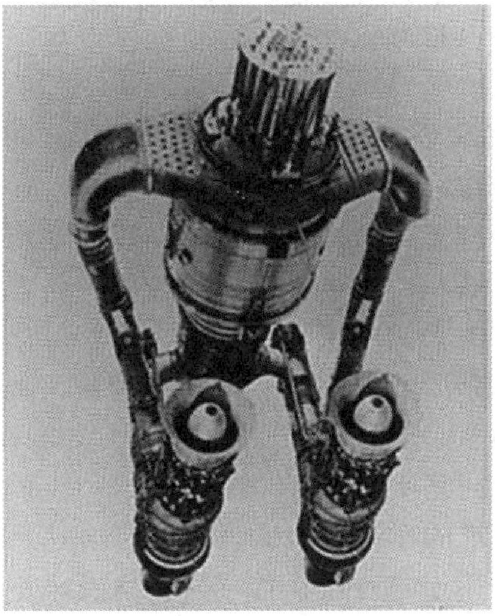

图 12-3　美国核动力飞机发动机实验装置 HTRE-3 零部件

如图 12-4 所示，20 世纪 60 年代美国橡树岭国家实验室（Oak Ridge National Laboratory，ORNL）开展了熔盐堆实验项目（Molten Salt Reactor Experiment，MSRE），用于民用核能发电并计划采用闭式钍铀燃料循环。核反应堆芯在 1965 年实现临界（运行温度为 650℃），目前很多宝贵的熔盐堆研究实验数据都来自这个时期。MSRE 证明了熔盐堆的技术可行性，但是后期由于研究经费的限制，这个项目被叫停。作为至今唯一的液态燃料核反应堆的 MSRE 成功运行了近五年时间，也是唯一运行过 ^{233}U 的核反应堆，表明熔盐堆可以实现钍铀核燃料闭式循环，具有极高的民用价值，所以 20 世纪 70 年代，ORNL 在 MSRE 的基础上，完成了熔盐增殖堆的商用设计，为进一步实现商用熔盐堆打下基础。

图 12-4　熔盐堆实验项目 MSRE

由于美国熔盐堆项目的成功和适用于钍铀燃料循环的特点，我国政府和学术界对此高度重视，但限于当时的科技水平，转向了轻水反应堆的研发，最终建成秦山一期核电厂，自此在世界范围内熔盐堆研究几乎停止。到 20 世纪末和 21 世纪初，能源危机与环境挑战为钍基熔盐堆发展提供了新的机遇，2001 年，钍基熔盐堆被第四代核能系统国际论坛选为六个候选堆型之一，钍基熔盐堆研发自此在世界范围内呈现急剧上升趋势，经过几十年的发展，熔盐堆已扩展为两类主要堆型：液态燃料熔盐堆（MSR-LF）和固态燃料熔盐堆（MSR-SF）（也被称为氟盐冷却高温堆）。2011 年起，中国科学院战略性先导科技专项“未来先进核裂变能——钍基熔盐堆核能系统”启动，项目由中科院上海应用物理研究所主持，计划在中国重新建造熔盐堆。中国的钍资源储量全球排名第二，可以通过熔盐堆实现钍铀循环，解决中国核能可持续发展的关键问题。同时，熔盐堆在常压高温下运行，可采用高效率的布雷顿循环发电技术，还可以用于高温制取氢气、海水淡化。从 2014 年开始，在中美两国政府的支持下，上海应用物理研究所与美国国家橡树岭国家实验室（ORNL）、加州大学伯克利分校（UCB）、麻省理工学院（MIT）开展合作研究，并在 ORNL 进行熔盐回路实验，共同推进氟盐冷却高温堆（FHR）的核安全评审，并促进在中国早日实现熔盐堆的建设。2016 年，微软创始人比尔·盖茨创办的 TerraPower 公司受到美国能源部的资助用于进行熔盐堆项目的研发。不仅如此，现在国际上有非常多的创业公司以建设熔盐堆为创业目标，未来熔盐堆商业应用前景广阔。

如图 12-5 所示为熔盐堆系统原理图，主要包括核反应堆、紧急卸料罐、热交换器、燃料盐在线处理系统、布雷顿发电系统。高温熔化的氟化盐混合物，主要成分是 $LiF\text{-}BeF_2$、LiF-NaF-KF、$NaBF_4\text{-}NaF$、$NaF\text{-}ZrF_4$、ThF_4、UF_4 的混合物，熔点一般在 458℃，大气压下沸点在 1 400℃，高温熔化的氟化盐混合物为透明液体。熔盐堆采用氟化盐混合物作为冷却剂和核燃料，所以不同于其他反应堆都采用固态核燃料，熔盐堆堆芯采用液态核燃料，核燃料采用氟化铀或氟化钍，溶解在液态的氟化盐中。核反应堆堆芯主要由上百根均匀排列、无包壳并带有通道的石墨元件组成，石墨作为慢化剂，液态的核燃料在石墨通道内流动时发生裂变并释放热量。高温熔盐经过反应堆加热，通过热交换器将热量传递到二回路中的熔盐，二回路的熔盐再通过另一个热交换器将热量传递给三回路，用于给布雷顿循环发电提供热量。燃料盐可以连续地进行在线处理，循环回收和利用核燃料，由于熔盐堆可以在线后处理，能够高效利用钍资源，实现钍铀核燃料循环技术路线。事故情况下，当核反应堆内熔盐的温度超过设定值时，高温使得核反应堆底部的冷冻阀自动熔化，此时堆内的熔盐流入紧急卸料罐，核反应立即终止，保证了熔盐堆的固有安全特性。熔盐堆由于采用液态核燃料，不存在传统反应堆堆芯熔化的风险，理论上可不用考虑堆芯损毁的严重事故。

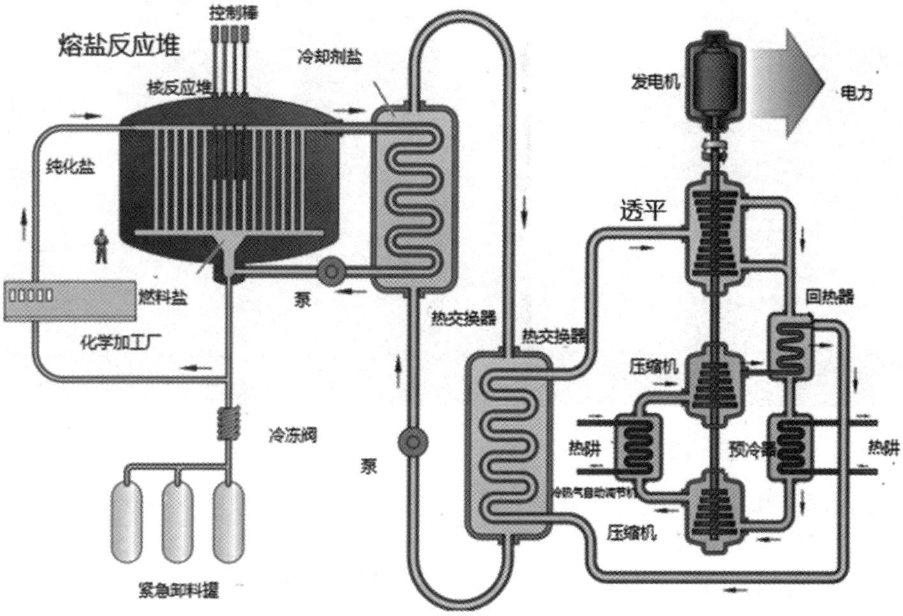

图 12-5　熔盐堆系统原理图

二、钠冷快堆

世界上第一个实现发电的核能系统不是当前商业核电站广泛采用的水冷反应堆（如压水堆、沸水堆、重水堆等），而是钠冷快堆。钠冷快堆（Sodium-cooled Fast Reactor,SFR）是钠冷快中子增殖反应堆的简称。钠冷快堆最显著的特点就是可以实现核燃料的增殖，但不同于钍基熔盐堆的钍铀循环，钠冷快堆依靠的是另一种核燃料循环——铀钚核燃料循环，可以把核材料中的 U-238 通过核反应变成易裂变核素 Pu-239，从而成倍地提高核燃料的利用率。钠冷快堆发展可以追溯至 20 世纪 50 至 70 年代，人类开始探索核能的和平利用，但并不清楚全球铀矿资源是否满足核能的可持续发展，简而言之不清楚全球铀储量是否足够，尤其是天然铀矿中 99.3%是 U-238，这种核素难以发生核裂变，所以发展增殖反应堆，把 U-238 变成 Pu-239，被认为是世界能源问题最好的解决方案。增殖反应堆一般采用钍铀循环或铀钚循环两种核燃料循环方式，从而最大限度地充分利用稀缺的核燃料。采用钍铀循环的典范是钍基熔盐堆，而基于铀钚循环的就是钠冷快堆。在铀矿资源稀缺的年代，当铀矿价格较高时，钠冷快堆的经济性更加凸显。

如图 12-6 所示，EBR-I 是世界上第一个发电的核反应堆，在 1951 年 12 月 20 日实现发电，一开始照亮了四个 200W 的灯泡，随后发电功率逐渐提升到 100KW，可以维持发电厂自身供电需求。

图 12-6　世界上第一个发电的核反应堆 EBR-I

EBR-I 代表了和平利用核能的开端，成功测试并证明了恩里科・费米铀-钚增殖循环的理论，使得核燃料可以被充分利用，保证核能的可持续发展。继 EBR-Ⅰ之后，美国在 1964 年到 1969 年开始 EBR-Ⅱ（Experimental Breeder Reactor-Ⅱ）相关增殖实验研究，EBR-Ⅱ采用液态金属钠冷却核反应堆堆芯。EBR-Ⅱ作为第二代 EBR 的主要任务是实现完整的增殖循环核电厂概念，用于测试可以就地处理核燃料的大型钠冷快堆方案，包括核燃料后处理装置、核燃料元件装配装置、放射性核材料检测装置、放射性钠处理装置，就地燃料的后处理（核废料的处理）。EBR-Ⅱ首次采用"池式设计"，反应堆堆芯、燃料装卸设备以及其他主要设备都淹没在液态钠池中。这种简化的设计有利于减少热应力、减少沉重的屏蔽装置，最重要的就是提高安全性，可以实现"非能动"安全（不需要提供额外能量就可以实现核反应堆的冷却）。1969 年以后，EBR-Ⅱ用于验证 IFR（Integral Fast Reactor）整体快堆概念的实验研究，此时 EBR-Ⅱ作为 IFR 原型堆。在 IFR 项目中，EBR-Ⅱ中高能中子区域用于验证材料特性，为大型钠冷快堆提供实验数据。在 1986 年实验中让冷却泵停止运转，EBR-Ⅱ可以通过自然循环冷却反应堆堆芯产生的衰变热量从而实现"非能动"安全的目标，证明了 IFR 的固有安全性。

世界各国也相继开展钠冷快堆实验研究，法国也对发展核能给予高度重视，但是法国也属于贫铀国，需要采用铀-钚核燃料循环，所以进行钠冷快堆研发有 50 年之久，分别进行了实验堆、原型堆、示范堆的建设。法国首先建设了 24MW 钠冷快堆的实验堆"狂想曲"（Rapsodie），在 1967 年实现临界运行，1983 年退役。在"狂想曲"实现临界的第二年，法国就开始建设 250MWe 功率的钠冷快堆的原型堆"凤凰"（Phenix），1973 年实现并网发电运行，2010 年退役。在"凤凰"堆并网发电运行第二年，也是 1973 年爆发石油危机的第二年，法国、德国、意大利签署协议，计划联合制造大型钠冷快堆，计划一座在法国建设，另外一座在德国建设。当年法国开始建设超大型的发电功率为 1 242MWe 钠冷快堆示范电站"超凤凰"堆（Superphenix），1986 年实现并网发电，中间发生钠泄漏事故，直到 1996 年实现 90%设计运行功率。在随后的 11 年时间里，约有 50 个月的正常运行（大部分是在低功率的情况下），约有 20 个月的停机是由于修复技术问题，约有 60 个月的停机是由于政治问题，尤其是"超凤凰"堆一直受到欧洲公众反核运动的抗议。在 1982 年，尚未完工的“超凤凰”堆受到5枚火箭弹的袭击，可谓命运多舛。由于该计划严重超出预算、缺少资金和公众的抵抗，最终法国总理在1997年宣布这座世界上建造最大的钠冷快堆退役。

苏联在1964年开始在阿克套核电厂（Aktau Nuclear Power Plant）建造钠冷快堆的原型堆BN-350，1973年并网发电，除了提供135MWe的发电量，BN-350用于生产钚和海水淡化，每天提供12万吨淡水，但是由于缺少资金资助，在1999年退役。1966年，一座采用池式设计发电功率为600MWe的BN-600钠冷快堆，在别洛雅尔斯克（Beloyarsk）核电站开始建设，1980年开始运行，它的“孪生姐妹”BN-800反应堆也在1987年在同一个核电站内开始建设，中途由于当地居民的反核运动一度中止，1992年开始恢复建设，2014年开始运行。BN-600和BN-800是世界上至今仍在运行的两个钠冷快堆，现在这两座反应堆都属于俄罗斯。俄罗斯正在BN-600和BN-800的基础上进行更具有经济性的第四代商用堆BN-1200的研发工作（发电功率约为1 220MWe），俄罗斯计划建设两座BN-1200，预计2036年开始服役。

日本常规能源近90%依靠进口，促使日本政府大力地支持快中子反应堆的发展计划LMFBR（Liquid Metal Fast Breeder Reactor）。日本已经购买BN-600的相关技术资料，并积极进行钠冷快堆的研发。常阳（Joyo）堆是日本第一座钠冷快堆的实验堆，设计功率为100 MWe，1977年首次实现临界运行。文殊（Monju）堆是一个300 MWe的钠冷快堆的原型，1985年开始建设，1995年开始运行，但是自建成开始总是事故不断，已经开始计划退役。

中国钠冷快堆技术的研发始于20世纪60年代中后期。1986年之前，我国建成了约12套实验装置和钠回路，其中包括一座快中子零功率实验装置。1986年，快堆技术发展纳入“国家高技术研究发展计划”(863计划)。中国实验快堆(China Experimental Fast Reactor，CEFR）是中国快堆工程发展的第一步，建设地点位于中国原子能科学研究院，其目的是积累快堆电站的设计、建造和运行经验，运行后作为快中子辐照装置，用于材料的辐照实验，也作为测试设备和仪表的实验平台，为快堆工程的进一步发展服务。该堆于2010年7月达到临界，在2011年7月并网成功。通过该项目，我国积累了设计、建造钠冷快堆宝贵的工程经验。中国首个钠冷快堆商业示范核电站已经在福建霞浦开工建设，该示范电站发电量600 MWe，预计2023年建成运行。

2006年，微软创始人比尔·盖茨成立泰拉能源公司（TerraPower），除了研发熔盐堆，更主要的目标是基于钠冷快堆技术、高性能计算仿真，使行波反应堆（Traveling Wave Reactor，TWR）概念成为现实。TerraPower的目标是建设首个行波反应堆的原型堆。

图12-7为钠冷快堆系统原理图，国际上有两种系统设计方案，一种是池式设计，另一种是回路式设计，由于大多数钠冷快堆都采用池式设计，所以这里重点介绍池式设计。池式设计充分考虑了冷却剂的热容量，尽可能多地装载液态金属钠，这样就可以吸收更多的热量，避免了极端条件下发生钠沸腾，保证核反应堆的安全。

如图12-7所示，钠冷快堆系统主要有一回路、二回路、三回路，其中一、二回路内都是液态金属钠，三回路是水和水蒸气。一回路主要是指反应堆容器内的系统，用于产生核裂变能量；二回路是作为中间回路；三回路是指发电机系统。

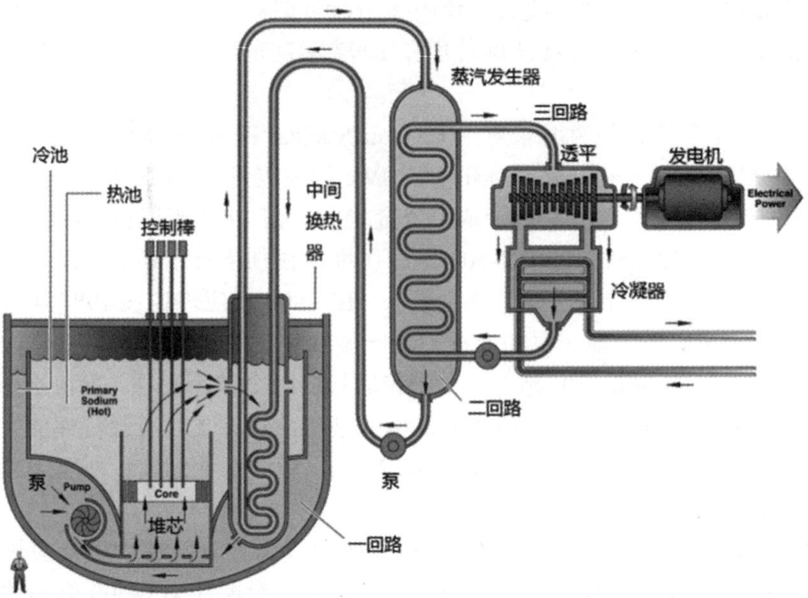

图 12-7　钠冷快堆系统原理图

整个反应堆在常压下运行，反应堆堆芯下方是低温液钠池，上部是高温液钠池，约 360℃的液态金属钠从反应堆底部进入反应堆堆芯，吸收核裂变产生的能量，温度升高到约 530℃，流向上部的高温液钠池，反应堆上部高温液钠通过换热器把热量传递给二回路的液态钠，二回路液态钠再通过蒸汽发生器把热量传递给三回路，把水加热成水蒸气，驱动透平带动发电机发电，三回路与火电站发电是类似的。

为什么多增加一个中间二回路呢？这是因为钠与水存在剧烈的化学反应，中间的二回路相当于“缓冲回路”，可以把一回路的带有放射性的液钠与三回路的水隔离，防止带有放射性的钠与水在事故情况下发生钠水反应，从而减轻核事故的影响。

三、气冷堆

第四代核能气冷堆主要有两种堆型：气冷快堆（Gas-cooled Fast Reactor），超高温气冷堆（Very High Temperature Reactor），相同的特点是均采用氦气作为冷却剂，石墨作为慢化剂，不同的是前者可以进行核燃料增殖，后者提供高温工艺热。气冷堆在高效发电、工艺供热、核能制氢、空间电源甚至军工领域都有广泛的应用前景。

气冷堆是多种反应堆中发展最早的堆型之一，其发展大致可分四个阶段：早期气冷堆（Magnox Reactor）、改进型气冷堆（Advanced Gas-cooled Reactor, AGR）、高温气冷堆（High Temperature Gas-cooled Reactor, HTGR）和模块式高温气冷堆（Modular High Temperature Gas-cooled Reactor, MHTGR）。

（一）早期气冷堆

早期气冷堆属于第一代气冷堆，采用石墨作为慢化剂，二氧化碳（CO_2）作为冷却剂，天然金属铀作为核燃料，镁合金作为燃料元件的包壳。该堆型的重要优点是采用天然铀作为核燃料，这为早期核电站的发展和军用钚（Pu-239）的生产奠定了基础。截至 20 世纪 70 年代初期，在英、法等国先后建造和运行了 36 座气冷堆核电站，这种气冷堆运行记录良好，对早期核能进入发电市场起了重要的推动作用。但这期间气冷堆的缺点也很明显：（1）气冷堆的堆芯体积大，反应堆功率密度低；（2）采用天然金属铀和镁合金燃料元件包壳，难以承受过高温度，冷却剂 CO_2 温度不能高于 400℃，极大限制了反应堆的经济性。为解决上述难题，提出了改进型气冷堆（AGR）的概念，气冷堆的发展步入第二阶段。

（二）改进型气冷堆

第二代气冷堆即为改进型气冷堆，顾名思义，它在燃料元件上改进巨大：用 UO_2（二氧化铀）代替天然金属铀，镁合金被不锈钢代替，堆芯出口 CO_2 温度达到 670℃，可配置标准汽轮机发电机组，核电站的热效率提高到约 40%。英国先后投产了 7 座改进型气冷堆电站。但是改进型气冷堆由于高温条件下 CO_2 与不锈钢材料难以化学相容，所以 CO_2 不能超过 690℃。由于气冷堆功率密度低和燃耗限制，所以在经济性方面还是难与压水堆竞争。改进型气冷堆仅在英国得到一定程度的发展，而其他国家相继转向发展压水堆。

（三）高温气冷堆

高温气冷堆（HTGR）作为第三代气冷堆，它在燃料元件和冷却剂方面取得关键进步，采用陶瓷包覆颗粒为燃料元件，冷却剂为氦气，石墨作为慢化剂和堆芯结构材料，气体温度可达 950℃。在 20 世纪 60 至 70 年代，高温气冷堆就完成了实验堆和原型堆发展阶段。

1956 年，英国开始研究高温气冷堆技术，从 1960 年开始建造热功率为 20MW 的实验堆“龙堆”，1964 年 8 月首次达到临界并在 1966 年 4 月达到满功率运行。1967 年，美国建成并运行了“桃花谷”高温气冷实验堆（热功率为 40MW）。德国也在同年建成了球床高温气冷实验堆（热功率为 15MW），氦气出口温度为 950℃。

高温气冷堆研究进入了原型堆示范电站阶段。美国在 1976 年建成了圣·符伦堡原型核电站（电功率 330MWe），德国在 1985 年建成高温球床气冷堆（电功率为 300MWe），经过实验堆和原型堆的工程检验，高温气冷堆开始进入商用阶段。

（四）模块式高温气冷堆

1979 年，美国三厘岛核电站事故发生后，核电站安全问题被提到更紧要的地位，国际核能界开始设计安全性更好的反应堆，以保护公众与周围环境的安全。模块式高温气冷堆在这样的背景下诞生，它具有固有安全性，也称“第四代高温气冷堆”。

1981 年，德国西门子国际原子公司首先提出了球床模块式高温气冷堆的设计理念，其能够保证任何事故工况下，将堆芯燃料的最高温度限制在允许温度 1 600℃以下。它还具有小型模块化的生产方式，经济性好，有可观的市场空间。

20 世纪 80 年代中期，已有两种模块式高温堆设计准备推向市场，即德国的 HTR-Module 和美国的 MHTGR，这两种模块气冷堆都具有固有安全特性。

自 20 世纪 90 年代至今，现行的高温气冷堆技术日渐成熟，且分为两个类型：石墨球床和柱状燃料，前者的研发者主要是中国和南非，后者的研发者是美国、俄罗斯和日本。美国启动了下一代核电站计划项目（Next Generation Nuclear Plant，NGNP），旨在促进高温气冷堆技术在发电、工艺热应用和制氢等方面的大规模商业应用。日本于 1987 年开始实施建造高温气冷工程的实验堆（High Temperature Engineering Test Reactor，HTTR）（堆热功率为 30MW）。1998 年 11 月，HTTR 建成并实现临界，从 1999 年开始提升功率，于 2001 年达到满功率运行。俄罗斯从 1993 年开始与美国共同研究如何利用高温气冷堆发电站“燃烧”Pu-239，计划在俄罗斯建造模块式高温气冷堆发电站，该项目在 1997 年完成了概念设计，一个反应堆运行 40 年可烧耗约 10 吨钚。采用军用钚作为核燃料的商用核电站，是国际高温气冷堆发展的一个重要方向。南非的高温气冷堆发展计划由南非国家电力公司（Eskom）提出，但由于南非煤炭资源丰富，所以压水堆核电站缺乏竞争力。Eskom 公司选定球床模块式高温气冷堆作为今后发展的核电站堆型，设计球床式高温气冷堆发电站（Pebble Bed Modular Reactor，PBMR）。

中国的高温气冷堆的研究发展阶段始于 20 世纪 70 年代后期，主要由清华大学核能与新能源技术研究院开展进行，1974 至 1990 年，高温气冷堆研发项目被列入国家高技术研究与发展计划，开展关键技术研究；1990 至 2003 年，清华大学建设 10 MW 高温气冷实验堆 HTR-10。在 2000 年 12 月，HTR-10 建成并达到临界，2003 年 1 月实现满功率并网发电。如图 12-8 所示，2012 年 12 月底开始建设山东石岛湾 20 万千瓦级高温气冷堆核电站示范工程（HTR-PM），与大型飞机研发等 16 个项目并列为国家科技重大专项。

图 12-8　山东荣成石岛湾核电站示范工程建设鸟瞰图

如图 12-9 和图 12-10 所示为气冷快堆系统和超高温堆系统原理图。气冷堆有多种设计，目前工程上采用最多的是球床堆芯设计方案，反应堆内使用直径约为 6cm 的球形核燃料球，这些核燃料球随机的堆放在反应堆容器中。这种设计可以实现不停堆换料，定期从堆芯顶部加入新的核燃料球，并从堆芯底部将旧的（高燃耗后）核燃料球卸出来，从而实现在线换料。在这些核燃料球之间的空隙中流动氦气进行冷却，氦气将核反应产生的热量带出堆芯，通过氦气布雷顿循环发电（如图 12-9）或者通过蒸汽发生器将热量传递给二次侧的水，产生过热蒸汽，推动汽轮发电机发电。

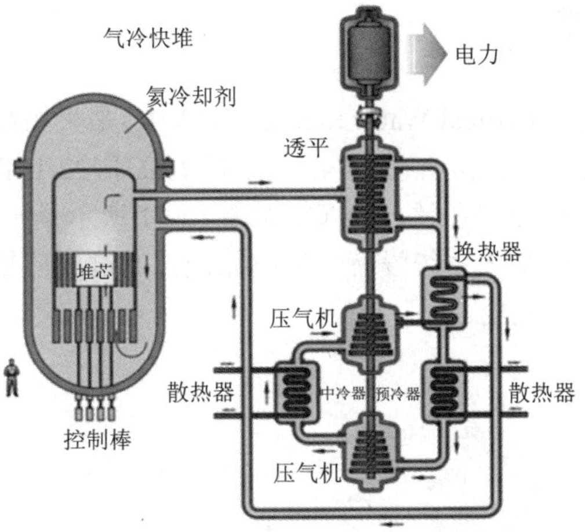

图 12-9　气冷快堆系统原理图

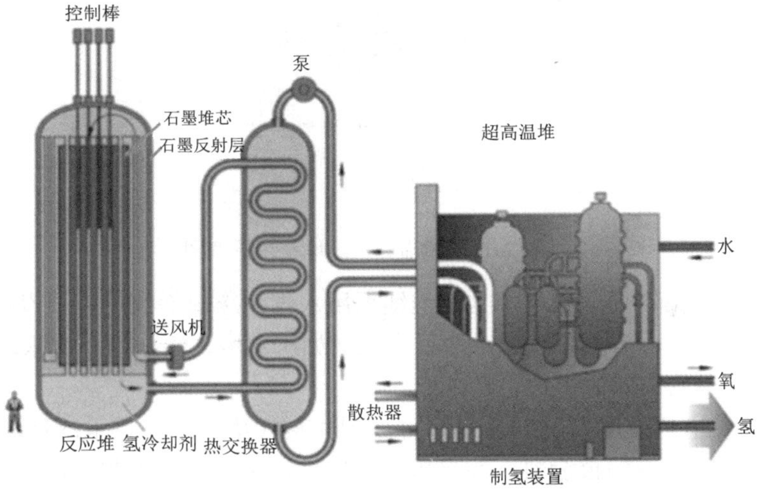

图 12-10　超高温气冷堆系统原理图

采用氦气作为反应堆的冷却剂具有以下优点：（1）氦气是惰性气体，与反应堆的结构材料相容性好，避免了很多冷却剂对材料的腐蚀问题。（2）可以忽略冷却剂被活化的问题，即冷却剂不容易变得具有放射性。（3）冷却剂透明，方便进行实时检测。（4）冷却剂不会产生相变（只有气体状态），预测与控制更加精准。（5）中子能谱更硬，所以增殖性能更佳。(6)氦气可以超高温运行且不会发生气体分解，冷却剂出口温度能达到 1000℃，可以提供高温热源用于制氢工艺等。

同时气冷堆也有以下缺点：（1）气体载热量少，需要更多体积流量的气体来冷却堆芯，导致系统体积庞大、泵的能耗高。（2）需要维持较高的运行压力，例如采用氦气冷却时堆芯维持 7MPa（70 个大气压）。（3）较高的流速可能引发震动。（4）在余热排出阶段，需要大功率、可靠性高、响应迅速的泵来带走堆芯衰变热量。（5）气冷快堆的经济性可能要低于液态金属快堆。

四、超临界水冷堆

超临界水冷堆（Super Critical Water Reactor，SCWR）是采用超临界流体的水冷反应堆，运行工况高于水的临界点（温度高于 374.3℃、压力高于 22.1MPa），整个 SCWR 系统运行压力约 25.0MPa，系统最高温度约 508℃。如图 12-11 所示是一个 SCWR 系统的原理图，类似传统沸水堆设计，SCWR 系统没有二回路系统，通过反应堆直接产生过热蒸汽，然后过热蒸汽驱动汽轮机进行发电。

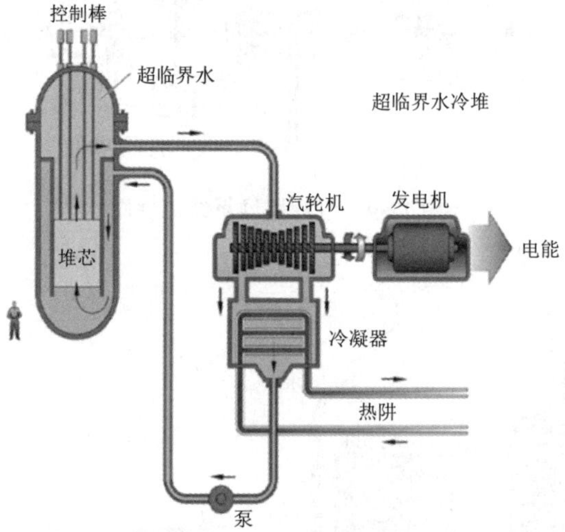

图 12-11　超临界水冷堆系统原理图

SCWR 是六种第四代反应堆中唯一继续采用水作为冷却剂的反应堆设计，像一个简化沸水堆系统，但是相比第二、三代水冷反应堆（如压水堆、沸水堆、重水堆），SCWR 在以下几个方面更具有技术先进性。

1. 更好的发电热效率。发电热效率可达到 45%（第二、三代水冷反应堆约在 30%左右），可节省 25%左右的核燃料，并且单机组发电功率可达到 1 700MWe。

2. 更精简的系统设计。相比第二、三代压水堆，SCWR 取消了稳压器、蒸汽发生器和相关的二回路系统；相比第二、三代沸水堆，取消了汽水分离器和再循环泵等设备。

3. 更小的系统体积。由于超临界水密度高、比热容高，所以超临界水作为冷却剂的载热能力强，体积流量可大幅度降低，缩小了整个系统的体积，意味更低的造价。

4. 更高的安全性。由于超临界水无相变（只有超临界状态），整个传热现象连续性强，避免了沸腾危机，预测与控制更精准。

5. 更高的核燃料利用率。SCWR 主要有两种设计方案：快中子反应堆和热中子反应堆。如果设计成快中子反应堆，还可以进一步提高核燃料增殖比和利用率。

6. 更好的经济性。机组体积的降低、更高的功率密度以及更高的核燃料利用率，使得 SCWR 具有更好的经济性。

SCWR 的起源可以追溯至 20 世纪 60 年代，由于超临界水优异的物理特性，国际上当时就已产生将超临界水技术用于核反应堆的想法，但由于材料腐蚀等问题研究一度被中断。

直到 20 世纪 90 年代，美国、日本等国家学术界重新开始研究超临界水冷堆。目前提出了超临界水冷热中子堆、超临界水冷快中子堆、超临界水冷混合谱堆、超临界水冷球床堆以及超临界重水堆五种设计方案。

欧盟在 21 世纪初资助了德国的卡尔斯鲁厄理工学院（KIT）牵头超临界水冷堆的研究计划，并设计了 SCWR 核燃料辐照实验回路。日本东京大学研究了超临界水化学、辐射损伤、传热恶化现象。韩国进行为期三年的 SCWR 可行性研究，研究目标是为 SCWR 的发展提供理论依据。俄罗斯的研究方向是将 VVER（俄语，英文为 WWER，Water-Water Energetic Reactor）反应堆的经验用于超临界快中子水冷堆的研发。中国核动力研究设计院提出了超临界水冷堆 CSR1000 堆型，并开展大量的理论分析和超临界水传热基础研究工作，以及相关材料腐蚀研究。

采用水作为反应堆冷却剂的方案虽然在第二、三代反应堆上获得成功的应用，但是在第四代反应堆里将面临巨大的挑战，尤其是在材料工艺方面，目前世界范围内超临界水冷堆还没有成功建设实验堆，主要还停留在学术界的基础研究阶段。

五、铅冷快堆

铅冷快堆（Lead-cooled Fast Reactor，LFR）指采用液态铅或铅铋合金冷却的快中子反应堆，采用闭式燃料循环方式，核燃料利用率高。小功率的铅冷快堆可以采用非能动自然循环冷却方式，一回路不需要机械泵提供动力，但大功率的铅冷快堆在正常工况下依靠机械泵维持强制循环冷却，事故工况下采用非能动自然循环冷却。如图 12-12 所示，温度较低的液态铅从底部进入核反应堆，在堆芯内被加热到约 550～600℃，被加热后的高温铅进入反应堆上部设置的换热器，此时高温铅加热换热器里的水变成水蒸气，然后高温高压的水蒸气驱动透平发电，加热氦气或者二氧化碳，用于驱动布雷顿循环发电系统。

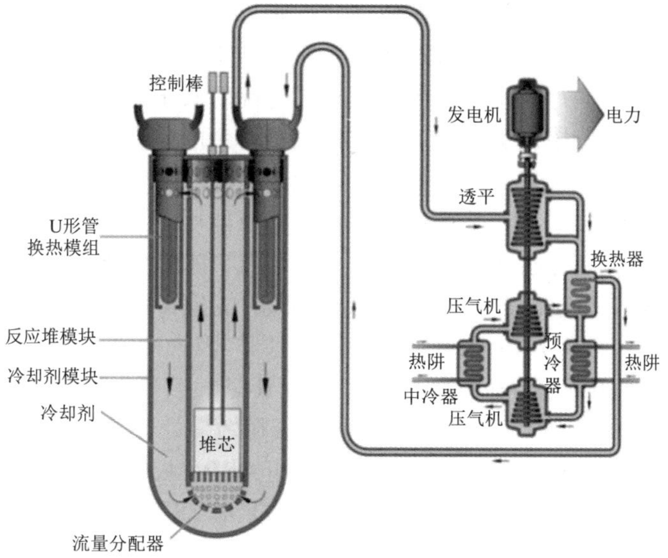

图 12-12 铅冷快堆系统原理图

铅冷快堆的优点：铅冷快堆采用闭式燃料循环，核燃料利用率高；铅的膨胀系数高，自然循环能力强，当发生全厂断电事故时，不需要厂外电源，可以通过非能动自然循环导出反应堆余热；熔融的铅铋合金不会引发爆炸，在发生泄漏时会快速凝固；铅的密度高，可以有效屏蔽伽马射线；铅的沸点极高，即便是发生事故也难以使铅发生沸腾而导致堆芯容器有超压的风险；液态金属铅不与水或空气发生化学反应，不存在类似钠水剧烈化学反应，所以可以简化系统设计，不需要中间回路；铅便宜，储量丰富。

铅冷快堆的缺点：铅与铅铋合金密度高，增加了系统重量，因此需要更大的结构支撑与抗震防护，增加了建造成本；虽然铅便宜丰富，但铋相当昂贵稀少，大型铅冷快堆需要成百上千吨的铋；铅铋合金的熔点为 123.5℃，但铅的熔点较高（327.5℃），熔化相对困难，泄漏和固化导致反应堆容器损坏；铅铋反应堆生相当数量的钋，这是一种高放射性和流动性很强的元素，可能会使维护工作复杂化，并造成工厂污染问题，而纯铅堆可大量减少放射性元素钋的产生。

从 20 世纪 70 年代，苏联成功建造了 7 艘船阿尔法级核潜艇，该潜艇采铅铋反应堆，由于反应堆功率密度高，可以大幅度降低了核反应堆尺寸，从而整体上降低了潜艇的尺寸，加上船体大量采用钛合金减轻重量，速度可达 42 节（即每小时 78 千米），属于超高速潜艇，而普通潜艇 20 多节（即每小时 46 千米），它的出现一度使得冷战期间的美国感到恐慌。为了避免反应堆低温凝固，该潜艇时刻以高速备战，常作为“高速捕猎杀手”，在大西洋北部服役。但是，铅堆有低温凝固的缺点，为了避免铅凝固，铅堆启动后必须保持运转，很难停堆维护，甚至在海港停留时期也需要维持反应堆运转，有的反应堆甚至多年运转，系统维护是非常困难的，历史上出现过冷却剂的泄漏、反应堆凝固故障。阿尔法级核潜艇都在 1990 年前完成退役。

在 20 世纪 90 年代后期，俄罗斯发布了民用铅/铅铋快堆的发展计划，并制定了完整的铅/铅铋快堆发展路线，例如发展适合边远地区的 100MWe 的小型铅铋快堆 SVBR-100，发展 300MWe 的中型铅冷快堆 BREST-300，还有发展 1 200MWe 大型铅冷快堆 BREST-1200。

欧洲最初研究的铅冷系统是加速器驱动的次临界系统（Accelerator Driven Subcritical，ADS），主要用来嬗变锕系核素。ADS 被称为核废料的焚化炉，可以理解为核废料的“垃圾焚烧发电厂”，它的运行原理是利用加速器加速高能质子与重靶核（如铅）发生散裂反应，产生的中子用于维持核裂变反应，同时也利用多余的中子来增殖核材料，最重要的目的是能把某些高放射性且长寿命的锕系元素被快中子辐照后转化为低放射性且短寿命的核素（这个过程称为嬗变核废料）。嬗变过程中释放的热能用于加热反应堆内液态铅铋合金，加热后的液态铅铋合金通过换热器加热水变成水蒸气，水蒸气驱动透平发电，产生的能量的 10%～20%用于驱动加速器，剩下的 80%～90%的能量实现并网供电。

美国在 20 世纪中期就开始研究铅冷快堆，但同样因为液态金属铅和铅铋的腐蚀性问题没有很好地解决，20 世纪 60 年代中断了研究计划。但是 21 世纪初美国宣布重启铅冷快堆研究计划，并针对小型模块化铅冷快堆和核废料嬗变处理分别设立了 SSTAR（Small，Sealed，Transportable，Autonomous Reactor）项目和 ABR（Advanced Burner Reactor）项目。其中 ABR 主要用于锕系元素嬗变的相关基础科学研究，SSTAR 主要用于分布式能源，目前都主要停留在概念设计阶段。

我国从 20 世纪 90 年代起开展 ADS 概念研究。2011 年，中国科学院启动战略性先导科技专项“未来先进核裂变能-ADS 嬗变系统”研究项目。该项目启动至今，已在超导质子直线加速器、重金属散裂靶、次临界反应堆及核能材料等研究方面取得了重要进展和突破，一些关键技术达到国际领先或先进水平。另外，中国原子能科学研究院关注新型快堆技术的研发。首座次临界反应堆——启明星Ⅰ号于 2005 年 7 月在原子能院建成临界，并成为国际原子能机构开展 ADS 实验研究的基准装置。启明星Ⅱ号铅基双堆芯零功率装置于 2016 年 12 月在原子能院成功实现临界。以启明星Ⅰ号和Ⅱ号为基础，历时近两年建成了启明星Ⅲ号，并于 2019 年 10 月 9 日实现临界，标志着我国铅铋快堆研发从物理基础研究阶段进入工程阶段。

第三节　第四代核能系统对我们生活的影响

由于燃煤发电不利于减轻温室气体效应，水力发电开发接近饱和，风能和太阳能受天气影响较大，而核能作为稳定的可大规模生产的能源方式，成为未来生活中最重要的能量来源。随着核能的进一步发展，我国作为核能大国，在铀资源勘探、核废料处理、核电安全等方面面临着与日俱增的压力。国际上主要掌握核技术的国家已经在研发第四代核能技术，所以更加坚定了我国开展第四代核能技术研发的决心。国际上第四代核能技术的研发尚处于起步阶段，这无疑为我国提高核电自主创新能力提供了良好的机遇。第四代核能技术的研发可以大大提高我国核工业的研发能力，在高效发电、海水淡化、核能供暖、提供高温热源、核能制氢、移动电源等方面有着广阔的应用前景。

一、高效发电

第四代核能如钠冷快堆、铅冷快堆、熔盐堆的堆芯出口温度在 400～700℃范围，相比传统第二、三代反应堆堆芯出口温度高，具有高温热源特性。目前，虽然传统蒸汽动力朗肯循环技术已经成熟（高温高压水蒸气驱动透平的发电方式），但是采用朗肯循环核电厂的热电转化效率较低（30%），第四代核能如果继续采用朗肯循环就没有充分利用高温热源的特性。近年来，新建火电厂已经采用超临界机组或超超临界机组，如果第四代核能采用该类型机组可以提高热电转化效率（约 40%左右），但对设备压力要求很高，同时超临界水会对钢材造成腐蚀。另外，第四代核能如果采用氦气布雷顿循环技术，可以在一定程度上提高热电转化效率，但该技术对热源温度要求较高（900℃），而且设备体积较大。超临界二氧化碳布雷顿循环发电技术是下一代新型发电技术，超临界二氧化碳是指二氧化碳运行压力超过 7.38MPa，温度超过 30.98℃的状态，相比水蒸气，二氧化碳对金属材料腐蚀更小，更重要的是超临界二氧化碳布雷顿循环热电转化效率可达到 45%～50%，而且最高热源温度仅需要 600℃左右。研究表明与超临界二氧化碳布雷顿循环发电技术最佳结合的热源是核能和太阳能。因此，第四代核能采用超临界二氧化碳布雷顿循环发电技术为最佳选择。通俗地讲，如果按第四代核能发电效率可以提高 15%计算，相当于全国一年节省燃煤约 15 亿吨，减少二氧化碳排放量 40 亿吨、二氧化硫排放 1275 万吨、氮氧化物 1110 万吨。

二、核能制氢

中国是氢气使用大国，氢气是化工基础原料，氢气主要用于石油炼制、生产甲醇和生产肥料等。中国石油加工能力居世界第三位，甲醇生产量占世界的 20%，合成氨的产量占世界的 40%。由于环境污染压力以及减少对石油进口的依赖，我国目前正在大力推广氢燃料电池动力新能源汽车。同时，液态氢也是现代火箭的重要燃料，中国商用火箭行业正在迅速发展，尤其是随着小型商业火箭发射公司的增多，未来氢气的消耗会大幅增加。但是，我国目前的氢气来源主要依靠煤炭发生水煤气反应产生，所以对煤炭资源依赖性较大。国际上公认氢能将是 21 世纪中后期的理想能源，而核能制氢是一种高效、清洁的大规模制氢方法，因此在满足未来氢气大规模供应方面扮演着重要角色。目前，制氢主要有两种途径：热化学循环制氢需要热源温度高于 800℃，如碘硫循环（Sulfur–iodine Cycle）或者高温电解制氢（High-temperature Electrolysis）需要热源温度高于 800℃。而第四代反应堆的超高温气冷堆出口温度可超过 1 000°C，可以满足高温制氢工艺要求，对下一代氢气新能源的发展至关重要。

三、海水淡化

对于人类生存和发展至关重要的莫过于淡水和能源。而海水淡化是获取淡水资源的一种重要途径，但大规模淡化海水对能量的消耗非常巨大。利用核能实现大规模的海水淡化不仅可持续，而且不会造成环境污染。

海水淡化技术是将海水中的盐分离出来从而获得含盐量低的淡水。其中多级闪蒸海水淡化技术是经过多年的对比和实践后，被认为适合大规模推广应用的海水淡化技术。多级闪蒸海水淡化技术非常适合与核反应堆相结合，由核反应堆提供持续稳定的热源。世界上许多国家在近二十年都热衷于研究基于核能的海水淡化技术，其实苏联早在 1964 年建造的钠冷快堆原型堆 BN-350 就可以同时用于生产钚和海水淡化，每天可提供 12 万吨淡水。用核能进行海水淡化的技术已经逐渐成熟，随着成本的不断降低，是未来海水淡化的重要方式。

四、核能供热

中国是供热大国，但燃煤取暖面积约占总取暖面积的 80%以上，冬季供热会引起雾霾等严重的环境问题，严重危害人民群众的生命健康，让“供暖”与“蓝天”不可兼得。核能作为清洁能源，实现供热过程零排放，在未来会成为重要的供热资源。目前，核能供热的优势突出体现在低碳、清洁、规模化，相比传统的燃煤供热，一座 400MW 的供热核反应堆每年供给的热能相当于 32 万吨煤炭或 1.6 亿 m^3燃气；同时每年可以降低 64 万吨 CO_2 和 5 000 吨 SO_2的排放，氮氧化物和烟尘颗粒物也可以减少 1 600 吨和 5000 吨。目前核能供热的方式为采用供热堆产热或热电联产热。在供热堆产热方面，池式供热堆和壳式供热堆是目前主流的两种供热堆型。池式供热堆源于早期的游泳池式实验堆，而壳式供热堆则是在核电站压水堆的基础上进行改进。另一方面，我国商用核电站的主要任务是供电，在满足电力生产的同时综合利用发电余热进行供热。相较于低温核供热技术，核热电联产对能源资源进行了优化配置，综合能源利用率可以达到 80%，不仅可以提高核电的经济效益，还可以保障人民群众的冬季供暖需求。

2017 年，由国家发展和改革委员会、国家能源局等十个部门共同制定的《北方地区冬季清洁取暖规划（2017—2021 年）》确定了“研究探索核能供热，推动现役核电机组向周边供热，安全发展供暖示范”的发展路线。中核集团、清华大学和国家电投分别推出了“燕龙”泳池式低温供热堆、壳式低温供热堆和微压供热堆设计原型。黑龙江、河北、山东、宁夏等作为核能供热试点的多个省区也进行了相关厂址普选和推广工作。中国核工业集团于 2017 年 11 月 28 日在中国原子能科学研究院启动的供热演示项目“泳池式轻水反应堆 168 小时的安全供热”取得了圆满成功。2019 年 5 月 24 日，山东省海阳市政府与山东核电签订了《关于共同推进海阳核电厂核能供热项目开发的战略合作协议》，标志着国内首个核能供热项目步入实施阶段。

随着核能供热技术的发展与成熟，我国北方的供热难点问题可以得到有效解决。当未来大温差长途输热技术成熟，我国核能供热技术还可以突破远距离供热的限制，实现对多个城市安全、高效、稳定供热。

五、高温工艺热利用

传统化工行业的能耗巨大，例如合成氨、煤气化和甲烷蒸气重整等化工过程都需要 700℃以上的高温热源，而对于合成氨、煤液化以及石油裂解产物（如乙烯）的需求正逐年增长。面对传统能源资源的日益匮乏以及越来越严格的碳排放要求，探索新的高温热源供给非常重要。如果能够直接利用反应堆作为高温热源，不仅可以实现零碳排放要求，还可以提供稳定、安全的热源。

以熔盐堆为代表的第四代核反应堆，其出口温度可以达到 700℃以上，可作为煤的气化和液化、合成氨、乙烯生产等高耗能工艺的热源，节约下来的化石燃料可以用作化工原料。高温气冷堆甚至能提供的热源温度高达约 1 000℃，其高温工艺热还可用作生产二次能源，例如煤的加氢气化、重油裂解、还原炼铁、生产代用液态燃料甲醇。

如果采用第四代核能来代替燃煤提供高温转化工艺用热，可使得煤气化和煤液化的过程减少环境污染，且脱硫率高，可以大幅降低烟气污染物产生。另一方面，第四代核能高温转化的工艺用热还能保持高热效率，可比常规煤转化技术节能 30%左右，大大降低了能源消费。

高温工艺热的利用面临的一个重要挑战是安全许可，需要消除公众对于核能在化工领域应用的担忧问题，但是第四代核能系统具有固有安全性，在高温工艺热利用上有着广阔的应用前景。

六、大规模生产氚

氚是未来核聚变堆（俗称“人造小太阳”）的燃料，既可以天然生成，又可以人工制造。自然界中的氚主要来自大气中氮氧的相互作用以及宇宙射线。氚的半衰期只有 12.43 年，每过 12.43 年就减少一半，地球诞生之初存在的氚早已衰变完了，所以在地球上天然氚的总量仅为 3.7kg。

世界上主要有三种人工制氚的方法：第一种是利用重水反应堆中的重水吸收中子并产生氚；第二种是在轻水反应堆堆芯辐照铝酸锂靶材，吸收高能中子之后生成氚；第三种是使用钚生产堆或者研究堆制氚，即在堆芯中辐照合金靶材产生氚。

第四代核能系统中的熔盐堆采用 FLiBe 熔盐作为冷却剂，尤其是其中的 Li 元素在中子辐照下能产生氚。同时第四代核能 ADS 次临界堆在人工制氚方面也具有相当的优势，铅锂材料既可作为冷却剂，也可作为氚的增殖材料，在大规模产氚的前提下，次临界堆具有固有安全的特性。

七、钍资源高效利用

U-233、U-235、Pu-239 这三大同位素是现在核工业中最常见的易裂变同位素，^{235}U 是天然存在的，使用最为广泛，而 U-233、Pu-239 并不是天然存在的同位素，都需要人工合成，分别通过钍-铀循环和铀-钚循环生成。

天然中的钍几乎 100%是 Th-232 同位素以及含有微量的 ^{231}Th 等其他同位素。Th-232 可以吸收中子并经过两次 β 衰变转化成 U-233，U-233 就是一种人工制造的易裂变核材料。根据国际原子能机构（International Atomic Energy Agency，IAEA）数据显示，世界范围内钍资源是铀资源的 3 至 4 倍。

中国虽然严重缺少铀矿，但是钍资源含量丰富，位居世界第二。钍-铀燃料循环实现增殖，使钍可作为未来代替铀的重要核燃料。中国是世界第一大稀土生产国，稀土占有了世界 90%的市场，钍主要以稀土元素的尾矿形式存在，没有得到有效的保护利用。我国的钍矿资源主要集中在内蒙古包头的白云鄂博主矿和东矿，但是钍资源利用率几乎为零。经计算，每年使用 100 吨的钍燃料，相当于 2.5 亿吨的煤发电量，而在中国全国稀土生产过程中，就可以分离出 200 吨以上的二氧化钍（ThO_2），即相当于 5 亿吨的煤发电。钍资源的利用，一方面可以解决我国能源问题，另一方面还可以缓解钍对环境造成的污染，有利于核能的可持续性发展。为了发展钍基熔盐堆技术，最终实现基于熔盐堆的钍资源高效利用，我国于 2011 年启动了钍基熔盐堆（Thorium Molten Salt Reactor，TMSR）核能系统先导专项，目前已经建成世界上首座钍基熔盐堆仿真装置（TMSR-SF0）。

八、浮动式核电站

浮动式核电站是指利用浮动平台建造的可移动的核电站，相当于把缩小版的陆地核电站建造在船舶平台上，不会占用陆地空间，不会排放污染物，可随时调整停泊位置，不受地震影响，可为偏远地区、海上油气开采平台和重要岛屿提供淡水、热能和清洁的电力。因极其灵活的特性，其被称为海上移动“充电宝”。

世界上有很多落后地区缺少稳定的电力供应以及清洁发电技术，而浮动式核电站可以很好地解决该问题。浮动式核电站为未来核电出口开辟了一条新的道路。大型核电站的出口不仅建设时间长，投资回报周期长，运营维护售后时期长，还需要长期对用户地区人才进行培养，所以一般核电出口的国家与核电进口的国家需要建立“百年好合”的稳定政治外交关系，所以大大限制了国际上核电的进出口贸易，浮动核电站移动便利，运营维修灵活方便，可以大幅度拓展核电采购的国家和地区，更重要的是为缺少清洁能源的国家和地区快速提供绿色能源，降低世界发展的不平衡。

世界上首座浮动核电站由俄罗斯建造，名为“罗蒙诺索夫院士”号，其主要用于给俄罗斯北部偏远地区供电。“罗蒙诺索夫院士”号在 2019 年 8 月 23 日从摩尔曼斯克起航，9 月 14 日抵达楚科奇自治区第二大港口城市佩韦克，为西伯利亚东北部地区提供电力。这座浮动式核电站可以随时随地满足能源需要，而且不会污染环境。“罗蒙诺索夫院士”号长约 144 米、宽 30 米，采用两座改进后的 KLT-40S 核反应堆，总共产生 70 MW 的电力。俄罗斯将之视为小型化核电的未来，并认为有机会向发展中国家出口。

中国特别重视浮动式核电站的研发，具体由中国核工业集团、中国广核集团、中国船舶重工集团这三大集团负责实施，分别是中国核工业集团的海上浮动式核电站 ACP100S 项目、中国广核集团的海上浮动式核电站 ACPR50S 项目、中国船舶重工集团的海洋核动力平台 HHP25 项目，为中国的核电出口、远洋油气开采等提供重要的科技支撑。

第四代核能由于其固有的安全性、更好的经济性、更广泛的用途，将在未来三十年的经济社会发展中扮演越来越重要的角色。

第十三章

现代基因编辑技术——CRISPR 与我们的未来

科学之所以能为人类所用，是因为人类一直致力于在把科学知识转化为技术。现代高科技聚焦的各行各业集中在将已有的科学理论知识工程化，例如本书前些章节提及的人工智能、自动驾驶技术等，不论载体是机器人还是汽车，都是将多年积累的物理、化学科学知识实践到人类生活的各个方面。这些大规模的科学知识工程化，造就了现代蓬勃发展的高新技术，不仅为高科技企业带来利润，也为人类创造更舒适的生存环境。基础科学研究的积淀是技术发展的前提和根本。物理与化学的理论基础研究之深厚，奠定了如今以计算机为载体发展的多种高新技术领域。这些行业的发展提供了新一代高薪就业岗位，也自然是人们在茶余饭后津津乐道的。

然而，没有人，没有生命，任何技术都不会被发明或使用。为了理解或改变人类的生老病死，为了探索生命的过去、现在与未来，人类在研究与创造的路上从未停下脚步。随着新一代精准基因编辑技术的发现与使用，生命科学研究的爆发时代或已来临。

不仅科学研究领域，各行各业与可遗传的生命相关的领域，都在受到基因编辑技术的影响。它改变着医疗行业看待疾病的方式，过去扑朔迷离的疑难杂症，可能将因为基因的自由改变而变得有迹可循。供养人类的粮食作物的生产，生物燃料的工业生产等都可以通过改变生物材料的基因遗传性质，产出不同的特性。

过去的科幻片可能会成为未来的纪录片，比如侏罗纪公园中复活的恐龙。不仅没有生命的物体可以被艺术设计，也许未来的动植物都可以被设计成你想要的样子，甚至人类后代也有了被编辑的技术支持。同时，人类社会的伦理讨论也在世界范围激烈展开，更掀起了对完善基因编辑的伦理道德规范的强烈呼声。

随着基因编辑技术越来越广泛的运用，越来越多的人关心这项技术的安全性、合理性和伦理性。然而，只有真正了解这项技术，才能对在什么场合、如何应用基因编辑，什么时候支持、什么时候反对这样的问题中，具有更加科学、自主、可信的判断。

第一节 基因编辑概述

基因，承载着生命体的一切信息，编码着物种之间的差异。以人类身体为例，各个器官都是由细胞构成的，不同细胞的形态结构不同，承担的生理功能也不同，基因从根本上决定了细胞的功能形态。比如血红细胞是扁圆形，可以充分携带氧气，在血管中顺利流通，但是在镰刀形细胞贫血症患者中，编码血红细胞的基因发生变异，使得血红细胞形态变成镰刀形，携氧能力下降，且容易在血液流通途中破裂，因此患者呈现贫血症状。如果能把造血器官细胞中的基因修正过来，就可以从根本上产出正常的血红细胞。同理，任何遗传性疾病理论上都可以通过基因编辑矫正遗传信息而避免把疾病遗传给后代。

由基因决定的一切生物性状也可以通过基因编辑而被改变。比如农作物抗倒伏性状可以通过加入抗倒伏基因而被加强；山羊长毛基因的增强可以使得单只羊产绒产毛效率更高；提供生物能源的硅藻产油效率也能通过对产油基因的编辑而提升。原来只存在于科幻电影中的情节，现在正在加速成为现实。而这一切主要依赖于近年来基因编辑技术的突飞猛进。

科学家在科研中对基因编辑的需求从未停止过。过去，想研究生物不同的基因型需要大规模诱导基因组突变，然后筛选这些突变，这样的方法往往效率低下。科学研究需要更精准的、有方向性的基因编辑技术。

基因的载体是 DNA 核酸链，要编辑基因就要依靠 DNA 核酸酶对 DNA 核酸链进行切割。过去也有对基因编辑技术的探索和应用，但都各有局限。如今，将基因编辑技术应用推向风口浪尖的突破性技术是 CRISPR-Cas9，CRISPR 是基因座，Cas 是基因，目前已发现 Cas1～Cas10 等多种类型的基因。和过去其他核酸酶编辑基因相比，CRISPR 效率更高，设计更加简单易行。

CRISPR 的全称是 Clustered Regularly Interspaced Short Palindromic Repeats，规律间隔成簇短回文重复序列。简而言之，CRISPR-Cas9 原本是细菌进化出抵制同种病毒重复入侵的获得性免疫体系，为细菌及其后代提供了持续的保护（如图 13-1 所示）。当细菌被噬菌体病毒侵染后，病毒核酸链进入细菌细胞，被细菌捕获并整合到细菌自己的基因组内，这就成为了 CRISPR 序列中的间隔序列。在细菌基因组内，这些间隔序列被重复序列相互隔开，被侵染过的细菌从此就“记住”了感染过的病毒。由于这种外来病毒基因记忆存储在细菌基因组中，这样的免疫力可以遗传给后代。其中，当这种细菌或它们的后代又一次被相同病毒攻击，重复序列和间隔序列会转录成 RNA（核糖核酸），和 Cas9 核酸酶一起组装成细菌的“免疫战士”。这些“免疫战士”用 RNA 中的间隔序列信息与病毒基因配对，一旦配对成功，病毒 DNA 就会被核酸酶切断。利用这样的机制，细菌就可以把病毒 DNA 切割碎化，从而达到对这种病毒免疫的效果。

人类科学家在了解了这样的机理后，看中了 CRISPR-Cas9 能利用间隔序列找到基因组中与之相配的位置进行精准切割这样的特性。经过加工，CRISPR-Cas9 被简化成了 Cas9 酶和向导 RNA 两部分组成了基因剪刀工具，切割后的 DNA 位置可以添加或者替换成人为提供的一段新的 DNA 序列。如此，CRISPR-Cas9 便可以在基因组上精准地进行位置切割，删除、添加，或改变 DNA 序列，由此实现了精确的基因编辑，如图 13-2 所示。

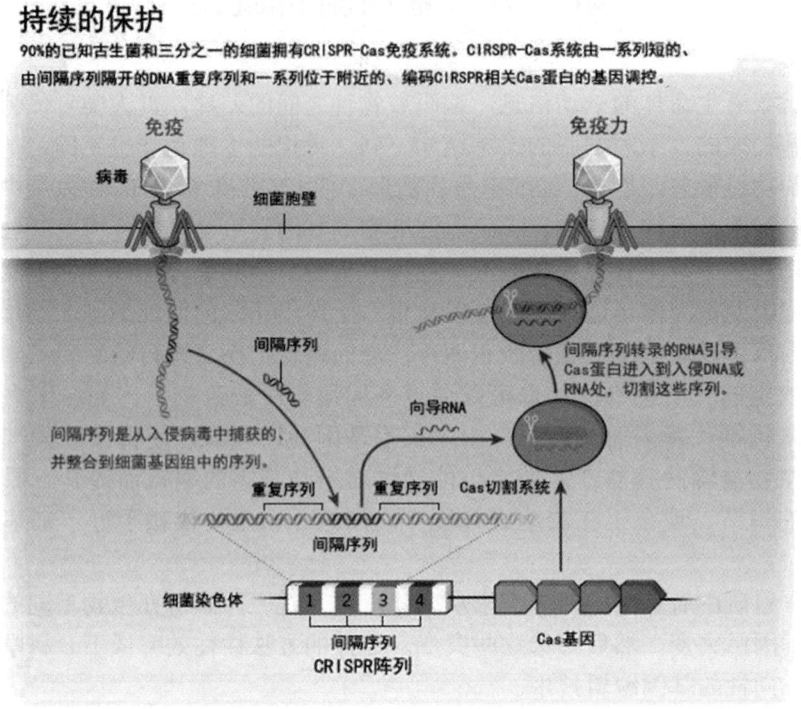

图 13-1　CRISPR

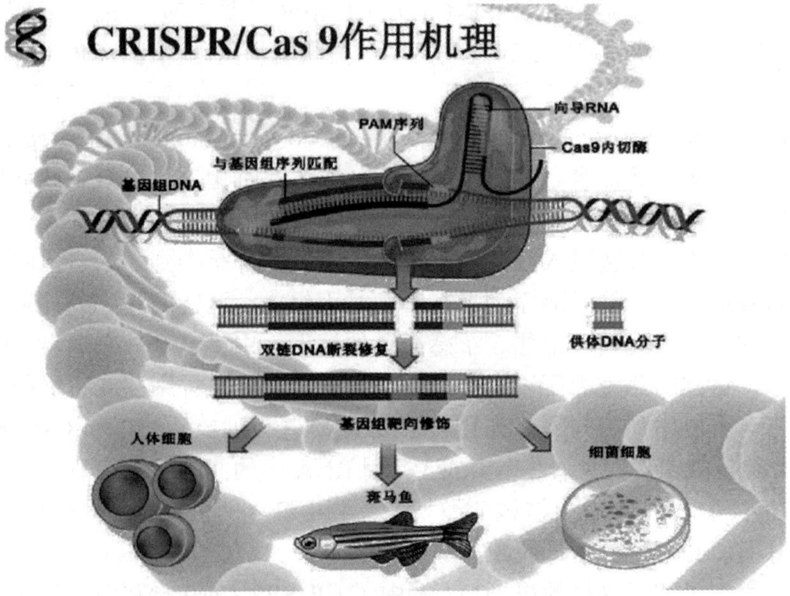

图 13-2　CRISPR-Cas9 被用作基因编辑

注：CRISPR/Cas9 与 CRISPR-Cas9 同义

第二节 基因编辑正在改善我们的生活

虽然 CRISPR-Cas9 的发现过程不易，但了解原理后把它作为工具应用的门槛并不高。事实上，许多与生命相关的领域的科研人员，已经开始用 CRISPR-Cas9 开始了他们的研究。

一、基因编辑与疾病治疗

和人类未来发展息息相关且最被看重的领域就数医疗健康行业了，可以理解，毕竟有谁不想健康长寿呢？人类作为生物圈中的一分子，和其他生物一样，有基因作为遗传物质控制着各项生命活动。因此，对于基因的研究就成为理解疾病的发病原因的基础，由此发展而来的基因治疗也成为面对过去所谓的“不治之症”的新希望。

在基础生命科学研究中，经常需要搞清楚未知基因的具体功能。其中一个广泛的研究办法就是将这个基因想办法破坏掉，再观察具体的生命和生理活动有没有由此发生什么变化，如果有就说明这个基因参与了这项生理活动。在过去，想要获得特定基因的 DNA 突变需要经过复杂的诱导和筛选，或者用染色体同源重组获得，其方法普遍效率低，特异性也低。如今用 CRISPR-Cas9 系统，制作定点基因突变变成了家常便饭，删除、增加或改变任意序列都不再是难以逾越的技术鸿沟。依靠这项技术，生物学基础研究的效率也大大提升，在人类加快了生命原理认知研究速度的同时，也把这项技术更多地应用在疾病治疗和新药研发上。

（一）基因编辑技术推动精准医疗的实现

2015 年，当时的美国总统奥巴马在国情咨文中提出了“精准医疗计划”，这个名词渐渐进入大众视野，也是未来医学发展的必然趋势。所谓“精准”，就是随着生物医学界对各种疾病的发病机制有了深度理解，随之研发的药物也更能对病症更加有针对性。高度精准地对症下药时，用药更科学准确，能减少不必要的副作用，是在对病人、病症、药物深度认识的基础上，形成的高水平医疗技术。

癌症治疗就是一个需要精准医疗的实例。癌症的本质就是自身细胞原本正常的基因发生变异。变身的癌细胞不受控制地无线分裂繁殖形成肿瘤，获得细胞迁移能力，最终攻占身体的各个器官。

目前癌症的治疗，除手术切除可见的肿瘤外，常规治疗就是化学疗法或放射疗法：用化学小分子药物或高能放射线攻击正在分裂增殖的细胞。而人体很多正常细胞也需要分裂增殖，这些无辜的正常细胞只能在抗癌战役中当了“被误伤者”，这也在患者原本病痛的基础上增加了副作用的痛苦。比如头发根部毛囊处的细胞被杀伤，使化疗病人掉头发；肠胃等消化系统的黏膜细胞阶段性处于分裂增殖状态以便黏膜更新换代，这些细胞的损伤导致患者肠胃不适，无法正常进食，影响生活质量。

为什么还没有什么副作用小，更有针对性地对抗所有癌症的方法呢？

癌症，不是一个单一原因的病症，而是多种“疾病”的统称，是由不同基因的各种变异综合导致的。治疗各种变异基因导致的癌症，最好能有相应的对症的方法才能尽可能地减小副作用。然而，由于对基因的认识不够全面深入，目前，我们还不能完全实现癌症的精准治疗。更复杂的是，与癌症相关的基因成百上千，它们的功能也是千差万别的，并没有被完全研究清楚，这也是生物医疗界依然难以攻克癌症的原因。

高效的基因编辑技术正在帮助我们深入研究这些基因。用基因编辑技术删掉目标基因，观察细胞的哪方面功能受到了影响，就可以将基因和功能联系到一起。还可以用基因编辑制造特定的基因变异，然后观察不同变异在细胞功能上的特殊效果，由此推测在癌细胞中基因特定变异的特殊作用。例如，当我们发现在癌细胞中一个基因突变导致功能缺失，那么我们猜测这个基因在正常情况下可能是抑制癌变的。通过基因编辑，人为地在细胞中删除这个基因，观察细胞果然发生癌变，说明此基因原本有抑制癌变的功能。如果有药物可以恢复此基因的表达，那么癌细胞可能就此不再恶化，由这种基因变异导致的癌症便有望得到治疗。

癌细胞扩散转移是癌症恶化的标志，也是患者致死的主要原因。通常癌症转移也标志着癌细胞基因经历了多重变异，已经获得了各种不受控制增殖的基因变异，获得了不受控制进行细胞迁移的基因变异等。基因编辑为细胞迁移研究也提供了极大便利。有了成熟便利的基因编辑技术，我们可以更好地了解各种基因在正常细胞中的功能，以及在癌细胞中它们的功能又发生了怎样的变化，什么样的药物能治疗这样的变化，这样我们就离精准治愈癌症更进一步了。

（二）基因编辑技术加快药物研发进程

在非小细胞肺癌中，一部分肿瘤是由于染色体重组使得两个本不相干的基因串联到一起（EML4-ALK），使得 ALK 基因表达增多不再受到总体调控，导致细胞癌变。为了找到能治疗这种癌症的药物，首先要在动物身上诱导同样的基因变异，在动物模型上应用试验可能的治疗方案，确保安全有效后，才能考虑用于人类。CRISPR-Cas9 技术把小鼠的基因进行了相同的重组过程，因此诱导了一样的癌症发生。用这些小鼠，就可以测试针对性药物是否有效，有何副作用等，做出更深入的研究。因此，基因编辑技术的成熟大大提高了抗癌药物研发的效率。

（三）用基因编辑技术武装免疫细胞

在最新的 CRISPR 基因编辑技术发明之前，其他基因编辑技术就已经在医药领域开始应用。2017 年，治疗白血病的新药通过美国食品药品监督管理局（FDA）的审核上市。新药特殊之处在于，它不再是传统小分子化学药物，而是先分离出患者自己血液中提取的免疫 T 细胞，用 TALENs 基因编辑技术使得这些 T 细胞表达嵌合抗原受体 CAR（Chimeric Antigen Receptor）。经过编辑后的这种细胞被称为 CAR-T 细胞，有了 CAR 的武装，免疫细胞才可以识别白血病患者体内的癌细胞并杀死它们，从而治疗白血病。这种“药”其实是激活自己的免疫系统来对抗癌细胞。

2018 年 2 月，Sangamo 生物技术公司获得 1.1 千万美元的基金资助用于治愈获得性免疫缺陷综合征（艾滋病）的临床试验。他们用到的核心技术是另一项较为早期的基因编辑技术 ZFNs。艾滋病病毒侵染人的免疫细胞，使得免疫细胞无法正常地进行获得性免疫活动，最终当病原体入侵身体时，免疫细胞无法做出抵抗，人的身体将被病原体一步步打垮。HIV 侵染免疫细胞时，需要细胞上的蛋白 CCR5 的帮助。Sangamo 公司用 ZFNs 基因编辑技术敲除了患者 T 细胞中的 CCR5 基因，在患者体外扩增编辑过的 T 细胞，再将新细胞输入患者体内。此时，新的 HIV 就不能再进入新的 T 细胞。用这样的方法，患者的免疫 T 细胞就可以焕然一新，患者的获得性免疫得以重生。

以上两个例子运用了上面的提到过的过去的基因编辑方法 TALENs 和 ZFNs 的原理，但是和它们比起来，CRISPR 的出现显得极其抢镜。这源于 CRISPR-Cas9 的基因编辑技术比起以往的技术效率更高，运用起来也更为灵活，成本也会大大降低，因为研究者只需要设计向导 RNA 的序列和相应基因修改后的序列，这样的设计更为直接和简便。因此，这项技术发明后也迅速被研究人员用于其他的医疗疾病研究中。

（四）用基因编辑技术清除病毒入侵带来的“坏基因”

根据疾病各异的发病机制和传播机制，基因编辑在不同的疾病中的应用思路也有所不同。由外来病原体入侵身体导致的疾病也是妨碍人类健康的心头大患。

病毒寄宿在细胞内，复制病毒的遗传物质核酸链，裂解细胞释放出更多的病毒，这个过程也是导致疾病的直接原因。患病后严重程度和致死概率都比其他病原体要高，并且病毒性感染往往易在人群中传播。一些病毒可以靠疫苗防治，但不是每一种病毒都研发出了有效的疫苗，所以怎样将病毒彻底清除等疫苗以外的研究也很重要。

HPV 病毒侵染就与宫颈癌发生有着密切联系，世界上女性第二大常见癌症就是宫颈癌。如果可以消灭 HPV 对人的攻击，宫颈癌的治疗也将更有希望。科学家已经开始利用 CRSIPR-Cas9 系统在体外培养的癌细胞中特异性切割 HPV 产生致癌因子的基因，使得 HPV 无法诱发癌症，已有的癌细胞失去继续增殖能力最终消亡。

乙肝病毒感染难以治愈的一个重要原因是，它产生的共价闭合环状 DNA 很难从细胞中清除干净，所以总是有乙肝病毒慢性侵染不断发生。由于 CRISPR 系统对靶向 DNA 识别效率高，科学家现在可以设计特殊的向导 RNA 去特异性攻击乙肝共价闭合环状 DNA，成功地减少了乙肝病毒在体外肝细胞中的数量。后来在小鼠体内的类似实验证明这套系统在体内也可以帮助清除乙肝病毒。

（五）基因编辑与昆虫媒介传播的疾病

很多如登革热、黄热病、疟疾等骇人听闻的疾病是通过蚊子这样的昆虫媒介传播的，试想一下，如果未来没有蚊子，那么这些疾病也不会再被传播，人类的夏天也会过得更加舒适惬意。埃及伊蚊就是传播这些病毒、寄生虫的主要媒介。长期以来，蚊子一直是疾病控制人员的心头大患，如果可以发明有效的方法控制蚊子的数量，则可以切断病毒的传播途径。基于 CRISPR-Cas9 发明出的“基因驱动”可以使得某种目标基因有更高的概率被遗传下去。按照一般进化规律，某种基因每次传给后代的概率是百分之五十，但是装配了基因驱动的目标基因可以渐渐散布到整个物种基因组中。对传播疟疾的疟蚊研究表明，如果给雌性蚊子装配了隐性绝育基因的基因驱动，这种基因会在几年内遍布疟蚊种群，渐渐使得疟蚊绝育，种群数量下降。

另一种控制疟疾的方法是对疟原虫下手。疟原虫寄生在血红细胞中，过去的基因编辑系统无法高效、快速地到达疟原虫的 DNA 位置，所以很难有针对性地杀死寄生虫。现在 CRISPR-Cas9 可以有效地删除或改变寄生虫的基因。这也可能成为未来治疗疟疾的一种有效方法，如图 13-3 所示。

图 13-3 昆虫媒介传播

（六）基因编辑与器官移植

截至 2019 年底，仅在美国，就有超过 11 万人在等待器官移植救命或改善病体。2019 年，只有 3 万多人能够接受器官移植。2017 年，每天有 18 人没能等到器官移植而死于器官衰竭。捐赠器官供不应求，也导致地下器官买卖黑市的兴起，解决器官移植带来的社会危机刻不容缓。基于 CRISPR 的基因编辑技术正在用于改善这样的现状。

既然人类捐献的供体不够，科学家在积极研究“异种移植技术”。也就是把人源器官培养在其他动物体内，比如，让猪作为器官供体的养殖工厂。

然而猪基因组中带有“内源性逆转录病毒”（PERV），直接用野生型猪体内培养的器官供体，有可能会把猪的病毒传给人类，引起新的疾病隐患。CRISPR 正好可以用在供体小猪的基因编辑上，以推进这种可以独立于人类器官捐赠的异体移植技术。2017 年，美国 eGenesis 公司与诸多中国科学家合作用 CRISPR-Cas9 使得猪的 PERV 序列失活，培育出不会制造逆转录病毒的小猪。也就是说，把基因编辑后的小猪身上的器官供体移植到病人体内也不用担心人类被感染猪病毒的风险了。2019 年年底，美国 eGenesis 公司杨璐菡博士团队率先利用 CRISPR 敲除造成人体排异反应的细胞表面抗原基因，并且增加一些有助于异种移植的基因，这样基因编辑可以一并解决人体对异种供体器官的排异反应。目前，第一批经过多重基因编辑的小猪已经投入了非人类的其他灵长类动物器官移植的实验，预计在五年之内可以开始人体异体移植的临床试验，这标志着异体移植或将成为不可扭转的未来。

CRISPR 为器官移植技术的发展带来新的希望，异体移植技术指日可待，令等待器官的患者看见曙光。

二、基因编辑将引领食品行业变革

民以食为天。不论你是素食者或杂食者，人类所食之物多为自然界的生物或生物制品。在不久的将来，食品的色、香、味都可能被基因编辑技术所操控。基因编辑也将提高粮食的产量，以及农作物对抗病虫害的能力，越来越多的作物将能够在曾经的“不毛之地”开花结果。

（一）基因编辑技术为作物增加产量

“杂交水稻之父”袁隆平院士通过十多年的杂交育种实验培育出的杂交稻亩产 20%，多养活了 7 000 万人。但这并不足以化解世界粮食危机，《2019 年全球粮食危机报告》指出，全球仍有 1 亿多人处于重度饥饿状态，如图 13-4 所示为苏丹处于饥饿状态可怜儿童的照片。

图 13-4　《饥饿的苏丹》

早在 2005 年，袁隆平院士就表示：“经过 30 年的发展，常规育种的浑身解数已经用完，要进一步挖掘水稻产量的潜力，必须在生物基因技术上取得新的突破。”如今，CRISPR-Cas9 简单易行的基因编辑工具已经被广泛应用在提升农作物产量的研究中。美国冷泉港实验室的 Lippman 教授团队利用 CRISPR 编辑了番茄植株调控开花结果的基因，使得新的植株可以长出更大、更饱满的番茄。随着科学家对基因与性状关联的深入了解，Lippman 团队通过编辑番茄枝条分叉基因，使得枝条发育数目翻倍，从而实现番茄果实数目也翻了一番，如图 13-5 所示。

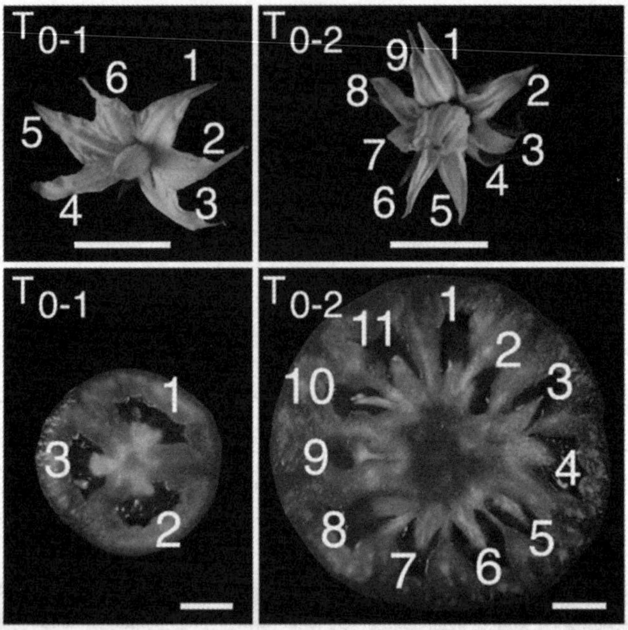

图 13-5　基因编辑对番茄果实大小的影响

在美国，约有一半的食物在卖出前因变质或品相不佳而被白白扔掉，造成食物极大的浪费，例如口蘑，一旦有微小摩擦就很容易迅速氧化变色，因消费者不愿购买而被白白浪费。氧化反应由口蘑体内的多酚氧化酶催化，当此酶的基因被删除，口蘑便不再容易被氧化，保质期也大大延长，减少了不必要的食物浪费。2016 年，基因编辑过的这种口蘑成为第一个通过美国农业部批准的 CRISPR 编辑农产品。相似的基因编辑方法在水稻、小麦的产量提升研究中也是大有益处的。中国科学家朱健康团队对水稻基因组进行多位点编辑，将产量进一步提高将近 30%。

能否尽快解决粮食危机，我们无法预判，这应该是一个全社会都要共同承担的责任，科学家也一直在为此努力着。有了更便利的基因编辑技术，相信我们会离这个目标越来越近。

（二）基因编辑技术提高食品健康保障

目前，大豆仍是我国主要食用油来源之一，如图 13-6 所示可以看出。美国食品药品监管局要求食品公司在 2018 年 6 月之前完全剔除大豆油的使用，原因是大豆油中的高反式脂肪酸会导致人体胆固醇超标，增加心血管疾病发病率等一系列健康隐患。2017 年，公司 Calyxt 出资支持，并成功运用 TALEN 基因编辑技术突变了两个大豆合成脂肪酸的相关基因，制造出不产反式脂肪酸的大豆品种。现已有农场开始试验种植基因编辑过的大豆，为人类提供不含反式脂肪酸的大豆油。

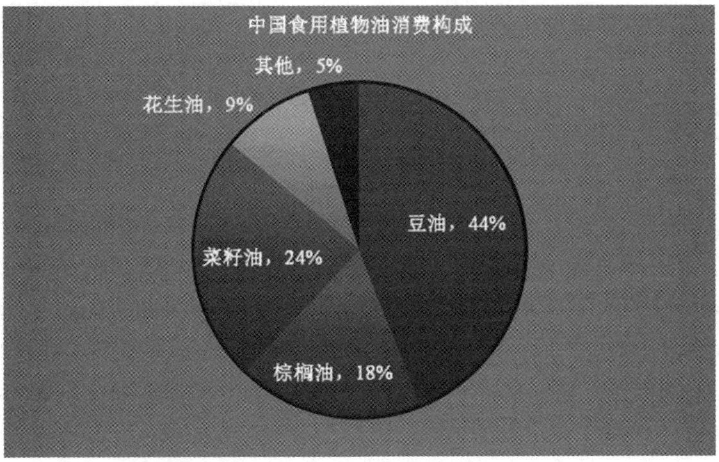

图 13-6　2016 年中国食用植物油消耗种类比重

基因编辑也将是对特定食物过敏者的福音。世界上有 1%的人口对小麦中的麸质（Gluten）过敏，误食普通小麦制品会导致免疫系统攻击小肠绒毛，产生乳糜泻反应，轻度表现为消化系统不适、营养不良，放任不管会导致更严重的自身免疫疾病。CRISPR 基因编辑技术将 45 个生产小麦麸质的基因突变了其中的 35 个，这是传统杂交方法不可能实现的跨越。突变后的小麦降低了 85%的免疫反应，使得麸质过敏患者有机会品尝小麦制成的各种美味，也大大降低了从普通小麦中分离消化麸质的经济消耗。

（三）基因编辑作物实现逆境生长

种庄稼的农民都说自己祖祖辈辈靠天吃饭，收成好不好，丰年或灾年，多半凭当年当地的运势。现如今，只要研究出作物具体的抗旱抗寒抗盐碱基因，进行相关的编辑就有望使庄稼旱涝保收，无畏寒潮，不怕盐碱。

细菌、病毒、害虫也是作物和农民的大敌。比如，常见的橘子的毁灭性敌人黄龙病就是一种细菌感染，在橘子中传染性极强，如图 13-7 所示。CRISPR 编辑橘子基因组，使得橘子产生噬菌体，赶在细菌传染下一棵橘子树之前，将其消灭。

图 13-7　黄龙病橘子

全球气候变化影响着各种植物、动物的正常生长。二氧化碳浓度的提高使得杂草生长分外旺盛，对人类依赖的农作物形成生产竞争压力。基因编辑有望帮助农作物更高效地利用土地营养资源，无视杂草对资源的争夺。温室效应导致的夏季反常高温天气使得牛羊等牲畜渐渐不适应生存环境，影响动物产品的输出，例如牛奶，鸡蛋等。基因编辑可能使牲畜在高温下也保持舒适愉悦，稳定产出。

以现在环境恶化，全球变暖的速度计算，巧克力的原材料可可树的最适生活环境将在40年后消失，可可树在升高的气温中，更容易感染真菌，面临被灭绝的危险。加州大学伯克利分校的科学家和生产士力架的食品公司 Mars 一起致力于用 CRISPR 基因编辑手段，敲除可可树的 TcNPR3 基因，使得可可树可以更好地抵抗真菌感染，从而保护可可树种群，使得可可树在全球变暖的大环境下仍然可以生存，巧克力仍然可以被生产，不至于在 40 年后变成奢侈品。

三、基因编辑在其他工业生产中的应用

很多工业制品是以生物为基础，从生命体内生产提取出来的，基因编辑技术为这些工业生产提供进一步调控和优化。例如，一些染料、香水、食品添加剂需要从植物或微生物中提取，基因编辑可以使这些生物更高效地合成我们需要的化学成分，以供人提取。2011年，CRISPR 基因编辑技术的发明者之一 Jennifer Doudna 创立了公司 Caribou Biosciences，致力于开发 CRISPR 在非医疗行业的应用。

更多的公司也在纷纷加入基因编辑的应用，生物燃料已取得了一定突破。2017 年 6 月，生物技术公司 Synthetic Genomics 研发出超高效产油藻类，比野生型产出脂肪量高两倍，这意味着生产生物燃料的效率也能提升将近两倍。这项成果达成也是得益于用基因编辑研究发现了 20 个调控藻类脂肪生产代谢的基因，并用 CRISPR 选择性地改变了其中的 18 个基因，最终使得编辑过的藻类产油效率提高一倍。目前 Synthetic Genomics 和石油公司 Exxon Mobil 联合有望在 2025 年之前达到每日产 1 万桶生物柴油的目标。这项技术的意义不仅在于提高生物燃料生产效率，更加绿色环保，为人类提供新能源新出路；同时，藻类制油的效率提升意味着生物燃料可以从主要依靠农作物糖类发酵产生酒精的方式转型，这样玉米，甘蔗可以更多地充当人的食物，解放了的土地和作物可用来继续供养生命，帮助缓解粮食危机，如图 13-8 所示。

图 13-8　基因编辑过的藻类

第三节 基因编辑不该成为潘多拉的魔盒

基因编辑技术的发展在 CRISPR 的发明后如虎添翼，对未来科技，社会正在产生深远的影响。显而易见的是，CRISPR 正在解决阻碍人类发展的各种生物相关的难题，可与此同时，也有一些声音对这项技术提出质疑。其中一些质疑是出于对这项新型生物技术的不了解，更多的是在学术界和全社会提出一些伦理的讨论，以及对合理的法律法规的诉求。这一节主要介绍一些存在争议的基因编辑应用场景。

一、复活灭绝物种

物种多样性的重要程度是大家公认的，不断扩张的人类生活圈侵犯其他生物的生存环境，以及持续恶化的全球气候变化，都在继续导致物种灭绝，这对人类和其他物种都是不幸的。

基因编辑技术正在致力于复活一些灭绝生物，第一个要被作为模式复活动物的幸运儿是曾经生活在北美森林中的旅鸽（Passanger Pigeon）。1914 年，最后一只旅鸽 Martha 在辛辛那提动物园去世，标志着旅鸽的灭绝。非营利性环保组织 Revive & Restore 的 Ben Novak 博士希望能复活旅鸽，不仅为了旅鸽本身，更是为了北美森林的生态系统在退耕后的恢复。复活过程分三步走：① 对比已灭绝的旅鸽和其未灭绝的现代近亲斑尾鸽的基因组序列，找不同；② 将斑尾鸽的生殖细胞中的与旅鸽不同的基因编辑替换成旅鸽的基因；③一代代筛选出完全成功编辑成旅鸽基因的旅鸽个体，释放回归自然。第一批复活旅鸽预计在 2022 年成功孵化出生，到时候我们就有能见到“死而复生”的旅鸽了，如图 13-9 所示。

图 13-9 复活的旅鸽

下一个有可能被复活的是我们在《冰河世纪》看到的猛犸象。哈佛科学家 George Church 团队正在用 CRISPR 把猛犸象基因编辑到亚洲象细胞中。然后尝试诱导编辑过的“猛犸—亚洲象”合体细胞成为干细胞，发育成胚胎，最终长成有猛犸象特征的亚洲象混血体。一些猛犸象基因有很强的抗寒功能，比如有的基因可以有助于存储大量的脂肪，更浓密的毛发，更高的血液携氧能力。之所以选择亚洲象，是因为它和猛犸象在基因序列上有 99.96% 的相似度。同时，在这个过程中，人们也在给予亚洲象更多的关注与资源，也有助于亚洲象的继续生存和繁衍，阻止这一物种滑向灭绝的深渊。将来，这些混血象会像当年猛犸象一样，有能力生活在北极冻土上，科学家打算到时候把它们放回俄罗斯境内西伯利亚的“更新世公园”（Pleistocene Park）。借助“猛犸—亚洲象”食草的特性，更新世公园的生态环境有可能产生新的生气。

然而当科幻迷们欢呼雀跃时，曼彻斯特大学的动物学家 Matthew Cobb 认为这件事涉及人文问题：有一些猛犸象基因并不代表它就是真正的猛犸象物种，而不论猛犸象还是亚洲象，它们都是社会型动物，那么混血象需要很可能还是被亚洲象母体孕育分娩，那将来长毛的猛犸象需要继续融入亚洲象群体吗？还有的人担心，随着全球气候继续不断变暖，复活的猛犸象会不会也活不过三代？

未来，当这些技术都发展到炉火纯青，灭绝物种的 DNA 信息也渐渐完整清晰，那么《侏罗纪公园》中描述的恐龙复活的场景可能也将不再只限于科幻作品中。不过，可能直到恐龙真的复活，我们才能知道人类究竟是不是“叶公好龙”。

二、定制宠物

第二节讲到 CRISPR 可以编辑猪，以生产安全的异体器官，用于移植给需要的人类。作为人类器官的供体，这种需要挑与人类体型大小差不多的猪。然而，看到萌萌哒小猪仔，人类泛滥的“爱心”总是想抱抱可爱的小猪。但一旦这些小猪长大到上百斤，主人就该发愁了。

有报道称，华大基因公司在 2017 年，用 CRISPR-Cas9 尝试编辑猪的生长激素受体，使得猪的体型不能长到野生型那么大，从而培育出小体型的“迷你小猪”。这些迷你小猪可以使得医学研究实验更加方便，在迷你猪上实验操作更容易，养殖清洁维护迷你猪也比普通猪要容易。这也是华大基因最初做这项研究的初衷。然而，更多的商机在于迷你猪作为宠物被贩售的巨大潜力。网络曾经一度传出，这种迷你猪预定价格为 1 400 美元一只，然而华大官方并没有承认这项计划，市场上还没有真正的迷你猪。

不仅迷你猪，各种动物的各式各样特性理论上都可以成为基因编辑的对象。在常用作赛狗的小灵狗（whippet）中，有一种基因变异型个体肌肉异常发达，如图 13-10 所示。2015 年，中国科学家赖良学博士等人编辑了比格犬的肌肉生长抑制素基因，使得编辑过的比格犬也可以身材健硕，肌肉健美，一改娇小体态。这项研究为治疗帕金森综合征的肌营养不良症状提供可能的基因编辑技术支持。

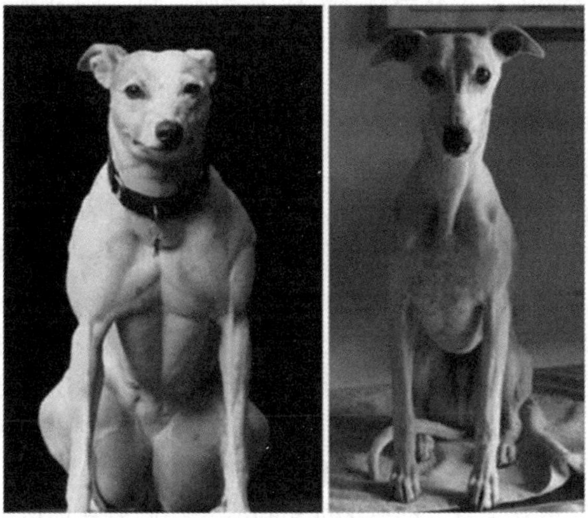

图 13-10　定制小灵狗

可以预见的是，定制迷你猪、肌肉狗，包括它们的皮毛颜色，在技术上实现成功或许指日可待。但有待讨论的是，以满足人类宠“物”欲望而任意编辑动物基因，这样的行为背后的道德伦理和法律方面的合理性。也有声音支持：基因编辑和传统宠物各个品种育种挑选人类想要的特征的原理类似，只是 CRISPR 基因编辑是更有针对性的“育种”，所以效率更高。况且，传统育种后为保持纯种，动物经常近亲繁殖，导致后代常有遗传病等的健康问题，这一点上，新型 CRISPR 基因编辑宠物反而更有优势。

三、生物武器

CRISPR-Cas9 的简单易行、低成本，使得这项技术门槛较低。毕竟想要获得 CRISPR-Cas9 的基本组分，网上下单只要花大概 60 美元材料成本费。这似乎吓到了美国情报部门，他们担心这项强大的基因编辑技术如果落到居心叵测的人手里，可能会造成意想不到的灾难。2016 年 2 月，美国前任国家情报局总监 James Clapper 在没有给出具体例证的情况下，先把基因编辑列为“大规模毁灭和扩散武器”威胁之一。这样的盲目归类确实有些言之过早，毕竟多数基因编辑研究都是围绕提高人类生活质量而展开的，并且任何生物生化武器在国际上都是被禁止使用的。

四、基因编辑婴儿

即使当下人们还没讨论清楚个性化定制宠物的伦理道德问题，科幻小说电影早已开始设想对后代人类特征进行人为选择的景象和后果。值得注意的是，不同于个性化定制毛毯和家居用品，通过改变人类基因组而改变人类特征是可遗传的，这样的“个性化改变”可能会永久留存于人类基因库中，造成不可逆转的改变。

也许你想让自己未来的宝宝有一双迷人的大眼睛，可爱的小酒窝，但你和你的伴侣并没有这样的基因，那么基因编辑可能能帮助你们把这样的基因嫁接到你宝宝的胚胎中去。想象是可以有的，科学技术发展日新月异，确实在不断把人类的想象变成现实。但在实现前不妨思考一下这样做的后果：用了不属于自己的基因的宝宝，还是你自己的宝宝吗？大家现在的审美偏爱“网红脸”“锥子腿”，按照这样的审美标准，以后的宝宝如果都长这样，大家会不会审美疲劳？基因编辑有成本费用，会不会只有富人群体有资源拥有基因优秀的后代？我们现在所认为的“优势”，会不会在未来的有一天变成劣势？更多的伦理问题有待讨论。

基因编辑的众多应用正在改变世界，这些应用的初衷大多数是想把世界变得更美好，但也带来了一些合理的担忧，因为毕竟编辑的是所有生物遵从的基础密码——基因。更严重的是，在生殖细胞中编辑基因是可能改变生物种群的基因库，也可能改变种群的命运。这种改变如果发生在人类身上，就更要提高警惕。

在科学家探索研究更安全有效的基因编辑技术，小心翼翼地运用这项尚不完全完善成熟的技术为人类作出点滴贡献的同时坚守法律和道德底线，杜绝人体胚胎实验。

然而，2018 年 11 月 25 日，贺建奎通过录制视频接受采访时突然向公众宣布，世界上首例基因编辑双胞胎婴儿已经诞生！这项新闻轰动全球。在基因编辑农作物、基因编辑宠物等案例上还在进行必要的伦理辩论的阶段，基因编辑人类竟然悄然诞生。贺建奎等人无视法律法规和道德约束，私自实行国家明令禁止的人体胚胎基因编辑实验，已经在 2019 年 12 月 30 日被判非法行医罪。

至此，事件本身有了一个结果。但是，基因编辑究竟该不该用于人类？在什么情况下可以用于造福人类后代？这样做又有什么潜在的危险？人类社会对基因编辑在人身上具体应用的讨论还在继续。

被基因编辑的双胞胎的名字是娜娜和露露。她们的父亲是艾滋病患者，这次基因编辑实验的目的是制造对部分艾滋病免疫的婴儿。实验已经完成，婴儿已经出生。全世界科学家在震惊中一同回顾事件的细节，发现无论是做这件事的初衷目的、技术设计，还是最终结果，对被编辑的娜娜和露露都不一定是一件好事。艾滋病患者后代虽有感染风险，但现代医学已经可以做到帮助孕育健康的婴儿，娜娜和露露的父母没有必要求助基因编辑这项还未完善的技术，承担未知的风险。艾滋免疫人类胚胎多此一举还冒着不可预测的改变其他基因的风险。

艾滋病病毒是通过识别免疫细胞上的受体蛋白 CCR5 或 CXCR4 侵入健康细胞的，再继续扩散。被侵染的免疫细胞不能行驶免疫功能对抗其他病原体的入侵，最终患者会由于自身免疫系统缺陷而被其他疾病威胁生命。

基因编辑或者任何一项用在人类身上的可能有副作用的药物或医疗手段在进入临床前，都要经过大量重复的研究。从治疗原理的研究，到动物模型实验，再到危及生命的患者志愿者实验证明有效性安全性，最后才能进行普通患者的实验。然而，这项世界第一例基因编辑婴儿的“创造”显然没有足够的必要性和紧迫性，既违反研究实验程序，也存在巨大风险。

有些实验世界上其他科学家不做，不是因为能力不足，而是因为有底线。在各方面研究还不完善的前提下，实验者迫不及待扮演“造物者”的角色改变人类胚胎基因组，在本质上是用人体做“活体”实验。在无法控制风险的前提下，用人类做未知结果的实验，想一想都令人不寒而栗。在战争年代，在人性泯灭的环境中用人做实验是发生过的。

真正打开潘多拉盒子的，不是基因编辑技术，而是自以为掌握技术就可以为所欲为的“妄为者”。潘多拉盒子中装的，也不是骇人的黑科技，而是借科技行一己私欲的人性中的丑恶与贪婪。

从伦理、道德、人性、人权、安全的角度上，未知结果、未经主管部门批准的人体试验都不应该被允许。况且，在全球化大环境下，人类基因变化有可能扩散蔓延至全球，所以这不应该是某个国家某个机构或某个人有权利做出更改的。因此，做人类基因编辑的决定，需要全人类集全球智慧共同商议，慎之又慎！

第四节　CRISPR 基因编辑的发展历程

一、基因怎样才能被编辑

DNA 是由两条脱氧核糖核酸链相互盘绕形成的双螺旋结构，其中每条链都是脱氧核糖核苷酸聚合而成的大分子聚合物。脱氧核糖核苷酸有三个基本化学基团：磷酸、脱氧核糖和碱基，其中每个分子中的磷酸核脱氧核糖基团是一样的，不同的是碱基分为 A、T、C、G 四种。碱基的相互排列组合构成了行驶功能的生命密码和遗传信息。

基因编辑就是要将编码特定基因序列的 DNA 双链断裂，并修改为新的序列，包括可以删减或增加序列。因此，基因编辑流程可以简单理解为：创造 DNA 双链断裂，然后按设计好的新序列重新连接 DNA 断裂。

过去的基因编辑技术主要依靠两种核酸酶。锌指核酸酶 ZFNs 可以特异性识别三核苷酸组合序列，但是串联的锌指蛋白会相互影响蛋白与核苷酸的识别效率，因此设计有良好特异性的更长的锌指序列难度很大，耗时也很长。再如，类转录活化因子核酸酶 TALENs：类转录活化因子（TALE）可以识别单个核苷酸，串联的类转录活化因子可以识别相应的 DNA 序列。但是，锌指蛋白和类转录活化因子都需要和两个 Fokl 核酸内切酶相组合才能切割 DNA 双链。因此，只有当两条 DNA 链同时和对应的蛋白结合，才能成功将 DNA 双链断裂进而完成基因编辑，这样的机制使得编辑效率较低，如图 13-12 所示。

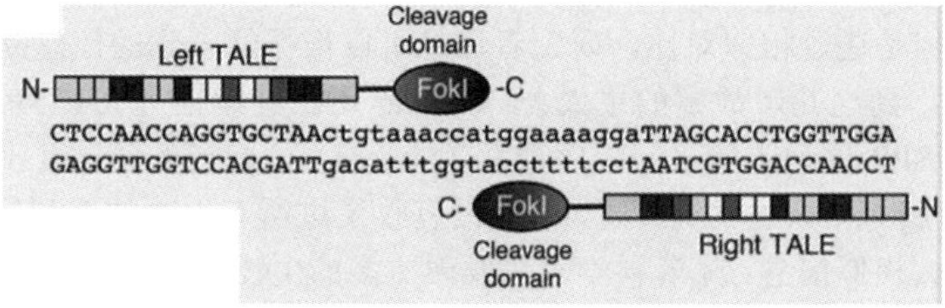

图 13-12　TALENs 基因编辑需要 FOKI 酶二聚体

自 2012 年，基因编辑技术的革命性进展得益于 CRISPR-Cas9 基因编辑工具的发明。而 CRISPR 系统最初的发现缺失与基因编辑完全无关，发现 CRISPR 的那些科学家没有想过他们的研究成果会对未来人类有多大贡献，但就是依靠他们默默无闻地对自然生物原理的一点一滴地解谜，CRISPR 机制得以解开，才能被后面的科学家在基因编辑中应用。

二、CRISPR-Cas9 的诞生

CRISPR 虽然现在在人们心中是“高大上”的明星基因编辑技术，对人类生活有直接重大的影响，但其实一项技术最初的发现发往往依靠几十年很多代科学家对极为基础的科学问题孜孜不倦地推进。

（一）起初的好奇心驱使

CRISPR 的发现源于对最简单的生物的研究。在生命进化历程由简入繁，比起人类等哺乳动物、真细菌、古细菌等原核生物时间上出现更早，但生命结构相对原始、简单。1993 年，Francisco Mojica 研究古细菌 Haloferax mediterranei 时，他第一次细致地记录了一段奇怪又有趣的 DNA 排列方式：30 个碱基形成一段几近完美的回文重复序列，各段回文序列之间又被一个 36 碱基的片段分割开来，这样的很多份“回文序列+间隔序列+回文序列+间隔序列”相互串联。后来，Mojica 将这样特殊的 DNA 序列起名为：规律间隔成簇短回文重复序列（CRISPR）。在这之前，没有人见过如此有序的序列，当然也没人知道这样的排列方式意味着什么，有怎样的功能。

Mojica 在查找文献时，他发现 1987 年，Ishino 在大肠杆菌中曾发现过类似 CRISPR 的序列，但并没有深究。Mojica 由此猜测这种 CRISPR 序列可能是原核生物的一项共有的特征功能。他继续这项研究的接下来 7 年中，证实了这个猜想。他发现不仅古细菌，在结核分枝杆菌（Mycobacterium tuberculosis）、艰难梭状芽孢杆菌（Clostridium difficile）、和鼠疫杆菌（Yersinia pestis）等 20 种微生物中都发现了 CRISPR 序列。

（二）数据信息与计算机算法的加持

进入 21 世纪，随着计算机科学技术迅猛发展，应用在生命科学研究的生物信息学工具也日益精进。被纽约时报称为“生物学界的谷歌搜索”BLAST（Basic Local Alignment Search Tool）算法可以把 DNA、RNA、蛋白质序列和已知的序列库做比较，输出和未知序列最相似的已知序列的全部信息。就像用词典查生字一样，不过这个字也有可能还没有被收录到词典里，但是通过相似对比，研究者还是可以根据能查到的信息提出猜想用来指导下一步研究方向。到这儿，故事的主人公 Mojica 还在继续推进 CRISPR 的研究，他用 BLAST 搜索 CRISPR 序列中的“间隔序列”（Spacer），起初的尝试并没有什么用，因为 BLAST 数据库资料有限，也就是“词典”并没有收录进所有生物的序列信息资料，所以他并没有检索到什么相似信息。随着科学家们发现更多的生物信息序列，BLAST 数据库也在实时更新，幸好 Mojica 也没有放弃。终于在 2003 年，Mojica 检索到了一株大肠杆菌 CRISPR 序列中的一个间隔序列与侵染大肠杆菌的噬菌体病毒基因相匹配！并且，这株大肠杆菌对

这种噬菌体有抵抗力，而其他没有此间隔序列的大肠杆菌易被这种噬菌体侵染！这表明，这个间隔序列可能是大肠杆菌为抵抗病毒感染的免疫记忆。紧接着，Mojica 继续检索了各种微生物的 4 500 个间隔序列，只有 88 个有已知序列与之匹配，其中三分之二与这种微生物相关的病毒基因或者质粒相似。这让 Mojica 更加确信，CRISPR 基因的间隔序列存储着微生物对特定病毒感染的获得性免疫信息。与此同时，法国科学家一个研究组通过独立研究也得出了相似的结论。

（三）科研的曲径通幽和声东击西

而这些，都还只是基于细菌 CRISPR 序列和噬菌体病毒 DNA 序列的对比而提出的假设。紧接着，就有研究直接证明间隔序列就是细菌被病毒侵染后的获得性免疫记忆，下面这个科学故事告诉我们，科学发现往往曲径通幽，重视每一个能引起好奇心的问题，或许这个问题的答案比你想象的还有趣，也许这将是筑起摩天大楼的奠基石。

刚刚从微生物学博士毕业的 Philippe Horvath 对食品工业很感兴趣，他加入了 Rhodia Food 食品公司。Rhodia Food 需要挑选单一高效的嗜热链球菌（Streptococcus thermophiles）发酵乳制品，生产口味更纯的酸奶和奶酪。而发酵过程中，菌种经常易被噬菌体病毒感染，严重影响生产效率和经济效益。Horvath 想通过检测细菌 DNA 来精准鉴定选择细菌具体品系，同时研究细菌对噬菌体侵染的免疫机制，从而有望提高乳制品工业生产效率。

Horvath 和合作者 Rodolphe Barrangou，一同 Sylvain Moineau 用噬菌体病毒不断感染嗜热链球菌，对病毒没有抗性的细菌一批批倒下去，而活下来的一部分细菌被筛选出来，那就是对病毒免疫的细菌。通过分析这些获得免疫力的细菌 CRISPR 间隔序列，他们发现这些序列就是用于侵染细菌的那些病毒的 DNA 序列。至此，这三位科学家成功验证了 CRSISPR 是细菌抵抗病毒入侵的获得性免疫的假设。同时他们还发现了实施免疫反应的蛋白是一个核酸酶，就是如今大名鼎鼎的 Cas9。Cas9 通过切割病毒带来的核酸来抵制病毒入侵。不过他们不是第一个发现 Cas9 的人，Cas9 的发现源于科学家 Alexander Bolotin 在 2005 年对嗜热链球菌的特殊的 CRISPR 位点的研究。

那么 CRISPR 中的间隔序列究竟是怎样帮助微生物抵抗病毒入侵的呢？荷兰科学家 John van der Oost 获得了荷兰国家科学基金会的资助，用于研究演化进程中不同的细菌在代谢途径中的特点。但在和生物信息学专家 Eugene Koonin 合作中，他开始被 CRISPR 领域吸引，得益于基金会政策的灵活性，他可以把原本用于研究代谢的经费的一部分投入 CRISPR 的研究。Van der Oost 发现细菌 CRISPR 中的间隔序列是被转录成了 CRISPR RNA（crRNA）然后和 Cas9 蛋白结合在一起，为核酸酶识别切割位点而导航。

（四）基因编辑的希望之光

2008 年，Luciano Marraffini 和 Erik Sontheimer 证明了 CRISPR-Cas 的作用是切割病毒的 DNA，而不是作用在 RNA 上。这在当时是很令人惊讶的，因为 CRISPR 中的回文结构序列很容易让人联想到真核生物中 RNAi 的作用方式：就是通过 RNA 回文结构作用于其他 mRNA 上，以阻止 RNA 转录从而调控基因表达。Marraffini 和 Sontheimer 的结论说明 CRISPR 本质上可以是一种限制性内切酶，但与传统的限制性内切酶只认识特定的序列不同的是，我们可以给 CRISPR-Cas 指定任意 DNA 序列作为摧毁的目标。由此，他们也成功预测了：如果 CRISPR 系统可以用在非细菌非古细菌的真核细胞中，那么真核细胞的基因编辑将开启新篇章。他们甚至想过对此设想申请专利，但遗憾的是，由于缺乏直接的实验证明，专利权与他们失之交臂。

具体 Cas9 酶是怎样识别并精准切割 DNA 的呢？还记得第一个发现 Cas9 酶的科学家吗？就是 Alexander Bolotin，他还发现了间隔序列的一个共性，就是它们的一端都有三个碱基“NGG”，其中 N 可以是碱基 A、T、C、G 中的任意一个。NGG 被称为前间隔序列邻近基序：Protospacer Adjacent Motif（PAM）。但那是他并没有弄清楚 PAM 有什么特殊作用。直到 2010 年，Sylvain Moineau 发现 CRISPR-Cas9 是在 PAM 序列前三个碱基处精准切割，导致 DNA 双链断裂。同时他还证明了切割动作仅仅由 Cas9 蛋白完成，不需要其他蛋白参与。

至此，我们知道了，Cas9 可以切割 DNA 双链，并且 CRISPR 的间隔序列转录成的 crRNA 为 Cas9 提供了精准的位置信息。但是光有这些还不足以组成全套切割系统。CRISPR-Cas9 系统像一幅拼图，最后一块终于在 2011 年被科学家 Emmanuelle Charpentier 补上。Charpentier 对含有 CRISPR-Cas9 系统的微生物进行小 RNA 测序，发现除了由间隔序列转录的 crRNA，还有另外一种小 RNA：反式激活 crRNA（Trans-activating CRISPR RNA）。反式激活 crRNA 和 crRNA 两个 RNA 分子形成复合体，与 Cas9 蛋白装配，才能指导 Cas9 找到目标 DNA 序列，行驶核酸酶的切割功能。

（五）守得云开见月明

有了这三板斧：Cas9 核酸酶，CRISPR-RNA 和反式激活 CRISPR-RNA，理论上你可以切割任意设计的 DNA 序列啦！Virginijus Siksnys 就紧接着设计了实验证明了用这三板斧切割特定 DNA 序列就够了：Siksnys 把三板斧全套 DNA 系统克隆转移到一种大肠杆菌中，这种大肠杆菌本身是没有这套系统的。新的 CRISPR-Cas9 系统在大肠杆菌中顺利表达了，并且通过设计特殊的 crRNA 序列，CRISPR-Cas9 可以对任何设计好的外源 DNA 质粒有抵抗作用，而不仅仅局限于噬菌体病毒。Jennifer Doudna 和发现了 tracrRNA 的 Charpentier 合作将 tracrRNA 和 crRNA 融合成为一条 RNA，如此 CRISPR 系统被精简提炼成了一套简单易行的基因编辑程序。

以上所有的实验都是在细菌或古生菌中进行的，华裔学者张锋首次将 CRISPR-Cas9 系统用于真核细胞的基因组编辑，并成功编辑了人源细胞。CRISPR-Cas9 系统可以同时作用于多个基因组位点，通过同源重组可以把原有序列改变成人为设计的任意其他序列。哈佛大学的 George Church 研究组几乎在同时也报告了类似的结果。

三、CRISPR-Cas9 基因编辑技术发展历程的启示

至此，基因编辑进入 CRISPR-Cas9 的时代，这项技术的研究热度也是一飞冲天。不仅生物科研领域，CRISPR 基因编辑技术在疾病医疗，农业，工业方面加速行业发展，新的商业主题也应运而生，它甚至也在直接推动社会伦理学加速必要的讨论与规则的制定。如此重要的，可能改变人类文明的科技并不是一蹴而就的。

CRISPR 被发现的开始源于科学家对未知奇怪序列的好奇心，早期的这些发现也并没能发表到最一流的期刊。但这不影响科学家们对揭露生命本质的热情和动力，在世界各地的这一群对这个问题有好奇心的科学家默默地一点点添砖加瓦，这群素不相识的人用了十年时间，终于搞清楚了这个古老细菌的免疫系统。

而他们中没有人是为了研究人类基因编辑而去研究 CRISPR 的，但就是这样不经意的好奇心驱使的自发的研究，促成了基因编辑一个学科的变革。CRISPR 从被发现到开始被大众重视的这十年，希望大家可以感受到通往科学真理的可能不是一路坦途，但是鲜有人问津的覆满落叶的林中小路也可能曲径通幽，但不管是什么样的路，都需要研究者的细心、耐心和更重要的好奇心，才能看到这沿途的好风景。

参考文献

[1] NuclearPowerReactorsofChina[EB/OL]. USA, https://pris.iaea.org/PRIS/CountryStatistics/CountryDetails.aspx?current=CN,2019.

[2] 范思立. 中国推动三代核电引进技术路线渐明[J]. 中国经济时报, 2007.

[3] AdvancedNuclearPowerReactors[EB/OL].USA,https://www.world-nuclear.org/information-library/nuclear-fuel-cycle/nuclear-power-reactors/advanced-nuclear-power-reactors.aspx,2019.

[4] Goldberg SM, Rosner R. Nuclear reactors: Generation to generation[J]. American Academy of Arts and Sciences, Cambridge, USA, 2011.

[5] 欧阳予. 先进核能技术研究新进展[J]. 自然杂志，2006, 28 (3): 137-142.

[6] 周全之. 世界核电的发展及展望[J]. 大众用电，2006, (01): 20-21.

[7] 汪国胜. 世界核能发电的现状及未来堆型的开发[J]. 东方电气评论，2006.

[8] Yoder Jr GL, Aaron A, Cunningham B, et al. An experimental test facility to support development of the fluoride-salt-cooled high-temperature reactor[J]. Annals of Nuclear Energy, 2014, 64: 511-517.

[9] MCFR Solutions: Nuclear Innovation for New Options in American Industry[EB/OL]. USA, https://terrapower.com/productservices/mcfr.

[10] Forum GII. A Technology Roadmap for Generation IV Nuclear Energy Systems, GIF-002-00[R]. USA:The Generation IV International Forum, 2002.

[11] 徐洪杰，戴志敏，蔡翔舟，et al. 钍基熔盐堆和核能综合利用[J]. 现代物理知识，2018, 30 (04): 25-34.

[12] FastReactor Technology[EB/OL].USA,https://www.ne.anl.gov/About/reactors/frt.shtml.

[13] Michal R. Fifty years ago in December: Atomic reactor EBR-I produced first electricity[J]. Nuclear News, 2001, 44 (12): 28-29.

[14] Experimental Breeder ReactorII[EB/OL].USA, https://en.wikipedia.org/wiki/Experimental_Breeder_Reactor_II.

[15] Integral Fast Reactor[EB/OL]. USA, https://www.ne.anl.gov/About/reactors/integral-fast-reactor.shtml.

[16] Aoto K, Dufour P, Hongyi Y, et al. A summary of sodium-cooled fast reactor development[J]. Progress in Nuclear Energy, 2014, 77: 247-265.

[17] Cacuci DG. Handbook of Nuclear Engineering: Vol. 1: Nuclear Engineering Fundamentals; Vol. 2: Reactor Design; Vol. 3: Reactor Analysis; Vol. 4: Reactors of Generations III and IV; Vol. 5: Fuel Cycles, Decommissioning, Waste Disposal and Safeguards[M]: Springer Science & Business Media, 2010.

[18] Ichimiya M. The status of generation IV sodium-cooled fast reactor technology development and its future project[J]. Energy Procedia, 2011, 7: 79-87.

[19] 徐銤. 我国快堆技术发展和核能可持续应用[J]. 现代物理知识，2011，3: 37-43.

[20] 苏著亭，叶长源，阎凤文等. 钠冷快增殖堆[M]: 北京：原子能出版社，1991.

[21] TWR Technology: Preparing Nuclear Energy for Global Growth[EB/OL].USA, https://terrapower.com/productservices/twr.

[22] Kugeler K, Zhang Z. Modular High-temperature Gas-cooled Reactor Power Plant[M]: Springer, 2018.

[23] Massimo L. Physics of high-temperature reactors[M]. Oxford: Pergamon Press, 1976.

[24] Reutler H, Lohnert G. Advantages of going modular in HTRs[J]. Nuclear Engineering and Design, 1984, 78 (2): 129-136.

[25] Zhang Z, Sun Y. Economic potential of modular reactor nuclear power plants based on the Chinese HTR-PM project[J]. Nuclear Engineering and Design, 2007, 237 (23): 2265-2274.

[26] Kiryushin A, Kodochigov N, Kouzavkov N, et al. Project of the GT-MHR high-temperature helium reactor with gas turbine[J]. Nuclear Engineering and Design, 1997, 173 (1-3): 119-129.

[27] Gittus J. The ESKOM pebble bed modular reactor[J]. Nuclear Energy, 1999, 38 (04): 215-221.

[28] Zhang Z, Wu Z, Wang D, et al. Current status and technical description of Chinese 2× 250 MWth HTR-PM demonstration plant[J]. Nuclear Engineering and Design, 2009, 239 (7): 1212-1219.

[29] Zhang Z, Dong Y, Li F, et al. The Shandong Shidao Bay 200 MWe high-temperature gas-cooled reactor pebble-bed module (HTR-PM) demonstration power plant: an engineering and technological innovation[J]. Engineering, 2016, 2 (1): 112-118.

[30] 哈琳. 六种第四代核反应堆概念[J]. 国外核新闻，2003，(01): 15-19.

[31] 肖泽军，陶伟. 中国超临界水冷堆研发之路[J]. 中国核工业，2014，(06): 50-53.

[32] 李满昌，王明利. 超临界水冷堆开发现状与前景展望[J]. 核动力工程，2006，(02): 1-4+44.

[33] 肖泽军，陶伟. 国际超临界水冷堆研发现状[J]. 中国核工业，2014，(06): 46-49.

[34] 程旭，刘晓晶. 超临界水冷堆国内外研发现状与趋势[J]. 原子能科学技术，2008，(02): 167-172.

[35] Allen T, Crawford D. Lead-Cooled Fast Reactor Systems and the Fuels and Materials Challenges[J]. Science and Technology of Nuclear Installations, 2007, 2007.

[36] Alemberti A, Carlsson J, Malambu E, et al. European lead fast reactor—ELSY[J].

Nuclear Engineering and Design, 2011, 241 (9): 3470-3480.

[37] Smith RR, Cissel DW. Fast reactor operation in the United States[R]. United States:1978.

[38] 陈钊. 小型自然循环铅冷快堆 SNCLFR-100 热工水力设计与安全分析研究[D]: 中国科学技术大学，2015.

[39] Zrodnikov AV, Toshinsky GI, Komlev OG, et al. SVBR-100 module-type fast reactor of the IV generation for regional power industry[J]. Journal of Nuclear Materials, 2011, 415 (3): 237-244.

[40] Glazov AG, Leonov VN, Orlov VV, et al. Brest reactor and plant-site nuclear fuel cycle[J]. Atomic Energy, 2007, 103 (1): 501-508.

[41] Aït Abderrahim H, Baeten P, De Bruyn D, et al. MYRRHA – A multi-purpose fast spectrum research reactor[J]. Energy Conversion and Management, 2012, 63: 4-10.

[42] Sobolev V, Malambu E, Abderrahim HA. Design of a fuel element for a lead-cooled fast reactor[J]. Journal of Nuclear Materials, 2009, 385 (2): 392-399.

[43] Grasso G, Petrovich C, Mattioli D, et al. The core design of ALFRED, a demonstrator for the European lead-cooled reactors[J]. Nuclear Engineering and Design, 2014, 278: 287-301.

[44] 朱志强，高胜，柏云清，et al. 中国先进核能用高温液态合金回路研究进展[C]. 中国安徽合肥，2010: 2.

[45] 蒋林立. 积极发展我国第四代核能技术[J]. 中国核工业，2009，(09): 38-41.

[46] 王建强，戴志敏，徐洪杰. 核能综合利用研究现状与展望[J]. 中国科学院院刊，2019，34 (04): 460-468.

[47] 杨阿卓. “核电+供热”，我们始终在探索——访辽宁核电有限公司副总经理葛政法[J]. 中国核工业，2017，(07): 28-30.

[48] 杨富田. 城市采暖用低温核供热站的参数规模及经济型[J]. 区域供热，1991: 36-39.

[49] 中核集团“燕龙”泳池式低温供热堆初步设计完成[EB/OL]. USA, http://www.cnnc.com.cn/cnnc/300555/300558/513252/index.html,2018.

[50] Vienna. Advabces in Nuclear Power Process Heat Applications[J]. IAEA, 2012.

[51] 叶萍，杨小勇. 高温气冷堆闭式布雷顿间接循环中氚的来源及其影响[J]. 原子能科学技术，2009，43 (S2): 367-370.

[52] 高寒雨. 美国扩大军用氚材料生产能力[C]. 中国山东威海，2017: 4.

[53] Mays GT, Smith AN, Engel JR. Distribution and behavior of tritium in the Coolant-Salt Technology Facility[R]. United States:1977.

[54] WORLD THORIUM DEPOSITS AND RESOURCES[EB/OL]. USA, https://infcis.iaea.org/THDEPO/About.cshtml#.

[55] 徐洪杰，戴志敏，蔡翔舟，王建强. 钍基熔盐堆和核能综合利用[J]. 现代物理知识，2018, 30 (04): 25-34.

[56] Two floating nuclear plants for Chukotka[EB/OL].USA, https://web.archive.org/

web/20110217230225/http://www.world-nuclear-news.org/newsarticle.aspx?id=13196&LangType=2057, 2007.

[57] Reactors ready for floating plant[EB/OL].USA, http://www.world-nuclear-news.org/NN-Reactors_ready_for_first_floating_plant-0708094.html,2009.

[58] Russia relocates construction of floating power plant[EB/OL]. USA, http://www.world-nuclear-news.org/NN-Russia_relocates_construction_of_floating_power_plant-1108084.html,2008.

[59] 日媒：中国正式开发海上浮动式核电站[EB/OL]. USA, https://new.qq.com/omn/20180106/20180106A0IJMF.html,2018.

[60] 黄佳，明红娟. 区块链技术在数字票据交易平台中的应用[J]. 湖北理工学院学报（人文社会科学版），2018，35(06):44-47.

[61] 袁勇，王飞跃. 区块链技术发展现状与展望[J]. 自动化学报，2016，42(04):3-16.

[62] 梁斌. 从“比特币挖矿”看区块链技术的共识机制[J]. 中国金融计算机，2016(9):45-46.

[63] 曾雄. 挑战与因应:区块链、加密货币与竞争政策[J]. 互联网天地,2019(01):43-50.

[64] 尚舵. 区块链技术在能源行业的应用前景[J]. 电力信息与通信技术，2019，17(02):5-12.

[65] 杨璇. 比特币市场的有效性检验与价格预测[D]. 华中师范大学，2019.

[66] 余亚江. 基于传统货币理论谈虚拟货币的发展[J]. 大众投资指南，2018(23).

[67] 周宏达. 比特币的前世今生[J]. 中国金融家(06):98-99.

[68] 贾晓波.教育与区块链技术的应用浅析[J]. 科技与创新，2019(20):142-143.

[69] 王刚，杨晟，孙文英，et al. 区块链技术在全域旅游中的创新应用——以京杭大运河杭州景区为例[J]. 科技通报，2019(5):97-102.

[70] 孙岩，雷震，崔培枝. 区块链技术及其在军事领域的应用[J]. 信息与计算机（理论版）. 2017，(19):142-144.

[71] 何小东，易积政，陈爱斌. 区块链技术的应用进展与发展趋势[J]. 世界科技研究与发展，2018，40(06):82-93.

[72] 王婷. 区块链+教育的应用及挑战[J]. 科技经济导刊，2019，27(26):149-151.

[73] 刘永新. 区块链经济发展中的市场失灵和政府调节——以贵阳市区块链应用实践为例[J]. 上海立信会计金融学院学报，2017(03):45-53.

[74] 谌麒艳.区块链:金融业即将面临的一场革命?[J]. 银行家，2016(07):14-16.

[75] 汪青松.信任机制演进下的金融交易异变与法律调整进路——基于信息哲学发展和信息技术进步的视角[J]. 法学评论，2019，37(05):82-94.

[76] 项立刚. 5G时代：什么是5G，它将如何改变世界[J]. 中国人民大学出版社，2019(5).

[77] 韦乐平，5G的四大驱动力与三大挑战. http://finance.sina.com.cn/stock/relnews/us/2019-03-20/doc-ihsxncvh4022480.shtml.

[78] 韦乐平，5G给光通信发展带来的机遇与挑战，https://www.sohu.com/a/206015701_703359.

[79] 刘灿邦，5G 商用两大挑战：组网难度加大，终端面世滞后.证券时报，2018.07.05.

[80] 杨梓煜. 5G 通信的技术现状及面临的挑战[J]. 价值工程，2019，38(25):257-259.

[81] 洞察：5G 发展的五大动力和四大挑战. 通信产业网. 2019.07.11.

[82] 黄显强. 探析当前 5G 技术的发展现状及挑战[J]. 网络安全技术与应用，2017(03):98-99.

[83] 国际电信联盟，ITU 互联网报告 2005：物联网. 2005.

[84] 刘云浩等. 物联网导论. 科学出版社. 2011.

[85] 贾益刚. 物联网技术在环境监测和预警中的应用研究[J]. 上海建设科技，2010(6):65-67.

[86] 物联网智库.物联网：未来已来. 机械工业出版社. 2015-11.

[87] 彭晓珊. 关于物联网技术发展及应用前景研究[J]. 科技与区域经济，2010(1).

[88] 邬贺铨. 物联网的应用与挑战综述.重庆邮电大学学报. 2010.10.

[89] 阮星,蔡闯华. 一个基于 ZigBee 协议的智能照明应用实例的实现[J]. 赤峰学院学报：自然科学版，2011(8).

[90] 中国电子信息产业发展研究院组编. 2011 中国物联网产业发展指南.机械工业出版社，2011.

[91] 王志良，王新平主编. 智能家居 物联网工程实训教程. 机械工业出版社，2011.

[92] 黄鑫. 物联网打造环境监控“最强大脑”. 经济日报. 2019.05.28.

[93] 孙涛, 迟晓玲, 王理斌. 物联网在行业信息化中的应用研究 [J]. 科技与生活, 2010, (24)

[94] TEXAS INSTRUMENTS 中文社区. 物联网（IoT）所面临的 6 大挑战.

[95] 黄静. 物联网综述[J]. 北京财贸职业学院学报，2016(6).

[96] 新华网，赛迪顾问. 车联网产业发展报告. 2019.01.28.

[97] 依克热木・阿木提. 解析车联网技术发展与应用前景[J]. 汽车与配件，2018，(32):50-51.

[98] 黄语骁. 车联网网络安全技术研究[J]. 电子世界，2018，(19):49-50.

[99] 李俨等. 5G 与车联网：基于移动通信的车联网技术与智能网联汽车[M]. 电子工业出版社. 2019.

[100] 井骁. 浅析车联网技术与应用[J]. 上海汽车，2019，(4):9-12.

[101] ［美］杰里米・里夫金. 第三次工业革命[M]. 张体伟，孙豫宁，译. 北京：中信出版社，2009.

[102] 中国节能协会太阳能专业委员会. 2017-2018 中国太阳能热利用行业发展报告[R]. 北京：2018.

[103] 曹新. 中国能源发展战略问题研究[M]. 北京：中国社会科学出版社，2012.

[104] 何建坤，周剑，欧巡民. 能源革命与低碳发展[M]. 北京：中国环境出版集团，2018.

[105] 吴宗鑫，滕飞.第三次工业革命与中国能源向绿色低碳转型[M]. 北京：清华大学出版社，2015.

[106] 电力规划设计总院. 中国能源发展报告(2018) [R]. 北京：[出版者不详]，2019.

[107] 国家发展和改革委员会. 能源生产和消费革命战略 (2016-2030) [R].2016.

[108] 实施能源革命战略促进绿色低碳发展[J]. 财经界（学术版），2018(06):1-3.

[109] 季至宇. VR/AR 技术教育应用研究[J]. 软件导刊，2017(10):220-222.

[110] 刘梦宇. “沉浸式” 新闻再发力：升级技术创新方式——基于全国两会报道的观察[J]. 传媒论坛，2019:125.

[111] 高盛 VR 与 AR 报告: 下一个通用计算机平台[R]，2016.

[112] 赛迪顾问. 洞见 2019 新兴产业投资机会——VR/AR[J]. 中国计算机报，2019，27(5):01-04.

[113] 王斌，颜兵等. VR+融合与创新[M]. 北京：机械工业出版社，2016(9).

[114] 肖龙星. VR/AR 在高职院校“双高”建设中的应用探索[J]. 科技资讯,2019:30-31.

[115] 孙星武. 分享经济. [M]. 北京：中国纺织出版社.

[116] 王莉，杨明辉. 虚拟现实时代——智能革命如何改变商业和生活[M]. 北京：机械工业出版社，2016.

[117] 王寒等. 虚拟现实——引领未来的人机交互革命[M]. 北京：机械工业出版社，2016.

[118] 吕云等. 虚拟现实——理论、技术、开发与应用[M]. 北京：清华大学出版社.

[119] 王赓.VR 虚拟现实——重构用户体验与商业新生态[M]. 北京：中国工信出版集团，2016.

[120] 赵亚洲.智能+AR、VR、AI、IW[M]. 北京：北京联合出版公司，2017.

[121] 杜颖.VR+教育——可视化学习的未来[M]. 北京：清华大学出版社，2017.

[122] VR 观察. 2017 虚拟现实行业发展预测报告[R]. 2017:19-20.

[123] 诸海滨. 背景与技术浪潮助推，2019 年 VR 行业或将继续起航?[R]. 2019.

[124] 国盛证券. 电子 5G 之 VR/AR[R]. 2019.

[125] Min Chen, Shiwen Mao, Yunhao Liu. Big Data: A Survey[J]. MOBILE.

[126] 维克托·尔耶·舍恩伯格. 大数据时代：生活、工作与思维的大变革[M]. 浙江：浙江人民出版社出版，2013:27.

[127] 谷斌，蔡玮莎. 基于 SoLoMo 的移动电子商务精准化营销模型构建[J]. 电子商务，2014,91:561-566.

[128] 甘心. 电商平台精准广告投放探究——以京东数坊为例[J]. 新媒体研究，2019,6:62-63.

[129] 程德杰. 电信运营商真正的优势在于大数据分析[J]. 移动通信，2013,17:76-77.

[130] H. Ledford, Five big mysteries about CRISPR’s origins. Nature. 541, 280–282 (2017).

[131] Hammond, A., Galizi, R., Kyrou, K., Simoni, A., Siniscalchi, C., Katsanos, D., Gribble, M., Baker, D., Marois, E., Russell, S., Burt, A., Windbichler, N., Crisanti, A. and Nolan, T. 2016. A CRISPR-Cas9 gene drive system targeting female reproduction in the malaria

mosquito vector Anopheles gambiae. Nature Biotechnology 34(1), pp. 78–83.

[132] Zhang, C., Xiao, B., Jiang, Y., Zhao, Y., Li, Z., Gao, H., Ling, Y., Wei, J., Li, S., Lu, M., Su, X.Z., Cui, H. and Yuan, J. 2014. Efficient editing of malaria parasite genome using the CRISPR/Cas9 system. *mBio* 5(4), pp. e01414–14.

[133] D. Niu et al., Inactivation of porcine endogenous retrovirus in pigs using CRISPR-Cas9. Science. 357, 1303–1307 (2017).

[134] K. Servick, Eyeing organs for human transplants, companies unveil the most extensively gene-edited pigs yet. Science (2019), doi:10.1126/science.aba6487.

[135] G. D. Shelton, E. Engvall, Gross muscle hypertrophy in whippet dogs is caused by a mutation in the myostatin gene. Neuromuscul Disord. 17, 721–722 (2007).

[136] Q. Zou et al., Generation of gene-target dogs using CRISPR/Cas9 system. J Mol Cell Biol. 7, 580–583 (2015).

[137] Mojica, F.J., Díez-Villaseñor, C., García-Martínez, J. and Soria, E. 2005. Intervening sequences of regularly spaced prokaryotic repeats derive from foreign genetic elements. Journal of Molecular Evolution 60(2), pp. 174–182.

[138] Pourcel, C., Salvignol, G. and Vergnaud, G. 2005. CRISPR elements in Yersinia pestis acquire new repeats by preferential uptake of bacteriophage DNA, and provide additional tools for evolutionary studies. Microbiology 151(Pt 3), pp. 653–663.

[139] Barrangou, R., Fremaux, C., Deveau, H., Richards, M., Boyaval, P., Moineau, S., Romero, D.A. and Horvath, P. 2007. CRISPR provides acquired resistance against viruses in prokaryotes. Science 315(5819), pp. 1709–1712.

[140] Bolotin, A., Quinquis, B., Sorokin, A. and Ehrlich, S.D. 2005. Clustered regularly interspaced short palindrome repeats (CRISPRs) have spacers of extrachromosomal origin. Microbiology 151(Pt 8), pp. 2551–2561.

[141] Marraffini, L.A. and Sontheimer, E. J. 2008. CRISPR interference limits horizontal gene transfer in staphylococci by targeting DNA. Science 322(5909), pp. 1843–1845.

[142] Deltcheva, E., Chylinski, K., Sharma, C. M., Gonzales, K., Chao, Y., Pirzada, Z.A., Eckert, M. R., Vogel, J. and Charpentier, E. 2011. CRISPR RNA maturation by trans-encoded small RNA and host factor RNase III. Nature 471(7340), pp. 602–607.

[143] Sapranauskas, R., Gasiunas, G., Fremaux, C., Barrangou, R., Horvath, P. and Siksnys, V. 2011. The Streptococcus thermophilus CRISPR/Cas system provides immunity in Escherichia coli. Nucleic Acids Research 39(21), pp. 9275–9282.

[144] Gasiunas, G., Barrangou, R., Horvath, P. and Siksnys, V. 2012. Cas9-crRNA ribonucleoprotein complex mediates specific DNA cleavage for adaptive immunity in bacteria. Proceedings of the National Academy of Sciences of the United States of America 109(39), pp. E2579–86.

[145] Jinek, M., Chylinski, K., Fonfara, I., Hauer, M., Doudna, J.A. and Charpentier, E. 2012. A programmable dual-RNA-guided DNA endonuclease in adaptive bacterial immunity.

Science 337(6096), pp. 816–821.

[146] Cong, L., Ran, F.A., Cox, D., Lin, S., Barretto, R., Habib, N., Hsu, P.D., Wu, X., Jiang, W., Marraffini, L.A. and Zhang, F. 2013. Multiplex genome engineering using CRISPR/Cas systems. Science 339(6121), pp. 819–823.

[147] Mali, P., Yang, L., Esvelt, K. M., Aach, J., Guell, M., DiCarlo, J. E., Norville, J. E. and Church, G.M. 2013. RNA-guided human genome engineering via Cas9. Science 339(6121), pp. 823–826.

[148] Lander, E.S. 2016. The heroes of CRISPR. Cell 164(1-2), pp. 18–28.

注：由于参考文献较多，故没有逐一列举。衷心感谢各位作者对本书撰写过程中的帮助。

反侵权盗版声明

电子工业出版社依法对本作品享有专有出版权。任何未经权利人书面许可，复制、销售或通过信息网络传播本作品的行为；歪曲、篡改、剽窃本作品的行为，均违反《中华人民共和国著作权法》，其行为人应承担相应的民事责任和行政责任，构成犯罪的，将被依法追究刑事责任。

为了维护市场秩序，保护权利人的合法权益，我社将依法查处和打击侵权盗版的单位和个人。欢迎社会各界人士积极举报侵权盗版行为，本社将奖励举报有功人员，并保证举报人的信息不被泄露。

举报电话：（010）88254396；（010）88258888

传　　真：（010）88254397

E-mail：　dbqq@phei.com.cn

通信地址：北京市万寿路南口金家村 288 号华信大厦

　　　　　电子工业出版社总编办公室

邮　　编：100036